我
思

敢于运用你的理智

湖北省公益学术著作
Hubei Special Funds 出版专项资金
for Academic and Public-interest
Publications

先验论证研究

方红庆　著

长江出版传媒｜崇文书局

图书在版编目（CIP）数据

先验论证研究 / 方红庆著. -- 武汉 : 崇文书局，
2024. 11. --（崇文学术文库）. -- ISBN 978-7-5403
-7801-1

Ⅰ. B081.2

中国国家版本馆 CIP 数据核字第 2024LL8844 号

2025 年度湖北省公益学术著作出版专项资金项目

先 验 论 证 研 究
XIANYAN LUNZHENG YANJIU

出 版 人　韩　敏
出　品　崇文书局人文学术编辑部 · 我思
策 划 人　梅文辉(mwh902@163.com)
责任编辑　黄显深
装帧设计　甘淑媛
责任印制　李佳超
出版发行　长江出版传媒｜崇 文 书 局
地　　址　武汉市雄楚大街 268 号 C 座 11 层
电　　话　(027)87679712　邮政编码　430070
印　　刷　湖北新华印务有限公司
开　　本　880 mm×1230 mm　1/32
印　　张　14.5
字　　数　339 千
版　　次　2024 年 11 月第 1 版
印　　次　2024 年 11 月第 1 次印刷
定　　价　98.00 元
(读者服务电话: 027－87679738)

我
思

敢于运用你的理智

ISBN 978-7-5403-7801-1

再版序言

值此康德诞辰三百周年之际，学界正如火如荼地以各种方式纪念这位人类思想史上最伟大的巨人。这本发端于康德思想的书籍在出版十二年之后再版，也算是对这位思想巨人的一种致敬和纪念，为此，我由衷地感到高兴和欣慰。回顾这十二年，无疑是我个人生命中最为重要的一段旅程，从青年到中年，幸好不仅是身体的衰老过程，而且还是心灵的成熟过程。过去这些年，我主要致力于德性知识论的研究，对于先验论证的研究已经搁置多年。不过，这并不意味着我对康德和先验论证的关注和喜爱有所减少，康德始终在我的思想之中充当河床的角色。正如叶秀山先生所说，康德是可超不可越的，在知识论研究领域康德更是不可绕过的人物。

这次再版也是一个契机，让我可以重新审视自己的学术研究。本书是一本方法论的书，它试图从先验论证角度把康德、黑格尔、维特根斯坦、斯特劳森、罗蒂、戴维森和普特南等众多哲学家的思想串联起来，描绘了一张奇特的思想图谱，假如把这一视角进一步延伸到柏拉图和亚里士多德，我们甚至可以说提供了一部独特的"哲学史"。然而，单纯从方法角度展现的哲学史毕竟太过空乏，最好能够充实其内容，因此，从内容本身入手进行先验研究似乎是一件顺理成章的事情。诚然，一项关于先验知识论的研究早已在我的计划之中。可惜的是，近些年来德性知识论的研究占据了我大部分时间，如今十年过去，相关研究终于可以暂告一个段落。感觉到了弥补这一缺憾的时机已至，因此，未来几年将我将把先验知识论的研究提上议程。另一个触动因素是，十多年来，先验论证研究也有了一些可喜的新进展，先验论证的研究超出了知识论研究的范围，在道德理论、心理学哲学和形而上学等相关领域也有了许多成果。值得一提的是，台湾学人郑会颖最近出版的《先验知识论》一书，让我意识到本书的缺憾。该书对先验知识论和先验论证都有非常不错的引介，可以与本书形成互补。

对于一本书来说，没有遗憾是不可能的。十几年后很多观点也会改变。借此再版之际，我从头到尾重新校对了一遍书稿。但只做了一些文字和表达方面的修改，内容方面只进行了非常细微的一些删减和增加，本书的主体结构基本保持不变。就像霍尔海默在再版《启蒙辩证法》时说的那样，我们对于修订要慎之又慎，能不改，则坚决不改。因为一本书有其自己的生命，不仅代表着你写作当时真实想法的表达，而且代表着一个作者本人也不能随便"生杀予夺"的独立文本。如果作出重大的修改，无异于重新写一本书，而这意味着谋杀。试举一例，我自己读到本书结语部分感觉仿佛在言说当下。当时写作时的动机其实忘得差不多了，但那种感受却依然鲜活。对自身而言，当年的有些话语不仅没有失效，反而愈发变成了事实。过去十多年来，我们亲眼见证了科学的主导性霸权越发盛行，人工智能权力已然成为某种集体意志，正在深刻地改变着我们每个人的生活。人文社会科学的全球性式微，正益发警醒着我们守护纯粹思想的地盘的紧迫性。先验论证与先验哲学的研究正当其时。

感谢崇文书局，特别感谢黄显深编辑的抬爱，得以让这本绝版多年的书能够重新与读者们见面。时而还是会听到一些学界同仁谈起这本书，倍感欣慰的同时，也感觉到一些抱歉和遗憾，如今总算有一个交待。也要感谢我的博士生刘庆康辛苦校对，因为这本书当时没有电子版清样，只能从博士论文重新校对。最后，感谢我的家人，她们是我学术生活的坚实后盾。

是为序。

内容摘要

上至亚里士多德，下至笛卡尔，在他们的著作中都可以发现先验论证的个案，不过，康德首先系统地使用先验论证，现代则由斯特劳森将其复兴。它一般以"何以可能"的追问方式揭示一般经验条件与经验命题或事件之间的先天关系，例如范畴之于经验的先天关系（先验演绎）和一般性的物理客体与自我意识的经验的先天关系（驳斥唯心论）、概念图式之于由时空性的物质对象组成的公共世界之间的先天关系，等等。因此它具有一个基本的形式：存在 Y，且 X 是 Y 存在的必要条件，所以，X 必须如此。

本书首先评介了几个著名的先验论证范例，其后才进入对先验论证本身的研究。本书主要包括两个部分：先验论证的实证研究和先验论证的批判研究。第一部分的研究为我们提供了研究先验论证最为重要的参考实例。如果没有这些案例，先验论证将只不过是停留在头脑中的单纯幻想而已，这就会大大地减少它的理论价值。这部分的研究表明，几乎在每一个具体的先验论证实例背后都包含了各自特殊的哲学思想和原则，因而对它们的研究在很大程度上是对不同哲学思想的研究，这是研究先验论证的难点之一。不过，虽然具有这些明显的差异，各个先验论证实例却也具有明显的传承关系：康德的先验论证是模板，后来者或是直接改造自康德（如斯特劳森的客观性论证），或是直接受到康德的影响（如普特南的"缸中之脑"论证），或是基于康德思想原则的创造性建构（如维特根斯坦的私人语言论证和戴维森的全知解释者论证）。

　　第二部分主要回答三个问题：先验论证是可能的和有效的吗？先验论证有什么性质？先验论证能够干什么？通过对这些问题的回答，力求较为全面地掌握先验论证，从而回答一个总的问题：什么是先验论证？第一个问题主要涉及唯一性证明，即证明范畴图式的唯一性，以便确立范畴图式的稳固性本质，进而体现先验论证的价值所在。第二个问题主要涉及由斯特劳德所提出的先验论证的两难困境：如果先验论证要成功应对关于外在世界的怀疑主义，那么，它要么诉诸证实主义（如此，它就是多余的），要么不诉诸证实主义（如此，它最多只能表明我们相信我们有外在世界的知识，然而这种证明结果是微不足道的）。对于这两条标准的反对路线的反驳基本可以采取两个层面的回应：策略层面和原则层面。对于第一条反对路线，在策略层面上采取逐条分析克尔纳所提供的三种证明范畴图式唯一性的方法，指出其错误所在，并且提供一条可能的路径；在原则层面，主要批评克尔纳对先验演绎的理解是错误的，尤其是错误地把范畴图式与先验演绎的关系视为本质性的，因此根本不需要唯一性证明本身。类似地，对于第二条反对路线，首先分析斯特劳德对斯特劳森的解读的正确性问题，其次，在原则上重新思考先验论证与怀疑主义的关系，尤其是康德与怀疑主义的关系问题。

对于先验论证的性质，笔者主要关注分析／综合、回溯的／
前进的、自指性这三个性质，它们分别涉及先验论证的三个核
心概念：必然性、可能性和先验。分析／综合的争论关键在于
对必然性的理解不同，前者认为这个概念指的是逻辑的或演绎
的必然性，因而先验论证是一个演绎论证，而后者认为它指的
是认知的或因果的必然性，或者干脆就否定必然性这个概念，
而用充分性来替代，因此，先验论证是一个归纳论证。回溯的／
前进的争论涉及如何理解"使经验成为可能"这个短语：按照
强解释，先验论证从一个无可争议的前提推出关于世界的实质
性的知识主张，因此，几乎没有涉及"可能性"这个概念；然而，
按照弱解释，先验论证的前提只需要是一个假设，它探究的是
使这个假设成为可能的主观条件，从而探究我们人类的认知能
力。自指性是先验论证的本质特性，它是"先验"概念的应有
之义，它表明先验论证涉及我们的思维或知性本身，任何企图
思考其他替代者的做法最终都不得不指向被替代者本身，因而，
先验论证所要探究的就是这些植根于我们心灵之中的不可替代
的思维形式本身。这三种性质构成了一个统一的结构，它把我
们引向一种适度的先验论证道路。

最后，笔者探讨了先验论证的功能和目的，重点评介了由
罗伯特·斯特恩所提供的适度化的先验论证方案，该方案的主
旨就是把先验论证的目标锁定在确证的怀疑主义之上，认为只
有它才是真正考究人类认知成果的怀疑主义，或者说，是值得
我们认真对待的怀疑主义，进而探讨应对这种怀疑主义的各种
可能的先验路径。

目　录

第二部分　先验论证的批判研究

导　论

第一节　"先验"概念史

一、"先验"概念的起源

据伊格纳西奥·安吉莱利（Ignacio Angelelli）考证[①]，"先验"（transcendental）概念最早出现在哲学辞典中是 1797 年默林（G. S. Mellin）编撰的《批判哲学百科全书辞典》（*Encyclopädisches Wörterbuch der Kritischen Philosophie*）。在该辞典中，默林指出"先验"这个词有两种不同的含义，即学院派的含义和康德式的含义。前者把适用于一切对象的谓述（predicate）称之为先验的，这些谓述包括存在、统一和善等概念；而后者则把涉及其他命题的先天合法性的命题称

---

① I. Angelelli, "On the Origins of Kant's 'Transcendental'", *Kant-Studien*, 63: 1 (1972), pp. 117-122: 117.

之为先验的。安吉莱利认为，在 16 至 18 世纪，前康德时期，"transcendental" 这个词更多的是以 "transcendentalis"（指的是"超越"）的形式出现，而在中世纪则以 "transcendens"（同样指的是"超越"）^①的形式出现，安吉莱利比较关心 "transcendental" 这个概念如何从中世纪的含义演变成康德的含义，因而他细致考察了这种演变，试图向我们展示其发展的谱系。

辛斯基（N. Hinske）认为在中世纪与康德之间存在一个时期，即早于康德的 16 和 17 世纪，那时"先验"概念的含义同中世纪与康德的含义都不同，而是介于它们之间的一个中间状态。先验概念分别以三种不同的含义出现于三个地方，即后文艺复兴时期（即 17 世纪）的形而上学传统，沃尔夫（Christian Wolff）的先验宇宙论，以及鲍姆加登（Alexander Gottlieb Baumgarten）的形而上学。在后文艺复兴的形而上学中，"先验"已经成为一种理论谓述，即关于命题集的一种论述，而不仅仅是关于其他谓述的一种谓述。不过这种含义相对于中世纪来说并没有发生根本性的改变，依然只是对凌驾于其他谓述之上的一种谓述的状态的描述。尽管如此，它毕竟离康德的"先验"概念近了一步，而更加贴近康德的"先验"概念的是沃尔夫的"先验"概念，因为在他那里，这个词的含义主要是先天的，而不仅仅是同普遍概念相关。最后，辛斯基认为康德完全没有吸收鲍姆加登的"先验"概念的含义，虽然康德一直把鲍姆加登的《形

---

① 如海德格尔在《存在与时间》中根据中世纪的术语说"存在绝对是超越"（Sein ist ein transcendens），指超出一切事物之外而在一切事物之上。

2

而上学》当成他的授课教材。[①]

然而，安吉莱利不同意辛斯基的看法，他认为恰恰是鲍姆加登的"先验"概念构成了走向康德的"先验"概念的第三步，也是最关键的一步。因为，他认为辛斯基把鲍姆加登的"先验的"解释为"本质的"的做法是不精确的，他说："构成一个本质的谓述不是单独地被当成是先验的。毋宁说，它们'结合在一起'的方式或它们成为'一'的方式是先验的。要先验地成为一，就要以被认为是谓述的多的本质拥有统一性的方式联合在一起。许多组谓述以一种单单是偶然的方式'结合在一起'……不是先验的。"[②] 因此，安吉莱利认为，鲍姆加登实际上把本质的必然统一的方式当作是"先验的"，而一般而言，本质的必然统一对于前康德时期的哲学家们而言也是在世界中存在物这一观点成为可能的必要条件，而对于康德而言，则是其先天综合知识成为可能的必要条件。至此，"先验"的最后一层含义，也是最重要的一层含义就显现了。

辛斯基和安吉莱利试图向我们展示的两种"先验"概念之间可能的演进道路虽然在思想上是说得通的，但是，它最大的缺点在于缺乏来自康德文献中直接的证据支持，因而在很大程度上影响了它的可信度。针对这种缺陷，约翰·多伊尔（John P. Doyle）则从"超先验的"（supertranscendental）这一概念

---

① N. Hinske, „Die historischen Vorlagen der Kantischen Transzendentalphiosophie", *Archiv für Begriffsgeschichte*, Band XII (1968), pp. 86-113.

② I. Angelelli, "On the Origins of Kant's 'Transcendental'", *Kant-Studien*, 63: 1 (1972), pp. 117-122: 120.

的分析入手，试图恢复中世纪的"先验"概念与康德的"先验"概念之间"丧失了"的联系。多伊尔认为，"超先验的"概念同康德的"一般对象"（object in general）概念是同一个概念的不同表述，因为它们具有相同的区分原则和概念内涵。[①]

康德在提及"一般对象"这一概念时说："人们通常作为一个先验哲学的开端的最高概念往往是对可能的东西和不可能的东西的划分。但是由于一切划分都是以一个被划分的概念为前提，所以就还必须指出一个更高的概念，而这个概念就是关于一般对象的概念（至于这对象是某物还是无则是悬拟的和未定的）。"（A290/B346）[②]类似的表述还出现于《道德形而上学》的导言当中，并且他还批评他那个时代的哲学家们直接从某物和无的概念出发来讲授本体论，而完全忽视了作为这两个概念的区分前提的"一般对象"概念。[③]

"超先验的"这个概念被17世纪的很多哲学家视为是真实的存在与理性的存在的一个概念共性，并把"超先验的存在"视为是理智的对象，因而属于可理解的范围。不过，"超先验的存在"则相当于具有外在的（extrinsic）可理解性或客观性的某物，而外在的可理解性是相对于内在的（intrinsic）可理解性

---

① John P. Doyle, "Between Transcendental and Transcendental: The Missing Link?", *The Review of Metaphysics*, Vol. 50, No.4 (Jun., 1997), pp. 783-815.

② 康德：《纯粹理性批判》，邓晓芒译，杨祖陶校，人民出版社2004年版，第255—256页。

③ 康德：《法的形而上学原理——权利科学》，沈叔平译，林荣远校，商务印书馆2005年版，第26页。

而言的，它们的区别标准在于前者是就被认识物而言的，而后者是就认识者而言的。"超先验的存在"包含了不可能的对象和可能的对象，因而在这个意义上"超先验"概念是"先验"概念得以可能的前提。

有鉴于此，多伊尔认为在康德的"一般对象"概念与经院派的"超先验"概念之间存在极强的相似性，后一概念至少符合位于可能与不可能的区分之上的"丧失了"的概念。^①不过，它们之间具有深刻的差异，其根源在于认识视角的根本差异。在中世纪，"先验"概念的出发点是存在，而康德的出发点却是统一：笛卡尔首先把哲学的焦点转向"我思"，随后由康德演变成在主体自身中寻找认识或知识的根据的原则，即其所谓的哥白尼革命；相应地，康德的"先验"概念也是从认识者或主体的角度来看的，而中世纪学院派的"先验"概念则是从认识物或对象的角度而言的，进而后者所主张的"超先验的"概念同样如此。

总而言之，学院派的学者把先验之物视为物自体的最为一般的属性，而康德则把先验之物视为知识的最为一般的属性。在知识与物自体之间的鸿沟实际上也是康德与学院派之间的鸿沟，因而任何试图填补这道鸿沟的人都应该首先承认康德的"先验"概念的变革性意义。

---

① John P. Doyle, "Between Transcendental and Transcendental: The Missing Link?", *The Review of Metaphysics*, Vol. 50, No.4 (Jun., 1997), pp. 783-815: 814.

二、康德的"先验"概念及其先验哲学

现在我们使用的"先验"概念基本上是康德意义上的，并且在其后的两百余年间为众多哲学家广泛地接受并使用。康德是在《纯粹理性批判》中首次提出其特有的"先验"概念，即"我把一切与其说是关注对象，不如说是一般地关注我们有关对象的、就其应当为先天可能而言的认识方式的知识，称之为先验的。这样一些概念的一个体系就将叫做先验－哲学。"（A11-12/B25）^① 这段话所要表达的是，"先验"概念是同要求经验的可能性条件的一种特殊类型的辩护（justification）^②观念密切相关的，并由此在这个概念背后就很自然地蕴含了一种哲学，即先验哲学。此外，康德把"先验"与"超验"（transcendent）对立起来，用后者来指称超出可能经验范围的东西。于是，先验哲学的一个首要任务就是要把理性（知性）限定在可能经验的范围之内，因而先验哲学必然首先是一门关于批判的学问。在此意义上，塞克－汉森（Camilla Serck-Hanssen）说："一个无可争议的前提就是，康德的先验哲学只能在他的批判议程所限定的范围内得到理解。"^③

---

① 康德:《纯粹理性批判》，邓晓芒译，杨祖陶校，第19页。

② 一般情况下，我在未注明的地方把 justification 译为"确证"，但是在康德这里它是一个涉及权利问题（quid juris）的法学概念，即单纯的规范性概念，因此我们在此特把它译为"辩护"。

③ Camilla Serck-Hanssen, "Kant's Critical Debut: The Idea of the Transcendental in Kant's Early Thought", in Jeff Malpas (ed.), *From Kant to Davidson: Philosophy and the Idea of the Transcendental*,

鉴于康德的先验哲学同批判如此密切的关系，康德的先验哲学同形而上学就不同于他的前辈们[①]所持有的那种把它们视为几乎是相同的观点。当然，由于先验哲学同形而上学处理的都是诸如实体、因果和变化等基础性的概念，因此，它们之间的关系还是相当密切的。不过，对这些概念的辩护这一点却是康德原创的，也是他区别于传统先验哲学的关键所在，因而也是他赋予"先验"概念以新意义的真正原动力。

为形而上学概念提供辩护的观念远远早于《纯粹理性批判》的出版，可以追溯至康德 1747 年出版的第一部作品《活力的真正测算》（*Thoughts on the True Estimation of Living Forces*）。该书所涉及的主题也许没有人会再感兴趣，甚至在今天的人看来多少有些荒诞可笑，不过康德在其中所表现出来的对哲学以及哲学方法的观点却是值得我们注意的。

首先是康德对哲学本身的看法。他认为所有的哲学问题都是二律背反式的，或来自二律背反，因此哲学是一项批判的和概念的事业，它致力于消除基于概念混淆之上的引人误解的推理；同时，由于康德认为理性在所有人那里都是相同的，因此要根据二律背反所设定的议程成功地哲学化实际上就是要在理性本身的范围内解决冲突。[②]而具体到关于活力的研究，康德试

Routledge, 2003, pp. 7-21: 7.

① 例如，克里斯汀·沃尔夫认为先验哲学是一种特殊类型的宇宙论，即一门规定每一个现实可能的世界共同拥有的东西的学问。先验哲学之于物理学（自然哲学）相当于本体论之于哲学，换言之，先验哲学是一门特殊类型的形而上学。

② Camilla Serck-Hanssen, "Kant's Critical Debut: The Idea of

图为自然哲学的基础原则定性,即它是数学的,还是形而上学的,从而为自然哲学划定界限。康德批判笛卡尔和莱布尼茨在活力问题上都犯了错误,前者错误地把他的"客体"概念限定在数学的或几何学的范围之内,而后者则错误地把数学扩展到其正当的领域之外。因而康德认为要解决这个问题首要的任务就是要通过对"客体"及其他基本概念各自的意义的揭示来确立它们各自的正当领域。因此,在康德这里,在自然哲学或形而上学之上还存在一门批判的元哲学,它在原则上要先于形而上学。

其次,一门批判的元哲学理所当然地要求一种元层次(meta-level)的方法,即一种寻找和诊断谬误推理的方法。他试图通过这种方法厘清一门真正的形而上学的基础。康德从梅朗(Herr Mairan)那里借用了这种方法,它可以简单地归结如下两条:①

1. 寻找结论所依赖的规定;

2. 检验在这个证明的结构当中所选择的这种前提是否为相同的规定所限定。

如上所述,这条方法并不涉及证明结构本身,而是考察证明中的前提与结论的规定的一致性,因而它不是对一般哲学方

the Transcendental in Kant's Early Thought", in Jeff Malpas (ed.), *From Kant to Davidson: Philosophy and the Idea of the Transcendental*, Routledge, 2003, pp. 7-21: 11.

① Camilla Serck-Hanssen, "Kant's Critical Debut: The Idea of the Transcendental in Kant's Early Thought", in Jeff Malpas (ed.), *From Kant to Davidson: Philosophy and the Idea of the Transcendental*, Routledge, 2003, p. 15.

法的考察，而是对哲学方法在应用中可能产生的谬误推理的考察。因而哲学首要的任务就是要考察和澄清这种谬误推理，而这是同康德如何看待一切哲学都源于二律背反的看法是一致的。

最后，康德为我们解释了为什么哲学需要常设一项批判的任务，因而需要一种批判的方法。康德的大致理由是我们的自然禀性，他认为我们自然地倾向于形成轻率和未批判的判断，进而我们极易越过其确证的根据而扩展知识，从而很容易导致理智的自我冲突。因此，哲学首先不是处理对象，而是单纯的概念分析，即通过概念分析来澄清我们未批判的判断的根据。

总而言之，我们在年轻的康德（22岁）身上已经可以发现一些《纯粹理性批判》的重要线索。作为一种批判的哲学是形而上学的一个必要的入门，因为理智自然地会陷入自我冲突之中。这种冲突是概念性的，因而第一哲学必定是关于概念的，而不是关于对象的。进而，理智的冲突仅仅是表面上的，因为它们实际上是谬误推理的产物。要解决它们，我们必定需要一种方法，它致力于通过前提与结论的规定的一致性问题的澄清来消除模棱两可的中项。尽管如此，康德的先验哲学的最终形成是其哲学长期积淀的结果，诸如直观与概念、分析与综合的区分，乃至于"先天综合判断如何可能"这一问题的提出都是康德不同阶段的产物，《纯粹理性批判》只是这些观念的一次集合和升华。

此外，康德的"先验"观念在《纯粹理性批判》之后也不是没有改变，这种改变为朱丽叶·弗洛伊德（Juliet Floyd）所捕获。她认为康德在《判断力批判》中至少向我们展示了一种不同于《纯粹理性批判》中的"先验"观念，即在此，先验概念是作为一种哲学化的模式而存在，这种模式目标不在于寻找到某种先验的立场，使得我们的认知和其他实践合法化，而是致力于关注那些具体和偶然的环境，在其中，那些实践发生并获得支撑。因此她说："正当的先验视角的概念是某种更局部的、更地方性的、更开放式的和更偶然的东西。"[①] 不过，弗洛伊德对"先验"概念的这种理解在很大程度上是对康德的"先验"概念的内涵的收缩，因为她既没有像辛斯基那样揭示"先验"概念是先天的这一层含义，也没有像安吉莱利那样展示"先验"概念中包含的本质的必然统一这一层含义，同样没有像塞克-汉森那样表明"先验"概念的批判的应有之义，而仅仅关注其实践的蕴涵，并且把其使用范围限定在一个狭小的区域内。这种做法现在看来，多少有些得不偿失。

三、"先验"概念在 20 世纪

1966 年哈特曼（Klaus Hartmann）发表了一篇题为《论先验转向》[②] 的文章，他在文中概述了先验哲学的诸要素，并且主要关注先验哲学的困难所在。不过在笔者看来，他的这篇文章的主要贡献在于为我们大致描述了康德的先验哲学其后的发展

---

① Juliet Floyd, "The Fact of Judgement: The Kantian Response to the Humean Condition", in Jeff Malpas (ed.), *From Kant to Davidson: Philosophy and the Idea of the Transcendental*, Routledge, 2003, pp. 22-47: 43.

② Klaus Hartmann, "On Taking the Transcendental Turn", *Review of Metaphysics*, 20: 2 (1966, Dec.), pp. 223-249.

脉络，费希特、谢林、黑格尔以及胡塞尔和海德格尔。2003 年
杰夫·马尔帕斯（Jeff Malpas）主编出版的《从康德到戴维森：
哲学与先验观念》[①]基本上延续了这种思路，它向我们系统地展
示了一幅以"先验"概念为核心构筑起来的 20 世纪的先验哲学
版图，这些"先验哲学家们"包括胡塞尔、海德格尔、德里达、
乔姆斯基、麦克道威尔和戴维森。

　　20 世纪开先验哲学先河的哲学家就是胡塞尔。胡塞尔的先
验现象学以一种强形式展示了"先验"概念，他的理论带有明
显的观念论和基础论的倾向，因而他的"先验"概念更贴近传
统的"先验"概念。类似于黑格尔，胡塞尔把先验哲学视为吸
收和完成了所有先前的哲学，并且包含和恢复了整个哲学传统。
不过，他不同于黑格尔和康德的地方在于，他认为先验哲学不
是任何推理的哲学综合的结果，而是包含了一个未揭示的直接
经验的领域。[②]这种先验的直接经验本身是一个关于自我相关
的意识的无限的和自我封闭的领域，因而同保持开放的康德式
的观念论完全不同。胡塞尔坚持一种全新的和彻底的观念论，
它只能来自在不同实体（自然、文化或世界）中所包含的各种
结构的思考，而不是来自推理性的论证。胡塞尔几乎把所有关
于他的现象学的东西都冠上了"先验"之名：先验自我、先验
主体性、先验主体间性、先验经验、先验反思和先验还原等。

---

　　① Jeff Malpas (ed.), *From Kant to Davidson: Philosophy and the Idea of the Transcendental*, Routledge, 2003.

　　② Edmund Husserl, *Ideas: General Introduction to Pure Phenomenology*, translated by W. R. Boyce Gibson, Collier Books, 1962, p. 5.

在这些名词中所包含的"先验"概念的含义主要是纯粹的、绝对的和必然的，而其先验哲学作为纯粹哲学必然成为一切哲学和科学的基础，它所探究的不再是知识的可能性条件，而是知识的绝对必然的条件。

海德格尔的"先验"概念远没有胡塞尔那样严苛，他也不再关心胡塞尔的主体的意向结构，而是转向了实际性的（factical）生活本身。因而他的"先验"概念是实际的，甚至是实用的（pragmatic），海德格尔试图对存在问题作出响应，进而对根基问题作出响应。总的来说，在海德格尔那里，"先验"概念是一种对哲学的重新定位，并且，同康德的"先验"概念类似，它是同根据、统一性和界限问题相关的，并且扩展到实际性概念和实用性概念。因而，在海德格尔看来，"先验"本身能够被视为是一项致力于达到某种特殊的奠基方式的计划，这种奠基尤其体现在其《康德与形而上学问题》（又称为"第一康德书"）当中，因为他试图把整部《纯粹理性批判》解读为一部为形而上学奠基的著作。

阿佩尔（Karl-Otto Apel）延续了海德格尔为先验哲学注入实际性内容的做法，他同样不满足于康德的先验哲学的形式的、抽象的本质，力图实现"第三次哥白尼革命"。这次革命的核心主张就是，作为有限的认知者，我们不可能从视角的牢笼中解脱出来。他主张在康德的纯粹理性批判之前需要一个元批判，即语言的批判，他要求把我们无可避免的历史文化和语言视为是我们的思维和经验的先验预设。这里的"先验"已经不能算康德式的"先验"概念了，而应该称之为是"准先验"（quasi-transcendental）概念，因而它虽然是先于经验而使经验成为可能的,但是已经没有"纯粹的"含义,取而代之以"特殊的""具体的"含义。

与阿佩尔不同,德里达走的却是胡塞尔的路线,即关注我们的意识的纯粹结构。不过,与阿佩尔相同的一点就是,德里达的"先验"概念同样也是一种"准先验"概念。德里达的"准先验"概念不同于康德的"先验概念",因为它不是致力于使世界的统一成为可能的条件(由于他受胡塞尔的影响,认为这个条件是意义或意向结构)的先验批判,而是试图说出在语言中起作用的力(forces),它们不是来自于意识、意向或呈现。①他不满意于海德格尔关于意义与时间的循环,即存在的意义就是时间,而意义作为首要的筹划之何所向②又必定与时间是不可分割的,而认为存在着诸如力、踪迹(traces)和差异(differences)这样的先验之物(transcendentals)来产生意义,同时又无须通过意义来理解它们。

如果我们说,在大陆哲学中,康德的"先验"概念及其先验哲学有其自成体系的传承的话,康德在英美哲学界的传承远没有如此成体系化,虽然康德的影响力在英美哲学界并不小。不过,在英美哲学界,"先验"概念及先验问题时常出现于哲学家们的作品和思想中,从休谟到维特根斯坦和奎因,乃至于出

①　Claire Colebrook, "The Opening to Infinity: Derrida's Quasi-Transcendentals", in Jeff Malpas (ed.), *From Kant to Davidson: Philosophy and the Idea of the Transcendental*, Routledge, 2003, pp. 162-83: 172.

②　海德格尔:《存在与时间》,陈嘉映、王庆节译,三联书店2006年版,第369页。

现于相对独立的乔姆斯基的转换生成语法思想中，以及晚近的麦克道威尔的《心灵与世界》处理康德式问题：超越的问题，即知觉的对象超越心灵的方式问题。不过我更为关心一个问题，即先验论证的问题，它在20世纪五六十年代迅速在英美分析哲学界发展起来，直至如今，它依旧是一个未完成的热门论题。

四、"先验"概念与先验论证

马尔帕斯把卡朋特（Andrew N. Carpenter）的《戴维森的先验论证》一文放置在其论文集的最后一章绝对不是一个无意之举。这种安排是同20世纪后半叶先验论证在英美分析哲学，乃至于在欧洲大陆的哲学中的持续关注相适应的。先验论证受到热捧，当然同英美分析哲学界对哲学方法的特殊偏好的习性是分不开的，不过先验论证的兴起只是形而上学在分析哲学中的回归，尤其只是分析哲学的先验转向的一个方向而已。

先验论证脱胎于康德的先验演绎和驳斥唯心论，不过它一直没有作为一个独立的论题出现过。直至斯特劳森在《个体》一书中明确提出"先验论证"这个概念，并把它用之于证明独立于心灵的客体和概念图式的存在，人们才开始意识到这种方法可以在康德哲学之外获得独立的应用。此后，争论便一直围绕着这个论题展开，直至今日，硝烟未熄。

先验论证所处理的都是一些非经验性的论题，例如归纳问题、他心问题和外在世界的问题，这些都是长期困扰哲学家的问题。以他心问题为例，对这个问题的传统解决方案都是一种模拟论证，大意是说，从自我出发，即我拥有思想或感觉以及相应的身体行为，同时我也观察到像我这样的其他人的身体行为，通过类比，我有理由相信存在像我这样的其他心灵的存在。这种观点的主要提供者是摩尔（G. E. Moore）和罗素。这种关于他心的类比论证遭遇了激烈的批评，一部分关于他心的怀疑论者受到维特根斯坦在《哲学研究》第 293 节中关于信念责任（doxastic responsibility）的论述[①]的影响，他们通过表明我们根据自身的情况出发的关于他心这个信念的证据是如何无法达到令我们满意的标准来凸显这种信念责任的缺乏。从归纳的角度来看，这种怀疑论是无法反驳的，因为类比论证所诉诸的归纳材料太过单一（只有自我这一例证），因而无法有效地获得一个归纳性的普遍结论。先验论证完全绕过归纳问题来回答这种规范性的怀疑论，它试图通过消解这种怀疑论怀疑的根据来回应它。[②]

如上所述，从先验论证所处理的论题来看，先验论证一般被视为一种驳斥怀疑论的方法，而且涉及的都是一些非经验性论题的怀疑论，因而"先验"这一概念只具有消极的意义，即"非经验的"，与经验直接相对。这大大限制了"先验"概念的内涵，

① "如果说到我自己，我说我只是从我自身的情况知道'痛'这个词指什么——那么，在说到别人时，我就一定不能这么说吗？我怎么能如此不负责任地把这种情况加以普遍化呢？"具体参看维特根斯坦：《哲学研究》，李步楼译，陈伟杭校，商务印书馆 1996 年版，第 149—150 页。

② 这种方法具体由罗伯特·斯滕根据自己的理解从斯特劳森的著作中提炼出来，具体参看 Robert Stern, *Transcendental Arguments and Scepticism: Answering the Question of Justification*, Clarendon Press, 2000, pp. 231-238。

从而也限制了先验论证的功能和意义。

　　对"先验"概念史的探究对于我们如何正确定位先验论证是有帮助的。例如，卡尔斯滕·哈里斯（Karsten Harries）从先验哲学这一宏观视角出发把先验论证视为是一种基于我们的认知能力（即审视"所有可能经验"领域的能力）的论证，并能够为先验哲学提供基础。① 这一点是抓住要害的，因为康德一直强调自己的"先验"概念是就"我们的认识对认识能力的关系"而言的。② 欣提卡（Jaakko Hintikka）根据康德对"先验"概念的界定得出关于先验论证的定义："因此，先验论证对于康德来说是一种证明某种特殊类型的先天综合知识的可能性的论证，它通过表明这种可能性是如何归因于我们那些获得先天综合知识的那些活动来完成。"③

　　但是我不同意欣提卡把斯特劳森的先验论证视为是一个虚假的先验论证的结论。诚然，从康德意义上来讲，先验论证确实同心理学（先验的）有着不可分割的联系，因为在康德那里，先验论证只有借助于先天地发生的想象的生产性综合才能把范畴应用于所有可能经验之上。不过随着哲学的发展，语言学的范式已经逐渐取代了心理学的范式，先验论证如果依旧囿于传

---

　　① Karsten Harries, "On the Power and Limit of Transcendental Reflection", in Jeff Malpas (ed.), *From Kant to Davidson: Philosophy and the Idea of the Transcendental*, Routledge, 2003, pp. 139-161: 142.

　　② 康德：《任何一种能够作为科学出现的未来形而上学导论》，庞景仁译，商务出版社1978年版，第57页。

　　③ Jaakko Hintikka, "Transcendental Arguments: Genuine and Spurious", *Noûs*, Vol. 6, No. 3 (Sep., 1972), pp. 274-281: 275.

统的心理学范式，那么它就不可能在现代哲学尤其是分析哲学中获得青睐。我比较倾向于程炼的一个观点，即语言学是一条进入先验论证的较容易的信道，尤其在语言哲学占据中心地位的当代分析哲学中。①

我支持康德的知识论的基本主张，即人类知识不能仅仅建立在经验这一只脚上，还应该有一只脚，即先验。经验与先验构成了我们知识的基础研究的两大领域。从哲学史上来看，经验领域已经被研究的太多了，而相比于经验研究，进行先验研究的时间也短得多了。导致这种结果的原因当然不是因为我们对"先验"这一概念的含义不甚了了，"先验"的现代含义基本上已经由康德制定完成了，而是因为先验研究本身并不增加知识，而且难度极高。不过，对"先验"概念的历史追溯至少可以让我们了解先验哲学提出的根由，让我们在这种根据或理由所限定的范围内讨论和发展先验哲学及先验论证。

第二节　形而上学在分析哲学中的回归

自从分析哲学诞生以来，哲学的视域曾经一度极度萎缩，分析哲学试图同传统哲学来一次彻底的"分手"，对于传统的一些哲学"大问题"往往是"弃如敝屣"。分析哲学家们所关心的问题不再是诸如"世界的本原是什么""知识的基础是什么""经验的最终根据是什么"等一些"大问题"，而是关心具体的细节

---

① 程炼：《思想与论证》，北京大学出版社 2005 年版，第 96 页。

和技术层面的问题，诸如如何分析语词的意义和指称，或者是如何构造某种人工语言（如数理逻辑或模态逻辑）来解释世界等问题，企图通过对语言的逻辑分析来消除形而上学。然而，如同其他哲学思潮一样，经过短暂的亢奋之后，分析哲学家们越来越认识到单纯的技术层面的讨论对于哲学是不够的，对于形而上学的拒斥无法一如既往地继续下去，他们中的许多人开始意识到对"大问题"的讨论是必要的。例如，普特南还是学生的时候，作为逻辑实证主义重要代表人物的赖欣巴哈（Hans Reichenbach）就教导他要关心那些大问题，而不要仅仅就一些技术问题进行思考和写作。①

这种态度的转变其实只在以维也纳学派为代表的逻辑实证主义者们看来是剧烈的，它在维特根斯坦那里几乎没有发生，因为他从来不曾拒斥过形而上学。作为其早期思想代表作的《逻辑哲学导论》，维也纳学派奉之为圭臬，该学派的成员花了近乎一年的时间来专门研究它，维特根斯坦也被他们奉若神明。然而，最终维特根斯坦与他们由于观点的分歧而分道扬镳，他们一厢情愿地认为维特根斯坦同他们在对待形而上学的态度上是一致的，最后他们发现这是一个误解。卡尔纳普（Rudolf Carnap, 1891—1970）在其晚年的《思想自传》中承认"当我们在小组内部阅读维特根斯坦的著作时，我曾错误地认为，他对待形而上学的态度同我们的态度是相似的。我没有充分注意到他的书中关于神秘的东西的论断，因为他在这方面的感情和思想同我

---

① H. Putnam, *Words and Life*, Harvard University Press, 1994, p.100.

距离太大了。只是通过与他的个人接触，才使我更为清楚地看到他在这一点上的态度。"① 卡尔纳普所说的神秘的东西就是维特根斯坦企图通过可言说的东西与不可言说的东西的划界来显示的东西。维特根斯坦认为，即使所有可能的科学问题都得到了解答，但是我们的问题还完全没有被触及，而这个"我们的问题"指的就是人生问题、价值问题或伦理学问题。事实上，在《逻辑哲学导论》中存在着明显的经验形而上学与超验形而上学、思辨形而上学与道德形而上学的康德式区分，而且在维特根斯坦看来，道德形而上学高于思辨形而上学，并且后者为前者奠定基础。在这种意义上，《逻辑哲学导论》甚至可以被视为是一部形而上学著作。②

后期维特根斯坦转向日常语言，作为这个时期的代表作《哲学研究》同日常语言学派形成了强烈共鸣，它们都强调语言的约定性质，即语言的规则性。涂纪亮把维特根斯坦从前期到后期的转变总结为三点：从说明（explanation）到描述的转变、从肯定本质结构到否定本质结构的转变和从逻辑分析到语法研究的转变。③ 归根结底，这三点都是维特根斯坦后期哲学视域的转变所产生的后果，逻辑同日常语言的一个突出的区别就是

---

① Paul Arthur Schilpp (ed.), *The Philosophy of Rudolf Carnap*, Open Court, 1963, p. 27.

② 对《逻辑哲学导论》的形而上学维度的更为详尽的讨论，可以参看陈启伟：《〈逻辑哲学导论〉中的形而上学》，《德国哲学》第 1 辑，第 134—164 页。

③ 涂纪亮：《维特根斯坦后期哲学思想研究》，武汉大学出版社 2007 年版，第 1—14 页。

前者是精密和稳定的，它对世界的说明是通过还原法来达到的，即："在他看来，语言是一个由所有命题组成的、封闭而且完美的结构，所有的命题都可以还原为基本命题，而基本命题又可以还原为最简单的符号，即名称；与此相对应，世界也是一个由所有事实组成的封闭而完美的体系，所有的命题都可以还原为基本事实，而基本事实又由对象组成。"① 这就是逻辑原子主义的基本思想。而日常语言则恰恰相反，它的内容随时在更新，甚至于其语法结构也在不断地变化，总而言之，它是"活的"。维特根斯坦认为日常语言根植于生活形式之中，它是由多种多样的语言游戏构成的，对它的研究必须通过描述其现实的用法入手，对其进行语法研究，从而澄清哲学的混乱，这是哲学的首要任务。维特根斯坦的这种哲学视域的转变没有改变其经验形而上学的本性，改变的只是从以逻辑形式为先天要素的经验形而上学向以语言规则的先天性为核心的经验形而上学的转变，因而在维特根斯坦那里没有所谓的从拒斥形而上学到接受形而上学的转变。

无论是误解还是刻意回避，维也纳学派借维特根斯坦之"题"发挥他们自身对形而上学的拒斥态度的做法确实引发了当时分析哲学界的一阵反形而上学浪潮，形而上学论题一度成为分析哲学中的禁忌话题。然而，随着分析哲学的语言学转向，逻辑实证主义者对形而上学的歇斯底里的攻击也逐渐弱化乃至消失，正是在这个时间当口，作为日常语言分析学派的主

---

① 涂纪亮：《维特根斯坦后期哲学思想研究》，武汉大学出版社2007年版，第5页。

要代表之一的斯特劳森于 1959 年出版了其代表作《个体：论描述的形而上学》，该书的出版在某种意义上是分析哲学的一个重要转折，它对形而上学的地位给予了重新肯定。江怡在该书的中译本的译者序中对此给予了积极肯定："受到斯特劳森的影响，20 世纪 70 年代以后的分析哲学一反以往的反形而上学态度，竭力从语言语法、经验意义、真理标准以及逻辑形式等不同方面探讨形而上学的价值，特别是对存在、时间、真、意义、同一性、可能世界、实在论和反实在论等问题展开了热烈讨论，取得了许多前所未有的成果。"①

从该书的副标题就可以看出，斯特劳森力图重新审视分析哲学与形而上学的关系问题。他把形而上学大致区分为修正的形而上学和描述的形而上学，前者"关注于产生一个更好的结构"，而后者"满足于描述我们关于世界的思想结构"②。因此，同维特根斯坦一致，斯特劳森也强调描述对于哲学的重要性，而不是企图创造一个结构来更好地说明世界，不过，同维特根斯坦不同的是他对待哲学的态度，他认为哲学应该立足于给我们的知识世界贡献肯定积极的内容，而不是仅仅满足于澄清问题。描述的形而上学力图描述我们的概念图式，它并不试图直接回答世界是由什么事物构成的，转而通过观察我们谈论世界的方式去揭示呈现于我们理智面前的世界。

---

① 斯特劳森：《个体：论描述的形而上学》，江怡译，中国人民大学出版社 2004 年，第 15 页。

② P. F. Strawson, *Individual: An Essay in Descriptive Metaphysics*, Methuen, 1959, p. 9.

因此，描述的形而上学实际上是一种概念分析，揭示的是概念真理，它主要讨论概念以及概念间的联系。从表层来看，先验论证就是一种阐明概念之间先天必然的联结关系的论证方法。正是在《个体：论描述的形而上学》中，先验论证这一康德式的论证方法第一次以一种略显晦涩的面貌呈现在世人面前，并且基本上确定了此后我们对先验论证这一概念本身以及其基本形态的理解。先验论证这一话题引发了分析哲学界此后数十年的热议和争论，至今未绝。

斯特劳森是分析的康德主义的领军人物。从整体上来说，描述的形而上学是一个康德式的体系，其力图证明概念图式是整个经验世界建构的必不可少的前提条件的论证目标，这同康德在《纯粹理性批判》中所要完成的核心任务即范畴之于我们的经验知识的必然运用是极其相似的；而从部分来看，先验论证这一概念以及其在该书中具体的应用案例都是因循康德的驳斥唯心论的论证方法，而康德的驳斥唯心论被认为是先验论证的典型案例。对此，格洛克（Hans-Johann Glock）主编的论文集《斯特劳森与康德》的导言中有一段非常精辟的概括："斯特劳森的力作《个体》把形而上学复兴为一项在分析哲学界令人尊敬的事业。此外，它也开创了一个显然康德式的体系——描述的形而上学——并且把先验论证这一观念置于知识论、形而上学和方法论争论的中心。"①

斯特劳森对于先验论证的兴起当然是功不可没，不过，这

---

① Hans-Johann Glock (ed.), *Strawson and Kant*, Oxford University Press, 2003, p. 1.

种兴起之所以能够成为可能是同分析哲学的语言学转向密不可分的，否则不可能受到如此广泛的讨论。首先，先验论证作为一种形而上学的论证方法，它在语言学转向之前的分析哲学中是不可能得到重视的。其次，在语言学转向之前，康德随同其形而上学一直是被批判的对象，虽然我们在维特根斯坦的哲学当中一直可以看到形而上学的身影，在某种意义上，维特根斯坦是一个康德式的哲学家；只有在语言学转向之后，随着反形而上学的潮流消退，分析哲学家才逐渐以正面肯定的态度接受康德（虽然不乏批评），并且逐渐形成了一股由斯特劳森开启的对康德的概念进行分析的解释、辩护和阐释的思潮，即上面所说的"分析的康德主义"，这为先验论证的接受提供了一个切近的可能性。[①] 最后，也更为重要的是，先验论证能够为此时的分析哲学提供一条便宜的解决基础性问题的可能路径。语言学转向后的分析哲学所面临的最重要的一个问题就是方法问题，即关于如何能够寻找到一种好的概念分析的方法来取代逻辑分析的方法的问题。当然，先验论证不能完全取代所有其他概念分析的方法，尤其是不能取代语词分析这一基本的分析哲学方法，但是它在处理一些一般性的概念之间的关系以及体系性的概念分析方面具有其独到的优势，正如格洛克所说："先验论证依旧是描述的形而上学和联结性的概念分析的一个工具，它完

---

① 对于康德与分析哲学的错综复杂的关系，可以参看 Hans-Johann Glock, "Strawson and Analytic Kantianism", in *Strawson and Kant*, Oxford University Press, 2003, pp. 15-42; Robert Hanna, *Kant and the Foundations of Analytic Philosophy*, Oxford University Press, 2001。

全独立于怀疑论和本体论。"①

　　总而言之，先验论证的兴起是康德哲学尤其是其第一批判在分析哲学中持续的影响、分析哲学的形而上学"回归"与斯特劳森个人的机缘共同作用的一个结果。正是因为其兴起所具有的深刻的哲学和历史根源，先验论证问题是一个非常重要的问题。我们也可以从另一个侧面来看出这个问题的重要性，维特根斯坦、斯特劳森、迈孔、舒梅克尔、本内特、罗蒂等一大批 20 世纪最重要的哲学家们曾使用或研究先验论证，正是出于这个理由，威尔克森说："我应该假定这个问题是 20 世纪哲学中一个相当重要的问题。"②

第三节　先验论证的发展历程

　　格拉姆（Moltke S. Gram）说："先验论证的历史就是一部关于一个条目的一系列有争论的主张的编年史。"③ 这句话是对过去半个多世纪以来先验论证的发展最为贴切和真实的描述，甚至于它仍将适用于先验论证未来的发展。经过这么多年的争论，我们不无遗憾又带着些许兴奋地承认，对先验论证进行研

---

① Hans-Johann Glock, "Strawson and Analytic Kantianism", in *Strawson and Kant*, Oxford University Press, 2003, p. 41.

② T. E. Wilkerson, "Transcendental Arguments Revisited", *Kant-Studien*, 66: 1, 1975, pp. 102-115: 103.

③ Moltke S. Gram, "Do Transcendental Arguments Have a Future?", *Neue Hefte für Philosophie*, 14, 1978, pp. 23-56: 23.

究是一项非常困难的工作，同时又是一项非常有价值和前景的
工作。先验论证的发展基本上可以用十年作为一个时间阶段来
划分，从 20 世纪 60 年代开始，依次而分。有意思的是，每一
个阶段大致都以一本论文集为标志（60 年代除外，不过，60
年代有几篇非常重要的论文），它们分别是：《先验论证与科学》
（1979）、《解读康德：论先验论证和批判哲学的新视角》（1989）、
《先验论证》（1999）、《斯特劳森与康德》（2003）和《先验哲
学和自然主义》（2011）。① 这些论文集都是因为召开了以先验
论证为主题的会议或讨论班而出版的②，因此，它们在某种意义
上代表了各个阶段先验论证研究的动向和成果。不过，这也在
另一个侧面表明了先验论证研究的一个困境：由于关于先验论
证的专著非常少③，其研究大部分都以期刊论文的形式出现，因

---

① P. Bieri, R. P. Horstmann and L. Krüger (eds.), *Transcendental Arguments and Science*, D. Reidel Publishing Company, 1979; Eva Schaper and Wilhelm Vossenkuhl (eds.), *Reading Kant: New Perspectives on Transcendental Arguments and Critical Philosophy*, Basil Blackwell, 1989; Robert Stern (ed.), *Transcendental Arguments: Problems and Prospects*, Clarendon Press, 1999; Hans-Johann Glock (ed.), *Strawson and Kant*, Oxford University Press, 2003; Joel Smith and Peter Sullivan (eds.), *Transcendental Philosophy and Naturalism*, Oxford University Press, 2011.

② 据笔者所知，2009 年曾召开过先验论证的会议，不过至今还没有看到相关的论文集出版。

③ 据笔者所知，关于这方面的专著大概只有四本，分别是 R. J. Benton, *Kant's Second Critique and the Problem of Transcendental Arguments*, Nijhoff, 1977; Humphrey Palmer, *Presumption and*

此，关于这方面的研究不可避免地遭遇一个中心不明确、焦点不鲜明的问题，这也是导致先验论证研究困难的原因之一。由于 70 和 80 年代、90 年代和进入 21 世纪之后的区分度不高，为了便于表述把它们划归为一个阶段，因此下面的论述将分为如下几个阶段：20 世纪 60 年代及更早："一石激起千层浪"；20 世纪 70、80 年代："激情燃烧的岁月"；20 世纪 90 年代及 21 世纪之后："激情过后的理性发展"。

一、20 世纪 60 年代及更早："一石激起千层浪"

20 世纪 60 年代以及更早一些时候是先验论证的肇始年代，它以斯特劳森的两本书和其他作者的几篇具有代表性的论文为主要标志，代表了先验论证研究的兴起。

自 1959 年斯特劳森的《个体》①一书出版以来，"先验论证"逐渐成为当代哲学尤其是当代英美哲学讨论的一个热门话题。此后四五十年间相关的论文和专著也是数目惊人，其中涉及的广度和深度令人惊叹，我们既可以在古希腊的亚里士多德那里发现先验论证的案例，也可以在近代哲学之父笛卡尔那里找到，以后越来越多，古典德国哲学的康德、黑格尔、费希特，以及

Transcendental Inference, Croom Helm, 1985; Robert Stern, *Transcendental Arguments and Skepticism: Answering the Question of Justification*, Clarendon Press, 2000; Scott Stapleford, *Kant's Transcendental Arguments: Disciplining Pure Reason*, Continuum, 2008.

① P. F. Strawson, *Individuals: An Essay in Descriptive Metaphysics*, Methuen, 1959.

现代哲学的维特根斯坦、普特南、戴维森和塞尔等等，涉及知识论、形而上学、语言哲学、心灵哲学、道德和政治哲学等诸多领域。

先验论证的命运极其诡异：一方面，先验论证在 60 和 70 年代被过高地期望，据不完全统计，1960 至 1979 年这 20 年间发表和出版的关于先验论证的论文和专著总数达到了 112 篇之多，平均每年 5 篇以上，而且主要集中在后十年，自 80 年代后每年发表的论文数量并没有减少，反而有略微增加的趋向[①]，并且开始对先验论证进行深度反思。其中做得最出色的当属罗伯特·斯特恩（Robert Stern），他采用各个击破的策略，用不同版本的先验论证来应对相应的不同种类的怀疑论，一扫以往以一种先验论证类型应对所有怀疑论这种大包大揽的陋习。尽管如此，从总体上来看当代英美哲学界对先验论证表现出某种失望的情绪，许多哲学家纷纷推出了各自的弱化的先验论证版本；另一方面，我们可以看到对先验论证这一论证模式的应用却层出不穷，虽然在斯特劳森明确提出这个词以前这个模式都不是在先验论证的名义下给出的，而在当代也不乏一流哲学家如上面提及的普特南、戴维森和塞尔等对其进行研究和应用，并且乐此不疲，这充分表明了先验论证的独特魅力。

自斯特劳森提出先验论证之后，批评声就一直不断，在其后的数十年间展开了一场热闹非凡而又旷日持久的争论战，可以毫不夸张地说是"一石激起千层浪"。作为一种论证形式，先

---

① 统计资料来自 1999 年罗伯特·斯滕主编的《先验论证：问题与前景》一书附录中历年关于先验论证的文献表，第 307—321 页。

验论证受到了来自各方面的批评，其中最有影响力的当属 1968 年斯特劳德（Barry Stroud）的《先验论证》[1]一文，甚至可以说，它在很大程度上决定了后续的关于先验论证的价值和有效性问题的讨论的进程。在该文中，他指出斯特劳森的先验论证必须以证实原理为前提，因而实质上否定了先验论证的有效性。实际上，斯特劳德的反对是此后批评先验论证的两条标准路线之一，他的批评让后来的先验论证研究者开始认真地思考作为一种反怀疑主义的论证是否能够达到其预想的论证结果，而这种批评的成果（即一种野心勃勃的先验论证——论证独立于主体之外的客观物体的存在——是失败的）已经获得了普遍的接受。但是，先验论证的反怀疑论价值并没有完全丧失，后来的研究者开始思考一种适度的先验论证，它可以避免许多明显的困难。我在总体上支持这种思路，在下面的论证中也极力地把引导读者往适度化的方向走，这才是希望之路。

除了斯特劳德之外，克尔纳（Stephan Körner）注意到了斯特劳森对于康德的解读，并且在 1966 年召开的美国哲学协会（东部分会）第 63 届年会中提交了一篇论文，即《最近哲学中的先验倾向》[2]。在该文中，他对先验论证以及康德哲学在 60 年代分析哲学中的复兴作了盘点，其中更对斯特劳森的先验论证提出了批评。

---

[1] Barry Stroud, "Transcendental Arguments", *The Journal of Philosophy*, Vol. 65, No.9 (May 2, 1968), pp. 241-256.

[2] Stephan Körner, "Transcendental Tendencies in Recent Philosophy", American Philosophical Association Eastern Division Sixty-Third Annual Meeting (Oct. 13, 1966), pp. 551-561.

克尔纳既不同意康德的先验论证，更不同意斯特劳森式的先验论证，他把后者称之为"缩水了的"康德式先验论证。克尔纳对斯特劳森的评论主要可以总结为三点：

1. 范畴图式（斯特劳森的术语用的是"概念图式"）的唯一性。在范畴图式的看法上，他同意新康德主义的看法，认为不存在永恒不变的图式，为此，他举了怀特海以思维空间为模型的范畴图式和波尔以相对论和量子物理学为基础的范畴图式。由此，他得出结论说："一个包含了康德式或斯特劳森式的物质物体概念的范畴图式不是唯一的，并且斯特劳森对先验演绎的企图必定是要失败的。"[①] 在稍晚的《先验演绎的不可能性》一文中，克尔纳对康德的先验演绎的不可能性的论据正是基于此。

2. 范畴图式的普遍性。一方面，克尔纳批判斯特劳森没有把系统的特殊普遍性与其唯一性的关系弄清楚；另一方面，他批判斯特劳森混淆了两种完全不同的普遍性概念，进而混淆了绝对与相对的先天综合命题。[②] 在此，克尔纳其实是在批评斯特劳森所说的"普遍性"只是指某一种属性适用于所有斯特劳森式的外在对象，而不是指适用于所有外在对象。因此，克尔纳的这点批判其实是上面所说的第一点的延伸，不同的范畴图式观念下的物体概念是不同的，既然斯特劳森式的范畴图式并不是唯一的，那么它的图式就不可能适用于描述和定位所有的

---

① Stephan Körner, "Transcendental Tendencies in Recent Philosophy", American Philosophical Association Eastern Division Sixty-Third Annual Meeting (Oct. 13, 1966), pp. 559-560.

② Ibid., p. 560.

外在对象。

3. 归谬论证。斯特劳森的归谬论证是针对怀疑论者的。他认为怀疑论者会认为，我们实际上并没有或不应当意指我们认为自己意指的东西，而这是荒谬的。同样是因为范畴图式的非唯一性，上面的"我们"就不包括波尔和怀特海这样的人。因此，克尔纳说："这个论证要么仅仅是一个有待解决的问题为论据的，它错误地假定了应该要证明的唯一性，要么就要依赖于一个'实质性的逻辑'，它应该以某种隐晦的方式被假定要跨越对斯特劳森与其他人来说可设想或不可设想的东西与绝对可设想或不可设想的东西之间的鸿沟。"①

简言之，如果范畴图式是可替代的，非唯一的，因此所导致的结果就是他所理解的外在世界或客体，以及他所认定为荒谬的怀疑论都只相对于他的概念图式有效。克尔纳批评斯特劳森的最终根据就是范畴图式的非唯一性。这种批评思路在该文发表三年后的《先验演绎之不可能性》②一文中得到了充分的展开，而它也迅速获得了外界的积极响应，最终成为批评先验论证的另外一条标准路线。对上面两条标准批评线路的具体论述将在本书第六章中展开。

除了上述所论及的著作之外，还有几篇论文较为重要，如

---

① Stephan Körner, "Transcendental Tendencies in Recent Philosophy", American Philosophical Association Eastern Division Sixty-Third Annual Meeting (Oct. 13, 1966), p.561.

② Stephan Körner, "The Impossibility of Transcendental Deductions", in Lewis White Beck (ed.), *Kant Studies Today*, Open Court, 1969, pp. 230-44.

亨利希（Dieter Henrich）的《康德的先验演绎的证明结构》①。在我看来，它实际上是先验论证适度化路径成为可能的一个前提，他直接给阿默里克斯（K. Ameriks）把康德的先验演绎解读为回溯论证的灵感。还有就是美国著名的康德专家艾利森（H. E. Allison）的《先验观念论与描述的形而上学》②和格里菲斯（A. Phililips Griffiths）和麦金托什（J. J. MacIntosh）联袂在亚里士多德学会学刊第43卷发表了一组以先验论证为名的文章。③艾利森对斯特劳森的批评直接导致我们对先验论证的分析与综合的争论浮上水面，使之成为后续研究的一个重点之一，具体论述同样在第七章中展开。然而，遗憾的是，格里菲斯和麦金托什没有完成出版者所交代的任务，即对当时先验论证问题的研究进行一个总体的梳理和细致分析，他们把主要的精力放在了他们自己对先验论证的建构上，引入了一大堆在后来先验论证研究中完全湮没无闻的术语：言语风格（locution）、话语领域（sphere of discourse）等。

　　总体而言，60年代的哲学家们的最大贡献在于提出先验论证这一论题，尽管绝大多数都是大而化之的谈论，不过他们确实也提出了一些关于它的一些基础性的问题，例如可能性问题、

---

① Dieter Henrich, "The Proof-Structure of Kant's Transcendental Deduction", *Review of Metaphysics*, 22: 4 (1969, June), pp. 640-659.

② H. E. Allison, "Transcendental Idealism and Descriptive Metaphysics", *Kant-Studien*, 60: 2 (1969), pp. 216-33.

③ A. Phillips Griffiths, J. J. MacIntosh, "Symposium: Transcendental Arguments", *Proceedings of the Aristotelian Society*, Supplementary Volumes, Vol. 43 (1969), pp. 165-193.

有效性问题、功能问题和性质问题，等等。这些问题在 70 年代，乃至于更后面的时期得到了持续深入的探究。

二、20 世纪 70 和 80 年代："激情燃烧的岁月"

20 世纪七八十年代是先验论证发展的关键时期，这个时期的研究者们一方面为发现一个"新"领域而激动莫名，因而他们带着激情在"先验论证"的名义四处寻找同盟和理论源泉；另一方面又充满了疑虑乃至于焦虑，这个论证具备什么样的性质和能够获得什么样的成果，这些都是亟待解决的问题，而斯特劳德和克尔纳的文章理所当然成为他们讨论的重点。

七八十年代的先验论证研究有一个突出的特点，就是积极地寻求先验论证研究的资源，其中的一个具体贡献就是把维特根斯坦，尤其是其最为著名的私人语言论证，视为是先验论证研究的一个重要来源。在 20 世纪 50 年代，随着学界对维特根斯坦哲学的研究，有一批哲学家，包括最著名的维特根斯坦研究专家安斯康姆（G. E. M. Anscombe）、哈克（P. M. S. Hacker）、皮尔斯（D. Pears）和斯特纽斯（Erik Stenius）等，他们看到了维特根斯坦和康德之间的相似性。而据我所知，最早把维特根斯坦的私人语言论证视为是先验论证的应该是罗蒂，他在《证实主义和先验论证》一文中把维特根斯坦的《哲学研究》和斯特劳森的《个体》并置一起，认为它们都采取了一种对哲学怀疑主义进行分析的论题，并且为我们提供了一种全新的批判怀疑主义的方式，即先验论证的路径。①

另外两个哲学家相对独立地为我们在新的角度来思考先验论证提供了借鉴，他们就是普特南和戴维森。普特南在其成名著《理性、真理与历史》中为我们思考笛卡尔的恶魔假设提供了一种新的思路。他在"缸中之脑"的论证中接受了这样一种可能性，即根据我所知道的东西，假定现象与实在之间的鸿沟存在，没有什么东西能排除完全不同于它对我显现的那样的世界存在的可能性。普特南的论证在一定程度上重新唤醒了人们对外在世界怀疑主义的兴趣，并且采用一种先验论证来反驳它的可能性。而且，他为先验论证的实用主义维度研究提供了可供参考的资源。具体论述在第四章中展开。

戴维森是我比较看重的一个哲学家，因为他的先验论证是一种全新意义上的先验论证，一种纯语言学版本的先验论证。自斯特劳森以来，先验论证研究者们把先验论证与概念图式的关系过分密切化了，戴维森对概念图式的批判为我们重新思考这种做法提供了可能。他的先验论证以取缔图式与内容的区分为诉求，引入其特有的彻底解释理论来重新思考自我、他人（或他心）与世界的关系。

除此之外，有很多哲学家在黑格尔、费希特，甚至于在胡塞尔和海德格尔那里寻找到了先验论证的影子。不过，由于他们的哲学离分析哲学相去甚远，这些方面的研究并没有深入下去，但这已经足以表明先验论证的理论潜力。

---

① Richard Rorty, "Verificationism and Transcendental Arguments", *Nous*, Vol. 5, No. 1 (Feb.,1971), pp.3-14:3.

正如上面所说，这个时期的先验论证基本上是在争论中进行的，而为此争论设定范围基本上就是克尔纳和斯特劳德的那两篇文章，尤其是后者的《先验论证》一文。对于克尔纳，夏普尔（Eva Schaper）、鲍姆（Manfred Baum）等一批哲学家对此进行了响应，这场争论的最大启示是，它让我们思考一个问题，即如何让先验论证，乃至于哲学免于受到历史主义的侵蚀，或者用哈里森（Ross Harrison）的话来说就是，"如何不让哲学为历史所埋葬"①。这是一个相当严肃的话题，因为有人（如罗蒂、罗森博格［Jay Rosenberg］等，包括笔者）把先验论证视为是唯一一种对哲学来说是独有的论证方式，因而在某种意义上来说，为先验论证提供辩护，实际上也是在为哲学进行辩护。包括斯特劳德最后试图把先验论证消解在证实主义之下的做法也激起了这方面的思考，如罗蒂在《先验论证、自指和实用主义》一文中强调先验论证对于哲学的基础性作用那样。② 因此，我们也理解为什么 1977 年在比勒菲尔德大学召开的会议会选择"先验论证与科学"这个论题，这是两种方法路径的根本差异。科学方法的路径基本上是采取经验路径来为经验知识提供确证，它能够达到的最好结果就是为分析包含在科学进步中的概念提

---

① Ross Harrison, "A Temporal Necessities of Thought: or, How Not to Bury Philosophy by History", in E. Schaper and W. Vossenkuhl (eds.), *Reading Kant: New Perspectives on Transcendental Arguments and Critical Philosophy*, Blackwell, 1989, pp. 43-54.

② Richard Rorty, "Transcendental Arguments, Self-Reference, and Pragmatism", in P. Bieri, R. P. Horstmann and L. Krüger (eds.), *Transcendental Arguments and Science*, 1979, pp. 77-103.

供适宜的模型（类似于库恩的范式转换），因而这实际上放弃了对知识论或哲学的基本问题的思考，或放弃了对无可争议的真理的追求。而哲学恰恰应该思考基本问题，它要为知识提供绝对的基础，它在这方面不能诉诸经验路径，而应该采取先验路径，表明某些概念或语言结构的应用对于所有关于知识或经验的讨论来说是一个必要条件。①

对斯特劳德的反对，在七八十年代基本上出现了两种回应路线，一种就是重新解释斯特劳德所批评的斯特劳森的先验论证，主要是指出斯特劳德的解读的错误之处，即他错误地理解了斯特劳森反驳怀疑主义的先验策略的内涵。斯特劳森的先验论证不是直接证明怀疑主义所怀疑的东西是错误的，而是表明它们的怀疑触犯了意义性条件，因而这些怀疑不要求一种积极肯定的回答或回应。这条路线基本上包含在斯特劳森自己的早期作品《个体》一书中。

另一种回应路线就是斯特劳森本人在其后期主要作品《怀疑主义与自然主义：某些变种》中提出，在此他部分接受斯特劳德的批评，即必须弱化先验论证的目标，因此他从休谟和维特根斯坦（甚至海德格尔）那里吸取灵感，采取了一种自然主义路径来回应怀疑主义。这种自然主义的基本主张就是认为怀疑主义的怀疑不应该试图通过一个论证来回答它们，而是指出它们是无根据的，因为我们不可能转变自然植入我们心灵之中的那些核心信念。在这种自然主义的路径中，先验论证所起到

---

① P. Bieri, R. P. Horstmann and L. Krüger (eds.), *Transcendental Arguments and Science*, 1979, p. vii.

的作用就是帮助我们向怀疑论者表明某些信念对于我们来说是基本的，因而不容置疑。自然主义的路径在20世纪90年代之后，尤其是进入21世纪以来获得了一定程度的发扬，尽管它们在很大程度上与斯特劳森不同，而是同实用主义相结合，发展出一种实用论的自然主义，其代表人物就是韦斯特法尔（Kenneth Westphal）和福尔斯顿（Sami Philström）。[①]

为了理解先验论证以及应对针对先验论证的诸多批评，实际上在七八十年代形成了一场"轰轰烈烈的"康德式方法的研究运动，相应地也促使康德重新回到主流研究领域（相对于分析哲学早期以及更早一些时候的批判康德潮流而言）以及促进了康德哲学研究的发展。因此，我们可以理解夏普尔和福森库尔（Wihlem Vossenkuhl）在1989年出版的论文集命名为《解读康德：论先验论证与批判哲学的新视角》，在第一部分关于先验论证本身的研究之后，其后的部分分别围绕着康德哲学的相关内容展开：康德与怀疑主义、康德与观念论、康德与分析/综合的区分、康德与先验结构。[②]先验论证研究对康德哲学研

---

① K. Westphal, "Can Pragmatic Realists Argue Transcendentally?", in John R. Shook (ed.), *Pragmatic Naturalism and Realism*, Prometheus Books, 2003, pp.151-175; K. Westphal, *Kant's Transcendental Proof of Realism*, Cambridge University Press, 2005; Sami Philström, Peircean Scholastic Realism and Transcendental Arguments, *Transactions of the Charles S. Peirce Society*, 34, 1998, pp. 31-62; Sami Philström, *Naturalizing Transcendental: A Pragmatic View*, Humanity Books, 2003.

② E. Schaper, W. Vossenkuhl (eds.), *Reading Kant: New Perspectives on Transcendental Arguments and Critical Philosophy*,

究的发展起推动作用最为明显的除了其知识论和形而上学思想的研究之外，还有就是其伦理学的研究。根据先验论证的基本特性，先验论证在伦理学中具有更为适宜的应用，因为先验论证所面临的最大问题就是自我与世界之间的鸿沟问题（斯特恩把它称之为"必然性之桥"），而伦理学所涉及的道德价值和道德规范本身就是一种人的创造物，它们不存在类似于知识论中的实在论的问题，因此，在伦理学中一种适度的先验论证更容易被接受。①

总的来说，整个七八十年代是先验论证研究的高潮时期，而这个时期研究的主要精力一般是在元层面来讨论的，即讨论先验论证的可能性、有效性等问题，而对于这些问题的回答或多或少是"令人沮丧的"，至少让曾经抱有证明完全独立于外在

Blackwell, 1989.

① A. Philips-Griffiths, "Justifying Moral Principles", *Proceedings of the Aristolelian Society*, 58, 1957, pp. 103-124; A. J. Watt, "Transcendental Arguments and Moral Principles", *Philosophical Quarterly*, 25, pp. 40-57; R. Harrison, "The Only Possible Morality", *Proceedings of the Aristolelian Society*, supplementary volume 50, 1976, pp. 21-42; N. Cooper, "The Only Possible Morality", *Proceedings of the Aristolelian Society*, supplementary volume 50, 1976, pp. 43-47; C. F. R. Illies, *The Grouds of Ethical Judgement: New Transcendental Arguments in Moral Philosophy*, Oxford University Press, 1978; A. Gewirth, *Reason and Morality*, University of Chicago Press, 1981; D. Beyleveld, *The Dialectical Necessity of Morality: An Analysis and Defense of Alan Gewirth's Argument to the Principle of Generic Consistency*, University of Chicago Press, 1991; etc.

世界的存在的人来说是如此。不过，这些只不过是一个哲学论题出现早期的过分狂热的表现，当激情消退之后，人们就会开始冷静地、理性地思考什么样的先验论证才是他们想要的和能够获得的。过强的辩护不过是又一次错误的开始。

三、20世纪90年代及以后："激情过后的理性发展"

其实早在斯特劳森后期提出自然主义思路之前，先验论证的适度化道路就已经展开了，斯特劳德引发的这场争论在适度化的方向上继续前进，这是90年代对之前问题的一个延续讨论。这种适度化的先验论证的方案主要有两种：一种是斯特劳德自己提出的，另一种是由罗伯特·斯特恩提出的。

后期斯特劳德不再对先验论证一味采取苛责态度，而是试图为一种可能的先验论证进行辩护。他认为，一个先验论证表明我们必须相信的东西，它们具有反怀疑主义价值，即这些信念是我们不仅不能放弃的，也是我们不能够在我们自身之中或其他人那里发现是虚假的，因为如果它们是虚假的，那么我们将根本不可能再相信任何东西。在这种意义上，这些信念是不可或缺的和无懈可击的（invulnerable）。[①] 因此，他实际上得到

---

① Barry Stroud, "Kantian Argument, Conceptual Capacities, and Invulnerability", in Paolo Parrini (ed.), *Kant and Contemporary Epistemology*, Kluwer Academic Publishers, 1994, pp. 231-251; Barry Stroud, "The Goal of Transcendental Arguments", in R. Stern (ed.), *Transcendental Arguments: Problems and Prospects*, Clarendon Press, 1999, pp. 155-172.

了同斯特劳森近乎相同的结论，即认为我们关于物质物体、他心和归纳等的信念是我们无法避免的，所不同的只是获得结论的路径不同。

罗伯特·斯特恩在2000年出版了一本力作《先验论证与怀疑主义：回答确证的问题》，他在整本书中就是要表达这样一种总体观念，即一旦我们能够足够小心地区分各种怀疑主义，一种适度的先验论证在反怀疑主义方面是有用的。在我看来，他最为重要的贡献就是让先验论证与怀疑主义的关系从一元走向了多元，即从单一的要求确定性走向存在多种可能的确证。进而，他让我们明白我们作为认知主体在面对我们的知识的时候应该采取的是一种主动负责的态度，也就是积极评估认知主体在知识的合法性问题上的作用，而这一点是同康德的批判哲学的精神高度一致的。

当然，适度化的道路并不是没有批评者，包括斯特劳森的自然主义路径，例如瓦尔伯格（J. J. Valberg）和森（P. K. Sen）都认为这种自然主义路径完全无法应对怀疑主义的挑战，因为即使一个怀疑是无根据的，但是这并不意味着其所质疑的东西确实是真的。① 至于斯特劳德的立场，他自己也承认存在问题，正如其所承认的那样，无可或缺性和无懈可击性"在面对一般怀疑主义的时候似乎并不那么令人放心"②，因为它不仅没

---

① P. K. Sen, "On a Gentle Naturalist's Response to Skepticism", in P. K. Sen & R. R. Verma (eds.), *The Philosophy of P. F. Strawson*, Indian Council of Philosophical Research,1995, pp. 112-135.

② Barry Stroud, "The Goal of Transcendental Arguments", in R. Stern (ed.), *Transcendental Arguments: Problems and Prospects*,

有排除错误的可能性，而且还没有提供额外的理由来消除这种可能性的影响。而且布鲁克纳（Anthony Brueckner）指出，斯特劳德的立场似乎是飘忽不定的，因为他一方面主张某些信念是无懈可击的，另一方面又接受它们可能是假的，他的立场始终让两者之间存在紧张关系。[①]罗伯特·斯特恩的立场基本上是为了避免上面各种立场所遭遇的困难而进行设计的，因而具有更为明显的策略性。不过，由于过分强调策略会导致灵活有余、力道欠缺，因而有批评者不满于其躲避了怀疑论挑战的重要方面而有些过于避实就虚，没有击中要害。[②]

尽管如此，90 年代之后，先验论证发展的一个主调就是适度化。这种适度化主张的一个关键内涵就是认为怀疑主义同样是多元化的，而不仅仅存在一种以世界为导向的（world-directed）的怀疑主义，还有以经验为导向的、信念为导向的等一系列的怀疑主义，后者考究人的认识能力之于知识形成的重要性。在这种意义上，先验论证应该被视为一种关于认知确证的方法；进而，这种主张背后还有这样一种信念，即反驳怀疑主义的任务不是先验论证单独能够解决的，或者说，没有一种先验论证可以解决所有怀疑主义的问题，对怀疑主义的解决需要其他更为广泛的认识论考虑，如对自然主义、认知心理学、

Clarendon Press, 1999, pp. 155-172: 168.

① Anthony Brueckner, "Modest Transcendental Arguments", *Philosophical Perspectives*, 10, 1996, pp. 265-280.

② M. Sacks, "Transcendental Arguments and the Reference to Reality", in R. Stern (ed.), *Transcendental Arguments: Problems and Prospects*, Oxford University Press, 1999, pp. 67-82.

知觉或其他认知规范等的思考。总而言之，适度化的主张是一种多重考虑的结果，它不仅要重新思考各种怀疑主义的价值，而且还要重新考虑我们对它们的态度，进而还要考虑先验论证本身，评估它的功能和限度。

此外，进入 21 世纪之后，对先验论证元层次的思路，或者是对先验论证本身的思考的热情有所下降，但与此同时，我们在许多不同领域中都发现了尝试应用先验论证的趋势。例如，哈索克·张（Hasok Chang）把先验论证引入科学哲学，用之于证明科学哲学中的某些形而上学原则[1]；豪尔格·利勒（Holger Lyre）把先验论证带入了当今科学哲学的最前沿领域，即基于量子力学的场理论的结构实在论研究。不仅如此，在现代物理学的研究当中，先验的研究进路已经蔚为壮观了；[2] 罗伊·巴斯卡尔（Roy Bhaskar）和托尼·劳森（Tony Lawson）等人引入先验论证来批判主流经济学的经验主义缺陷和不足，由他们所发展出来的批判实在论已经在相关领域得到了一定程度的认可。[3] 此外，先验论证在法学、政治学、神学、伦理学等学科

---

[1] Hasok Chang, "Contingent Transcendental Arguments for Metaphysical Principle", *The Royal Institute of Philosophy Supplement*, 2008, pp. 113-133.

[2] Holger Lyre, "Structural Realism and Abductive Transcendental Arguments", Michel Bitbol, Pierre Kerszberg and Jean Petitot (eds.), *Constituting Objectivity: Transcendental Perspectives on Modern Physics*, vol. 74, Springer, 2008, pp. 491-502.

[3] Tony Lawson, "Transcendental Realism", in John B. Davis, D. Wade Hands (eds.), *The Edward Elgar Companion to Economic*

的应用更是不胜枚举。

此外，值得一提的是，在哲学界享有盛誉的《斯坦福哲学百科全书》(*Stanford Encyclopedia of philsophy*) 于 2011 年 2 月 25 日出了 "Transcendental Arguments" 这一词条 [①]，而此前只有 "Kant's Transcendental Arguments" 这一词条。这表明先验论证作为一个独立的研究领域的地位获得了某种程度的承认。这个词条的执笔者就是目前先验论证研究领域中的主力人员罗伯特·斯特恩，而其代表作《先验论证与怀疑主义：回答确证的问题》中的驳斥怀疑主义的先验论证策略正是我主要引介和评论的对象。

最后，我将简单介绍一下国内学界对先验论证的研究状况。据所能够获得的数据显示，国内最早引介先验论证问题的是叶秀山先生。1985 年，他参加了在宾夕法尼亚州立大学举办的第六届国际康德会议，归国后，写了一篇题为《第六届国际康德会议简记》的介绍性的文章，发表于该年的《哲学研究》第十一期。在这篇文章中，他特别关注先验论证问题，介绍了罗宾森的《先验论证的目的》和斯图尔曼的《论"先验演绎"的论证结构》两篇文章，并且特别指出了英美学者与德国学者在这个问题上侧重点的不同，前者关心论证过程本身，而后者则更关心论证所针对的问题，而这点可以佐证我所提出的先验论证在分析哲学中的复兴。其中尤为重要的一点是，叶秀山先生

Methodology, Edward Elgar, 2013.

① 具体可参看网址：http://plato.stanford.edu/entries/transcendental-arguments/。

还指出康德与现代分析哲学之间的关系，他认为康德的批判哲学直接演变为现代分析哲学，并且隐晦地指出康德与维特根斯坦之间的亲和性。

除了在叶秀山先生笔下昙花一现之外，此后十多年的时间，国内学界对先验论证再没有任何关注（至少从发表的文献来看是如此），而这段时间恰恰是国外先验论证研究进行得如火如荼之际，因而，实际上，国内学界已经错过了先验论证研究的黄金窗口期。1998 年《哲学研究》分别在第六期和第十期分别发表了浙江大学盛晓明教授的《康德的"先验演绎"与"自相关"问题——评布伯纳与罗蒂的争论》和北京大学程炼教授的《先验论证》两篇文章，前者就本书第七章第四节所讨论的先验论证的自指性问题进行了讨论，主要评论了布伯纳和罗蒂的观点（关于这方面的讨论，还有钱捷教授在 2000 年发表的《什么是康德的先验论证？》），而后者则在国内首次对先验论证的来龙去脉，以及其所涉及的主要问题进行了较为全面的论述。

2000 年以后，时常会有关于先验论证的文章发表，主要包括：黄敏的《作为一种先验论证的私人语言论证》(《哲学研究》2004 年第 2 期)、赵汀阳的《先验论证》和《再论先验论证》(分别发表于《世界哲学》2005 第 3 期和 2006 年第 3 期)、倪梁康的《再次被误解的 transzendental——赵汀阳"先验论证"读后记》(《世界哲学》2005 年第 5 期)、陆丁的《先验论证的逻辑分析》(《世界哲学》2005 年第 3 期)、徐向东的《先验论证与怀疑论》(《北京大学学报（哲学社会科学版）》2005 年第 2 期)、刘小涛的《不融贯的概念构架观念？——戴维森的先验论证及其缺陷》(《自然辩证法研究》2008 年第 4 期)、陈嘉明的《先验论证刍论》

（《哲学研究》2009 年第 11 期）、《康德与先验论证问题》（《厦门大学学报（哲学社会科学版）》2010 年第 4 期）、《康德与先验论证问题》（《中国人民大学学报》2010 年第 4 期），以及笔者发表的几篇文章。

有一件值得反思的事情就是，赵汀阳在发表的《先验论证》一文后，倪梁康马上给予了回应，然而，后者的回应根本不涉及先验论证本身，而是指向 "transzendental" 这个词的翻译问题，使得一场辩论还没开始就已经结束了。这也许可以反映一点国内研究先验论证的状况，一些学者根本上就不认同这种论证的提法，因而在 "不做死亡鉴定" 之前（在不深入探究其可能性的情况之下）就已经宣布了它的死亡。虽然国内已经有了一定的先验论证研究土壤，但是这块土壤似乎还依然不够肥沃，不足以培育参天大树，更遑论硕果累累了。在我看来，先验论证研究要在国内流行开来，首先要在根基处做文章，即细化我们对康德哲学的研究，不再大而化之地讨论诸如 "康德的理性主义与经验主义之调和""康德在哲学史上之地位" 云云，要敢于讨论 "小问题"，例如讨论先验演绎的结构问题，因为只有在 "小" 处才能见 "精微"；其次，要深入分析哲学，把握它的精髓和困难，尤其是一些核心问题的讨论，例如知识和科学基础问题、怀疑主义问题等等；最后就是培育先验思维和理智的能力，从批判的视角去审视哲学问题，尤其是形而上学问题。笔者在本书中试图在这方面做一点微薄的贡献，但深感学识尚浅，难免贻笑方家，不过，希望这块粗糙的 "砖" 能够引来精美的 "玉"！

第一部分

先验论证的实证研究

第一章
康德与先验论证问题

康德与先验论证研究是难分难解的，本书的论述将充分地体现这一点，最终我们几乎不可避免地要回到康德。毕竟，康德是先验论证研究领域的开辟者和先验哲学真正的缔造者，因此，他的先验论证将无可争议地成为后来所有先验论证研究的共同坐标。对于康德的先验论证的诸多细节性的探讨，将在后续的章节中随着问题的展开而逐渐地铺陈开来。在本章中，我们仅限于讨论一般意义上的康德式先验论证，尤其是引介性地探讨一下范畴的先验演绎和驳斥唯心论的论证意图、目标和结构，揭示它们的论证模式同异之处，进而探析康德意义上的一般的先验论证的本质。

第一节　先验的方法

在康德文本中没有出现过"先验论证"（transzendentale

Argument）这个词，[①] 只有"先验证明"（transzendentale Beweisen），而且其意思也与现代意义上的先验论证有所不同，不过，康德关于它的论述依然具有非常重要的借鉴意义。在《纯粹理性批判》中，康德的"先验方法论"对应的是康德所要回答的四个最基本问题中的最后一个问题，即未来的、作为科学的形而上学是如何可能的？因此，康德在此是想要提出对于未来形而上学的一种设想，并且为这种设想制定必要的方法。其中第一章"纯粹理性的训练"的第一节和第四节对先验论证一般性质和特征的研究能够提供直接帮助。在第一节中，康德就数学证明与哲学证明之间的差异进行了比较，指出了哲学证明的特异之处，而在第四节中，康德指出先验证明的特性，它同可能经验的密切关系，及其区别于反证法的理由。

一、从先验论证的缘起来看

康德进行纯粹理性批判的很大一部分理由就是为了形而上学免于遭受怀疑论的奚落和轻蔑，而这也构成了他在哲学史上的创新的很大一部分。在他看来，作为曾经一切科学的女王的

---

① 布伯奈通过对"证明（demonstration）与论证（argument）"之间的辨析，认为康德的"演绎"（deduction）应该是一种论证，而不是一种"证明"，沿袭自古希腊哲学中的论辩术传统。具体参看：Rüdiger Bubner, „Selbstbezüglichkeit als Struktur transzendentaler Argumente", Eva Schaper and Wilhem Vossenkuhl (eds.), *Bedingungen der Möglichkeit: Transcendental Arguments und transzendentales Denken*, Klett-Cotta, 1984, pp. 63-79: 63-64.

形而上学如今已是一位"受到驱赶和遗弃的老妇",究其原因,在于以往"形而上学的统治在独断论者的管辖之下是专制的"。要摆脱这种悲惨的境地,就要求理性"重新接过它的一切任务中最困难的那件任务,即自我认识的任务,并且委任一个法庭,这个法庭能够受理理性的合法性保障的请求,相反,对于一切无根据的非分要求,不是通过强制命令,而是能够按照理性的永恒不变的法则来处理,而这个法庭不是别的,正是纯粹理性的批判"。(AVIII-AXII)① 纯粹理性批判是对一般理性能力的批判,就其独立于任何经验而追求一般知识来说,它是对一般形而上学的可能性或不可能性进行裁决,对它的根源、范围和界限加以规定,但这一切都是出于原则。只有追问了形而上学之可能性的问题,我们才能够进一步地讨论康德的知识论,而要回答这个问题,就需要先验论证,它们致力于确立先验知识,而经验的可能性依赖于这种知识。

康德在《纯粹理性批判》第二版序言中对于形而上学的方法表示关切,他说:"纯粹思辨理性的这一批判的任务就在于……着手一场形而上学的完全革命来改变形而上学迄今的处理方式。这项批判是一本关于方法的书,而不是一个科学体系本身。"(BXXII)② 康德观察到,逻辑学、数学和科学已经走上了科学的可靠道路,成为我们值得尊敬的学习和研究的对象,原因在于它们都拥有了达到它们的结论的明确方法,反观形而上学,它却缺乏任何证明形而上学主张的系统方法。康德企图在形而上

---

① 康德:《纯粹理性批判》,邓晓芒译,杨祖陶校,第2—3页。

② 同上书,第18页。

学领域发动一场哥白尼革命，而康德认为这场革命应该效仿曾经在数学和自然科学（指物理学）中发生过的革命那样转变思维方式：数学给他的启示是，数学的对象"必须凭借他自己根据概念先天地设想进去并（通过构造）加以体现的东西来产生"；而物理学给他的启示是"依照理性自己放进自然中去的东西，到自然中去寻找（而不是替自然虚构出）它单由自己本来会一无所知、而是必须从自然中学到的东西"。（BXI-BXIV）① 总而言之，在数学和物理学领域中的思维方式的革命给形而上学提供了一条可供借鉴的道路，即对象必须在理性（知性）的原则之下才能够被设想。按照这种思路，形而上学的第一部分的任务就是研究先天概念，进而研究那些给自然界即经验对象的总和提供先天基础的法则。然而，康德认为无论是研究先天知识，还是研究经验的先天法则，想要给它们配以满意的证明，按照至今所采取的方式都是不可能的。显然，对于范畴或先天概念的证明就是先验演绎，而对于那些先天法则的证明则就是康德的先验分析论所提供的证明，而我们可以把这些方法统称为先验论证。

上面提及形而上学的第一部分，按照康德的划分，指的就是先验哲学，即考察知性，以及在一切与一般对象相关的概念和原理的系统中的理性本身，而不假定客体会被给予出来。（A845/B873）② 康德把这部分称之为本体论，因此，在这个意义上，先验论证更精确地说是一种本体论的证明方法。

在此，由于先验哲学只涉及知性本身的运作，即独立于所

---

① 康德：《纯粹理性批判》，邓晓芒译，杨祖陶校，第12—14页。
② 同上书，第638页。

给予的对象，因此对于这种先验哲学的讨论实际上是这样一个事实的后果，即知性在其先验概念和原理中普遍地涉及一般对象，也就是说，涉及所有可能的对象。更为准确地说，知性只是就对象是可能的而言来处理这些可能的对象的，因此，它属于概念和本质，因而属于作为知识或思想的对象的一般对象的可能性。一种可能的一般对象的普遍理论和本体论不得不把知性视为一种知识和思想的能力，因为知性本身，连同其运作，是对所有可能对象来说唯一共同的东西。因此，一个概念和纯粹知性原理的系统同时是一种本体论系统。

　　在康德看来，只有先验的方法才是哲学独有的方法，因此，他几乎在同等意义上使用哲学方法和先验方法。我们可以通过如下一段康德的原话来表明哲学或先验方法的批判本质及其必要性："理性在经验性的运用中并不需要任何批判，因为它的那些原理在经验的试金石上经受着一种连续的检验；同样在数学中也不需要批判，数学的那些概念必须在纯粹直观上马上得到具体的表现，而任何无根据的和任意的东西都会由此而立刻暴露出来。但是在既没有经验性的直观、又没有纯粹直观来把理性保持在一个看得见的轨道上的场合下，也就是在理性仅仅按照概念而作先验的运用时，那么理性就非常需要一个训练来对它扩展到超出可能经验的严格边界之外的倾向加以抑制，使它远离放纵和迷误……这些迷误的原因也可以通过批判而取消。"（A711/B739）① 这里"训练"这个词表达了一种消极的意义，因为康德把限制并最终清除从某些规则偏离开来的倾向的那种强

---

① 康德：《纯粹理性批判》，邓晓芒译，杨祖陶校，第551—552页。

制称为训练。

如上所述，为了更好地了解先验或哲学方法，也许我们可以通过思考它同数学证明之间的特殊差异来实现。康德常常通过对比哲学知识与数学知识来解释他自身的方法。数学证明与哲学证明之间原则性的区别就在于前者构造其概念，而后者则从概念演绎出其所有的原理。我们首先谈谈数学证明。构造一个概念意味着什么呢？康德说："把与它相应的直观先验地展现出来。"（A713/B741）① 实际上，这相当于说数学在想象中制造或生产实例化其概念的对象，而想象是一种直观性的能力，因此数学不可避免地要依赖于直观，正如康德说的，"数学单凭概念不能做成任何事情，而是马上赶紧投向直观，在直观中它具体地考察概念，但却不是经验性地考察，而只是在它先天地表现出来，也就是构造出来的这样一种直观中考察，在其中，从那种构造的诸普遍条件中得出的东西也必然会普遍地对这构造起来的概念的客体有效。"（A715-716/B743-744）② 在数学中，概念和对象是完美地一致的，因为对象是通过概念的构造而产生的，而且鉴于概念构造与直观的先天关系，感性的先天规则就是数学概念及其对象的构造规则。

总而言之，在数学证明中，数学既不是从先天地给予的概念开始的，也不是从经验地获得这种概念的，相反，它采取了一种约定的概念，并且表明该概念只能根据直观性的表象的普遍规则被构造出来。因此，数学证明实际上就是这样一种证明，即在

---

① 康德：《纯粹理性批判》，邓晓芒译，杨祖陶校，第553页。

② 同上书，第554页。

纯直观（时间和空间）中构造概念及其对象，从而把它们自身的结构强加于由此构造起来的对象，并最终产生先天综合知识。

相比于数学，哲学没有直观的资源可以使用，因为它作为一门纯概念的科学，只能通过概念来思考对象，而且是一般对象，或者说，共相。然而，哲学又必须要求直观，因为先验命题是先天综合的，而综合就要求直观。这样就面临这样一个情况，即哲学既要求直观，但又必须不包含直观。这种困境是这样造成的：一方面，康德要求其先验哲学（形而上学）保持其纯洁性，即单纯推论性质的、概念性的学问；另一方面，它又要求先验哲学必须限制在经验领域之内，使之免于僭妄。同时，这种困境是表面上的，因为在康德看来，哲学本身并不要求先天直观或经验性的直观，而只需要引入可能的直观。对于可能的直观与先验论证的关系问题下面还会谈及。

关键在于，先验论证依然是一种概念性的论证，即它最主要的功能就是阐明概念之间的联结，并且证明先天综合命题。康德在《未来形而上学导论》中说："形而上学只管先天综合命题，而且只有先天综合命题才是形而上学的目的。……不过，不单纯根据概念，同时也根据直观，来产生先天知识，以及最后，当然是在哲学知识上，产生先天综合命题，这才做成形而上学的基本内容。"[1] 因而，在这个意义上，先验论证是形而上学在方法上的不二选择。

----

① 康德：《未来形而上学导论》，庞景仁译，商务印书馆1982年版，第26页。

二、从先验论证的论域来看

从论域的角度来看待先验论证是一种可行的角度。一方面，它可以告诉我们为什么要采取先验论证这样一种论证方法，而不是采取同以往哲学所采用的那些传统方法；另一方面，它还告诉我们先验论证的必要性，因为先验论证的论域是一种特殊类别的东西或者说形成了其特殊的论域，而且它在我们的思想和知识中具有特殊的重要地位，因此有必要对此给出证明。在这方面我赞同陈嘉明教授的看法，他说："先验论证还是有其必要性，关键在于它的'论域'的确定，也就是说它有特定的运用范围；在这些范围里，先验论证的运用有其必要性。"[①]

对于先验论证的论域，以往哲学家们的表述各不相同。一般而言，他们都会笼统地说是先天综合知识，但在康德那里，最准确地概括先验论证的论域的概念是先验命题。因为在康德看来，并不是所有有资格称为先天综合并产生知识的命题都需要先验论证，只有那些他称为是先验命题的那类命题才需要，因为先验命题的证明具备一些特殊的性质，而这些才是揭示先验论证的本质所在的东西。因此，他说："在先天综合知识的一切证明中，对先验的和综合的命题的证明本身有这样的特点，即理性在它们那里不可借助于其概念而直接转向对象，而是必须预先说明这些概念的客观有效性和对它们进行先天综合的可能性。这决不只是一个必要的谨慎规则，而是涉及证明本身的

本质和可能性。"（A782/B810）[1]因此，在康德看来，先验论证起到的是一种在概念与对象之间的引导性的作用，即先验命题的证明不能仅仅诉诸单纯概念之间的关系，或者说从某个概念推出另一个概念，而必须超出概念之外，然而又不能诉诸经验直观，于是他才会提出可能的经验（因而可能的直观）这一准绳。

要理解先天综合命题或先验命题，我们就必须首先要仔细审查在这种命题中起作用的概念。当然，这种理解是从语义性质方面而言的，而不是就命题的客观有效性而言，前者是我们首先要注意的。根据康德所言，没有一个包含了经验性东西的概念能够进入这种命题，并且在先验哲学中起作用。因此，在一个先验命题中作为一个术语而起作用的概念都必须是先天概念，而一个概念能够被称为是一个先天概念，必要条件就是其内容不能来自经验，即必须抽离掉所有特殊的感觉知觉。根据康德的看法，如果一个命题是能够产生知识的命题，那么在该命题中起作用的先天概念要么本身就包含了一个纯直观（因而产生数学知识），要么包含可能的直观，而只有那种包含可能直观的先天概念（它在先验命题中起作用）才需要先验的证明。正如康德所说："它所包含的无非是并未先天给予的那些可能直观的综合，这样一来我们就完全可以通过它作出先天的综合判断，但只是按照概念作推论性的判断"（A719/B747）[2]。在此，康德还点出了先验论证的一般特性，即概念间的推论关系。而且，在此康德所谓的"可能直观的综合"表明的是先天概念与经验

---

[1] 康德：《纯粹理性批判》，邓晓芒译，杨祖陶校，第597页。

[2] 同上书，第557页。

直观的一种形式关系，这样一种关于经验材料的综合的概念其本身不是一种材料，而是说，这种综合本身就是先天概念所包含的全部东西。因此，可以说，我们用这样一种综合形成先天综合判断的时候，是在哲学意义上的、纯推论性质的，也就是说，仅仅按照概念来进行的。

简言之，仅仅包含可能直观的综合的先天概念是一种关系的范畴，正如康德所说："纯粹理性……通过知性概念……总是仅仅通过间接地通过这些概念与某种完全偶然的东西，也就是与可能的经验的关系建立起来的；当这种关系（即某个作为可能经验的对象之物）被默认了时，这些原理当然就是无可置疑地确定的，但就其自在的本身来说（即直接地）却是任何时候都根本不可能被先天地认识的。"（A737/B765）^①那么，与这样一种关系范畴相对应的可能直观或者说其可能的经验内容是谁来提供的呢？康德认为，唯有"一般物"这个概念能够先天地提供这种经验内容，而关于这种一般物的先天综合知识能够提供给我们的东西无非就是为后天地提供给我们的感觉知觉的综合提供规则。因此，在这种意义上，对于先验命题，康德有过一个简洁的定义："针对根本不可能先天提供其直观的一般物的那些综合命题都是先验的。"（A720/B748）^②

但是从这个定义出发，我们会发现也许只有经验类比中所包含的命题才是先验命题。因为，在康德的命题系统中，只有类比中的命题能够满足先验命题的标准，即综合的、先天的、

① 康德：《纯粹理性批判》，邓晓芒译，杨祖陶校，第568页。
② 同上书，第558页。

能够产生知识，且拥有一种关系范畴。当然，这是就知识领域而言的。不过，先验论证的论域涉及的是知识的形而上学部分，也就是说，是一般形而上学的概念或命题。例如因果性问题，首先原因和结果是作为一种范畴而存在，因此，首先它们也是康德的范畴的先验演绎所要证明的对象。同时，在康德第二经验类比中，因果性问题具体成为一条原理，康德同样采取了与先验演绎一样的论证方法来对此进行具体的论证，其最大的区别在于后者引入了具体的感觉知觉的内容，而前者只是在一般层面，即在一般经验的可能性前提的角度来论证的。

　　在弄清楚先验证明的特殊论域及其同可能经验的密切关系之后，康德开始讨论先验证明的特点：（1）不能基于原理本身来进行先验证明；（2）每个先验命题只能找到一个唯一的证明；（3）先验证明不是反证法，是明示的或直接的。对于第一点是很好理解的，康德认为原理本身的客观有效性是一个亟待解决的问题，那么自然在先验证明之前应该对这些原理作出演绎，而且"如果这些原理只应当来自单纯的理性，你就永远也不可能取得这种演绎"（A787/B815）[①]。当然，先验论证的论域可以获得一定程度的扩展，只是关键不能越出满足先验命题的那些必要条件，最为紧要的是不能没有可能经验这个准绳。因此，我不认为可以对道德形而上学与宗教哲学方面的概念和命题，如自由、正义等概念，以及与此相关的一系列命题进行先验的证明。陈嘉明教授说："这方面的先验论证的目的，同样是给出了有关这些命题的正当性根据。

---

① 康德：《纯粹理性批判》，邓晓芒译，杨祖陶校，第600页。

以罗尔斯为例，他对自己提出的两条正义原则的正当性、合理性的根据何在，是通过'原初状态'的设定，给出一个在本人看来属于广义的'先验论证'。"[①]虽然他同时指出，我们应该注意到罗尔斯关于正义原则与康德的先验论证之间的差异，因为毕竟康德的先验概念纯粹是在"认识方式"的意义上来讲的，而罗尔斯对于正义原则具有高度的直觉性，因此，罗尔斯的论证不是回溯性的，即对事物得以可能的条件之追溯，而是构造性的（设定原初状态，并从它出发来证明其正义原则）。然而，回溯性与构造性的差异在先验证明这里是一个关键性的区分，因为先验证明必须限定在经验领域，而该领域内的对象或经验性的表象都是有条件者（如先验的自由理念），因此可以进行回溯，否则如果超出一切可能经验领域之外，那么其所论及的对象是绝对无条件者（不可回溯）。在后一种意义上的理性原理只能是构造性的，诸如罗尔斯的正义原则，它只能充当"理性的调节性原则"，正如康德所说："如果它们是一些纯粹理性的原理，那么所有的努力又是白费。因为理性虽然有自己的原理，但作为客观的原理它们全都是辩证的，因而顶多只能作为系统关联性的经验运用之调节性原则而起作用。"（A786/B814）[②]

对于先验证明的第二个特点，康德给出的理由是：

"每一个先验原理都只从一个概念出发，并且按照这个概念

① 陈嘉明：《康德与先验论证问题》，《厦门大学学报（哲社版）》2010年第4期，第23页。

② 康德：《纯粹理性批判》，邓晓芒译，杨祖陶校，第600页。

来说出对象的可能性的综合条件。所以这个证明根据就只能是一个唯一的证明根据，因为除了这个概念之外再没有任何概念能够藉以使对象得到规定的了，所以这个证明也只能包含有按照这个本身也是唯一的概念对一个一般对象的规定。"（A787-8/B815-6）[①]

在康德那里，一个先验原理本质上表达的是概念间的关系命题，因此从形式上来讲，它表现为从一个概念推出另一个概念。不过，康德反对"仅仅在概念之间来回摸索"（BXV）[②]，而是引入可能的直观，也就是引文所说的"说出对象可能的综合条件"。从一个概念出发的好处在于让纷繁的杂多材料在同一的形式标准下被组织，因而让对象在同一的标准下被规定，从而让先验证明表现出其唯一性。康德试图通过这个特点表明基于先验原理的先验证明的绝对性本质，它不是对区别于独断论证明的"毫无原则"，它们立足于对手的身上而随时变换着证明路径，从而使自身丧失了证明的"信誉"。

既然一个先验证明是立足于先验原理的，进而是立足于一个概念出发的证明，那么它就必定不能是反证法的。因为我们知道反证法是一种间接证明，它利用的是排中律，而排中律反映的是在一个思维过程中，一个思想或者反映某个客观对象，或者不反映这一对象，因而它缺乏对这个对象本身的洞见，进而如康德所说，"不能带来对真理的在其可能性根据之关联上的

---

① 康德：《纯粹理性批判》，邓晓芒译，杨祖陶校，第 601 页。
② 同上书，第 14 页。

可理解性……是一种权宜之计"（A789-90/B817-8）[①]。

反证法有其适用的对象，康德认为这种证明方式"只有在那些不可能把我们的表象的主观的东西强加在客观的东西之上，即强加于有关对象中的东西的知识之上的科学中，才能够被允许"。（A791/B819）[②] 在此，康德主要说的是，反证法在纯粹理性的先验尝试中盛行，因为这种尝试"全都是在辩证幻相这种主观的东西的真正的媒质内部进行的，这种主观的东西在理性的那些前提中把自己当做客观的提供给理性乃至于硬塞给理性"。（A792/B820）[③]

毕竟，我们不可能通过反驳对立一方来反证地达到真知识，反证法不过是"一种骗术"而已。先验的证明就是一种对证明根据的先验演绎所引出来的合法的证明，这种意义上的证明是直接的，因为它直接地面对理性所要求的根据，并为它的合法性进行辩护。

综上所述，先验证明的三个特点所表达的意思可以表示如下：先验证明的对象是先验原理，而如果把先验证明立足于原理之上，那么纯粹理性仅仅作单纯思辨的运用，康德认为对原理的证明根据就是经验（A737/B765）[④]。然而，任何哲学的证明又不能诉诸经验性的直观，同时又不能像数学证明那样诉诸纯粹直观，因此他引入了可能的经验或直观。同时，先验证明

---

① 康德：《纯粹理性批判》，邓晓芒译，杨祖陶校，第 602 页。

② 同上书，第 603 页。

③ 同上书，第 604 页。

④ 同上书，第 569 页。

或哲学证明都是由概念出发的，而一个概念对应一个原理，因此，一个先验证明就是唯一的，即对某一个原理的证明；最后，一般而言，既然引入了可能直观，那么通过概念与可能直观所建立起来的关系来实现对原理的证明只能是间接的。然而，康德并不这么认为。在总体上而言，先验证明依然处理的是概念间的关系，如"一切发生的事情都有其原因"，表明的是"一切发生的事情"这个概念与原因之间的关系，因此，先验证明是明示的或直接的。

不过，必须指出的是，对于先验论证论域的探究具有一定的误导性，因为它会使我们忽视一个重要因素，即先验命题中的主体因素或条件。因此，仅仅从对象角度来讨论先验论证会掩盖先验论证的一个本质特性，即自指性。同时，我们也要避免陷入心理学的陷阱。

三、从批判的话语层次 [①] 来看

一般而言，先验论证通常是同一般经验的条件相关的，然而正如沃克所说的，"更多最近的先验论证通常不是与一般经验的条件相关，也不是同时空经验的条件相关，而是同我们实际上拥有的经验或能够拥有的那种经验（即给定我们的概念图式

---

① 对"discourse"这个概念的翻译，学界存在分歧。这个概念的本义指"话语""谈话"。在康德的语境下，可以按本义翻译，但要注意其中包含的"推论"的含义。

的情况下）的条件相关"①。显然，概念图式或框架的引入是同哲学的语言学转向密切相关的，因为这种转向在很大程度上改变的是我们哲学研究的根本路径，概念分析成为研究思想或经验的一条甚至是唯一一条可行的道路。斯特劳森把概念图式视为其描述的形而上学的核心概念，用以表征我们思想中永恒不变的要素，而这也是斯特劳森重新引入先验论证的一个不可缺少的前提。

斯特劳森把康德视为自己最大的盟友之一，认为康德在《纯粹理性批判》中所从事的是同他一样的工作，也就是说，他认为在康德那里存在一个框架原理。以康德的驳斥唯心论为例，司各特·斯坦普尔福德认为，康德试图在一种批判的话语层次（critical level of discourse）上通过先验的反思和论证允许我们谈论框架，表明经验对象实际上不拥有独立于我们的心灵的存在。而他进一步认为这是富有启示意义的，因为我们不难看到康德对讨论对象与讨论我们如何思考对象之间的差异的洞见开启了一段思考概念框架和话语层次的漫长历史。②

从这个角度看，关于概念框架的讨论最重要的就是概念分析，尤其是概念体系之间的关系问题，因而，先验论证是要证明一个特定概念必然地在我们的经验中同另一个概念共同实例化（co-instantiated）。这个论证是通过反思实例化这些概念的直观可能性来进行的。这里强调实例化的原因在上面已经强调

---

① R. C. S. Walker, *Kant*, Routledge, 1978, p. 16.

② Scott Stapleford, *Kant's Transcendental Arguments: Disciplining Pure Reason*, Continuum, 2008, p. 128.

过了，即先验论证必定包含了综合，而综合无非就是对可能直观的综合。引入这样一个实例化的概念的最重要意义在于，当我们抽离掉我们所思考的直观的经验内容之后，我们可以发现任何一个概念的实例必然是另一个概念的实例，因此，两个在内涵上完全不同的概念在外延上是等同的。我认为只有从这种角度来理解，我们才能真正理解关于先验论证是一种概念论证的说法的准确含义。在这种意义上，斯坦普尔福德认为先验论证处理的是概念实例化的条件。规定概念应用的规则的工作是一个逻辑问题，而不是一个心理学问题，康德把它归于先验逻辑或关于对象的逻辑。

此外，也许更为重要的是，通过对概念框架的一个先验反思来谈论和思考对象，康德能够在两个完全不同的话语层次之间作出清晰的区分，即概念框架内的话语和关于概念框架本身的话语。后者才是在批判层次上的话语，因为它不是直接地讨论经验，而是讨论使之成为可能的东西。对于这种区分，康德曾经以球体的例子生动地形容了理性与经验领域的关系问题，他说："我们的理性绝不是一个延伸到不确定地远，而我们只能大概地认识到其局限的平面，毋宁说，它必须被比作一个球体，其半径可以以它表面的弧形的曲率来求得（即从先天综合命题的性质来求得），但由此又可以有把握地指出它的体积和边界。在这个球体（即经验的领域）之外没有任何对理性而言的客体，甚至有关这一类被以为的对象的那些问题，也只涉及对这个球体内部能够出现在知性概念之下的那些关系作通盘规定的主观原则。"（A762/B790）[1] 如其所言，理性在经验领域之外没有任何客体，因而在经验领域之外的讨论必须是一种单纯概念性的探究，属于理性单纯的领域，或者说，只有在经验领域之外，纯粹理性的规训才体现出其本质的特征，即基于原则的思辨。任何批判的方法都是基于原则来划定知识和经验的范围和界限的。

在此意义上，康德认为批判或先验哲学家可以同地理学家进行类比，因为他们都是试图按照先天原则，从一些小的要素来达到一个全面性的结果。例如，对于地理学家而言，他们可以从经纬度的大小获得地球的直径，进而获得整个地球的限制，即它的表面积，与此类似，康德说："我们知识的一切可能对象的总和在我们看来似乎就是一个平面，它俨然有自己的地平线，这地平线也就是包括这些对象的全部范围并被我们称之为无条件的总体性的理性概念的东西。要在经验性上达到它是不可能的，……我们的纯粹理性的一切问题都指向这一点：在这个地平线之外，或充其量还在它的边界线上可能会有什么。"（A759/B787）[2] 因此，形而上学的任务在于为人类的知识划定先天的界限，即绘制人类知识的地图，其必然的结果就是一个描述自然范围的概念框架。

从批判的话语层次角度来看的先验论证毕竟从事的是限制性的工作，而不是积极地创造性的工作，然而，也许这正是哲学应该从事的工作，哲学家应该成为经验知识的审视者、批判

---

[1] 康德：《纯粹理性批判》，邓晓芒译，杨祖陶校，第584—585页。

[2] 同上书，第583页。

者，而不是积极地创造经验知识，因为正如康德所说："所有这一切都属于由概念而来的理性知识，这种知识被称之为哲学性的。"（A724/B752）[1] 同时，哲学区别于其他一切学问的地方在于，它恰好知道自己的界限（A727/B755）[2]，而且哲学的真正目的在于"揭穿一种看错了自己界限的理性的种种假象的念头，以及借助于我们的概念的充分的澄清而把思辨的自负引回到谦虚的但却是彻底的自我认识上来的意向"（A735/B763）[3]。这些评论无不表明先验方法应该为批判的计划的消极任务服务。明白这一点无疑是非常重要的，因为先验的方法总是通过把概念同可能的直观联系在一起而运作的，这就意味着它必定是自我限制的，或者说，它为自身限定界限。哲学的方法并不在先天直观之中为概念创造对象，并且禁止同经验直观联系在一起。因此，如果哲学要产生任何非分析的结果的话，那么它就必须引入一个第三者，即它必须在可能的直观之上来探究概念的实例化或经验的条件。这就意味着作为纯直观形式的时间和空间是同先验论证不可分割的，因此，先验论证必定涉及现象，即时空对象。哲学最大的敌人之一就是独断，因为哲学作为论述性的或言说性的一种学问最可能的就是缺乏根据、不经检验地作概念之间的推论，从而导致胡说或僭妄。概念同可能直观的关联作为一种限制条件防止了先验论证成为超验的，从而导致独断论（这就类似于我们通常所说的要"言之有物"）。

---

① 康德：《纯粹理性批判》，邓晓芒译，杨祖陶校，第560页。

② 同上。

③ 同上书，第567页。

先验论证必须把自己的论述或言说的范围限定在经验世界之中，不过，它们可以是先天的，也就是说，先验论证可以横跨两个领域，即先天领域和经验领域。诚然，在经验领域内部，批判或先验哲学要求某种科学的确定性，这也通常是哲学家会强调的一个积极的成果，甚至有时我们会过分强调这种积极性，从而贬低先验哲学的消极任务。但是，如果先验方法本质不改变，那么先验哲学的消极一面就不可以移除。

对话语层次作批判的和经验的二重区分的一个好处就是可以有效地避免先验论证陷入心理学的陷阱。还是以驳斥唯心论为例，它证明意识本身依赖于我们关于对象的先天判断。所以，我不仅仅相信我是一个空间对象，因为信念默认了一个知识主体，进而一个经验性的知识主体的存在已经默认了根据空间对象来思考。因此，在关于我自己的经验与关于空间对象的经验之间不存在鸿沟，或者说得更准确一点，这是一个关于外延性的等同问题，而不是一个主观必然性的问题。进一步延伸，经验完全是由先天的概念框架来决定的，即对经验的批判分析能够揭示其必然的概念性和直观性预设，因而不需要把它们的结果建立在我们的经验之上。

从话语或言说的角度来看待哲学的方法并不是无的放矢，康德曾经说过"我愿意宁可把哲学知识称之为讨论的证明（推论的证明），因为它只能够通过纯粹的言辞（思维中的对象）来进行"（A735/B763）①。总而言之，纯粹理性批判是形而上学探究最为重要的部分，批判的结果就是形成一种概念框架，同时

---

① 康德：《纯粹理性批判》，邓晓芒译，杨祖陶校，第 567 页。

也引入一种批判的话语路径。在批判的话语层次上来说，先验论证是一种对概念框架进行言说的方式，这种方式避免了经验主义和独断论，因为归根结底，后者缺乏对认识能力的批判，进而缺乏正确性的标准，从而导致知其然，不知其所以然。

正如邓晓芒所说，康德在"先验方法论"中试图对纯粹理性的先验使用的方法加以"训练"，确立一些"消极的"规则，用以限制它扩展到可能经验之外的倾向，从而为建立一种有关经验或现象的"内在的"自然形而上学准备方法论的原则。[①] 先验证明或先验论证作为这种方法论内所制定的必要的方法，它必须服从此类"消极的"规则，并且明确自身的使用范围，以及能够达到的理论目标和使用的话语方式。

第二节　范畴的先验演绎（B版）[②]

康德的范畴的先验演绎构成了《纯粹理性批判》最为核心的部分，是康德哲学最具原创性的部分，也是体现并完成其"哲学的哥白尼革命"最为主要的部分。先验演绎有两版，即A版演绎和B版演绎，这种在哲学史上甚少出现的情况表明了康德对这部分的重视，同时也体现了这部分的难度。诚然，尽管有

---

① 康德：《纯粹理性批判》，邓晓芒译，杨祖陶校，第5页。

② 我在此主要讨论B版先验演绎，理由就是当代先验论证研究主要关注这点，他们试图从这个版本的先验演绎中解读出其反怀疑主义的内涵，下面除非特别注明，我在说"先验演绎"的时候指的就是B版先验演绎。

两个版本，然而并没有使它变得更为清晰一些，以至于有些哲学家认为把它作为先验论证的典型案例并不是一个明智之选。格雷汉姆·伯德（Graham Bird）认为，从驳斥怀疑主义的角度来看，驳斥唯心论与第二经验类比更适合作为先验论证的范例。[①] 此外，由于当代研究者对先验论证与怀疑主义，尤其是外在世界的怀疑主义的关注，斯特劳森、斯特劳德、本内特等哲学家都主要关注 B 版演绎。[②] 当然，也有例外，如著名的康德研究专家艾利森认为，"B 版演绎论证是以这样一种方式构建起来的，它使得核心问题变得清晰，即证明人类认知的理智条件和感性条件之间的一种联系"[③]，而 A 版演绎则模糊得多，尽管他认为它们所要论述的核心问题是一样的。

一、先验演绎的结构

上面所提及的那些先验演绎的现代阐释者，他们过于把先验演绎与怀疑主义相关联，尤其是同笛卡尔式的全局怀疑主义

---

① Graham Bird, "Kant's Transcendental Arguments", in E. Schaper and V. Wilhelm (eds.), *Reading Kant: New Perspectives on Transcendental Arguments and Critical Philosophy*, Basil Blackwell, 1989, pp. 21-39.

② 这方面表现最明显的两篇文献是：P. F. Strawson, *The Bounds of Sense*, Methuen, 1966; Edwin McCann, "Skepticism and Kant's B Deduction", *History of Philosophy Quarterly*, 2, 1985, pp. 71-89。

③ Henry E. Allison, *Kant's Transcendental Idealism*, Yale University Press, 2004, p. 159.

相关联，从而有意无意地忽略了在康德与笛卡尔之间存在的巨大差异。其中，最为突出的一点就是，前者处理的是两类表象之间的认知符合问题，而后者处理的则是认知主观领域与完全外在和客观的世界之间的认知符合问题。因此，真正令康德感到担心的不是怀疑主义（相反，他视怀疑主义为其应对独断论的重要帮手），而是认知空洞（cognitive emptiness），即感性的激流可能不会符合思想的先天规则（用康德的话来说，就是避免产生"概念无直观则空"的情况）。

对于当代的众多康德研究者来说，B版先验演绎的总目标是明确的，即确立范畴的必然性，而其总结构也是清楚的，可分为两部分：（1）第15—21节；（2）第22—27节。[①]第一部分主要确立它们之于一般感性直观的对象的必然性，而第二部分则主要确立它们之于人类感性及其对象的必然性。迪特·亨利希（Dieter Henrich）首先指出了先验演绎的这种结构特征，并且把该证明的这种结构特征设为理解B版演绎的标准，把理解B版先验演绎的问题称为"两步一证明（two-steps-in-one-proof）问题"。[②]时至今日，这种解读已经获得普遍的接受。不过，亨利希对这个论证的具体分析却远没有被接受，我们可以发现他的解释带有强烈的"剑走偏锋"意味，因为他的一个很重要结论就是，第一部分只证明了范畴之于那些已经包含了统一性的

---

① 也有研究者把§20、§21、§27三个小节单独列出来，因为这三小节是结论性或补充性的部分，不算作具体论证的部分。在此不作如此具体的区分。

② Dieter Henrich, "The Proof-Structure of Kant's Transcendental Deduction", *Review of Metaphysics*, 22: 4, 1969, pp. 640-659: 642.

直观的有效性，而其最大的依据竟然只是如下一点：康德在《纯粹理性批判》的第 20 节中使用的定冠词"Einer"时表达"统一性"的意思，斯密的英译本中忽视了这一点，从而导致许多英语语言系哲学家没有理解到康德的深意。

对这种先验演绎的双重结构的解读面临一个非常重要的困难，即如何定位这两部分各自在整个证明中的作用问题。按照亨利希的观点，似乎是第一部分包含了一个特殊的限制，而第二部分则消去这个限制，从而获得更为一般的结论。然而，这点同康德自身的表述存在抵触，因为康德明确表示，第一部分涉及范畴与一般感性直观杂多的关系，第二部分涉及范畴与人类感性直观对象的关系。不过，按照康德的观点，我们如果从双重结构的角度来理解的话，就会产生这样一种疑问：既然人类感性直观是一般感性直观的一个特殊种类，那么后者在证明了同范畴的关系之后就会很自然地证明前者同样如此，但是，这第二部分不就会变得微不足道了吗？因此，当代最著名的康德专家保罗·盖耶（Paul Guyer）对于由亨利希所指出的 B 版演绎的双重结构的特征深不以为然。①

面对这种困境，艾利森提出了自己的解决方案。他的方案最关键的地方就是对范畴在演绎的两个部分的认知功能作一个区分，即作为思维经验对象的条件（思维的推论性规则）和作

---

① Paul Guyer, "The Transcendental Deduction of the Categories", in Paul Guyer (ed.), *The Cambridge Companion to Kant*, Cambridge University Press,1992, pp. 123-160: 160.

为知觉对象的条件（所予能够进入经验意识的非推论性条件）。[1]
对于艾利森来说，第 15—21 节包含了这样一个论证，即证明范畴作为任何经验性对象的思想的可能性条件起作用，而第 22—26 节则论证这样一个主张，即它们是知觉这种对象的可能性条件。这种区分在康德那里可以找到一定的根据，因为康德在第22 节中表达过类似的区分，他说："所以，思维一个对象和认识一个对象是不同的。因为认识包含两个方面：一是使一个对象一般地被思维的概念（范畴），二是使这对象被给予的直观；……空间和时间中的事物只有当它们是知觉（伴随着感觉的表象）时才被给予，因而只有通过经验性的表象才被给予"。(B146-7)[2]
这段话一开始用的"所以"是承接上一节的意思。在第 21 节中康德解释了为什么先验演绎在证明完范畴之于一般感性直观的杂多的必然应用之后还没有结束，而是还有进一步延伸到经验对象之上，他指出："范畴只是这样一种知性的规则，这种知性的全部能力在于思维，即在于把直观中以别的方式给予它的那个杂多的综合带到统觉的统一上来的行动，因而这种知性单凭自己不认识任何东西，而只是对知识的材料、对必须由客体给予它的直观加以联结和整理而已。"(B145)[3] 不过，后面会提到，这段话完全包含了另外一层意思，并且导致对第二部分完全不同的理解。

---

[1] Henry E. Allison, *Kant's Transcendental Idealism*, Yale University Press, 2004, p. 162.

[2] 康德：《纯粹理性批判》，邓晓芒译，杨祖陶校，第 97—98 页。

[3] 同上书，第 97 页。

　　诚然，艾利森的方案是可以避免 B 版先验演绎的第二部分成为多余的，而且他也纠正传统上主要关注范畴作为经验表象的理智条件的偏颇，认识到范畴与人类感性直观形式之间的关系。但是艾利森的方案不能应对由范克利夫（James Van Cleve）所提出的对 B 版先验演绎的一个非常重要的批评，即康德在 B 版先验演绎没有完成其理论目的：先验演绎至多表明了我们必须应用范畴于经验之上，但是它没能表明范畴必须被如此例证，或者说康德只证明了"我们必须应用范畴"，而没有证明"范畴必须适用"。[①] 得出这种结论的理由在于，艾利森的方案指出，先验演绎的这两部分主要是范畴应用领域的转变，即从经验对象的思想领域转向我们对它们的知觉领域，因此后一部分至多能够证明的东西就是，范畴的可应用性对于经验对象的知觉来说是必要的，即为了知觉经验对象，我们必须应用范畴，而没有证明范畴必须被如此应用，而这点恰好就是范克利夫所要批评的东西。

　　根据范克利夫的观点，康德在先验演绎中的目标在于证明"实体和因果概念及康德所罗列的十二个先天概念中的其他概念是在我们所经验的世界中被例证的"。[②] 据此，他提出了其认为是对演绎最根本的批评，只是"还没有获得其应有的关注"。[③] 范克利夫的批评有其合理的地方，至少他对于 A 版演绎和 B 版

---

　　① J. Van Cleve, *Problems from Kant*, Oxford University Press, 1999, p. 89.

　　② Ibid., p. 73.

　　③ Ibid., p. 89.

演绎的第一部分是适用的，但是他对于第二部分的批评则不能
成立。他没能抓住康德在 B 版演绎中某些关键的东西，而导致
这种错误的根源在于他没能辨识出 A 版演绎和 B 版演绎的根本
差异所在（或者说，他没能真正理解康德为什么要重写先验演
绎），依然延续着 A 版演绎的思路去理解 B 版演绎。

　　范克利夫认为，A 版先验演绎由三个前提和一个结论构成，
即：

　　1. 统一性前提：一切我意识到的表象都拥有统觉的统一性。

　　2. 综合前提：诸表象能够拥有这种统一性，仅当它们已经
被综合了。

　　3. 范畴前提：综合要求康德的范畴的应用。

　　4. 结论：范畴适用于一切我意识到的表象。①

　　对于这种结构，我们可以简单地总结为从意识到范畴的蕴
涵链条：意识蕴涵着统觉的统一性；统觉的统一性蕴涵着综合；
综合则蕴涵着范畴。我们从关于意识本质的主张推出关于范畴
应用的结论。显然，范克利夫重构自保罗·盖耶所说的 A 版演
绎的最终阶段（A115-130）。在这个阶段中，康德的起点就是
统觉的先验统一性：在每次都能够属于我们的知识的一切表象
中，我们先天地意识到我们自己的无例外的同一性是一切表象
的可能性的必要条件。（A116）②康德把它称之为统一性的先验
原则，这个原则是由纯粹统觉所提供的，它抓住这样一种思想，
即自我意识的一个本质特征就是，我能够（至少潜在地能够）

---

① J. Van Cleve, *Problems from Kant*, 1999, p. 79.

② 康德：《纯粹理性批判》，邓晓芒译，杨祖陶校，第 125 页。

认识到我的一切表象都属于我。正如康德所说:"一切表象都和某个可能的经验性意识有一种必然的关系:因为,假如它们没有这种关系,假如完全不可能意识到它们,那么这就等于说它们根本不曾实存。"(A117)① 鉴于表象与统觉的统一性的这种关系,范克利夫把它总结为统一性的前提,其所要表达的东西不过是,一切我意识到的表象都服从统觉的统一性。

那么,这种统觉的统一性是由什么构成的呢?康德给出的答案就是:"在与想象力的综合的关系中的统觉的统一是知性,而正是在与想象力的先验的综合的关系中的这同一个统一,是纯粹知性。所以在知性中有纯粹先天知识,它们对于一切可能现象而言包含有想象力的纯粹综合的必然统一性。但这正是诸范畴,即各种纯粹知性概念。"(A119)② 这段话中包含了几点关键的意思:首先,统觉的统一性是一种综合的统一性。其次,由于"这种综合的统一性是以一种综合为前提的,或者包含有一种综合,并且如果前者要是先天必然,那么后者也必须是一种先天综合"(A118)③,所以,就有了范克利夫的综合前提:诸表象能够拥有这样一种综合,仅当它们已经被综合了。最后,康德也曾经说过,这样一种先天综合必定是按照先天规则才成为可能的(A108),而这些先天规则无非就是诸范畴,进而我们可以得出范克利夫的范畴前提:综合要求范畴的应用。

不过,范克利夫本人是通过判断作为中介环节来论述范畴

---

① 康德:《纯粹理性批判》,邓晓芒译,杨祖陶校,第 125 页。

② 同上书,第 127 页。

③ 同上书,第 126 页。

前提的，他认为在康德那里存在这样一种链条：综合—判断—范畴，即：

（ⅰ）综合或者包含或者类似于判断。

（ⅱ）判断要求范畴的应用。[①]

并且，他认为（ⅱ）总的来说对于先验演绎的成功是至关重要的，而确立（ⅱ）则是范畴的形而上学演绎的责任，这意味着形而上学对于先验演绎比某些评论者所允许的来得重要得多。[②]不过，在此引不引入判断并不是关键，康德关于综合与知性或范畴的关系已经很明显了，因为他强调一切结合都源自知性的能力，而统觉的先验统一更是一种最为基本的结合，它应该与纯粹知性最基本的先天规则相关，即同范畴相关，因而无须再绕道判断来表明这种关系了。

总而言之，A 版演绎的程序可以简单总结如下：一切表象都服从于统觉的先验统一性，而这种统一性是综合的，它要求按照先天规则进行对杂多的先天综合；这些规则就是范畴。

平心而论，范克利夫对 A 版演绎的重构是合理的，因而他的反对对于 A 版演绎来说是适用的。不过，他就此得出结论说康德的先验演绎没有完成其理论目标则太过武断了。毕竟，康德重写了先验演绎，如果这个结论能够得出的话，那么他不啻认定 A 版演绎与 B 版演绎在论证上毫无改进。对此，我们上面讨论的 B 版演绎的双重结构包含了应对范克利夫的反对的线索。当然，关键要看如何理解 B 版演绎第二部分的功能。下面，我

---

① J. Van Cleve, *Problems from Kant*, 1999, p. 87.

② Ibid., p. 88.

将根据范克利夫给我们提供的 A 版演绎的论证结构，对 A 版演绎与 B 版演绎进行比较，进而重新思考 B 版演绎的论证结构。

二、先验演绎的第一部分（第 15—21 节）

A 版演绎从意识的统一性为开端，而 B 版演绎则追问表象的杂多的联结所必需的东西是什么。尽管如此，B 版演绎的这部分如同 A 版演绎那样，是"自下而上地"（A120），它紧接着表明杂多的联结不能通过感官进到我们里面，而是必须在知性中进行。不过，康德在此完全不谈在 A 版演绎中大谈特谈的三重综合，而是强调知性的"别无选择性"，因为"在一切表象中，联结是唯一的一个不能通过客体给予、而只能由主体自己去完成的表象"。（B130）①

进而，康德在第 16 节中追问什么统一性使得这种联结成为可能。答案出奇的简洁明了，因为就是这节的标题：统觉的本源的综合统一。不过，它明显就是 A 版演绎中已经表达过的一个主张的重新表述：我思必须能够伴随着我的一切表象。（B131）② 这个主张强调这种统一性是综合的这一本质，所不同的只是它直接跟随着上面的第 15 节：杂多能够被综合，仅当我的表象包含了一个综合统一，而这种统一就是统觉的本源的综合统一。

真正与 A 版演绎差别比较大的是第 19 节，因为在第 17 节

---

① 康德：《纯粹理性批判》，邓晓芒译，杨祖陶校，第 88 页。
② 同上书，第 89 页。

谈论完对象的本质之后,康德在第 19 节中开始讨论判断的本质,而这是完全新的角度。在这节中,康德认为,通过判断,知性把表象带到统觉的统一性之下,因为"一个判断无非是使给予的知识获得统觉的客观统一性的方式"。(B141)① 而判断行为包含了范畴的应用,因此如上面范克利夫指出的那样,这一步骤明显诉诸范畴的形而上学演绎,它使得康德能够得出第 20 节中的结论:在一个所予直观中的杂多必然从属于诸范畴。(B143)②

所以,这部分的论证可以简单表述如下:杂多能够被综合,仅当它包含了一种综合的统一;这种统一就是统觉的本源的统一;知性把表象带到统觉的统一性之下,即综合它们,这一行动包含了判断,而判断则必须使用范畴。这种描述同上面范克利夫所描述的 A 版演绎在本质上是相同的,差别只在具体达到的路径不同:前者直接诉诸先天规则,即范畴,而后者则绕道判断,不过它省略了关于综合如何运行的诸多复杂过程,因此,从总的框架来看,它们都是根据同一模式进行的,即综合—范畴。

既然两个论证的模式相同,A 版演绎与 B 版演绎的第一部分的理论结果不会有什么根本的不同,即它们都易受到范克利夫所提出的反对的攻击。正如康德所说,在这部分的论证所证明的是,在感性直观中所予的杂多需要根据判断的逻辑机能即范畴而被综合。因此,这个结论只包含了我们要使用范畴,但没有证明范畴必须适用于经验的对象,因为这种使用可能是不适当的。

---

① 康德:《纯粹理性批判》,邓晓芒译,杨祖陶校,第 94 页。

② 同上书,第 96 页。

三、先验演绎的第二部分（第 22—27 节）

第 15—21 节只是 B 版演绎的证明的第一部分，康德也明确表示需要后一部分来完成整个证明。那么，这第二部分到底与第一部分是什么关系？它能够证明范畴的必然应用吗？为此，我们可以从康德的如下一段话中看出一点端倪：

"但在先验演绎中，这些范畴的可能性被表现为对一般直观的诸对象的先天知识（见第 20、21 节）。现在要说明的是，通过范畴先天地认识那些永远只能对我们的感官出现的对象，而且不是按照它们的直观形式，而是按照它们的联结法则来先天地认识它们的可能性，因而是仿佛向自然颁布法则甚至于使自然成为可能的可能性。"（B159）[①]

康德在这段话中强调，B 版演绎的证明的第一部分涉及一般直观，而第二部分则涉及那些永远只能对我们的感官出现的对象。因此 B 版演绎的证明是从一般直观向对象被给予我们的方式转移，问题是，这种转移能否避过范克利夫的反对呢？我们知道，范克利夫的反对能够成立是基于如下认识，即康德的证明的第一部分涉及的是范畴之于所有感性直观的应用，而第二部分则涉及范畴之于人类感性直观的应用。因，此上述的解读至少已经消解了这个反对赖以成立的条件。关键在于，这种转移或关注对象给予我们的方式这一点有什么意义呢？

对象给予我们的方式其实就是人类感性直观的形式本身，即时间和空间，因而上述转移的后果就是让人们把关注的焦点

[①] 康德：《纯粹理性批判》，邓晓芒译，杨祖陶校，第 106 页。

从作为对象的表象的理智条件的范畴转向感性条件，后者使得对象能够被提供。这点最早是由朗格妮丝（B. Longuenesse）提出的，她说："这就是为什么第 26 节的目标既不是范畴之于一般感性直观的关系，也不是它们与我们的（时空的）感性直观的关系，而是空间和时间本身，即事物向我们提供的形式。范畴的先验演绎的目标只有重新解读先验感性论之后才能'完全达到'。"①

这种观点最有力的证据来自于康德的如下一段话，它出自第 21 节：

"由于范畴是不依赖于感性而只在知性中产生出来的，我就还必须把杂多在一个经验性直观中被给予的方式抽象掉，以便只着眼于由知性借助于范畴而放进直观中的那个统一性。在后面（见第 26 节）我们将由经验性直观在感性中被给予的方式来指明，经验性直观的统一性不是别的，而是范畴按照前面第 20 节为一个所予直观的杂多而一般地规定的统一性，所以，只有把范畴对于我们感官的一切对象的先天有效性解释清楚了，这个演绎的目的才完全达到。"（B144-145）②

这段话中最关键的就是第二句，它表明 B 版演绎的这第二部分必须证明，空间和时间是如何被建构的，使得杂多的统一性只能由范畴所规定，而不能是别的。这等于宣布了上面所说

---

①　B. Longuenesse, *Kant and the Capacity to Judge: Sensibility and Discursivity in the Transcendental Analytic of the Critique of Pure Reason*, Princeton University Press, 1998, p. 213.

②　康德：《纯粹理性批判》，邓晓芒译，杨祖陶校，第 96—97 页。

的那一步的转移。不过，上面所引的朗格妮丝的话也表明，这种焦点的转移意味着根据 B 版先验演绎的第一部分来重新解读先验感性论。但是，强调先验感性论在此的作用有轻视此演绎第二部分作用的嫌疑，因为它似乎告诉我们完成第一部分的证明任务之后，剩下的工作似乎就是思考这第一部分是如何依赖于感性论部分对时间和空间的解释。这多少与康德所强调的演绎的第二部分的重要性不符。尽管焦点在于事物被给予我们的方式，但是它在根本上是为证明范畴要由经验的对象来实例化这一点服务的。况且，先验感性论再重要，它也不能够解释时空与范畴的关系，因而也不能完成上面的这个证明。

如果能够证明对象在时空中给予我们的方式使得杂多只能根据范畴而获得统一性，那么它至少能够应对范克利夫的反对，因为它证明了范畴必须适用于经验对象。因此，此演绎的第二部分的作用正体现于此。

那么，康德是如何支持这一步的呢？关于这方面的论述主要体现于第 26 节，不过其实质性的展开部分是在第 24 节。而康德的论述中心在于表明感性直观（时间和空间）的双重角色，即直观形式和形式直观。首先，康德主要论述了空间和时间，它们作为人类感性直观的形式实际上建构了现象的杂多，因为这样一种杂多"只有按照这种形式才可能发生"。（B160）① 其次，时间和空间不仅被表象为是感性直观的形式，而且还被表象为诸直观本身，因此在经验直观的杂多自身之中就拥有一种统一性，并且正如康德所说，在先验感性论中就已经表明，它

---

① 康德：《纯粹理性批判》，邓晓芒译，杨祖陶校，第 106 页。

们"是借助于对直观中的这种杂多的统一性的规定而先天地表象出来的"。（B160-1）[1] 因此，这种统一性先于任何概念或范畴，因为它是由作为形式直观的时间和空间本身提供的统一性。不过，康德说："它是以某种综合为前提的，这种综合不属于感官，但通过它，一切有关空间和时间的概念才首次成为可能的。"（B161n）[2] 这种预设的综合就是这样一种综合，在其中"知性规定着感性"。（B161n）所以，空间和时间的统一性是通过知性作用于感性本身的后果而被解释的。

简言之，时间和空间的双重角色分别起到的作用是：作为直观形式，它们提供直观的杂多给知性，而作为形式直观，它们给予表象以统一性。这种统一性来自于想象力的先验综合，它被定义为"知性对感性的一种作用"。（B152）[3] 因此，空间和时间的统一性是根据知性的综合行动来解释的。不过，就它们被表象为统一性而言，它们本身是知性作用于感性的产物。因此，康德宣称空间和时间的统一性"在知性中有它的位置，它就是在一个一般直观中同质的东西的综合的范畴，亦即量的范畴，因而那个领会的综合即知觉是绝对必须适合于这个范畴的"。（B162）[4]

这种解读有一些令人迷惑的地方，例如保罗·盖耶认为康德在第 15 节末尾处有一段话"模糊了范畴与统觉的统一性之间

---

[1]　康德：《纯粹理性批判》，邓晓芒译，杨祖陶校，第 106—107 页。

[2]　同上书，第 107 页。

[3]　同上书，第 101 页。

[4]　同上书，第 107—108 页。

原先所打算的关系，因而会危及整个证明范畴应用于经验对象的计划"。① 康德是说："但联结概念除了杂多概念和杂多的综合概念之外，还带有杂多的统一这个概念。联结是杂多的综合统一的表象。所以这种统一性的表象不能从联结中产生，毋宁说，只有通过把它加到杂多表象上，它才首次使联结的概念成为可能"。（B131）② 在此，康德引入了一种杂多的统一，它"先天地先于一切联结概念，并不是所讲的单一性（即统一性，在德文里是同一个词。——邓晓芒注）范畴"（B131）③，而是作为一切联结的根据的更高的统一性。根据我们上面的解释，康德所提及的统一性正是空间和时间的统一性，它通过统觉在先验综合中所发挥的作用而由统觉的综合统一所提供。因此，盖耶所担忧的情况不仅不会发生，恰恰这段话揭示了这种统一性在整个先验演绎中所起到的至关重要的作用。

上面只是指出了康德如何支持这个步骤（从理智条件转向感性条件），还没有说明康德是如何具体操作的，或者说，它如何同范畴的例证相关呢？似乎一个简单的回答是可能的。因为如果我们接受感性的统一性预设了想象力的先验综合，在其中，为了产生我们关于时间和空间的表象的某个方面，知性必须作用于感性，并且，这种综合本身是根据范畴来进行的，那么现象就会仅仅由于时间和空间的形式直观而以范畴为根据，即在

① Paul Guyer, "The Transcendental Deduction of the Categories", in Paul Guyer (ed.), *The Cambridge Companion to Kant*, Cambridge University Press, 1992, pp. 123-160:149-150.

② 康德：《纯粹理性批判》，邓晓芒译，杨祖陶校，第88页。

③ 同上书，第88页。

时空中被给予的任何东西都会例证范畴。不过，这种答案显然不是康德所想的那样，"先验综合本身是根据范畴来进行的"这种说法本身就是不合理的，因为先验综合先于一切概念。

不过，康德同时也强调先验综合依然是知性对感性的一种作用。问题在于，这样一种先于一切概念的知性的功能是如何可能的呢？真正有意思的地方就在此：不同于其他地方（如在A版演绎中，康德把知性塑造成一种规则的能力，而任何一个判断都是根据概念而发生的），在B版演绎中，他把知性视为是一种统觉的能力，他说："统觉的综合的统一就是我们必须把一切知性运用，甚至全部逻辑以及按照逻辑把先验哲学都附着于其上的最高点，其实这种能力就是知性本身。"（B133-4n）[1]不仅如此，从上面的表述可知，他把统觉视为比范畴更为基本的能力，而这一点也在别处得到了印证："统觉本身就是这些范畴的可能性的根据，这些范畴在自己这方面所表象的无非是直观杂多就其在统觉中有统一性而言的综合。"（A401）[2]正是基于这点，知性能够先于范畴的应用而发挥这种作用。

因此，尽管先验综合本身并不包含范畴，但它同范畴的综合拥有相同的来源，并且康德的观点似乎是，正是因为它们具有相同的来源，在时空中被给予的现象位于相同的统觉的综合统一性之下，而后者要为根据范畴进行直观的杂多的综合负责，即为其提供可能性根据。正是因为它们具有相同的来源，现象

---

① 康德：《纯粹理性批判》，邓晓芒译，杨祖陶校，第90页。

② 同上书，第345页。

的统一性"不能是别的,而只能是杂多的联结的统一"。(B161)①
究其根本,是因为同一个知性承担起了先验综合(它对于空间
和时间的表象是必要的)和在时间和空间中所予的直观的杂多
的范畴综合。因此,任何一个在时间和空间中所予的东西首先
必须位于统觉的综合统一之下,其次,还必须根据规则而被统一,
通过这些规则,知性产生一种统一性。这些规则就是范畴。

　　行文至此,先验演绎的重构基本结束,但是这并不意味着
这种解读是没有问题的,尤其对第二部分的解读由于在康德文
本存在诸多晦暗不明之处,其他各种解读方案也不少,它们各
自都能在康德的行文中找到一定的根据。不过,如果要沿着亨
利希所提供的思路(即把 B 版演绎分为两个阶段,这一点已经
为大多数现代康德研究者所接受),同时要回答范克利夫所提出
的反对的话,那么这种解读无疑是最好的。按照这种解读,先
验演绎的论证意图是比较清楚的。在证明了我们必须根据范畴
来统一直观的杂多之后,为了证明直观的杂多必须被如此统一,
康德转向了人类直观的形式;空间和时间本身被表象为是统一
性,它们是知性作用于感性的一个结果,并且它们位于统觉的
综合统一之下;因此,在时间和空间中被提供的经验对象要根
据知性而被呈现出来,而且它们能够被统一的唯一方式就是通
过使用范畴的知性。当然,这不仅仅意味着我们必须使用范畴,
正如演绎的第一部分所证明的那样,它们必须适用于一切感性
直观,同时,还意味着范畴同样要适用于感性直观的杂多,因此,
演绎的第二部分就要证明范畴的客观有效性。

---

　　① 康德:《纯粹理性批判》,邓晓芒译,杨祖陶校,第 107 页。

第三节 驳斥唯心论

从上面的论述也可以看出，康德的范畴的先验演绎是一个异常复杂、充满争议的论证，因此有些哲学家并不直接把它作为先验论证研究的典型案例来研究，而是转而研究较为简洁和清晰的驳斥唯心论，尤其是因为后者好像是要证明独立于主体的客体的存在或客观性问题，在先验论证与怀疑主义的关系方面后者更加能够体现出来。因此，司各特·斯坦普福尔德说："如果任何一个论证被认为是典型的先验论证，那么这就是康德的驳斥唯心论。"[1] 不过，他也同时承认，对于这个被认定的范例想要证明什么，其结论如何融入康德的系统等问题至今没有一个共识。

一、驳斥唯心论的对手和目标

在驳斥唯心论中，出现了两个对手：笛卡尔和贝克莱。康德把笛卡尔式的唯心论称之为"存疑式的唯心论"，而把贝克莱式的唯心论称之为"独断的唯心论"。并且，康德说，后者的"根基已被我们在先验感性论中取消掉了"（B274），[2] 因此，在驳斥唯心论中主要对手应该是笛卡尔"存疑式的唯心论"。这种

---

① Scott Stapleford, *Kant's Transcendental Arguments: Disciplining Pure Reason*, Continuum, 2008, p. 62.

② 康德：《纯粹理性批判》，邓晓芒译，杨祖陶校，第 202 页。

唯心论"只是借口不可能通过直接经验证明在我们的存有之外的某种存在，它是理性的，并且遵循某种彻底的哲学思维方式；因为它在一个成熟的证明被找到之前不允许作任何裁决性的判断"，因此，康德试图证明"就连我们内部那种笛卡尔不加怀疑的经验也只有以外部经验为前提才是可能的"。（B275）[1] 不过，康德一旦证明了后者，其实他也同时反驳了贝克莱。

然而，康德宣称这两种唯心论是"通过我的叫做先验的、或者最好叫做批判的唯心主义给避开了"。[2] 而事实上，引起人们担忧的是，上述证明同时也把先验观念论给驳斥了，埃克特·福斯特（Eckart Förster）就表达了类似的担忧："但是，现在开始看起来这个论证也许太过强大而不容易为康德所掌控。因为，正如其所论证的那样，如果我在时间中的存在的规定'只有通过外在于我的一个物才是可能的，而不是通过外在于我的一个物的单纯表象'，那么这反驳了笛卡尔式的唯心论。但是它同时也反驳了康德自身的先验观念论，后者要求'我们称之为外部对象的，无非是我们感性的单纯表象而已'。换言之：要么驳斥唯心论也是对先验观念论的一种反驳，要么它根本不反驳唯心论"。[3]

我们知道，康德写《未来形而上学导论》和出版第二版的《纯粹理性批判》的动机在很大程度上来自于其同代学者的批评。

---

① 康德：《纯粹理性批判》，邓晓芒译，杨祖陶校，第 203 页。

② 康德：《未来形而上学导论》，庞景仁译，第 57 页。

③ Eckart Förster, *Kant's Transcendental Deductions: The Three "Critiques" and the "Opus Postumum"*, Stanford University Press, 1989, pp. 294-295.

他们很多人把他的先验观念论同贝克莱的唯心论相提并论，认为没有什么差别，而且这种观点一直存在，斯特劳森在其《意义的界限》一书中也有过类似的表述，认为康德与贝克莱的相似性比我们想象的还要大得多。虽然康德对此观点不屑一顾，他说："针对别人说我的学说是唯心论，我的抗议是如此明确、清楚，假如没有那些毫无资格的评论家准备用他们奇特的幻想来代替已经确定了的概念，从而把这些概念加以破坏和歪曲的话，那么我的这个抗议就是多余的。"①驳斥唯心论作为第二版添加的完全新的内容，主要就是响应这种批评。

　　在如此众多人的批评声中，我们不禁有疑问，康德的先验观念论与贝克莱的唯心论是否真的有其所说的那样大的区别？为此我们还是先来看看康德对他自己的观念论的描述吧。

　　我们知道，康德在《纯粹理性批判》的第四谬误推理中就已经对观念论进行过批判，首先他对"观念论"进行了如下刻画：

　　"我们不要把一个观念论者理解为那种否定感官的外部对象的存有的人，而是理解为这种人，他只是不承认这种存有是通过直接的知觉而被认识的，但由此却推论出：我们通过一切可能的经验都永远不可能完全肯定外部对象的现实性。"（A368-369）②

　　与之相对，他提出了自己的先验观念论，认为先验观念论者是一个二元论者（这里不是指笛卡尔式的心物二元论）：

　　"他承认物质的实存，而并不超出单纯的自我意识，也不假

---

① 康德：《未来形而上学导论》，庞景仁译，第56页。
② 康德：《纯粹理性批判》，邓晓芒译，杨祖陶校，第323—324页。

定除了我里面的表象的确定性、因而除了 *Cogito, ergo sum* 以外的更多的东西。因为，既然他承认这种物质甚至物质内部的可能性都只是现象，这现象离开了我们的感性就什么也不是：那么物质在他那里就只是一种表象方式（直观方式），这些表象叫作外部的，不是说它们似乎与自主的外部对象本身有什么关系，而是由于它们把知觉与空间联系起来，在空间中一切都是相互外在的，但它本身，即空间，却是在我们里面的。"（A370）[①]

通过比较，斯坦普福尔德认为康德与贝克莱至少有两点是相同的：

（1）他们都把我们不能直接接触对象这一错误信念确认为是关于它们的实存的不确定的原因。

（2）他们都试图通过把经验的对象拉入到心灵之中来消除这种不确定性。[②]

然而，问题的关键在于如果康德所谓的"外在对象"仅仅只是心灵的一个表象的话，那么驳斥唯心论很难说具有什么反驳怀疑主义的功能了。不过，对于驳斥唯心论的目标，历来存在两种对立的解读：本体论的和现象学的。本体论的解读认为康德在驳斥唯心论中表达了一种先验实在论，即它要证明完全外在于我们的、先验意义上的对象，而不仅仅是我们的表象，因此，持这种解读者的学者们认为，驳斥唯心论与康德的整个先验观念论体系是不兼容的，说明康德在后来（因为驳斥唯心

---

① 康德：《纯粹理性批判》，邓晓芒译，杨祖陶校，第 324—325 页。

② Scott Stapleford, *Kant's Transcendental Arguments: Disciplining Pure Reason*, Continuum, 2008, p. 66.

论完全是在第二版中添加进去的）完全改变了他在第一版期间的观点。这种解读并不鲜见，甚至隐隐然占据主导地位，当今著名的康德专家保罗·盖耶就是主力军，他在《康德与知识主张》一书中系统阐述了这种观点。[1]与之相反，现象学的解读认为驳斥唯心论可以与先验观念论兼容，前者所证明的不过是现象学意义上的对象（即在时空中的对象），艾利森支持这种观点，并且他还进一步认为，驳斥唯心论要依赖于先验观念论。[2]

这种对立的解读从康德那个时代就存在了，康德的同代人皮斯托留斯（Hermann Andreas Pistorius）就曾经提出过类似的对立："我只想让康德先生回答关于这个证明的一个问题。通过这个证明，在如下意义上，即为了正确思想的目的以及为了能够拥有内在现象，我们不得不也拥有外在现象，我们是把'外在对象的存在'理解为一个现实地自我持存的事物呢，还是把它理解为一个仅仅逻辑的、表面的存在？"[3]并且，紧接着他就

---

[1]　Paul Guyer, *Kant and the Claims of Knowledge*, Cambridge University Press, 1987, pp. 279-329. 斯坦普福尔德对他的这种观点进行了详尽批评，认为他所提供的材料并不足以支持其结论，具体可以参看 Scott Stapleford, *Kant's Transcendental Arguments: Disciplining Pure Reason*, Continuum, 2008, pp. 68-80。

[2]　Henry E. Allison, *Kant's Transcendental Idealism*, Yale University Press, 2004, p. 303.

[3]　Hermann Andreas Pistorius, "Critique of Pure Reason by Immanuel Kant", in B. Sassen (ed.), *Kant's Early Critics: The Empiricist Critique of the Theoretical Philosophy*, Cambridge University Press, 2000, pp. 176-182: 180.

提出了驳斥唯心论所处的一个两难困境：如果是第一种意义上的外在对象，那么在康德的系统内部就会产生矛盾；如果是第二种意义上的外在对象，那么整个驳斥唯心论就仅仅只是一个文字游戏，它毋宁说是对唯心论的一种肯定，而不是驳斥。[①]

时至今日，驳斥唯心论的目标到底是什么这一问题依然存在，本体论和现象学的争论依然没有结束。而对于我而言，到底它能够证明什么倒不是问题的关键，因为，作为反驳怀疑主义的方法的先验论证的对手不应该是外在世界的怀疑主义。不过，我倒是非常关心驳斥唯心论所呈现出来的简洁的论证模式，几乎可以称之为是先验论证的一般形式的标本，而这点是范畴的先验演绎所无法提供的。

二、驳斥唯心论的论证结构

从表面上看来，甚至在某些哲学家看来，驳斥唯心论确实是应对外在世界的怀疑主义的，这是他们认定驳斥唯心论是一个先验论证的典范的主要原因。例如，伯德就说："正是在驳斥唯心论中，康德直接和明确地处理了关于'外在经验'的怀疑主义问题，所以提供了一个清晰的先验论证，它反对关于一个特定种类的客观性或公共性的观念论的怀疑论"。[②]

---

① Hermann Andreas Pistorius, "Critique of Pure Reason by Immanuel Kant", in B. Sassen (ed.), *Kant's Early Critics: The Empiricist Critique of the Theoretical Philosophy*, Cambridge University Press, 2000, pp. 176-182: 180-181.

② Graham Bird, *Kant's Transcendental Arguments*, in E.

诚然，驳斥唯心论涉及的是一个知识论问题，而不是像范畴的先验演绎那样，是一个形而上学问题。它质疑的是从内经验推出外经验的推理本身，即从我们拥有直接经验推出外在对象存在的确定性。康德认为，笛卡尔的"我在"包含了一种混淆，即他混淆了两种形式的自我意识：统觉和内感官，他说："当然，'我在'这一表象表达出能够伴随一切思维的意识，它就是那自身包括一个主体的直接实存的东西，但它毕竟还不是对这个主体的任何知识，因而也不是任何经验性的知识，即经验；因为这需要的不仅仅是关于某种实存之物的思想，还需要直观，而在这里就需要内部直观，主体必须在这种内直观即时间方面得到规定，为此，那些外部对象就是绝对必要的，以至于内部经验本身由此也只是间接地，并且只有通过外部经验才是可能的。"（B277）① 在此，康德表述了他的一个最重要的知识观，即知识必须由概念和直观两方面构成，诸如笛卡尔这样的"我"只是一个逻辑主体，而不是一个认知主体，因为它缺乏认知的内容。另外，这段话也表达了康德对这个问题的一个重新审视，即颠覆笛卡尔的主张，把外部经验视为直接的，反而把内部经验视为间接的，前者使后者成为可能。而这种奇异的关系就是康德在驳斥唯心论中所要证明的。

不过，驳斥唯心论的证明部分实在太过简单和压缩了，因

Schaper and V. Wilhelm (eds.), *Reading Kant: New Perspectives on Transcendental Arguments and Critical Philosophy*, Basil Blackwell, 1989, pp. 21-39: 23.

① 康德：《纯粹理性批判》，邓晓芒译，杨祖陶校，第204—205页。

而学界一般的做法就是从 1882 年由本诺·爱德曼（Benno Erdmann）根据康德的手稿编撰的《反思集》（*Reflextionen und Reflexionen Kants zur Kritischen Philosophie*）中寻找补充材料来提供佐证，以补全整个论证。整个证明部分由五个完整的句子组成，因此，可以简单地把这个证明分为五步。当然，最后我们可以发现，它们还可以压缩成由三个前提和一个结论所组成的论证。

（1）我意识到我的存有是在时间中被规定了的。（B275）这个论证以此为开头，其中争议最大的地方在于自我知识的内容，它直接影响我们如何理解"在时间中被规定"的意思。本内特认为应该包括自我的过去的心灵状态[①]，然而这会涉及关于记忆的诸多争议性非常大的问题，而且也同笛卡尔的"我思"相差甚远。毋宁说，康德的自我知识的内容是关于当前的心灵状态的："我"意识到我的心灵状态的时间秩序，经验性的自我意识是对"我思"的连续性的一种把握。其实，隐藏在这个前提背后的是康德关于先验的意识和经验的意识的区分。康德试图提出一个更加强有力的个人存在的概念，它不仅仅是一个逻辑的主体，即不仅仅是具有一种说我正在思考某个表象的能力的主体，而是一个拥有自身在时间中存在的经验的主体。关于这一点，在这个证明的注释 1 中已经补充说明了。在此，他强调了对自我的直观（主体必须在这种内直观即时间方面得到规定［B277］），而这正是他借以反驳观念论者得出否定外在经验

---

① Jonathan Bennett, *Kant's Analytic*, Cambridge University Press, 1966, p. 205.

的最大根据所在。总的来说，正如艾利森所说的，康德所主张的自我知识，"一方面要拥有直观的内容，另一方面要免于源自恶魔假设及其现代变种的夸张怀疑"。[1]这是同驳斥唯心论的对手（笛卡尔的存疑式的唯心论）相匹配的，同时也是同康德自身关于知识的一贯主张相一致的。

（2）一切时间规定都以知觉中某种持存的东西为前提。（B275）这句话在驳斥唯心论中几乎没有任何可以解释它的材料。从其中所谈及的"持存的东西"这一点，它应该跟第一经验类比存在某种关联，然而，本内特和盖耶两人都极力反对在驳斥唯心论与第一经验类比之间建立联系，原因大致是他们对后者的不信任。[2]但是，艾利森则表达了不同意见，他说："这一步只依赖于第一类比的前进论证中的一部分，即背景（backdrop）论题。我们可能会记得，这个论题仅仅断言了为时间本身预设某种（至少相对持存的）知觉代理的必要性，时间是规定现象的时间关系的一个可能性条件。如果不存在任何持存的东西，那么我们将不可能在一个共同的、客观的时间中意识到现象的共存或连续。当前的这一步只是把这个原理扩展到了内经验的领域而已。"[3]斯坦普福尔德则从《反思集》中寻找到了时间与知觉中的持存物的关系，用以证明时间本身是如何

---

① Henry E. Allison, *Kant's Transcendental Idealism*, Yale University Press, 2004, p. 291.

② 具体可以参看 Jonathan Bennett, *Kant's Analytic*, Cambridge University Press, 1966, pp. 202; Paul Guyer, *Kant and the Claims of Knowledge*, Cambridge University Press, 1987, pp. 283-284。

③ Henry E. Allison, Op. cit, pp. 291-292.

预设了持存性。^①事实上，通过"变化"这个概念来理解这句话会更为明显一点，康德说："变化就是相互矛盾对立的诸规定在同一物的存有中的联结。"（B291）^②对于"变化的直观"，康德以空间中的运动为例，说："这种直观就是对空间中的一点的运动的直观，只有这一点在不同的地点存有（作为两个对立规定的某种衔接），才首次使我们直观到变化；因为，为了使我们此后甚至也能够设想内部的变化，我们就必须使自己把作为内感官的形式的时间形象地通过一条线来领会，把内部变化通过延伸这条线（运动）来领会，因而把我们自己在不同状态中的相继实存通过外部直观来领会；这样做的真正理由就在于，一切变化哪怕只是为了作为变化而被知觉到，都是以直观中的某种持存之物为前提的，但在内感官中却根本找不到任何持存的直观。"（B292）^③这段话最为关键的东西是,它向我们刻画了一种线性的时间观念,对立的规定代表这条线不同的点,这使得我们能够直观到变化,而且告诉我们存在某种不变的东西,或持存的东西,它使得变化的直观成为可能。

（3）但是这种持存的东西不可能是我心中的一个直观。因为我能够在我心中遇到的有关我的存有的一切规定根据都是表象，并且作为表象，它们本身就需要一个与它们区别开来的持存之物，在与该物的关系中这些表象的变化，因而表象在其中

---

① Scott Stapleford, *Kant's Transcendental Arguments: Disciplining Pure Reason*, Continuum, 2008, pp. 84-85.

② 康德 :《纯粹理性批判》，邓晓芒译，杨祖陶校，第 214 页。

③ 同上书，第 214 页。

变化的那个时间中的我的存有才能得到规定。（Bxxxix）康德在第二版序言中要求用上述这段话替换了如下一句话：但这种持存的东西不可能是某种在我里面的东西，因为恰好我在时间中的存有通过这种持存的东西才被首次规定下来。（B275）显然，康德做出这种改变是要突出"直观"在区别持存的东西与表象的区别，持存之物必须是一个直观，而不仅仅是一个概念，或者说，概念根本不提供一个持存的对象。同时，由于人类只存在两种直观形式，即时间和空间，因此，康德所寻找的持存之物只能是空间性的或时间性的，即它要么是内在地被直观的对象，要么就是一个外在地被直观的对象。显然，这反映了驳斥唯心论必须预设先验观念论。这个前提加上上面一个前提则必然有下面第四个步骤。

（4）所以这种持存之物的知觉只有通过外在于我的一个物，而不是通过外在于我的一个物的单纯表象，才是可能的。因此，对我的存有在时间中的规定只有通过我在我之外的知觉的现实物的实存才是可能的。（B275-276）从这里开始，康德已经从前提走向结论，之前的步骤已经确立了如下一点：一个人的内在状态的认识必须依赖于空间之中的某种持存之物的表象。但是这是一个相当弱的结论，康德不会满足于此。他进一步得出结论表明，我现实地经验或知觉某种持存的东西，而不仅仅是我想象或相信我知觉到了。在艾利森看来，康德这样做是为了反驳怀疑论，他说："关键点在于，在一个特殊实例中，是否我在经验或仅仅在想象本身是一个经验问题，它只有在预设了一个对持存的东西的现实经验的背景之后才能够被可理解地提出。

后者才是怀疑论者所否定的，康德的论证试图确立的东西。"①

（5）于是，在时间中的意识与对这个时间规定的可能性的意识就必然联结起来了：所以，它也就与作为时间规定的条件的外在于我的物的实存必然联结起来了；就是说，对我自己的存有的意识同时就是对我之外的他物之存有的直接意识。（B276）按照艾利森的思路，第四步依然没能完全阻断怀疑论的道路，因为怀疑论者可以接受信念之间的蕴涵关系（内在表象与外在表象的依赖关系），承认外在表象的必然性，但他并不认为这就可以得出关于现实经验或实存的结论。对此，康德本人也意识到了："人们对于这个证明也许会说：我直接意识到的毕竟只是我在心中存在的东西，即我的外在事物的表象；结果问题仍然还是没有解决：某物是与表象相应的外在于我的东西呢，或者不是。"（BXXXIX-XL）② 而在艾利森看来，康德要完成这一反驳怀疑论任务就要回答如下一个问题：如果某个在时间中被规定了的存有的意识是以某种幻想之物为条件的，那么它是否会丧失其认知地位呢？第五步就是对这个问题的回应。在这步中，康德强调了作为上述问题能够提出的根源，即外在经验的可靠性，他强调内经验与外经验的不可分离性来回应。

不过，我赞同斯坦普福尔德的观点，对于第四步和第五步不需要做如此细致的区分。因为在康德看来，对于内经验与外经验的关系的阐明只是为了反驳笛卡尔存疑式的唯心论，后者

---

① Henry E. Allison, *Kant's Transcendental Idealism*, Yale University Press, 2004, p. 293.

② 康德：《纯粹理性批判》，邓晓芒译，杨祖陶校，第27页。

否定的是从内经验推出外经验的推理本身。因此,根据这种观点,我们可以把上述论证刻画如下:

（1）我觉知到我自己在时间中存在。

（2）一切时间性的觉知都依赖于某种持存之物的知觉。

（3）持存之物的觉知依赖于空间性的对象的直观。

（4）我在时间中的存在的觉知依赖于空间性的对象的直观。

从这个论证的结构可以看出,它同马克·萨克斯（Mark Sacks）所刻画的先验论证的一般结构是基本吻合的,刻画如下:[①]

$$p$$
$$p \rightarrow q$$
$$\boxed{q \rightarrow r}$$
$$r \rightarrow s$$

虽然没有直接证据表明萨克斯的这种刻画直接来自康德的驳斥唯心论,但是他在提出这个结构之后马上对 $q \rightarrow r$ 这步举例说:"如果连续性的经验要成为可能,那么必定存在某种东西是不变的",这显然出自康德的驳斥唯心论。[②] 诚然,许多先验论证研究者重视康德的驳斥唯心论的原因,在很大程度上是因为它在形式方面具有标本性的参考意义。不过,这并不是说先验论证具有唯一的论证形式,萨克斯也承认先验论证不一定采

---

① Mark Sacks, "The Nature of Transcendental Arguments", *International Journal of Philosophical Studies*, Vol. 13, No. 4, 2005, pp. 439-460: 443.

② Ibid.

取上面的这种扩展的肯定前件式（modus ponens）的形式。[①]事实上，迄今为止，也没有一个先验论证研究者会认为先验论证必须采取某个形式。我后面对几个典型的案例研究也表明，先验论证的具体论证模式是多种多样的，完全可以随着论证的需要做各种调整，只要最终能够证明经验或知识的某种先天的可能性条件。

三、驳斥唯心论与怀疑主义：对象是什么？

上面已经提及，艾利森基本上是沿着反怀疑论的路线来解读驳斥唯心论的。这种解读不乏响应者，事实上这也是他们关注驳斥唯心论的另一个重要原因所在，而且这也是康德自身也不能够抵抗的诱惑。虽然人们对于驳斥唯心论的反怀疑论目的都有共识，但是对于其所能够取得的效果却众说纷纭。艾利森对于它的前景也并不乐观，不过，他说："不可否定的是，这更多的是对一种可能的驳斥的草绘而不是一个能够回答笛卡尔的怀疑论的完全制定出来的论证。如果它要成为一个充分的驳斥，那么相当大的发展和对某些细节的详尽说明是必要的。"[②]伯德则区分了两种反怀疑论策略，即缄默的（tacit）和明确的（explicit）。他认为驳斥唯心论是一种缄默的反怀疑论策略，其

---

① Mark Sacks, "The Nature of Transcendental Arguments", *International Journal of Philosophical Studies*, Vol. 13, No. 4, 2005, pp. 439-460: 443.

② Henry E. Allison, *Kant's Transcendental Idealism*, Yale University Press, 2004, p. 298.

所应对的对手是局部的怀疑论。他批评许多先验论证研究者把康德的先验论证推到了后一阵营中，虽然这使得他的论证成为一种参照，他说："在这个阶段，我能够毫不犹豫地说，在康德那里至少有一个核心的先验论证应该被坚定地放置在另一个阵营中。"[1] 驳斥唯心论到底能够在反怀疑论的道路上走多远，这最终要看其所确立的"对象"是什么样的。显然，在康德那里"对象"不可能如盖耶所说的那样是在本体论意义上的，同时，也不能是经验理论所支持的感觉材料意义上的：它要比前者弱，但又比后者具有更多的客观性。问题是，他是如何做到的呢？

在驳斥唯心论中，有两个概念是非常重要且密切相关的：直接性和空间性。康德反其道而行之，认为空间性的对象才是直接的，我们的经验对象的实在性最终是由我们对这些对象的知觉的直接性来保证的。首先，我们知道，驳斥唯心论完全是第二版所增加的新内容，因此，它被放置的位置应该特别注意。在它之前，康德讨论的是现实事物的定义："对现实的事物进行认识的这条公设，对于那个其存有要得到认识的对象本身虽然并不那么直接地要求知觉，因而有被我们所意识到的感觉，但毕竟要求该对象按照经验的模拟而与任何一种现实的知觉有关联，这些类比表明的是一般经验中的一切实在的连结。"（A225/B272）[2] 因此，康德的真正意图在于，对外在事物的实在性必须

---

① Graham Bird, "Kant's Transcendental Arguments", in E. Schaper, and V. Wilhelm (eds.), *Reading Kant: New Perspectives on Transcendental Arguments and Critical Philosophy*, Basil Blackwell, 1989, pp. 21-39: 27.

② 康德：《纯粹理性批判》，邓晓芒译，杨祖陶校，第201页。译文

根据经验意义上的实在性而被理解,否则就会如康德所说的,"我们就是在虚张声势地去猜测和研究任何一物的存有"。(B274)[1]

上述的引文表明,在康德那里,经验的实在性是同"连结"密切相关的。斯坦普福尔德认为,康德的经验实在性的两条标准就是:直接知觉和(根据类比)与直接知觉的连结。但是,他认为,在贝克莱那里这两条标准都已经具备了,因而康德如果仅限于此的话,那么他根本无法同贝克莱区别开来。与贝克莱的经验观念论真正区分开来的东西在于先天的概念连结,这是由康德的关系范畴所提供的。[2]确实,这是非常关键的,后面我论述斯特劳森的客观性论证的时候,我们会发现斯特劳森就是利用了客观性、统一性和连结性之间的关系来重构康德的先验演绎的。

康德相信经验的统一性或意识本身就要求表象之间的先天连结性,他说:"诸现象不是自在地、而只是在这个经验中被给予的,因为它们只是些表象,这些表象作为知觉仅仅意味着一个实在的对象,就是说,如果这个知觉与一切别的知觉按照经验统一性的规则而关联起来的话。"(A495/B523)[3]这种统一性包括表象之间的先天连结性,这些关系既是直观的,又是概念的。事实上,在康德那里,连结性单独就可以使得经验成为客观的:

有改动。

① 康德:《纯粹理性批判》,邓晓芒译,杨祖陶校,第202页。

② Scott Stapleford, *Kant's Transcendental Arguments: Disciplining Pure Reason*, Continuum, 2008, p. 104.

③ 康德:《纯粹理性批判》,邓晓芒译,杨祖陶校,第201页,译文有改动。

　　"感性直观能力真正说起来只是以某种方式连同诸表象一起被刺激起来的接受性，这些表象的相互关系就是空间和时间的纯粹直观（纯属我们感性的形式），而这些表象就其在这种关系中（在空间和时间中）按照经验的统一性法则而被连结和能够得到规定而言，就叫做对象"。（A494/B522）①

　　在经验的意义上，实在性意味着所予感性直观的先天连结性。那么，康德到底是在什么意义上理解"先天连结性使得经验是客观的"这个短语的呢？所有的答案都在"经验"和"对象"这两个概念当中。事实上，这两个概念对康德来说是两个专门术语，对象就是先天连接在一起的表象，而单纯的表象就是因为缺少这种先天连结性才不能成为对象，因此康德才会说："所以对这种持存之物的知觉只有通过外在于我的一个物，而不是通过外在于我的一个物的单纯表象才是可能的"。（B275）这里，康德明显是把对象与单纯表象对立起来了，而区别就在于先天的连结性。在康德看来，经验主义的最大错误就在于他们会认为存在完全未经加工的感性内容，而没有任何先天的条件，无论是驳斥唯心论还是整部《纯粹理性批判》都证明这种单纯的知识要素是不存在的。

　　当然，驳斥唯心论不限于此，我们上面的论述已经表述过，它得出的结论是内经验依赖于空间性直观。那么，它一定对"外在对象"或"空间对象"赋予特别的意义。斯坦普福尔德认为，"空间对象既使时间的经验成为可能（这是一般结论），又暗示性地使在现象领域中作为一个实体的我自己的经验成为可能（这是

---

　　① 康德：《纯粹理性批判》，邓晓芒译，杨祖陶校，第 407 页。

特殊结论）。因此，空间对象不仅仅是拥有空间内容的表象；它们是由经验地所予的感性材料、先天的空间直观和先天的范畴判断构建起来的。简言之，'外在对象'是对空间地组织起来的感性杂多的先天概念化"[①]。斯坦普福尔德在此用"时间的经验"代之以"内经验"的目的在于突显出内经验与外经验的根本区别在于它缺乏实例化（instantiation）的质料条件，即它缺乏直观的支持，正如其所说："因为实例化要求直观，对内感官来说，没有客观的关联是通过一个对象的单纯思想而产生出来的。"[②]至于对"使我自己的经验成为可能"完全是一个副产品，他也只是略微谈及康德关于"肉体"的论述，表明我自己的身体是"我在"这个元表象实体化所必需的质料（一个直观）。[③]

先天的连结性同样还牵出了判断以及范畴的应用，斯坦普福尔德用"先天的范畴判断"来概括。这只不过是回答了我在范畴的先验演绎中论及过的经验预设了判断，而判断则预设了范畴的应用的观点的一种重复。不过，它告诉我们在驳斥唯心论关于内经验与外经验的关系的阐明背后依然是如同范畴的先验演绎那样，是在对人类自身的认知能力进行一种回溯性探究，概念化的先天规则（诸范畴）提供经验以其客观性质量的最为重要的来源之一，另一个来源当然就是先天的直观形式。

---

① Scott Stapleford, *Kant's Transcendental Arguments: Disciplining Pure Reason*, Continuum, 2008, p. 109.

② Ibid., p.108.

③ Ibid.

因此，康德意义上的"对象"首先是作为内在于心灵的实体而被直接地给予，其次，它又是作为先天连接在一起的表象而被直接给予。前者是要表达观念论的立场，即对象在本质上是一种表象，在这一点上，他同贝克莱没有什么本质的区别。不过，后面这一点则是关键所在，不同于贝克莱所认为的，直接被经验的对象是由通过心理学的联结法则连结在一起的表象组成的，康德认为我们所经验的对象是由根据先天的联结法则（由范畴和先天的直观形式所提供）连结在一起的表象所构成。

这种意义上的"对象"很难满足外在世界的怀疑主义的要求，因为它不是本体论意义上的，因此也不会产生所谓的"现象与本体之间的鸿沟问题"。康德笔下的笛卡尔也不是后来许多哲学家所描绘的那种本体论意义上的外在世界的怀疑论者，而只是一个存疑式的唯心论者，它否定能够从内经验推出外经验。康德所作出的回应则是，从内经验推出外经验的推理本身就是错误的，因为外经验本身就是我们所直接经验到的东西，因此根本不需要从内经验中推出，而且外经验由于其特殊的性质使得内经验成为可能。对于驳斥唯心论与怀疑主义的关系的更为具体的论述，我还将在斯特劳森的先验论证的目标讨论中结合康德的先验论证的一般性质展开。

本章小结

关于康德哲学的研究文献已"汗牛充栋"，而关于康德的先验论证研究，即使排除对《纯粹理性批判》进行研究时不可避免要涉及的关于先验演绎、驳斥唯心论和第二经验类比的通常研究之外，在过去半个多世纪中，在先验论证的名义下从事的康德研究文献也是卷帙浩繁了。但是，由于康德思想和文本固有的晦涩，对于他的先验论证研究也总是充满了争议。本书不想过多地介入这些争论，而仅限于介绍康德的先验论证思路。

康德是先验论证的缔造者，是我们研究先验论证最重要的理论来源和依据。因此，虽然后续的先验论证的发展不是严格按照康德的哲学精神和构想来进行的，但他依旧是一个重要的，甚至是不可或缺的标杆。当我们对先验论证研究不断探索和试图改进的时候，我们不得不时常回望康德，时常反身思考。是否先验论证的任何一种改进的意图违背了其最初的哲学精神？我们后面的研究会发现，许多哲学家在试图让先验论证起作用而做出某些改动的时候，其实他们已经违背了先验论证研究的一个基本原则，即先验论证之先验性。这一点在斯特劳德那里体现得尤为明显，他曾说："对于这种反思（即对先验论证的反思）的一种可能目标的关注便已经足够。是否还要把它解释为'先验的'也许是一个次要问题。"[①]斯特劳德之所以会得出这种结论的原因在于他过分强调先验论证的某种特殊功能，即应对它本不应该过分招惹的对手（怀疑主义），从而在方向上有所偏离。先验论证当然要处理一些问题才提出来的，但是也不应该过分夸大它的作用，替它招揽一批超出其能力之外的任务。在此，

---

① Barry Stroud, "The Goal of Transcendental Arguments", in R. Stern (ed.), *Transcendental Arguments: Problems and Prospects*, Clarendon Press, 1999, pp. 155-172: 172.

康德的先验论证便起到某种尺度的作用。

虽然格雷汉姆·伯德罗列了一系列理由来证明先验演绎不是研究康德的先验论证的好素材，并且得出第二经验类比和驳斥唯心论分别在研究因果怀疑论和外在世界怀疑论方面比先验演绎来得更加适合的结论。但是，无疑范畴的先验演绎是康德的《纯粹理性批判》的核心，也是其所提出的先验方法论最重要的实践。如果放弃对它的研究就会使得先验论证的诸多本质特征无法表现出来。我的解读基本上是沿着亨利希的思路进行的，并且分析其后续影响，尤其表明艾利森为解决亨利希自己解读 B 版演绎所带来的问题而专门设计的方案无能应对范克利夫所提出的对 B 版演绎的反对。在朗格妮丝所提供的灵感的帮助之下，我提出一种新的双重结构，即对 B 版演绎所包含的两部分，尤其是对第二部分的作用进行了重新解读，力图回答范克利夫之难。

亨利希认为 B 版演绎具有双重结构，它对于先验论证研究具有特殊的重要意义，尤其是与布勃纳所极力阐明的先验论证的自指性具有深刻的内在关联性。布勃纳在阐明先验论证的自指性结构之后，专门对康德的先验论证的关键概念"综合"进行了一番解释，其要点就是：综合活动必须最终追溯到纯粹综合本身，而后者能够在自我意识中找到，因此，它区分了经验性的综合与一个意识到其本身的意识的统一（即先验综合）这两种综合，先验演绎必定包含它们。[1] 这是同亨利希的解读不

---

① Rüdiger Bubner, "Kant, Transcendental Arguments and the Problem of Deduction", *The Review of Metaphysics*, Vol. 28, No. 3, 1975,

谋而合的。不过，这也不是完全的巧合，因为布勃纳的解读基本上是在斯特劳森的基础上展开的。[①] 而本书第二章也会指出，斯特劳森其实已经注意到先验演绎的两重结构，只是在他看来，两部分的论证只是论证路径不一样（起点不同），但是论证的目标是一样的，即其所谓的"客观性论题"。而且，先验演绎的完成最终要落脚于先验综合，即自我意识本身的结构，因而先验演绎的证明根据位于主体自身之中，而不是某个外在的原则或原理。此外，对先验演绎的这种解读也表明了先验论证的回溯性质也得到了一定程度的体现，同时对先验论证中关于分析和综合的争论的解决提供帮助。

　　而且，通过对它的研究，我们发现其实它同怀疑主义，尤其是外在世界的怀疑主义没有什么关系。它最主要的功能就在于对哲学的基础问题的思考，即对认识或知识的根据的思考，因而它在某种意义上确实是为形而上学的奠基服务的，例如斯特劳森的描述的形而上学就是一种内在的形而上学，它的主要目的在于在体系内部为它自身奠定基础，即不断在思想内部寻找恒定的因素，并用它们构建起整个思想的框架，即其所谓的"概念图式"。康德的先验演绎在这方面是典范之作。

　　诚然，康德的驳斥唯心论是研究先验论证较好的素材，至

---

pp. 453-467: 466-467.

　　① 关于这点，盛晓明教授已经在其文章中已经详细论述过了，具体参看盛晓明：《康德的"先验演绎"与"自相关"问题——评布伯纳与罗蒂的争论》，《哲学研究》1998 年第 6 期。另，我同他在人名的译法上有一些差别，还有就是我把"referentiality"译为"自指性"，而不是"自相关"，差别不大，只是为了避免误解而特别指出。

少它没有范畴的先验演绎那样复杂，但是这并不意味着驳斥唯心论就是一个没有争议的论证。事实上，甚至到目前为止，它的对手是谁都存在争议，例如罗伯特·斯特恩就认为在此康德的真正对手应该是休谟，而不是通常所说的笛卡尔。^①

不过，驳斥唯心论在形式上是较为清晰的，而且它相当符合我们通常所说的先验论证的一般形式。不过，在我看来，这不具备实质性意义。驳斥唯心论最令先验论证者所感兴趣的莫过于其所要证明的外在事物的存在，它具有巨大的反怀疑主义的潜力。不过，它注定要让一大批认为它能够反驳外在世界的怀疑主义的人失望，因为它至多能够证明的对象是空间对象，而它最终不过是一种表象，只是与贝克莱不同的是，它是先天连结在一起的表象。因此，似乎它更为适宜的对手应该是确证的怀疑主义，它似乎为后来斯特劳森的自然主义埋下了伏笔。

总的来说，作为康德先验论证典型代表的是范畴的先验演绎和驳斥唯心论，它们具有基本相同的论证模式和内在精神：先验演绎是根据先验自我意识的必要条件来进行的，它阐明的是统觉的原初统一的含意，强调区分对象如何被主观地判断与它们如何是之间的可能性要求，而这是由思想的统一性与原初的自我意识（或经验的自我归属）的统一性的二元要求所决定的；驳斥唯心论则根据经验的自我意识的其中一个必要条件，即在时间上前后相继的经验自我归属的可能性，这个条件能够唯一地被持存的对象的经验序列所满足。

---

① Robert Stern, *Transcendental Arguments and Skepticism: Answering the Question of Justification*, Clarendon Press, 2000, p. 147.

第二章
斯特劳森与先验论证问题

先验论证有其特殊的发展历史，而其中斯特劳森对先验论证的当代复兴是功不可没的。先验论证作为一种论证方法其具体应用可以追溯到亚里士多德，但是其系统性地应用和阐释则归功于康德。然而似乎是一种历史的讽刺，康德的其他思想得到了其应有的广泛关注，但是其特殊的先验方法却没能受到同样的关注。虽然在康德之后总是时不时能够见到先验论证的身影，然而往往只是惊鸿一瞥，直到斯特劳森在《个体》一书中轻描淡写地提及并隐晦地运用了先验论证之后，人们的兴趣和热情似乎才第一次被激起，此后的数十年间出现了大量关于先验论证的论述。尽管如此，围绕着先验论证依然存在着许多悬而未决的难题，无论其具体的案例还是其基本性质、形式和功能，都充满了争议，至今未有公论。不过，正因为如此，我们对斯特劳森的先验论证的研究才表现出其必要性和意义。

第一节　概述

斯特劳森在《个体》一书中数次提及"概念真理"（conceptual truth）这样一个概念，他把诸如"位置是由物质物体的关系来定义的""人拥有物质物体"[①]这样的命题称之为概念真理。事实上，斯特劳森的先验论证所要达到的结果就是获得这种概念真理，它不同于其他真理的地方在于它不是通过经验得来，在斯特劳森的意义上来说，就是无需确认（identify）参与而获得的真理。它在质性上表现为分析的，当然这里的"分析"指的是在体系中寻找并建立的概念与概念之间的联系。然而，斯特劳森并不对这种概念真理放心，因此对先验论证也并没有给予很高的评价，他把先验论证说成是一种"非常一般、非常模糊的论证"[②]。

斯特劳森把自己的形而上学称为描述的，力图对世界的现实的思想结构进行描述，即对作为不以历史为转移的一切人类思维最核心的概念图式的描述。斯特劳森明确把自己的论证称之为是先验论证的场合只有一次，即：

"假定了我们所拥有的关于确认殊相的概念图式的某个一般特征，由此就得到，物质物体必定是基本殊相。"[③]

单纯从上面这句话很难看出这个论证所要表达的东西到底

---

① P. F. Strawson, *Individuals: An Essay in Descriptive Metaphysics*, Methuen, 1959, p. 58.

② Ibid., p. 40.

③ Ibid.

是什么，因而我们需要重述这个论证如下：

我们能够说我们经验的基本对象是什么，如果我们满足了这样的条件，即只有在某个特定的概念图式下，一个对象的确认对我们而言才是可能的。

因此，该论证表明概念图式是我们确认对象的先验条件，也正是上面提及过的概念间的联系得以建立的那个体系。尽管如此，在斯特劳森看来，对象的确认问题并不取决于概念图式，而是特定的物质对象才使这种问题的解决成为可能。进而又说"正是因为解决是可能的，问题才是存在的"[①]，这必定意味着只因为我们总是能够确认物质对象，对在其下这样做的条件（即一个特定的概念图式）的探究才是可能的。也因此斯特劳森寻求一种更加"直接和详细"的方式，即通过殊相间的相互确认关系，并且最终把物质物体当作是基本殊相，最终停止这种无休止地相互确认，从而为经验知识寻找到了可靠的基础。

关于先验论证的一个更为成熟的表达是斯特劳森在对康德的先验演绎的解释的基础之上作出的客观性论证，概述如下：

（1）由于自我意识是关于能够把各种经验归属于他自己的问题，所以，同时也意识到它们所归属的那个统一性。

（2）处于某个立场之中把经验看成是某人自身的经验，人们因此必须能够把它们看作是经验。

（3）因为这是一些能够为经验本身的思想提供余地的经验，所以他必须为"事物如何是"与"事物如何作为存在而被经验"

① P. F. Strawson, *Individuals: An Essay in Descriptive Metaphysics*, Methuen, 1959, p. 40.

之间的区分提供余地。

（4）只有独立于主体的对象的经验才能够为这个是 / 看起来是（is/seems）的区分提供余地。

因此，

（5）独立于主体的对象存在。

这个论证被视为一个驳斥怀疑论的论证，本章第二节和第三节关于先验论证的功能和有效性问题基本上是以这个论证为对象的。

从形式上来看，上面的论证所包含的逻辑内核是：如果存在某物 X，且只有在 Y 之下 X 才是可能的，那么必定存在某物 Y。这是所有先验论证的基本形式。然而，这并不足以成为判断是先验论证与否的标准，因为先验论证之所以被称为是先验的，就在于它提供了经验的可能性的条件诸如概念图式、范畴和物质物体等的证明，这些条件直接同经验本身相关。因而判断一个论证是否是先验论证，还需要从这些条件入手。因为任何一个演绎论证的前提与结论之间都会表现出一种必然的条件关系，然而它们并不尽然都是先验论证，这些条件本身不仅要是非经验的，而且是使经验成为可能的。所以，它们应该是某些高度一般的概念，而不是某些特殊的概念。在此意义上，我们可以认定，斯特劳森确实把先验论证视为一种形而上学的论证方法。陈嘉明先生从区别它与数学和逻辑的方法、物理学等经验科学的方法的差异入手，从而认定它实质上是一种"概念的论证"，并且界定了先验论证的对象范围，即"在经验本身无法提供对某些命题的验证的情况下，诉诸先验论证就成了不可替代的选择；换句话说，一方面，对于那些能够通过经验进行检验的思想或命题，无须进行先验论证；另一方面，对于那些无法或一时无法通过经验来验证的形而上学概念或命题，则只有通过先验论证来进行"[①]。而在斯特劳森这里，这样一种定性具有特殊的意味，首先斯特劳森把自己所构建的哲学体系称为描述的形而上学，"描述"的意义体现在其形而上学知识所具有的现实性的意味，因为，其所描述的对象是关于世界的现实的思想结构。其思想根源在于分析哲学内部所发生的一次思想转变，麦克杜格尔（Derek A. McDougall）把它精辟地表述如下：

"日常的事实陈述语句不再被认为拥有一个要在超出语言的日常使用的范围之外才能寻找的一个'逻辑形式'：'真实'的结构并不隐藏在某种更基本的语言当中，只有通过形式分析的技术才能为我们所见。相反，揭示日常事实陈述的结构和功能的恰当方式是探究日常语言本身的现实用法。……起点必定不再位于像罗素这样致力于形式分析的哲学家们的先天途径上，而是位于关于世界的人类思想的现实结构当中，它可以通过对在日常语言中使用的概念图式的基本特征的研究中找到。"[②]

斯特劳森作为这种转变的主要实践者，深刻地意识到形而上学同我们的经验，尤其是我们的日常语言经验之间存在的深刻联系，因此他说："它（指描述的形而上学——笔者注）旨在揭示我们的概念结构最一般的特征，它远没有把一种有限的、

[①]　陈嘉明：《先验论证刍论》，《哲学研究》2009 年第 11 期。

[②]　Derek A. McDougall, "'Descriptive' and 'Revisionary' Metaphysics", *Philosophy and Phenomenological Research*, Vol. 34, No. 2 (Dec., 1973), pp. 209-223: 209.

局部的概念探究视为理所当然。因此，它在方法上也有某种不同。在某种程度上，对语词的实际用法的细致考察的依赖是哲学上最好的，也是最为可靠的方式。但是我们以这种方式所能够作出的辨别和建立的联结一般而言是不够的，远不能满足对知性的整个形而上学的要求。"[①] 先验论证就是描述的形而上学所要求的那种与一般概念分析不同的方法，它力图证明概念之间的某种必然联系，而且涉及的是经验的最根本的层次，即斯特劳森"所寻求的并非是已经呈现在语言表面而是深藏于其中的结构"[②]，或"概念图式"，他要在概念图式与日常的语言经验之间建立一种必然的联系。因此，这条思路是康德式的，但是它不是对康德的原理的一种复兴，而是对其方法论路径的复兴。先验论证所要表明的是这样一些基本信念，诸如在我们的概念图式中使用的物体的存在的信念，通过表明我们关于经验的讨论同这些概念之间存在一种本质性的关联，即后者是使前者成为可能的前提条件。在康德那里，对范畴的先验演绎表明范畴对于经验的不可缺少的依赖性，而斯特劳森这里则是概念图式使得我们的经验成为可能。但是他们之间的差异在于，由于范畴在根本上来说是非经验的，因而对其的使用存在着一个合法性的问题，范畴的先验演绎同时又是对范畴的合法性权限的一个探究，而斯特劳森的概念图式尽管也是非经验的，然而却是可以通过对物质物体这一基本殊相的确认和重新确认获得认识，

[①] P. F. Strawson, *Individuals: An Essay in Descriptive Metaphysics*, Methuen, 1959, p. 9.

[②] Ibid., p. 10.

因而存在一条通向概念图式的经验路线。

第二节　斯特劳森式先验论证的目标

罗伯特·斯特恩认为，一个先验论证可以是以某一个先验主张为前提的论证，同时也可以是以某个先验主张为结论的论证，并且他说，一个先验论证如果是直接用于反怀疑论的，那么它一般都是前一种情况，而间接用于反怀疑论的则是后一种情况。[1] 根据这种分法，那么斯特劳森关于外在世界的存在和他心的证明就是一个直接用于反驳怀疑论的先验论证，而上面所提及的康德的范畴的先验演绎和斯特劳森的关于概念图式的论证都属于间接反驳怀疑论的类型。同时这种论述似乎蕴含着先验论证的主要功能就是反驳怀疑论这一层意思，区别只在于是直接的还是间接的而已。事实上，把先验论证看成是一种反驳怀疑论的方法是一种主流观点，例如斯特劳德（Barry Stroud）就认为"先验演绎（同驳斥唯心论一道）被认为是恰好提供了这样一个证明，从而为关于外在于我们的事物的存在的怀疑论提供一个全面的答案"[2]。斯特劳森基本上也持这种主张，只是反驳的不是斯特劳德所认为的认识论的怀疑论，而是一种相对弱化的怀疑论。

---

① Robert Stern, *Transcendental Arguments and Skepticism: Answering the Question of Justification*, Oxford University Press, 2000, p. 7.

② Barry Stroud, "Transcendental Arguments", *The Journal of Philosophy*, Vol. 65, No. 9 (May 2, 1968), pp. 241-256: 242.

斯特劳森在《个体》一书中虽然仅有四处（pp. 34-35, 78,
106, 109）提及怀疑论，然而对他来说，反驳怀疑论同描述的
形而上学的确立之间具有近乎相同的意义，它们实际上是一个
硬币的两面。在此四处中，其中有三处论及概念图式。事实上，
在斯特劳森看来，怀疑论的错误在于怀疑论者同时接受和抛弃
了概念图式："这就使我们得到了意义更为深远的典型的怀疑论
者的立场。他假装接受了概念图式，但同时又很快抛弃应用这
个图式的一个条件。因此他的怀疑是不真实的，这不单单因为
它们是在逻辑上无法解决的怀疑，而是因为它们等于抛弃了整
个概念图式，而这些怀疑知识在这个图式中才是有意义的。"①
概念图式是描述的形而上学的核心，它体现的是我们关于世界
的现实的思想结构，同时从确认的角度来说，它是我们确认在
世界中存在的物体的概念框架。对怀疑论的反驳恰恰是要表明，
怀疑论者可以提出合理怀疑的前提就是要承认概念图式的存在。
另外，斯特劳森把怀疑论者看作一个修正的形而上学者，因而
对怀疑论的反驳同时是对修正形而上学的一种反驳，从而间接
地为描述的形而上学进行辩护。

斯特劳森在写《个体》之时，他有意地使自己的哲学构想
部分地同康德的理论哲学存在某种结构和方法上的相似性，正
如他所说，"在我独立地思考形而上学和知识论（在《个体》中）
时，巧妙地，部分有意地受着它（指康德的《纯粹理性批判》）

---

① P. F. Strawson, *Individuals: An Essay in Descriptive Metaphysics*,
Methuen, 1959, p. 35.

的影响，于是我决定必须从整体上把握这部著作"①，所以才有
了《意义的界限》的出版。正如罗伯特·斯特恩所说："在《意
义的界限》中，斯特劳森的客观性论证展现为对《纯粹理性批判》
的核心部分的一种赞同性的重构。据此，斯特劳森力图使康德
对先验论证的使用变得明确，同时试图表明其哲学价值。"②斯
特劳森把康德所要反驳的怀疑论界定为是认知怀疑论，即认为
我们不可能拥有任何知识，或者不可能拥有某种特殊知识，诸
如关于外在世界的知识、他心的知识或过去的知识。在他看来，
先验演绎的目标就在于"确立经验必然包含对象的知识"③，而
他把康德的"对象"解释为独立于主体的对象，"它带有'客观
性'的内涵……与任何特殊的意识状态的发生无关，与位于一
般概念之下的对象的觉知的任何特殊经验的发生无关"④。进而，
他认为康德的先验演绎、第一类比和驳斥唯心论总的目标就是
要论证"客观性论题"：经验必须包括对象的觉知，对象同它
们的经验是可区别的，在这种意义下，这些对象的判断是这样
一种东西的判断，这种东西同关于它们的特殊的主观经验的现
实发生无关。⑤

---

① Peter Strawson, "A Bit of Intellectual Autobiography", in Hans-Johann Glock (ed.), *Strawson and Kant*, Clarendon Press, 2003, p. 8.

② Robert Stern, *Transcendental Arguments and Skepticism: Answering the Question of Justification*, Clarendon Press, 2000, p. 137.

③ Peter Strawson, *The Bounds of Sense: An Essay on Kant's Critique of Pure Reason*, Methuen, 1966, p. 88.

④ Ibid., p. 73.

⑤ Ibid., p. 24.

从根本上来说，斯特劳森的客观性论证企图在概念与事物之间建立一种演绎的推论关系，它的主要灵感来源于康德的驳斥唯心论。这是一种关于先验论证的强解释，它遭遇到了斯特劳德等一大批哲学家的反对，认为它太强而不合理，同时如果把它弱化，则又不能用之以驳斥认知怀疑论。然而，难道驳斥唯心论的目标真的是驳斥怀疑论吗？

康德的驳斥唯心论有其特殊之处，因为相对于他的其他先验论证，它具有一个具体的对手，而不只是志在建立某种经验同那种经验的某种形式的概念化之间的联系的证明。康德自称其要反对的是笛卡尔式的存疑式的唯心论，而其具体的前提就是"我意识我自身之存在是在时间中被规定了的"（B275）[①]，所要证明的就是"我们拥有外在事物的经验"这样的结论。因此，驳斥唯心论具有反驳怀疑论的作用，然而驳斥唯心论本身并不就是先验论证，它只是包含了一个先验论证，它之所以具有反怀疑论的效果只是因为它开始于那个笛卡尔式的怀疑论所不能反驳的特殊的、具体的前提，而它所包含的先验论证的功能在于确立一种依赖关系，即内部经验对外部经验的依赖关系。

驳斥唯心论是同现实的经验相关的，然而康德反复强调先验证明需要与"可能的经验"相关。这里的差别在什么地方呢？"可能的经验"的意思是什么？康德是在讨论联结先天的哲学概念的可能性的时候频繁地使用"经验的可能性"这一短语，但是他并没有明确地说明它指的是什么，而"可能的经验"是在相同的语境下使用的，因此，我们有理由相信它们表达的是一

---

① 康德：《纯粹理性批判》，邓晓芒译，杨祖陶校，第203页。

个意思。康德认为"在先验知识那里，只要它仅仅与知性概念发生关系，那么这个准绳就是可能的经验"（A783/B811）[1]。同时，他区分了独断论的证明与先验证明，前者企图从概念直接地推演出先天综合命题，而先验证明则要求"证明不是直接地引向所要求的谓词，而只是借助于一条有可能把给予我们的概念先天地扩展到理念并实现这些理念的原则来进行"（A785/B813）[2]。因此，康德所说的可能的经验的作用就在于提供先天概念的运用的合法性的测度。先天概念必须直接同可能经验相联结，而后才能同另一概念相联结，否则"证明就会像决堤之水一般泛滥四野，流到隐秘的联想倾向偶然把它带到的任何地方"（A783/B811）[3]。综合判断知识的获得必须求助于直观，即"如果我们要对一个概念作综合判断，那么我们就必须从这个概念中走出来，也就是走向它在其中被给予出来的直观"（A721/B749）[4]，而在先验证明中并不进行任何现实的直观，否则它就成了一个经验的证明，所以必须存在一种既有直观同时又不是现实经验的直观的方式进行先验论证。于是，可能的经验或可能的直观便进入了我们的视野。

事实上，可能的直观是联结概念的唯一可选的中介。因为在康德看来，存在两种直观，即先天的直观和经验的直观：一方面，诸如"实体""原因"等范畴并不是在先天直观中被构建的，

---

[1]　康德：《纯粹理性批判》，邓晓芒译，杨祖陶校，第598页。

[2]　同上书，第599页。

[3]　同上书，第598页。

[4]　同上书，第558页。

它们的对象也不是先天地给予的，因为它们的感性内容只能是后天给予的；另一方面，先验论证也不可能建立在经验证据之上，例如我们根本不可能有关于实体的任何知觉，从而也不可能有"任何变化都是实体中的变化"这样的先天综合知识。因此，在先验证明中，联结主词概念同谓词概念的东西不能是关于对象的任何现实的直观。

从对象的角度看，先验证明表明的是"经验本身，因而经验的客体没有这样一种连结就会是不可能的"（A783/B811）[1]，而上面我们已经知道由于不可能是现实的直观，因而现实的对象也不可能在先验证明中出现，所以，与可能经验相应的是可能的对象和可能的直观："我们的一切知识最终毕竟是与可能的直观相关联的：因为唯有通过这些直观，一个对象才被给予。"（A719/B747）[2]虽然我们依然不知道可能的直观到底意味着什么，不过，至少到目前为止我们知道，先验论证所关切的是某些概念的对象如何可能的问题，而不是企图直接建立概念之间的分析关系。然而，驳斥唯心论是一种针对笛卡尔式的立场的反证法，即一种间接的论证方法，因此其本身不可能就是一个先验论证。对于先验论证的这一根本特性，斯特劳森是无意识的，他把康德的先验演绎理解为"关于一般经验概念的含义的一个论证"[3]，而事实上它根本不是企图通过某一概念的含义来

---

[1] 康德：《纯粹理性批判》，邓晓芒译，杨祖陶校，第 598 页。

[2] 同上书，第 556 页。

[3] P. F. Strawson, *The Bounds of Sense: An Essay on Kant's Critique of Pure Reason*, Methuen, 1966, p. 88.

直接建立与另一个概念的联系的，而是通过某一概念的可能对象来建立概念之间的间接联系。关于这一点，似乎同康德所认定的先验证明只能是"直接的或明示的证明"（A789/B817）[1]相悖。然而，这里的问题在于首先康德所理解"间接的"是直接针对反证法的。另外，一种合理的解释是，康德试图建立的概念间的关系本身就是一种外延性的关系，即通过对可能对象的思考先天建立的外延性的同一，区别于通过它们的意义而建立的概念间的内涵性的同一。康德说："我们在先验逻辑中已看到：尽管我们永远不能**直接**超越所给予我们的概念内容，我们毕竟可以完全先天地——但却与一个第三者即**可能的**经验相关、因而毕竟可以完全先天地——认识那个与其他事物相连结的法则。"（A766/B794）[2]然而，可能经验不是严格意义上的外在于概念之物，它只是我们经验的一般取向，属于概念的一般可能性，因此它们的关系依然是直接的或明示的。

上面我们只是通过排除法得出了关于可能的直观的结论，因此，我们有必要对其对先验论证或先验命题的必要性给予一种正面的回应。康德先验演绎的目的在于阐明范畴或概念的客观有效性，而作为其实现与否的检验标准就是一个概念能否被提供"直觉性的内容"。从统觉的统一向灵魂的单纯本质的论证之所以不能够成功，就在于绝对的单纯性"毕竟不是什么可以直接与一个知觉发生关系的概念"（A784/B812）[3]。这个论证

---

① 康德：《纯粹理性批判》，邓晓芒译，杨祖陶校，第602页。
② 同上书，第587页。
③ 同上书，第599页。

只能作为理念来推论，而不是"走出一物概念而达到可能经验的活动"（A766/B794）[1]。由于从概念出发的合法的先天综合论证必须直接同知觉相关联，即这些概念能够被提供"直觉性的内容"，因此，概念的客观有效性问题就转变为一个可呈现性（presentability）问题，即要在可能经验中呈现某物就必须要形成该物的一个感性图像（sensible image）。这些感性图像是可能的直观的对象，同康德意义上的任何知识一样，概念在直观中得到实例化，进而，一个概念的客观有效性就在于把它实例化的可能性。正是在这种意义上，康德才会说："在先天综合知识的一切证明中，……必须预先说明这些概念的客观有效性和对它们进行先天综合的可能性。……涉及证明本身的本质和可能性。"（A782/B810）[2] 作为可能的直观的对象的感性图像，它区别于经验性的直观的对象的地方在于它排除了那些经验的偶然的特征，只保留纯直观必须强加于与概念相应的任何对象的那些特征。因此，先验论证最终考虑的是呈现的先天条件，说得直白一点就是康德所说的"一般的时间条件"（A723/B751）[3]。

总而言之，康德把可能经验放在如此重要的位置上，先验论证所反对的不可能仅仅是怀疑论，而是具有一体两面的双重功能，即反独断论和反经验论。如上所述，先验论证一只脚踏在先天领域，另一只脚踏在经验领域。首先，它必须把自己的

---

① 康德：《纯粹理性批判》，邓晓芒译，杨祖陶校，第 587 页。

② 同上书，第 597 页。

③ 同上书，第 559 页。

使用范围限定在经验领域，因而杜绝了任何独断地使用的可能性；其次，先天概念只能在经验范围内使用必将意味着：如果经验是可能的，那么经验就不能缺乏先天要素，所以经验论就错在其把经验概念视为对我们的经验来说是根本的这一点上。斯特劳森及其他许多先验论证的阐述者都在不知不觉中忽视了可能经验的作用。就斯特劳森本人而言，他的先验论证是以现实的经验为导向的，甚至连其概念图式所反映的也是我们现实的思想结构。

第三节　斯特劳森式先验论证的有效性

先验论证的有效性其实同其要达到的目标息息相关，斯特劳德对先验论证的犀利批评事实上主要是对斯特劳森式的先验论证的批评，即对以驳斥怀疑论为其主要目标的先验论证的批评。当我们把先验论证的目标从驳斥怀疑论的泥沼中解放出来以后，我们会发现斯特劳德的反对其实是可以消解的，先验论证也并不会丧失其重要的意义。

斯特劳德提供了对斯特劳森式的先验论证的一种二难选择，这是关于先验论证有效性争论的焦点。他认为，如果先验论证成功地驳斥了怀疑论，那么它就必须跨越我们所思考的世界或相信的世界与独立于我们的知觉的世界之间即现象与实在之间的鸿沟。那么，我们不得不表明，"一个事物如其所是地是的命题必然跟随我们如何思考世界的命题或对我们来说是可理解的世界的命题。这样一种推论如何能够是确证的呢？"① 对此，他作了简单直接的回答，他说："对于任一条件 S，假设它是一些特权类，怀疑论者总是能够合理地坚持认为它足以使语言成为可能，如果我们相信 S 是真的话，或者如果它对所有世界都适用，但是 S 并不需要实在地是真的。"② 正如上面所表明的那样，先验论证的目标并不是怀疑论，然而即使我们先承认这一目标，对于怀疑论者来说这种怀疑根本上是无解的，因为对于独立于我们之外的外在世界的存在的可能性对我们来说是无意义的，我们根本不能认识它。当然，为使后面这种结论能够得出，我们需要某种形式的证实主义。

正是在这一点上，斯特劳德要表明先验论证实际上是多余的，因为，如果驳斥怀疑论的功能主要在于证实主义，那么"怀疑论就会被直接和决定性地驳斥，因而没有理由通过一个间接的或先验的论证来阐明他的错误"③。针对这种反对意见，首先在上述引文中，斯特劳德似乎把间接论证与先验论证视为是可相互替换的，当然他的意思不可能是说间接论证就是先验论证。但是我认为他肯定把先验论证视为是一种间接论证，这无论在康德那里，还是在斯特劳森那里都是无法接受的，因为前者把先验论证直接就定性为直接的或明示的论证，而后者则把先验论证视为是关于概念间的含义的一种分析论证。

---

① Barry Stroud, "Transcendental Arguments", *Journal of Philosophy*, 65, 1968, pp. 241-256: 246.

② Ibid., p. 255.

③ Ibid., p. 247.

其次，问题的根源还是在于他错误地把先验论证的功能设定为驳斥怀疑论。康德的驳斥唯心论已经表明我们所认识的对象只能是现象，因而对于外在世界的存在我们最好依然承认我们的无知。然而，对于一种弱化的反怀疑论目标，即必定存在某些先天要素，无论它是概念图式还是范畴，它们对我们作判断或我们思考作为一个时空殊相系统的世界来说是必不可少的，对此我表示赞同。无疑，斯特劳德在斯特劳森的先验论证的目标的问题上犯了错误，斯特劳森所要论证的不是外在世界的存在，而是"我们拥有关于物质物体的单一时空系统的观念……这正是我们的概念图式。我现在要说，我们拥有这种概念图式的条件，无疑就是接受至少在某些非连续观察的情况中的殊相—同一（particular-identity）"[①]。虽然，斯特劳森后来很少提及概念图式，但是他的观点并没有什么改变，他说："正是这个原理，不同它们应用的经验或经验性的条件相关联的概念或观念根本不能有合法的，甚至是有意义的使用"[②]，它们的应用条件正好就是概念图式这一经验的特殊的框架原理。

然而，这样一种弱化的版本的先验论证如何能够成功呢？以斯特劳森对未被知觉的持续的殊相的存在的论证为例，根据格雷林（A. C. Grayling）的看法，该论证应该表述如下："如果我们认为世界是一个单一的时空系统，并且如果这要求我们能够重新确认殊相，那么我们必须拥有重新确认殊相的标准；

---

① P. F. Strawson, *Individuals: An Essay in Descriptive Metaphysics*, Methuen, 1959, p. 35.

② Ibid., p. 16.

进而，如果我们认为我们拥有这种标准，那么我们认为它们是可满足的；反过来，如果我们认为它们是可满足的，那么我们认为，我们通过这种标准重新确认的东西是我们未知觉到它们的时候也是持续存在的。"① 在这个论证过程中，并不需要证实原则，因为在斯特劳森看来，殊相，尤其是对物质物体这一基本殊相的确认和重新确认同概念图式之间是一种相互依存的关系，因此上述的论证过程在斯特劳森那里是可以实现的。但是我们还是要注意到，这得以可能的前提还是要把先验论证整个地限制在经验系统内部之中，也就是说，要在斯特劳森所说的"意义原则"下完成先验论证，这是斯特劳森式的先验论证的整个框架条件。

此外，这种弱化的先验论证以一种奇异的方式具有驳斥怀疑论的作用，正如格雷林所说的："斯特劳德的观点代表了对怀疑论的实在论的反映，认为怀疑论只应该通过证明关于世界的实在论观点的真来正当地予以反驳；与此相反，在此的计划表明，怀疑论应该通过证明采取实在论的观点的必要性来予以反驳。"② 这种结论的依据在于，在斯特劳森哲学中存在同康德的经验的实在论和先验的观念论的层次类似的区分：对对象的存在的信念是我们的经验的必要条件，这是一种认识论的实在论，它区别于承认独立于我们的客体的实在论。认识论的实在论不仅告诉我们知识的内在基础必须在经验内部中寻找，而且它还

① A. C. Grayling, *The Refutation of Skepticism*, Gerald Duckworth, 1985, p. 106.

② Ibid., p. 112.

表明知识要获得其客观实在性必须相信对象的存在，以便使之成为我们个体化、确认和重新确认的根据。在此意义上，认识论的实在论其实就是关于感觉和经验的融贯性的反实在论。

对斯特劳森的先验论证弱化的理解是符合他的哲学的发展趋势的，因为对于他的描述的形而上学来说，论证一个独立于我们的知觉的客体的存在没有多大的意义，他的形而上学必定是经验的形而上学，一如他以此称呼康德的先验观念论那样。正因此，斯特劳森在其后期著作《怀疑主义和自然主义：某些变种》一书中把先验论证弱化到其极限的程度："但是，不管它们是严格有效与否，……确立我们的概念图式的主要的结构要素或特征之间的关系——不是作为一个严格演绎的系统来展示它，而是作为一个一致的整体，其部分之间是相互支持的和相互依赖的，并以一种可理解的方式相互连结——这样做似乎更好地符合我们自然主义者的正当的或至少主要的分析哲学的工作。"[1]

第四节　斯特劳森的客观性论证

斯特劳森的客观性论证也许是当代先验论证案例中最为自觉的一个，因为当他提出这个论证的时候，已经有《个体》一书作为其铺垫，关于先验论证的相关讨论也已经在小范围内展

① P. F. Strawson, *Skepticism and Naturalism: Some Varieties*, Methuen, 1985, p. 25.

开，并且讨论有越来越激烈的趋势。于是，他在《意义的界限》一书中重构康德的先验演绎，力图抽取出一种分析的先验论证，即一种没有先验观念论的先验论证。

一、斯特劳森的理论动机

最为系统地应用了先验论证的当属康德，其先验演绎被视为是先验论证的典范，斯特劳森就是在此意义上来使用先验论证一词的。斯特劳森的《个体》一书充满了康德式的论述，尽管如此，在该书中只有一处提及先验论证，而且相当的悲观："这种论证形式可能是错的……一切先验论证莫过如此。要把哲学立场建立在这种非常一般的、非常模糊的论证上，可能是毫无指望的。"[①] 但是，其在数十年间对先验论证的不断探究表明他对该论题的热衷态度，同时这种思辨过程的产物也似乎蕴含着先验论证的整体命运。

以柯亨（Hermann Cohen）和卡西尔为代表的新康德主义者主张用历史的视角来重新审视和改造康德哲学，把康德在《纯粹理性批判》中所证明的纯粹知性原理仅仅当作是他那个时代的牛顿物理学的预设，认为随着物理学的发展，我们应该用新的其他原理来代替它们，使之成为当今以相对论和量子力学为核心的物理学的预设。斯特劳森反对这种理解方式，因为如果克尔纳他们是对的话，那么就意味着康德哲学只是反映了他那

---

① P. F. Strawson, *Individuals: An Essay in Descriptive Metaphysics*, Methuen, 1959, p. 40.

个时代的概念结构。显然，这是康德本人也无法认同的，因为，康德哲学的意图在于发现人类经验的普遍的必然条件，而不是他的时代的人的经验的条件，新康德主义实际上不是在解释康德，而是在反驳康德。不过，康德哲学在当代确实遭遇了寒流：一方面是语言学转向后的分析哲学对形而上学的拒斥，另一方面新兴的自然学科和基础学科，尤其是数学被视为一门逻辑学科，即一门单纯的分析学科，而爱因斯坦的相对论废黜了牛顿物理学的王位，似乎康德哲学无论是作为一门形而上学批判的哲学，还是作为一门科学哲学，都已经在当代失去了市场。

然而，斯特劳森在康德原初的道路上接上了力，为康德哲学的当代解读寻找到了第三种可能性。斯特劳森把自己的形而上学称为描述的，力图对现实的世界的思想结构进行描述，即对作为不以历史为转移的一切人类经验的基础的概念图式的描述。如前所述，斯特劳森在《个体》中对先验论证并不是非常重视，所提出的先验论证的思路也有诸多含糊之处。不过，这不妨碍许多哲学家对于此的关注，当一系列批评和讨论意见出来之后，斯特劳森本人也开始意识这个问题存在研究价值和潜力，同时也充分地意识到他的《个体》一书同康德的《纯粹理性批判》在思想方法上的相似性。于是斯特劳森决定重新深入研究《纯粹理性批判》，这便有了《意义的界限》。

在《意义的界限》中，斯特劳森更加直接地改造了康德的先验演绎。类似于《个体》中所表述的先验论证，他在先验探究的名义下给出了几乎相同的内容："正如通常所说的形而上学一样，它是最一般和最基础的研究；并且它的方法也将是非经验的，或是先天的，……它是同作为所有经验探究的默认的概念结构相关的。康德有时称这种探究为"先验的"，以区别于"超验的"，尽管他在使用这个表达的时候绝不是前后一致的。[①]

从先验演绎的目标来看，它力求证明经验的客观性或普遍有效性。康德把客观性的根据建立在范畴之上，因为范畴反映的是受规则支配的我们的表象的联结性，它构成了客观性的前提。然而，从范畴同知性的关系角度来看，演绎同时又是对人的认知能力的一个论证，进而是对经验主体（在康德那里指先验心理学的主体，即先验自我）的一个论证。斯特劳森认为我们要正确理解康德的先验演绎就要认识到它的这个两面性："所以，现在要思考先验演绎，立刻就要铭记我们不得不把它看作是两个事物：既是关于一般经验概念的含义的一个论证，也是对主观能力的先验作用方式的一个描述，凭借它们，经验得以产生。"[②]斯特劳森认为康德这样的做法尽管具有英雄气概，但却不可能实现。务实的想法是，我们必须分解开两者，同时又时刻保持对它们的关注，因为毕竟这种二元性是理解康德的先验演绎的关键。斯特劳森分别对先验演绎的这两个方面提出了反对和修正意见，他认为客观性可以同联结性分割开，也没有必要以先验观念论为基础，感性经验本身就可以完成客观性的证明；对于演绎的第二方面，他认为必须放弃对认识能力的考察，

[①] P. F. Strawson, *Individuals: An Essay in Descriptive Metaphysics*, Methuen, 1959, p. 18.

[②] P. F. Strawson, *The Bounds of Sense: An Essay on Kant's Critique of Pure Reason*, Methuen, 1966, p. 88.

摒弃先验心理学的主体，转而从方法论角度去考察先验演绎。

二、斯特劳森对先验演绎的重构

既然经验是客观的，而经验又被定义为对象的知识，因此，对象必定不能同我们对对象的觉知的主观状态相等同。又因为在康德那里，客观性同普遍有效性、统一性和联结性是一致的，所以，康德又把对象的概念称之为统摄经验联结的规则，它构成了我们日常的经验性的对象概念的使用和理解的基础。任何不遵守这种规则的知觉都只是我们的幻觉，仅仅是主观的。然而，斯特劳森认为规则对经验的使用并不是必然的："可以作出让步的是，对日常的经验对象的概念的使用确实蕴含着康德所说的那种受规则支配的（rule-governed）知觉的联结，然而又否定任何这种概念的使用对对象的经验来说是必然的，这些对象被设想为不同于对它们的觉知的特殊的主观状态。"[①] 因而，对象的概念同日常的经验性的对象概念是并行不悖的，隐含在它们各自背后的秩序和规则也可以是相互并存的，为什么非要把其中一个建立在另一个之上呢？一种康德的先验观念论的回答可能是，我们所说的对象依然还是现象，因而也只是我们的感性的表象，至于对象本身则不是我们所能够知道的。经验的客观性的含义也相应地要发生转变，即从实在的、未知的对象的觉知向受规则支配的我们的表象的联结性转移："这种联结性反映

---

① P. F. Strawson, *The Bounds of Sense: An Essay on Kant's Critique of Pure Reason*, Methuen, 1966, p. 90.

在我们对经验性的对象的概念的使用之中，而这些经验性的对象被设想为共同形成了一个统一的自然世界，伴随着它自身的秩序，区别并控制着知觉的主观秩序。"①

那么，联结性到底意味着什么呢？斯特劳森认为它绝不仅仅关乎经验的定义，即关于对象的知识，它还涉及意识的必然统一。感性经验能够展现这个联结性，但它同时也具备其他性质，也就是说，感性经验不仅仅是彼此关联的，而且也存在一些不连续的经验。康德要否定这一点就必须跳出单纯的经验定义，因为它根本没有向我们透露任何这方面的信息。他是用这样一个重言式来回答，即属于一个单一的意识的经验或表象必须满足属于一个单一意识的条件。而这个条件恰恰就是规则统摄的联结性。因而，这就必然要涉及意识的必然统一的话题，先验论证的主题也随之转移。

当先验论证的主题转变之后，随之转变的还有先验论证的具体目标，即如何在意识的统一性与经验知识的客观性之间建立一种直接性的分析关系，而不是像康德那样立足于以认识能力的区分为基础的综合原理。

那么，意识的必然统一究竟蕴含着什么呢？简单地说，它意味着经验自我归属的可能性。问题在于，这里的经验究竟指的是什么，进而经验的对象又是什么样的。在某些非康德意义上的对象，即独立于主体自身的主观状态的对象是否可以归属于一个统一的意识？在历史上，也许这样的对象就是早期的感

---

① P. F. Strawson, *The Bounds of Sense: An Essay on Kant's Critique of Pure Reason*, Methuen, 1966, p. 91.

觉材料论者说的那些东西诸如颜色、声音和痛觉，等等。我们
以痛觉为例，疼痛的存在只因为我们感觉到它的时候才存在，
因而对于它而言，根本不可能在疼痛的经验和疼痛本身之间作
出区分，因而根本无法在主体经验的排列和秩序同对象的排列
和秩序之间作出区分。然而，这个区分对客观性来说是至关重
要的，"客观有效的判断的可能性蕴含着规则统摄的知觉的联结
性，这种联结性反映在我们对对象的经验概念的使用上，被构
想为拥有一个它们自身的秩序和排列，区别于对它们的觉知的
主体的经验的秩序和排列"①。所以，如果承认感觉印象的经验
能够自我归属的话，那么经验的客观性就无法得到最终的保障，
先验论证也就失败了。

至此，我们已经进入此论证的深水区。斯特劳森认为，"甚
至在最短暂的和最纯粹主观的印象中也可能辨别出认识或判断
的一个组成部分，它不能简单地等同于或完全同化于构成了判
断主题的被认识的殊相"②。然而问题在于，我们上面已经表明
了由感知印象组成的经验没有独立于我们的知觉而存在的对象，
如何能够解决这种冲突呢？在此，斯特劳森诉诸对这样一种经
验的潜在的承认：在这种经验中，认识本身和同一的自我存在
某种必然的关系，并且这种关系是可以同他人分享的，也就是说，
他人的认识也和同一的自我存在这种必然的关系。所以，斯特
劳森最终把一个共同的自我当作是感知印象的经验的认识对象，

① P. F. Strawson, *The Bounds of Sense: An Essay on Kant's Critique of Pure Reason*, Methuen, 1966, p. 98.

② Ibid., p. 100.

从而保证了经验的这种认识的组成部分能够独立于对象而存在。而所谓共同的自我就是斯特劳森的"人"这个实体，它区别于笛卡尔式的自我，因而也区别于康德式的先验的自我，成为我们经验的主体。

接下来的问题就是，这种潜在性所蕴含的东西为什么是概念呢？根据直观与概念的二元区分，康德必须承认除了纯粹的感知材料之外，剩下的只能是概念了。斯特劳森则采取更温和的态度，它允许某些没有概念性质的经验的存在，但是他同样强调说，这些概念构成了我们经验的基础，因为它们使经验本身包含客观的与主观的秩序和排列成为可能。因此，斯特劳森把康德的"我思必须能够伴随着我的一切表象"（B132）[1]这句话修改为"我思必须能够伴随着一个单一经验主体的一切知觉"[2]，即经验的客观性的实质正是经验性的意识的必然统一。

以上所述的先验演绎的第一方面的论证是伴随着对演绎的第二方面的论述进行的，即只有厘清了我们的认知能力与认识方法的区别之后我们才能正确地看待先验演绎。

意识的必然统一的论题所包含的一个思想就是，直观必须被带到概念下以产生经验。而这个论题或它如何可能的问题并不是仅仅通过对经验性的自我意识的探究就能够解决的，它必定涉及先验的自我意识。而康德又是常常用知性能力的活动来阐释先验自我意识的："对意识的统一性来说，关键的是它应该

---

① 康德：《纯粹理性批判》，邓晓芒译，杨祖陶校，第89页。

② P. F. Strawson, *The Bounds of Sense: An Essay on Kant's Critique of Pure Reason*, Methuen, 1966, p. 102.

能够在我们知觉的联结是由心灵的活动所产生的这一事实中被找到。产生这种联结或统一的过程被称之为综合；我们自身的同一性意识基本上只是我们对这种综合或结合的能力及其运用的意识。"① 然而，斯特劳森认为康德错误地把综合原理建立在人类认知能力的区分上面，进而不是在综合活动的结果即经验的本质之中寻求经验的自我归属的可能性的解释。经验的自我归属的基本条件恰恰就是在客观性概念之下产生综合的联结性本身。康德本人提出先验的自我意识也并非想要给出一个完全不同于经验性的自我意识，他所要表明的无非就是这个联结性本身："我作为一个理智，仅仅意识到其联结的能力。"（B188-189）② 最终，斯特劳森认为我们完全可以绕开综合原理，摒弃先验的自我意识，只要我们在意识的统一性和我们的经验世界的统一的客观性之间建立一个直接分析的联结，即，依赖统一性和客观性之间的一种分析关系完全可以完成康德在主体自身之中寻求知识的客观性的根据的努力。

演绎的第二方面的另一个目的在于指出先验的自我意识其实就是经验的自我反思，先验的自我意识构成了经验的自我意识的核心。为此，斯特劳森承认康德的工作不在于解释我们理解经验或经验的自我归属的完全条件，而是力图从这些完全条件中抽取出最基本的部分作为经验的必要条件。康德很好地完成了这件艰巨而又重要的工作。在日常经验世界中，一个人的

---

① P. F. Strawson, *The Bounds of Sense: An Essay on Kant's Critique of Pure Reason*, Methuen, 1966, p. 94.

② 康德：《纯粹理性批判》，邓晓芒译，杨祖陶校，第 145 页。

经验并不都需要自我归属，遗忘是我们人的一个经验事实，但是这并不影响所有我的经验去共同地构成了一幅统一的客观世界的图景。问题在于，为什么这条通向客观世界的路线必须是主观的呢？斯特劳森解释道："这个康德式的规定的更为基本的一点就是这样一个主体的经验必须本身被概念化，以便去规定在他的经验的主观线路与穿过客观世界的一条路线之间的一个区分。"[①] 因而，作为历史的个人总是用一种视角——众多视角中的一种——去观看这个世界，而这个视角的形成就是主体经验本身的概念化。斯特劳森同时把这个认识的概念性的组成部分理解为康德式的先验的自我意识。这个视角的概念成为我们理解经验的自我归属的概念的前提，也就是说，经验的主体是经验的自我归属的前件。我们用一个通俗的例子来说明。我们总是说，"在我看来，这是一个客观的世界"。这是我们看世界的方式。在这句话中，我们抽离掉主观的因素之后，剩下就是"这是一个客观的世界"这一客观的事实，但是它必须在主体的经验的本质中被提供，也正是在这个意义上，康德才把客观性的根据建立在主观性之上。

从上面所论述的这个令人眼花缭乱的高度一般和抽象的论证可以看出，斯特劳森式的先验论证无非就是想通过对一般经验概念的分析，在经验的限度内寻求统一性和客观性之间的同一性关系，从而最终为经验何以可能这一根本问题提供一种哲学方法论上的论证。

---

① P. F. Strawson, *The Bounds of Sense: An Essay on Kant's Critique of Pure Reason*, Methuen, 1966, p. 104.

三、斯特劳森的论证的结构

根据上面所述，我们可以用图表来表示，这样更加有利于我们对斯特劳森的论证的结构进行直观的分析。由于斯特劳森是从两个层次上来研究康德的先验演绎的，所以事实上存在两条论证路线，分别表示如图 2-1、图 2-2。

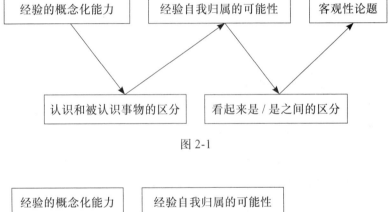

图 2-1

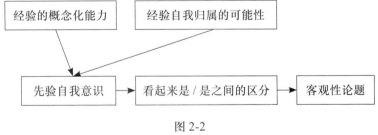

图 2-2

斯特劳森对康德的先验演绎的这种刻画引来了极大的争议，

我们分别从图 2-1 和图 2-2 来具体分析。①

对于图 2-1，争议最大的莫过于起衔接主要版块作用的两个版块的可靠性的质疑。斯特劳森的这种从认识，即把一个特殊的事物归类为某种一般种类的事物的过程，向自我觉知的可能性的推论被很多哲学家所否定。瑟夫（W. Cerf）说："隐藏在斯特劳森关于自我意识与对象经验之间的分析关系的证明中的主要成分就是一个最小意义上的理性主体必须能够把经验归属于他自己。这个主要部分不能实现；在一个能够把殊相当作是一般概念的实例的主体概念与一个能够把经验归属于他自己的主体概念之间没有逻辑必然性。"② 罗蒂也给出了类似的批评并提出了修正意见："通过假定所有经验都是以'这是我如何如何经验的……'形式获得的，而不是通过假设它们总能够以那种方式（指认识和被认识的事物的区分的方式。——笔者注）获得的，我们不能表明每一个经验必须是一个拥有这种'经验'概念的人的经验。我们不得不做的就是表明，如果'在我看来……'这个概念不能够被使用的话，在经验包含概念——经验的概念化能力论题——这单一事实的基础之上，没有一个概念能够被使用（或者从更加倾向于唯名论的角度来说，如果这些语词不能够被使用的话，没有语词能够被使用）。"③ 当我们破

① 对这两个图，我们还需要作一点说明。所谓的经验的概念化的能力就是指把对象带到概念下来思考的能力，或者我们可以用康德的话来说就是"作判断"，这是我们一切经验可能的首要条件。

② W. Cerf, "Critical Notice on The Bounds of Sense", *Mind*, Vol. 81, 1972, pp. 601-617: 612.

③ Richard Rorty, "Strawson's Objectivity Argument", *The Review of*

138

开迷雾，认识和被认识的事物之间的区分实际上是以康德的直观与概念之间的区分为基础的。然而，这恰恰是范畴的先验演绎所要证明的东西，这也体现了先验论证这一模式的特性。先验论证以这种自返的模式向人们昭示经验何以可能的人类别无选择的先决条件。

针对第二个区分，许多哲学家同样不认同从看起来是／是之间的区分到客观性的推论："他认为，我们的经验是关于一个客观世界的经验，因为寻求是／看起来是之间的区分的使用恰恰就是去辨别什么是客观的和什么是主观的。但是这并不能如此推断，因为这些区分并不是同一的；如果采用斯特劳森意义上的'客观性'的概念的话，它们就不是同一的。在这种意义上，我自身的内心状态可以是客观的，它们是可以是正确的，也可以是错误的，但是它们不属于一个独立的客观世界。"[①] 因而，其实是斯特劳森的客观性概念出了问题，因为他混淆了自我意识中蕴含的看起来是／是的区分同独立的外在对象意义上的看起来是／是之间的区分。这种混淆背后隐藏的是两种客观性概念的混淆。

图 2-2 的问题更大，因为他只是引用了康德的术语，并且指出先验的自我意识在整个论证中所起的作用是什么，但是他根本没有说明先验的自我意识到底指什么。也就是说，作为自我意识的可能性的基本条件，它只是为经验思想提供了思考的空间，但是并没有引导我们思考经验本身。因而，我们再次回

Metaphysics, Vol. 24, No. 2 (Dec., 1970), pp. 207-244: 218.

① Ralph C. S. Walker, *Kant*, Routledge, 1978, p. 117.

到了康德的先验演绎所留下的迷雾。

另外，我们从整个论证结构中已经看到了其抛弃康德的综合原理的意图，但是他最终还是要回到综合原理，因为他似乎又暗暗地使用了康德式的直观概念。罗蒂敏锐地发现了这一点，他认为，当斯特劳森承认感觉材料论者的经验也存在"特殊事物"与"一般概念"的区分时，他就已经承认了对"殊相"的觉知或直观。例如，我们说"这是红色"时，除了红这种性质之外，特殊事物还能是什么东西？对此，我们只能引入单纯殊相的觉知或直观。

当然，这些都不是斯特劳森的论证独有的困难，并且他似乎也意识到这些困难，他最终以一种自然主义的心态来表达他对先验论证的看法，他甚至并不太关心先验论证的成败与否："但是，不管它们是否严格有效，……确立我们的概念图式的主要的结构要素或特征之间的关系——不是作为一个严格演绎的系统来展示它，而是作为一个一致的整体，其部分之间是相互支持的和相互依赖的，并以一种可理解的方式相互连结——这样做似乎更好地符合我们自然主义者的正当的或至少主要的分析哲学的工作。"①

本章小结

先验论证虽然在英美分析哲学界展开了为时近半个世纪的

---

① P. F. Strawson, *Skepticism and Naturalism: Some Varieties*, Methuen, 1985, p. 25.

争论，然而时至今日，依然没有形成一个统一的意见。在这种局面下，我们最好还是回到这个论题的最初倡导者，即斯特劳森的哲学当中，同时更要回到作为先验论证的永恒标杆的康德哲学中去探究先验论证的一般性质。

当我们回到哲学史上来看待斯特劳森对康德哲学的解读，我们会发现他们并不处于同样的哲学传统之中。斯特劳森的这种解读带有 20 世纪 60 年代分析哲学的思想，他们力图用语言学的术语来才重新表述认识论问题，以便避过自笛卡尔以来长期困扰哲学的心理学主义，而康德恰恰这个传统的接受者和代表者，也就是说，康德的哲学的主旨强调我们的认识能力，因而是心理学式的，而斯特劳森则是语言学式的。他力图通过经验概念的语言学分析发现彼此之间的内在联结，从而为我们的经验寻找整体的思想框架。我们不能说两种途径孰优孰劣，关键在于他们共同为我们寻找我们经验构成的条件的可能性。

此外，完全没有必要把先验论证的功能仅仅限定为驳斥怀疑论，这并不意味着先验论证经过合理的处理后不可以在这方面起到作用，例如驳斥唯心论。先验论证的价值主要体现在其对我们的思想结构的根本特性的把握，其中最主要的就是试图阐明作为思想结构要素的概念之间的联结性，并且阐明经验的先天要素在其中所起到的作用。在此意义上，斯特劳森的先验论证为我们树立了良好的榜样，由此所确认的描述的形而上学不仅体现了系统性的融贯，同时还突出了概念图式、物质物体和人的基础地位，使之成为一门独树一帜的形而上学理论。

斯特劳森对于先验论证研究具有开风气之先河的作用，可以说，是他一个人让先验论证成为一个独立的哲学研究领域。

同时也是他开启了分析的康德主义的研究路径，这种康德主义主要关注的是康德特殊的论证方法以及其批判思维。当然，至于其野心勃勃的先验论证，即客观性论证，在很大程度上已经是一个先验论证研究史上的一个"生物标本"了，它的历史价值（或考古价值）已经远远大于它的理论价值。斯特劳森本人也早已放弃了这一计划，而是转向了更为适度的自然主义的先验论证方案。

　　总而言之，斯特劳森式的先验论证（尤其是他对康德的先验演绎的解释）产生了深远的影响，后续的许多先验论证基本上是沿着他的思路进行的。当然，他同时也是众矢之的。先验论证正是在这种延续与驳斥之中前进的。

第三章
维特根斯坦与先验论证问题

维特根斯坦与康德之间存在亲和性，这并不令人意外，因为康德与现代哲学，乃至于与分析哲学的密切关系早已是一个公认的事实。但这在以维也纳学派为首的逻辑实证主义者看来是不能令人接受的，因为他们一直把维特根斯坦奉为公认的精神领袖，而康德则是逻辑实证主义主要攻击的对象。不过，维特根斯坦本人对待康德的态度却是富有同情心的。然而，在当时维也纳学派如日中天的情形下，他们之间的相似性根本没有人提及，即使提及也会被斥之为谬论。

经历二战浩劫后的维也纳小组的成员们悲哀地发现，战争打破的不仅仅是它们这个团体的组织结构，而且还摧毁了他们共同信仰的精神。[①] 在 20 世纪四五十年代，逻辑实证主义逐渐式微，分析哲学开始发生语言学转向，正如艾耶尔所说："哲学以它自己的方式在进步，维也纳学派的主要论点很少有原封不

---

① 对于维也纳学派的命运的简要论述，可以参看艾耶尔：《二十世纪哲学》，李步楼等译，上海译文出版社 1987 年版，第 158—160 页。

动地保留下来的，形而上学已不再是一个耻辱的字眼，人们认识到，有些形而上学家至少是通过评判一些很困难的概念问题，才得出他们的奇特结论的。"[1] 与此相应，一直被维也纳学派的理解所绑架的《逻辑哲学论》的解读也宣告失败，尤其是一直被他们所误解或刻意忽略的《逻辑哲学论》的形而上学维度受到重视，进而诱发了对维特根斯坦与康德进行类比的原始冲动。

第一节　维特根斯坦与康德的一般比较

安斯康姆（G. E. M. Anscombe）在维特根斯坦给罗素的一封信中发现，维特根斯坦本人认为《逻辑哲学论》真正重要的是关于不可言说的东西的部分。这些不可言说却能够显示的东西指的就是上帝、自由意志等超验的实体，因而属于超验形而上学的范畴；随后，安斯康姆对维特根斯坦的"逻辑是先验的"[2] 这一论点进行了解析，表明关于可以言说的东西的第一部分并不纯然是经验的，它包含了经验形而上学维度，即逻辑形式本身是不可言说的但却是可言说的前提条件。[3] 因此，事实上，在《逻辑哲学论》中维特根斯坦进行了如下划分：经验形而上学与超验形而上学，或理论理性与实践理性的划分。这同康德

---

① 艾耶尔：《二十世纪哲学》，李步楼等译，第 159 页.

② 维特根斯坦：《逻辑哲学论》，贺绍甲译，商务印书馆 2009 年版，第 95 页。

③ G. E. M. Anscombe, *An Introduction to Wittgenstein's Tractatus*, Hutchinson University Library, 1959, pp. 161-166.

在第一批判中的划分如出一辙。

正是基于这样的结构性类似，斯太纽斯（Erik Stenius）用了整整一章的内容试图把维特根斯坦解释成一个康德式的哲学家。具体来说，他主要从两个互相关联的方面进行类比：先验方法论与先验哲学观。斯太纽斯认为，先验演绎[①]是这样一种探究，它力图通过对我们的理论理性的研究表明我们所有的可能经验的界限，由此也表明外在于这个界限的那类问题的界限，即表明实践理性或超验形而上学的界限。不过他们之间还是存在一个哲学背景的差异，即认识论与语言学的差异，正如斯太纽斯所说，这种差异是康德与维特根斯坦之间最根本的差异。但是它不影响我们对于他们之间的方法论进行类比，只是要进行一番术语转换，其中最关键的是要用"语言的界限"代替"理论理性的界限"。在维特根斯坦那里，这两个概念是同一的，因为语言的逻辑显示了世界的逻辑，世界是由逻辑事实构成的世界。同时，他又认为逻辑是先验的，因此，语言的逻辑分析所要完成的任务相当于康德的先验演绎所要完成的任务，用斯太纽斯总结性的话来说就是："语言的逻辑分析是一种康德意义上的'先验演绎'，它的目的在于表明经验的先天形式，它为所有有意义的语言所'显示'，而不能够被'言说'。从这种观点来看，《逻辑哲学论》可以称之为是一部'纯粹语言的批判'。"[②]

———————————

① 在此，斯太纽斯所说的先验演绎不仅仅指范畴的先验演绎，而且也包括康德所说的关于时间和空间的先验阐明等。总之，他把它用于意指康德的先验方法论。

② Erik Stenius, *Wittgenstein's Tractatus: A Critical Exposition of Its Main Lines of Thought*, Cornell University Press, 1960, p. 218.

此外，斯太纽斯把维特根斯坦在《逻辑哲学论》中的哲学观称为"先验语言主义"，不过维特根斯坦本人却是用了一个非常具有误导性的术语"唯我论"（Solipsism）来表达了同康德的先验哲学观近乎相同的思想。维特根斯坦说："世界是我的世界：这表现在语言（我所唯一理解的语言）的界限就意味着我的世界的界限。"[①] 这同康德对"我思"的描述基本一致："我思必须能够伴随着我的一切表象。"（B132）[②] 在康德那里，"我"指的是形而上学的、先验的"我"，正是从先验自我的角度来看，由时空及诸范畴所构成的经验的先天形式才能说是主观的，并因此其整个学说称之为先验观念论。维特根斯坦认为，哲学上的自我并不是人，也不是人的身体或者心理学所考察的人的心灵，而是形而上主体，是世界的界限——而不是它的一个部分。[③] 从这个形而上主体的角度来看，作为先天经验形式的逻辑同样也是主观的，因此，维特根斯坦的学说可以视为是一种特殊的先验观念论。这种特殊性同样来自于他们两者的背景差异，并且体现在了形而上主体的具体内涵上面：在康德那里，先验的主体是按照时空形式进行直观和按照知性范畴进行思维的主体，而在维特根斯坦这里则是理解精确语言（逻辑）的人，即其语言规定着可能世界的逻辑空间的先验主体。[④]

---

① 维特根斯坦：《逻辑哲学论》，贺绍甲译，第 85 页。

② 康德：《纯粹理性批判》，邓晓芒译，杨祖陶校，第 89 页。

③ 维特根斯坦：《逻辑哲学论》，贺绍甲译，第 87 页。

④ 对康德与维特根斯坦的哲学观进行比较的哲学家不乏其人，还可以参看：P. M. S. Hacker, *Insight and Illusion: Themes in the Philosophy of Wittgenstein*, Oxford University Press, 1972, pp. 22-23; D. Pears, *The*

以上这种比较反映了两者之间深刻的、内在的思想的一致性。他们都试图为人类理智划定界限，从而力求厘清人类知识的合理范围，因而他们实际上共同对传统知识论发起了挑战，吹响了反叛的号角。所不同的是：康德力图通过对人类的认识能力的批判来达到目的；而维特根斯坦则通过对人类的语言能力的批判来完成。不过，这两条途径孰优孰劣是无法通过上面的类比来完成的，因为这种横向比较缺乏一种哲学史的深度，不能够对他们各自在哲学史中的作用以及他们之间的互补性的关联进行纵向的、富有创见的洞察和探究。

第二节　维特根斯坦的规则论证：什么是遵守规则？

随着分析哲学的语言学转向，形而上学在分析哲学中的复兴则以一种更为内在的形式体现在斯特劳森的哲学当中。维特根斯坦对于斯特劳森的影响无疑是巨大的，正如其所说："我必

False Prison: A Study of the Development of Wittgenstein's Philosophy (2 vols.), Clarendon Press, 1987, chapter I; H. Glock, "Necessity and Normativity", in H. Sluga and D. Stern (eds.), *The Cambridge Companion to Wittgenstein*, Cambridge University Press, 1996, pp. 198-225. D. G. Stern, *Wittgenstein and Language*, Oxford University Press, 1995, pp. 65-66, 110-113, 132, 147-148; M. B. Ostrow, *Wittgenstein's Tractatus: A Dialectical Interpretation*, Cambridge University Press, 2002, p. 116; etc。

须提到维特根斯坦；因为，如果我分享了某个人关于我们的一般哲学目标或目的应该是什么的概念，那么这就是维特根斯坦的，至少是他后期的，如果我正确地理解了他的话。我们的关键任务（如果不是我们的唯一任务）就是要获得关于我们最一般地起作用的概念或概念类型的清晰观点以及关于它们在我们的生活中的位置的观点。简言之，我们应该致力于一般概念性的人类自我理解。"①这一段话是意味深长的，它几乎是其代表作《个体》的写作纲领，因为他正是在该书中对概念图式这一最为一般性的概念框架体系进行了探究。同时，斯特劳森又是分析的康德主义的发起人②，《个体》所力图阐明的描述的形而上学在很大程度上是康德式的，因为他试图把概念图式确立为经验的可能性条件。正如格洛克（Hans-Johann Glock）所说："斯特劳森为我们提供了一种特殊类型的概念分析，它结合了某些分析传统的方法和某些重要的康德式的观念"③。我们可以进一步说，斯特劳森实际上创造性地吸收了维特根斯坦和康德的思想，并使之有机地结合在一起。

斯特劳森实际上把他们熔铸在思想的纵深之中，使之成为思想的有机环节。在这种精神的鼓舞之下，越来越多的哲学家

---

① P. F. Strawson, "A Bit of Intellectual Autobiography", in Hans-Johann Glock (ed.), *Strawson and Kant*, Oxford University Press, 2003, p. 14.

② 可参看 Hans-Johann Glock, "Strawson and Analytic Kantianism", in *Strawson and Kant*, Oxford University Press, 2003, pp. 15-42。

③ Hans-Johann Glock (ed.), *Strawson and Kant*, Oxford University Press, 2003, p. 2.

倾向于把维特根斯坦的私人语言论证解读为一种先验论证。这种解读恰恰是基于斯特劳森对康德的先验演绎的重构——客观性论证。

上一章已经表述过，斯特劳森的客观性论证试图证明客观性论题，即："经验必须包括对象的觉知，这些对象同它们的经验是可区别的，在这种意义下，这些对象的判断是这样一种东西的判断，它同对象的特殊主观经验的现实发生无关。"[1]这个论题显然包括了如其所是的对象与关于对象的主观经验的区分，也就是斯特劳森所说的"看起来是／是（seems/is）"的区分。因此，该论题必然包含唯我论的否定，即对于任何经验主体来说，必然要承认不是他自身心灵状态的事态的存在。对于后期维特根斯坦来说，唯我论是第一只"飞进捕蝇瓶的苍蝇"[2]，需要哲学治疗，而一种可能的逻辑就是：唯我论蕴含了私人语言的使用，而私人语言论证则表明私人语言是不可能的，因此唯我论是虚假的或错误的。对于我们而言，一个令人感兴趣的问题就是，既然在斯特劳森的客观性论证与维特根斯坦的私人语言论证存在着结论或目标的一致性，那么是否它们之间也存在一种论证结构上的一致呢？

斯特劳森认为客观性论题是意识的必然统一论题的前提，后者指的是"在这种经验的主体方面，在某些时间上扩展的经

---

① P. F. Strawson, *The Bounds of Sense: An Essay on Kant's Critique of Pure Reason*, Methuen, 1966, p. 24.

② 维特根斯坦：《哲学研究》，李步楼译，商务印书馆1996年版，第155页。

验序列的成员之中必然存在诸如自我意识或经验的自我归属的可能性所要求的统一性"[①]。这是可以理解的，因为我们上面已经看到，客观性论题包含了"看起来是 / 是"这一关键的区分，而如果我们的经验要成为可能，那么必须使客观的经验事物自身的统一性同自我意识的统一性保持一致，这便是意识的必然统一性论题所要表达的意思。同时，斯特劳森又把意识的必然统一性论题视为同经验的概念化，即一般概念之于经验的特殊内容的适用性，不可分割地联系在一起的。[②] 因此，客观性论证的结构图可以表示为图 3-1：

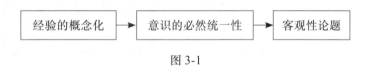

图 3-1

这个论证最为关键的就是意识的统一性论题，同时也是难点所在。斯特劳森对康德的先验演绎进行的重构的最大意图就是要绕开综合原理，取而代之的是在意识的统一性与我们的经验世界的统一的客观性之间建立一种直接的分析关系。然而，斯特劳森却最终还是引入了康德用于表示综合的概念，即先验自我意识，并把它解释为经验的自我反思，认为它在康德的论证之中起到了真正基本的作用，并且构成了经验自我归属的可

① P. F. Strawson, *The Bounds of Sense: An Essay on Kant's Critique of Pure Reason*, Methuen, 1966, p. 24.

② Ibid., p. 25.

能性的必要而不充分的条件。[①]它的功能是同认识／被认识项的区分（包含于经验概念化之中）等同的，都是为"经验思想本身提供空间"[②]。然而，这种隐喻性的说法并没有把先验自我意识到底是什么解释清楚，同时又不愿意承认它在康德那里所表达的综合的意思，因此，它无助于经验本身的思考。斯特劳森这种欲盖弥彰式的解读凸显了康德的先验演绎本身的困难。康德虽然强调综合原理在其论证中的核心地位，但是对它的表达很大程度上是心理学式的，具有难以避免的晦涩性，而斯特劳森企图通过概念分析取代综合原理来摒弃这种心理学描述导致的晦涩，然而却把其最精要的东西也一同丢掉了，即其中隐含的规则本性。

斯特劳森式的解读所遗留下来的空白恰恰能够由维特根斯坦的私人语言论证来填补。斯蒂文森（L. Stevenson）认为，虽然斯特劳森没有告诉我们"先验自我意识"是什么，但是我们至少能够通过他知道可能存在某种因素 X，它为经验的自我归属所蕴含，并且其本身就蕴含了唯我论的否定。[③]他认为维特根斯坦能够告诉我们这个因素 X 到底是什么，它蕴含在维特根斯坦对遵守规则的分析当中。与斯特劳森的客观性论证的结构类似，该分析的结构由三个板块组成，不同的是其中规则成

---

① P. F. Strawson, *The Bounds of Sense: An Essay on Kant's Critique of Pure Reason*, Methuen, 1966, p. 103.

② Ibid., p. 108.

③ L. Stevenson, St. Andrews, "Wittgenstein's Transcendental Deduction and Kant's Private Language Argument", *Kant-Studien*, 73: 3 (1982), pp. 321-337.

了核心要素，从而使其达到客观性的路径发生了根本的转变，如图 3-2[①] 所示：

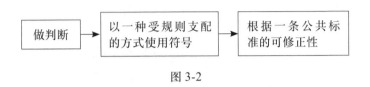

图 3-2

做判断是人类认识活动的更为基本的形式，而斯特劳森的经验的概念化实际上蕴含着做判断的能力，即在各种各样一般类型的经验范围内认识特殊的事物。因此，选择"做判断"作为康德式的先验论证的起点是一个更为恰当的选择。

我们从第三者的角度来看，当把一个判断归属给某人这一行动发生的时候，有什么东西能够表明它们呢？在康德的时代，这个问题是难以回答的，因为对判断行为进行心理学描述的最大问题就在于它缺乏正确性标准的维度。然而，当分析哲学发生语言学转向之后，这就不再成为问题了。我们可以把行为分为语言行为和非语言行为，这个划分的好处就可以将例如"鹦鹉学舌"之类的貌似语言行为从真正的语言行为中排除出去，使得一个行为可以通过"可在语言中表达"这一标准来界定它是否是一个判断行为。推而广之，任何一个判断行为都必定蕴含了同一种受规则支配的方式使用符号。

---

① L. Stevenson, St. Andrews, "Wittgenstein's Transcendental Deduction and Kant's Private Language Argument", *Kant-Studien*, 73: 3 (1982), p. 329.

　　规则是真与假、对与错的问题的合法性前提，因为前者意味着修正的可能性。斯蒂文森说："对与错的讨论预设了正确性的标准，它只能是我们的。……这条我们的正确性标准就是倾向于根据我们语言使用共同体其他成员的反应去修正它们……这是对从事判断的生物使用符号必须受规则支配这一主张的最小意义上的解释。"[①] 因此，根据一条公共标准的可修正性是遵守规则背后的深刻含义，进而我们可以说"所有判断都蕴含可修正性"[②]。而在语言哲学中，可修正性同客观性在很大程度上是同一的，只是后者已经同康德的客观性概念相去甚远了。

　　综上所述，这便是维特根斯坦对遵守规则的分析所要表达的东西。这种关于规则的论证是一种先验论证，它构成了私人语言论证的核心内容。哈克（P. M. S. Hacker）否认私人语言论证是一个康德式的先验论证，理由就在于它们两者的前提不同，因而所采取的路径也不同，虽然它们具有相同的结论。[③] 但是上面的结构类比已经表明它们都是溯因推理，因而在路线上没什么不同。更为重要的是，它们所回溯的条件本身是否是先验的，这才是评断是否是一个先验论证的根据。真正使这个论证成为先验的恰恰是规则本身。克里普克是将规则纳入私人语言论证的首倡者，然而他没有理解规则的真正含义，这里我们

① L. Stevenson, St. Andrews, "Wittgenstein's Transcendental Deduction and Kant's Private Language Argument", *Kant-Studien*, 73: 3 (1982), pp. 321-337: 328.

② Ibid., p. 330.

③ P. M. S. Hacker, *Insight and Illusion: Themes in the Philosophy of Wittgenstein*, Clarendon Press, 1985, pp. 211-213.

可以借助黄敏的一段话来说明他跟维特根斯坦的区别：

"他们在不同层次上理解规则。对于克里普克来说，规则体现为特定的意向内容，……而对于维特根斯坦来说，规则（即用法）却是构成意向内容的条件，……克里普克的规则就是经验主义的规则，对于这类规则的谈论要求经验性的条件，因而怀疑是可能的；而维特根斯坦所理解的规则是先验的，它使相应的语言游戏成为可能，因而怀疑就缺乏基础，因此维特根斯坦的规则论证（可以看成是私人语言论证的一部分）是一种先验论证。"[1]

第三节　先验论证：从康德到维特根斯坦

一种公认的看法是，私人语言论证开始于《哲学研究》的第 243 节。确实，维特根斯坦在这一节中第一次使用私人语言这一概念。不过，要正确理解整个私人语言论证，首先要明确它到底是干什么用的。哈克认为私人语言论证是用于反驳唯我论的[2]，结合我们上面对规则论证的分析，我同意这种观点。据此，遵守规则的分析同私人语言的论述结合在一起才构成了私人语言论证的完整内容，并且它们各自的作用才真正体现出来。

---

[1] 黄敏：《作为先验论证的私人语言论证》，《哲学研究》2004 年第 2 期。

[2] P. M. S. Hacker, *Insight and Illusion: Themes in the Philosophy of Wittgenstein*, Clarendon Press, 1985, p. 241.

它的基本逻辑就是试图从可修正性与自我意识推出驳斥唯我论的结论。如上所述，可修正性是遵守规则的分析所必然蕴含的结果，而自我意识恰恰是对私人语言的论述部分所关切的重点，并且它们在驳斥唯我论中的大致分工就是前者为我们提供驳斥的根据，后者使得唯我论能够纳入我们的思考范围。

哈克认为私人语言论证同先验论证最大的不同就在于它是以否认自我意识或自我觉知（self-awareness）开始的，不是因为我只能间接地和可修正地知道我的经验，而是因为根本没有"知道我的经验"这种东西。[1] 维特根斯坦对私人语言的分析并不是要否定自我意识，他所关心的是"我怎么能够借助于语言介入痛及其表达之间"[2] 这样的问题，因而，与其说它要讨论的是私人经验本身，不如说是私人经验的表达或私人语言。简言之，他只是想要表明即使是私人语言也不能够脱离开根据公共标准可修正的规则，这里核心的问题是维特根斯坦所说的"正确的标准"或"无法谈论'正确'"[3] 的问题。语言的本质就在于其规则性。因此，私人语言论证实际上是从自我意识出发回答我们独自遵守规则是否是可能的问题。而类似地，康德同样从自我意识出发，并且认为所有意识都是判断性的，因而是受规则统摄的。不过，不得不承认的是，康德在这一点上的意思确实是模棱两可的，因为康德同时也认为"现象当然能够独立于知

---

[1] P. M. S. Hacker, *Insight and Illusion: Themes in the Philosophy of Wittgenstein*, Clarendon Press, 1985, p. 212.

[2] 维特根斯坦：《哲学研究》，李步楼译，第 133 页。

[3] 同上书，第 138 页。

性的机能而在直观被给予。"（B122）[①]

自笛卡尔和休谟以来的传统观点认为，一个人不可能弄错他自己的主观经验，并且认为它们是不可修正的。在某种意义上，这种观点是有其道理的，因为当我们所判断的内容完全不是公共可观察的，即完全私人的，那么我们关于它们的判断的真或假完全取决于我们的相信与否。然而，即使我们接受这点，在关于意义的更深层次上，可修正性同样适用于这些判断，因为所有的判断行为同时是一种语言行为（上文已经把判断行为限制在此严格意义上），所以它们都必须服从一条标准，因此必定存在遵守规则与仅仅认为他在遵守规则之间的区分，因而错误总是可能的。不过，应当注意的一点是，这是从意义而不是真的角度来看的，因此在维特根斯坦这里问题本身已经发生了转变：从关于确证或为相关论断提供充分根据的认识论问题转向对于语言和心灵活动拥有意义的东西是什么的语言学问题。

这种转变的直接后果就是让我们转向这样一个问题，即关于意义的维特根斯坦式的思考如何能够消除唯我论的逻辑可能性呢？对于真正的唯我论者来说，他们只承认判断是关于经验的过程。然而上面我们已经分析指出，任何判断都包含遵守一条规则，因而也就包含了追问这条规则是否在任一特殊情况下都被遵守的修正的可能性。因此，必定存在某种修正的方式，而且唯我论者最好是诉诸各种判断之间的意见一致或不一致的可能性，而不是判断与事实之间的比较，因为唯我论者不会承认事实。此外，由于与当前的判断进行比较的只能是其他判断，

[①] 康德：《纯粹理性批判》，邓晓芒译，杨祖陶校，第 82 页。

这就要求他承认其他判断者的存在，否则，他们也只能诉诸记忆或实指定义，而无论选择哪种都会由于缺乏正确性标准而陷入检验的恶性循环。因此，唯我论走向了自己的反面。

当我们重新修正斯特劳森的客观性论证，而回到康德真正所要表达的东西时，我们会发现先验演绎更类似于维特根斯坦的私人语言论证。在先验演绎中首要的概念便是被斯特劳森所抛弃的综合概念，康德说："统觉的分析的统一只能在统觉的某一种综合的统一的前提下才是可能的。"（B133）[1]而这里的综合的统一指的是通过综合所产生的统一，并且综合的对象就是感性直观的杂多，因此综合便是杂多的结合的活动，而它必须是建立在知性的自发性的基础之上的一种活动。正是在这个意义上，康德说："统觉的能力实际上就是知性本身。"（B134）[2]并且这句话表明康德已经认识到，统觉及其综合统一是我们的经验或知识得以可能的必然条件，因而也是我们使用概念或做判断的必要条件。因此从根本上说，综合必然包含在做判断之中，是康德整个先验演绎的中心环节，同时它恰恰是斯特劳森式的论证所留下的空白以及我们从维特根斯坦的私人语言论证中抽取出来的核心要素。根据上述，我们可以把康德的先验演绎的结构表述如下：

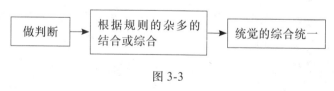

图 3-3

---

[1] 康德：《纯粹理性批判》，邓晓芒译，杨祖陶校，第89页。
[2] 同上书，第90页。

从统觉的分析的统一到统觉的综合的统一的演进，一个关键的要素便是范畴或概念的加入，它起到的是规范统摄的作用，正如康德所说的："意识对它自身统一性的本源的和必然的意识（意识的分析性的必然统一或先验统觉。——笔者注），同时就是对一切现象按照概念，即按照那些规则所作的综合的同一个必然统一的意识，这些规则不但使这些现象能够必然地再生出来，而且也由此为对它们的直观规定一个对象，即规定那些现象必然在其中关联的某物的概念。"（A108）[①] 而且，这段话还告诉我们，必然存在一个有别于我们自身的某物，即对象一般，因此在这个意义上，获得了同维特根斯坦相同的驳斥唯我论的结论。

然而，我们也注意到，在康德那里，作为规则性过程的概念使用的意见一致性的公共检验这一点几乎没有谈及，因此其客观性概念同遵守规则、意见一致的关系并不明确。究其根本，这是以认识论为中心的近代哲学的通病。传统的认识论在根本上要求从主体自身的角度出发来认识世界，并且往往把外在世界作为认识的根据。康德的哥白尼革命就是要打破这种状况，试图在主体自身之中寻找认识的根据，这就导致了如下后果：首先，他只能诉诸统觉这一属于主体自身的东西，而不能明确地表示它是受规则支配的，因为如果他根据主体自身来解释规则的话，那么他就无法回答为什么其他人要遵守同一条规则的问题，即他无法从根本上消除规则的异己本性；其次，意见一致在他那里根本上是无关紧要的；最后，他只能根据主体自身

---

① 康德：《纯粹理性批判》，邓晓芒译，杨祖陶校，第120页。

来为客观性辩护。因此，"我"这个主体在康德哲学中还是不可或缺的。而哲学语言学的转向之后，语言与说话者的关系不再是认识关系，因而作为认知主体的"我"完全可以消失。

总而言之，康德并没有完全摆脱唯我论，至少还保留了方法论的唯我论。不过话要说回来，康德确实首先坚定地迈出了反叛传统知识论的第一步，他的思想之中已经包含了将做判断视为是认识论分析不可分解的单元趋势，因为其著名的观点"思想无内容则空，直观无概念则盲"（A51/B75）[①] 已经趋向于说除了作为判断的抽象要素之外，根本没有概念和直观这种东西。这种反叛完成于后期维特根斯坦，在他的影响下，后分析时代的哲学家普遍认为，知识不再是从清晰明确的观念出发的可观察的观念流，也不是康德意义上的通过概念的直观的综合的结果，而仅仅是确证的真信念。据此，我们不是通过探究心灵来理解知识如何可能，而是通过观察整个人类的行为。具体来说就是，观察人类的语言行为，来为信念提供理由。当代一些知识论者挖空心思想把当代知识论的根源回溯至柏拉图或苏格拉底，这或多或少是崇古迷古的心理在作祟，缺乏可信度；务实的想法是回到笛卡尔，并且由此出发仔细探究这场由康德发起完成于维特根斯坦的对传统知识论的反叛。

本章小结

从"纯粹理性批判"到"纯粹语言批判"，从"认识的界限"

---

① 康德：《纯粹理性批判》，邓晓芒译，杨祖陶校，第 52 页。

到"语言的界限",这种转变本身无所谓进步,因为这只是哲学视域或哲学话语方式的转变,后者并不比前者揭示更多的真理。但是,当我们以"清晰性"为衡量哲学好坏的标准时,后者显然要优于前者,维特根斯坦的"凡是可以说的东西都是可以说得清楚"①这句话未尝不是在表达一种自信。维特根斯坦的哲学具有某种彻底性的意味,这充分体现于私人语言论证之中。与康德诉诸意识(或统觉)这一至今还是晦暗不明的概念来证明规则(概念)之于经验的必然使用不同,他直接诉诸规则本身,从而直接拷问传统知识论的根基——主观经验的私人性和不可修正性。因而,从反唯我论传统的角度来看,维特根斯坦比康德走得更远、更彻底。不过,从哲学史的角度来看,这种彻底性并不是一蹴而就的,毋宁说,我们可以把康德的先验演绎视为是反唯我论的第一步,而把维特根斯坦的私人语言论证视为是第二步,也就是完成的一步。在这种哲学史的遥相呼应中,我们确实可以发现哲学的进步。

维特根斯坦的私人语言论证是当代哲学中一个著名的论证,对此的研究可谓是卷帙浩繁了。不过,从规则论证视为私人语言论证的一部分的观点是解读的后果,维特根斯坦的《哲学研究》是一部未完之作,而把它们联系在一起的主要是由于克里普克等人解读的结果。但是,这种解读存在合理性,随着研究的深入,它同康德的先验演绎之间的共性被越来越多地发掘出来,我们则从斯特劳森对康德的先验演绎的强解释的论证出发来表明这点。此外,更是把它们放置在一种反唯我论的传

---

① 维特根斯坦:《逻辑哲学论》,贺绍甲译,第 23 页。

统视野之中来处理它们之间的关系。当然，维特根斯坦与康德之间是存在巨大差异的，维特根斯坦的私人语言论证完全可以视为是独立的先验论证研究资源，不仅在是论证结构方面，更是在哲学的话语方式方面成为丰富的理论资源。

当然，与康德进行比较来论述维特根斯坦的私人语言论证及其先验论证思想只是一个便宜之举，维特根斯坦的私人语言论证当然产生自其特有的哲学思想。只是由于该论证本身固有的晦涩性，对它的解释从来没有定论，而先验论证研究者把它解读成一个先验论证也只是众多解释中的一种。不过，它是迄今为止提出的最为深刻和符合维特根斯坦哲学精神的一种解读。这种解读的关键在于，私人语言论证不仅仅根据单纯的概念冲突而排除掉私人语言，而是致力于证明某种必须运用于所有语言的东西，它能够用于区分现实的正确的东西与似乎是如此的东西。它便是语言的规则本性。

第四章
普特南与先验论证问题

　　严格说来，作为一种哲学方法的先验论证在哲学史上并不具有独立的地位，它总是同特定时期的特定类型的哲学结合在一起，甚至往往是寄生于后者之上的。20世纪七八十年代是先验论证获得极大关注的岁月，当时的哲学家们也有极大的热情试图寻找他们那个时代具有代表性的哲学思想之中先验论证的身影。这些热情得到了相应的回报，他们先后在维特根斯坦、普特南、戴维森和塞尔（John Searle）等这些具有代表性的哲学家的作品中发现了先验论证（当然，其中普特南、戴维森和塞尔等人更是明确地承认自己论证的先验本性），并且把它们抽离出来进行讨论和分析。罗蒂便是这项工作的积极的支持者和实践者，并且他试图重新从哲学史的视角让普特南和戴维森的先验论证融入他所谓的实用主义的哲学事业中。这种努力并不令人奇怪，只有实用主义才是真正意义上美国本土且主流的哲学思想，先验论证是否真正融入美国哲学之中只能以其同实用主义的融合程度来评断。

第一节　简述"缸中之脑"论证

普特南把传统的实在论称为形而上学实在论，这种实在论主张世界是由不依赖于心灵的对象的某种确定的总和构成的。对"世界的存在方式"，只有一个真实的、全面的描述。真理不外乎是在语词或思想符号与外部事物和事物集之间的某种符合关系。[①]与之相反，普特南主张一种"内在实在论"，认为构成世界的对象必须在某个理论或某种描述之下才有意义，因而主张一种多元主义的真理观，把真理视为是一种合理的可接受性。

普特南主要通过几个论证来反对形而上学实在论，即缸中之脑论证、模型理论论证和概念框架相对性论证。本文主要分析其著名的缸中之脑论证，因为它在先验论证兴起之后，一直被视为是一个先验论证，而这正是我们关心普特南的主要原因。

通常，缸中之脑论证会被视为是一个驳斥怀疑论的论证，然而仅仅作如此观的话，便会大大地降低该论证在普特南哲学中的地位。诚然，如果缸中之脑论证能够成功地反驳形而上学实在论的话，那么它就能够反驳笛卡尔式的怀疑论。因为笛卡尔式的怀疑论根源于心与物的二分，而缸中之脑论证正好就是针对这种二分法而专门设计用于揭示其自毁本性的一个思想实验，因此，如果缸中之脑论证可行，那么笛卡尔式的怀疑论就被取消了其存在的基础。

普特南的缸中之脑论证并不复杂，可以大致刻画如下：

---

　　① 普特南：《理性、真理与历史》，童世骏、李光程译，上海译文出版社 1997 年版，第 55 页。

（1）我能够思考我是一个缸中之脑。

（2）如果我是一个缸中之脑，那么我不能思考我是一个缸中之脑。

（3）我不是一个缸中之脑。

显而易见，这个论证的关键点在于论证的第二步。这个第二步其实需要一个前提，即一种因果性的指称理论："如果人们与某些事物（比方说树）根本没有因果相互作用，或者与可以用来描绘它们的东西根本没有因果联系，那就根本不可能去指称它们。"[1] 普特南为这种指称理论提供了辩护，据此我们能够解释指称如何能够以一种不神秘的方式进行的，即它并不假设这种联结并不是表征与它们的所指之间的内在关系。继而，缸中之脑，完全不同于同世界之间具有因果交互作用的非缸中之脑，可能使用像非缸中之脑那样相同种类的表征，但是它们指称的完全不是同一样事物。因为，正如非缸中之脑在说树木、桌子等东西的时候，它们是同这种东西具有因果交互作用，而缸中之脑如果说这些语词的话，那么它们所指称的就只能是由计算机程序所提供的电子脉冲。所以，当一个缸中之脑说"我是一个缸中之脑"的时候，它所意指的东西完全不同于一个非缸中之脑所说的东西。作为这种指称变换的结果，普特南认为"我不是一个缸中之脑"这个语句不能被任何人所真正地否定：如果一个非缸中之脑来否定它，那么这显然是假的；如果一个缸中之脑否定它，那么它更是假的，因为它在指称一个由计算机脉冲所提供的缸中之脑的图像。据此，我们可以得出结论说，

---

[1]　普特南：《理性、真理与历史》，童世骏、李光程译，第18页。

我们不能错误地断定某个人不是一个缸中之脑。在此意义上，"我不是一个缸中之脑"这句话是一个不可修正的主张。

上面我们已经论及普特南的论证要成功，首先必须引入去因果性的指称理论，然而这就会导致普特南的论证成为一个循环论证：如上所述，我所拥有的思想不是通过内省来规定的，而是依赖于我自己同世界之间的因果关系；因此，似乎除非我已经知道结论（3），否则我就不能够有立场来断言前提（1），这使得该论证在认知上是循环的。① 产生这种循环的根本原因还是在于心与物的二元区分，因此，虽然普特南致力于消除自笛卡尔以来便在西方哲学中占据主流地位的心物二分法，但是显然至少在缸中之脑论证中并没有很好地做到这点。尽管如此，普特南的缸中之脑论证却蕴含着更为富有意义的种子，也许对其进行细心培育便能成长成参天大树。

第二节　普特南式先验论证的特点

就缸中之脑论证而言，它通过表明"我不是一个缸中之脑"这个命题不能真正地为任何人所否定这一点，使得我们能够先天地排除缸中之脑假设。事实上，普特南明确承认自己的探究的先验本性，并且极力地同康德的先验探究联系在一起，他说：

---

① Anthony Brueckner, "Transcendental Arguments from Content Externalism", in *Transcendental Arguments: Problems and Prospects*, Clarendon Press, pp. 229-250: 238.

"我们所从事的工作是考察一下想到、表征、指称这些活动的前提。我们对这些前提的研究靠的不是对这些语词和短语的意义的研究（如果是语言学家的话，他会这样做），而是先验推理。这里，先验推理并没有过去所谓'绝对'的性质（因为我们并不断言神秘的指称论是先验地错的），而是先假定某些一般前提，或做出某些非常宽泛的理论假设，然后去考察什么样的可能性是合乎情理的。这样一种程序既不是'经验的'，也不完全是'先验的'，而是这两种研究方法兼而有之。我的程序是可错的，依赖于可称为'经验的'假设（如这样一个假定：心灵若不经过感觉的中介就无法接触外部事物或属性），尽管如此，我的程序同康德的所谓的'先验'研究有密切联系；因为，我再说一遍，它是一种对于指称，从而也是思想的先决条件的研究，这种先决条件是我们的心灵自身的本质所固有的，尽管不是（如康德所希望的）完全独立于经验假设的。"[①]上面这一大段话不仅向我们表明了普特南对于先验论证的自觉，同时也告诉我们他讨论先验论证的方式是通过表明指称或思想的先天条件来完成的。然而，恰恰是普特南的指称理论成为其先验论证的缺陷所在。

　　尽管有普特南如此明确的自我表态，但是他的先验论证远没有如斯特劳森的客观性论证与康德的先验论证那样的密切关系了。我们只是就其确立一个先天主张来达到论证目的这一本质特征的相似性而言，才把他的缸中之脑论证视为是一个先验论证。

　　在布鲁克纳看来，普特南的缸中之脑论证是一个基于内容

---

① 普特南:《理性、真理与历史》，童世骏、李光程译，第17—18页。

外在主义的先验论证。这种分类是有道理的，因为上面我们对缸中之脑的概述已经表明，这个论证最主要的是要诉诸一种因果指称理论，即假定在心灵与世界之间存在某种因果联系，从而使我们的心灵内容取决于外在的客观世界。据此，布鲁克纳把戴维森和普特南并置在一起，认为他们的先验论证都是一种基于内容外在主义的先验论证。布鲁克纳认为，我们可以把戴维森关于彻底翻译的探究视为是一种试图构建一个先验论证的计划，它建立在对成功的解释的可能性条件分析之上。[①] 这是有根据的，因为我们通常认为的戴维森的典型的先验论证是其全知解释者论证，而它正是基于彻底翻译理论而构建起来的一个先验论证。[②]

戴维森后期主要关注外在主义的论题，这是同其彻底解释理论的困境相关的，因为归根结底，对于一个语句或表达的解释，最终都必须包含对解释者所处的直接环境的可观察特征的指称，否则解释者将不可能知道该语句的含义。因此，外在世界是其解释的三角架构中不可或缺的一条腿，并且它才是真正决定信念或语句的内容或意义的东西。[③] 众所周知，戴维森引入了塔尔

[①] Anthony Brueckner, "Transcendental Arguments from Content Externalism", in *Transcendental Arguments: Problems and Prospects*, Clarendon Press, 1999, pp. 229-250: 234-235.

[②] 对此可以参看 A. C. Genova, "The Very Idea of Massive Truth", in L. E. Hahn (ed.), *The Philosophy of Donald Davidson*, Open Court, 1999, pp. 167-191。

[③] 关于戴维森的外在主义的论述，可以参看拙文：《戴维森的外在主义》，《科学技术哲学研究》2011 年第 3 期。

斯基的约定 T 来阐明其关于真理与意义的关系，并且逆转了真理与意义的基本关系。他认为一个语句的意义取决于其真值条件，例如"雪是白的"是真的当且仅当雪是白的。学界形象地把这种真值条件称之为"去引号的"（disquotational）真值条件。布鲁克纳同样认为在普特南的缸中之脑论证也包含了这样一个前提，并且据此给出了他对缸中之脑论证的刻画，表述如下[①]：

（1）如果我是一个缸中之脑，那么我的语句并不拥有去引号的真值条件，并且我的信念并不拥有去引号的内容。

（2）我的语句拥有去引号的真值条件，并且我的信念拥有去引号的内容

（3）所以，我不是一个缸中之脑。

该论证的第二个前提便是一般的先验论证都会出现的关于自我知识的前提。不过，这个前提在此并不是断言我拥有关于我自身心灵的知识，而是表明，如果我要在此普特南式的先验论证中合法地使用这个前提，那么我必须能够知道我的话语或语句的意思是什么，我的信念的内容是什么。因此，普特南的缸中之脑论证所设置的场景就是要表明，如果我不知道我处于哪一个世界中，那么我就不可能知道我的语句的真值条件和内容是哪一种。而这就使得上面这个论证的循环特性表露无遗，即为了确证地相信上述论证的前提（2），我得首先知道或确证地相信结论（3）。

---

① Anthony Brueckner, "Transcendental Arguments from Content Externalism", in *Transcendental Arguments: Problems and Prospects*, Clarendon Press, 1999, pp. 229-250: 237.

无独有偶，早在 20 世纪 70 年代，罗蒂就把戴维森的先验论证同普特南的先验论证放置在一起。不过，与布鲁克纳从内容外在主义的角度出发不同，他是从更加一般的层面上来看待它们之间的相似性的。罗蒂认为，以往的先验论证都是实在论的先验论证，他说："我应该说，任何致力于保证理性探究的逻辑、语言或实践同世界之间的符合的先验论证都是一种'实在论'的论证，……其中的典型代表就是康德的先验演绎和驳斥唯心论。"[①]

罗蒂认为，康德式先验论证的关键特征在于它默认了图式（概念）与内容（直观）的二分法，前者来自于我们人类自身，而后者独立于心灵之外存在，因此这就等于是设定了独立心灵的实体存在。与康德式的"实在论"先验论证相反，戴维森反对概念图式的先验论证是一种"实用主义的"先验论证。然而这里的"实用主义"是什么意思呢？在此，罗蒂同皮尔士、詹姆士和杜威等早期实用主义的代表人物所理解的实用主义的基本内涵并没有什么根本不同，大意就是试图重新审查把我们与世界分割开来的真理、实在和心灵等概念，以正确的方法回归到生活、实践或常识上面来。因此，在此罗蒂的实用主义概念实际上仅仅是针对内容与图式的区分而言的。不过，罗蒂自身的实用主义观念并不止于此，他试图把实用主义同历史主义、

---

① Richard Rorty, "Transcendental Arguments, Self-Reference, and Pragmatism", in P. Bieri R. P. Horstmann and L. Krüger (eds.), *Transcendental Arguments and Science*, D. Reidel Publishing Company, 1979, pp. 77-103: 79.

文化等联系起来，从而使得实用主义上升为一种历史观和文化观，而他试图归属丁戴维森的先验论证正是在这样的意义上来理解的。进而，罗蒂认为，这种实用主义的先验论证最早是由普特南所提供的。当然，罗蒂这里所指的普特南式先验论证并不是特指其缸中之脑论证，因为他在做出上述评论之时，普特南的《理性、真理与历史》还没有出版，即缸中之脑论证还没有构造出来。不过，作为其向内在实在论转向标志的《实在论与理性》①已经出版，罗蒂的评论正是据此而发的。他给予了普特南式的先验论证以极高的评价："我认为，普特南的论证是这种论证的一个实例，在文章的第一部分中，我宣称它是唯一一种可行的先验论证：即，存在如下一种特殊企图，即为'映射'模拟——同世界如其所是的方式的符合关系——提供解释，它试图对这种企图进行一种仅仅人身攻击的（ad hominem）批判，这种批判既不是微不足道的，也不是形而上学的。"②

在《实在论与理性》中，普特南对形而上学实在论进行了尖锐的批评，他认为形而上学实在论的最重要后果就是，真被假设为完全非认知的（non-epistemic）——我们可能是"缸中之脑"，所以，从操作效用、内在美和优雅，"合理性"、简洁性和"保守主义"等角度来看，这个理论是"空想的"，因而它可

① Hilary Putnam, "Realism and Reason", in *Meaning and Moral Sciences*, Routledge, 1978, pp. 123-140.

② Richard Rorty, "Transcendental Arguments, Self-Reference, and Pragmatism", in P. Bieri R. P. Horstmann and L. Krüger (eds.), *Transcendental Arguments and Science*, D. Reidel Publishing Company, 1979, pp. 77-103: 90.

能是虚假的。^①普特南所要反对的正是"真完全是非认知的"这一形而上学实在论的特征，因为正是这个特征使形而上学实在论同存在一种空想的理论信念（如皮尔士的实在论所主张的那样）区分开来。令人匪夷所思的是，罗蒂把实用主义与实在论之间的整个问题归结为"真是否完全是非认知"这个问题。罗蒂在此是想说，如果真完全是非认知的，那么没有一种实在论将是实用主义的，因为在他看来，实用主义必然是一种经验理论，它必须采取认知的方式来描述世界；相反，如果，真是认知的，那么不仅实用主义可以是一种实在论，而且"只有实用主义才能是一种经验实在论"^②。

既然普特南把"真完全是非认知的"这一点作为攻击形而上学实在论的靶子，那么他是如何具体操作的呢？普特南是通过指称这个概念来刻画语言与世界之间的联结关系的，类似于塞拉斯（Wilfrid Sellars）的"描述"和罗森贝格（Jay Rosenberg）的同构（isomorphism）。普特南认为，一种因果指称理论对于形而上学实在论的图景来说是无效的，并且它把原因追溯到了奥康姆的"概念是心灵殊相"的观念，他说："如果概念是殊相（'符号'），那么任何关于符号与其对象的关系的概念就是另一种符号。但是，从我的观点来看，这是无法理解

---

① Hilary Putnam, "Realism and Reason", in *Meaning and Moral Sciences*, Routledge, 1978, pp. 123-140: 125.

② Richard Rorty, "Transcendental Arguments, Self-Reference, and Pragmatism", in P. Bieri R. P. Horstmann and L. Krüger (eds.), *Transcendental Arguments and Science*, D. Reidel Publishing Company, 1979, pp. 77-103: 84.

的，形而上学实在论所设想的在符号与其对象之间拥有的这种关系，如何能够通过如下几种方式挑选出来，即或者通过举出符号本身，'奶牛'，或者通过举出另一个符号，'指称'或'原因'。"① 因此，在普特南看来，概念不是殊相，那么对于那些认为"意义存在于头脑之中"的形而上学实在论者们来说，剩下的唯一一种可能性就是，它们是使用符号的方式。但是，一种"使用"理论，当它被理解为一种对理解符号所组成的东西的解释的时候，它并不能挑选出一种符号与其对象之间的唯一关系。因此，实际上，形而上学实在论者虽然认同通过指称的方式连接语言与世界的关系，但是同时却放弃了这种指称的条件。据此，罗蒂得出结论说，这种一般形式的论证表明，形而上学实在论证做的正是斯特劳森认为怀疑论者会做的事，即假装接受一种概念图式，同时又悄悄地拒斥其使用的条件。② 罗蒂正确地揭示出了普特南关于指称的先天条件的先验论证，这也是同普特南的本意相符合的。在这种意义上，沃尔夫冈·卡尔认为普特南的上述论证只是一个归谬论证的说法是武断的、不恰当的。③

概言之，普特南在《实在论与理性》中关于形而上学实在

---

① Hilary Putnam, "Realism and Reason", in *Meaning and Moral Sciences*, Routledge, 1978, pp. 123-140: 127.

② Richard Rorty, "Transcendental Arguments, Self-Reference, and Pragmatism", in P. Bieri R. P. Horstmann and L. Krüger (eds.), *Transcendental Arguments and Science*, D. Reidel Publishing Company, 1979, pp. 77-103: 90.

③ Wolfgang Carl, "Comment on Rorty", in P. Bieri R. P. Horstmann and L. Krüger (eds.), Op.cit., pp. 105-111.

论的反驳是《理性、真理与历史》中对此进行系统论述的一个初级版本或预演，前者几乎隐藏了后者所有的理论线索，甚至于"缸中之脑"这个概念都是在前者中首先提出来的，后者只是把这一著名的思想实验完整地构造出来。罗蒂以其敏锐的嗅觉意识到了普特南的驳斥形而上学论证的先验本性，并且更为重要的是，他似乎预示到了普特南的内在实在论的最终命运，早于普特南本人预告了其哲学最终向实用主义的皈依。

第三节　普特南、先验论证与实用主义

罗蒂认为，虽然普特南对形而上学实在论的攻击是值得高度赞赏的，但是他不同意普特南企图通过描述语言与世界之间的一种联结来超越实用主义的倾向。就此而言，他把戴维森关于反对概念图式的先验论证视为是对这种计划的一种有力的反驳，并且他认为戴维森的先验论证代表着先验论证最可能的方向，即实用主义向度。

在罗蒂看来，先验论证是一种关于合法化知识主张的论证，而他对戴维森的先验论证给予高度评价的目的在于，这种论证不仅反对把图式与内容结合在一起的"合法化"企图，而且反对由内容与图式的区分所产生的整个合法性问题。① 诚然，如

---

① Richard Rorty, "Transcendental Arguments, Self-Reference, and Pragmatism", in P. Bieri R. P. Horstmann and L. Krüger (eds.), *Transcendental Arguments and Science*, D. Reidel Publishing Company,

果抛弃图式与内容的区分，那么康德的范畴或斯特劳森的概念图式之于经验的使用的合法性问题确实无从提出，那么这是否意味着在抛弃了图式与内容的区分之后，一切合法性问题都无法提出吗？事实远非如此，不仅在戴维森的先验论证中合法性问题依然存在，正如沃尔夫冈·卡尔所说的："所以，给定客观真理概念，我们才能够把内容这一概念理解为是使我们的语句或理论成真的条件。给定这种内容概念，我们就拥有了我们理解权利问题和合法化知识主张的任务所需的所有东西。追问这个问题的必要性恰恰是因为我们不能仅仅通过说因为我们随同戴维森和约定 T 而拥有一个客观真理概念。要回答权利问题，要合法化某个人的知识主张，除了给予使一个陈述成真的解释或证明之外别无他途。所以，同罗蒂相反，戴维森的论证，尤其是他对约定 T 的理解正是基于合法性观念。"[1] 在普特南那里，情况同样如此。

20 世纪 90 年代初，普特南意识到他的内在实在论的问题，他说："一个解释我们语词的世界，一个似乎存在着一条从外延伸到我们头脑（记住，我依旧把心灵看作是一个事物，因此我没有其他可依靠的东西而只能把它确认为大脑）之中的'理智射线'的世界，是一个不可思议的世界，一个幻想的世界。我不可能明白那幻想是怎样有意义的，但是正是在这一点上，我

1979, pp. 77-103: 99.

　①　Wolfgang Carl, "Comment on Rorty", in P. Bieri R. P. Horstmann and L. Krüger (eds.), *Transcendental Arguments and Science*, D. Reidel Publishing Company, 1979, pp. 105-111: 110.

又不可能明白指称是怎样可能的，除非这个幻想有意义。因此，我感到我面临着一种真正的二律背反。我早期关于内在实在论的阐述是解决这一二律背反的不令人满意的尝试。"① 这段话的意思是说，一旦我们把心灵与世界设想为两种相互独立的实体，并且试图用指称建立起它们之间的关联，那么这便注定是要失败的，因为这种设想一开始便错了，心灵不是一个器官，而世界也不是完全独立于我们的心灵而存在的实体。内在实在论正是因为依然保留了这种二元区分，普特南才说它是不令人满意的。

从总体思路上来看，内在实在论走的是康德式路线。然而普特南同时也承认，他对心灵的处理是英美式的，即把心灵设想为是由感觉构成的，而不是把心灵设想为是理性和意向性——是判断能力和指称能力，即"德国式的心灵"②。因此，在这个意义上来说，普特南的内在实在论同康德的先验观念论之间的相似只是表面上的。

真正让普特南意识到他的"心灵"概念出问题的人是麦克道尔（J. McDowell）。他在《普特南论心灵与意义》③一文中主张从根本上否认将心灵视为是一种器官的思路，认为心灵不是

---

① Hilary Putnam, "Sense, Nonsense, and the Senses: An Inquiry into the Powers of the Human", *The Journal of Philosophy*, Vol. 91, No. 9 (Sep., 1994), pp. 445-517: 460-461.

② Hilary Putnam, "On Mind, Meaning and Reality", in *The Harvard Review of Philosophy*, 1992, pp. 20-24: 20.

③ J. McDowell, "Putnam on Mind and Meaning", in *Meaning, Knowledge and Reality*, Harvard University Press, 1998, pp. 275-291.

器官，而是一种能力。沿着这条思路，他认为他"所提倡的概念不需要求助于神秘的指称理论，这正好是因为它拒绝了人们所设想的心理象征。我的目的不是要假定心灵的神秘能力；毋宁说，我的目的是要恢复我们作为已有能力的运用的思维概念，这种能力不是神秘地为思维者的某个部分所拥有，这个部分的内在配置是独立于该思维者在环境中如何定位而可刻画的，而是非神秘地为思维者本身，即一种在世界的认知和实践关系中生活的动物所拥有。"[①]普特南很快接受了麦克道尔的思路，不过究其根本，麦克道尔理解心灵的思路实际上就是普特南后来意识到的"德国式的心灵"。因此，在这个意义上，他才在本质上与康德相似。

在意识到内在实在论的致命缺陷之后，普特南提出了一种自然实在论。对此，普特南在其著名的杜威讲座中有一段提纲挈领的论述："务必注意，在自然实在论与科学之间没有冲突，并且在一种关于我们的概念能力的合适的常识实在论与科学之间没有冲突。这将要求我们回归到我在本讲座一开始便提及过的其他传统实在论假设的讨论，这个持久的假设就是，所有知识主张的形式以及这些主张向实在负责的方式都是事先一劳永逸地被固定下来的。"[②]因此，普特南实际上一方面承认主体的概念能力，另一方面承认存在一种独立于经验并使经验成为可

[①]　J. McDowell, "Putnam on Mind and Meaning", in *Meaning, Knowledge and Reality*, Harvard University Press, 1998, p. 289.

[②]　Hilary Putnam, "Sense, Nonsense, and the Senses: An Inquiry into the Powers of the Human", *The Journal of Philosophy*, Vol. 91, No. 9 (Sep., 1994), pp. 445-517: 465.

能的形式要素存在。进而，在对整个知识基础进行终极辩护的时候，合法性问题依然存在，而不是如罗蒂所说的，在实用主义的视域中，合法性问题是无法提出的。

普特南的自然实在论又被称为实用主义的实在论，它的提出标志着普特南哲学的实用主义转向。不过，从上面我们对自然实在论的简要描述可知，这种转向是一种整体思路的转变，而一些具体的论证完全可以在新的整体哲学观之下保留下来。就以缸中之脑论证为例，在实用主义的实在论框架下，它是可以解释得通的，因为在实用主义者看来，"缸中之脑"缺乏生活实践，因而无法形成"实在"概念，也无法形成真正富有意义的"真"观念。从一般层面上来讲，实用主义虽然可以通过生活和实践来消除心灵与世界之间密不可分的关系，但是就以心灵在我们知识中所扮演的角色而言，知识与知识对象的区分是无法消除的，即心灵的概念能力之于知识对象的建构作用是无法逃避的。因此，罗蒂对于先验哲学及先验论证的批评是过火的，他过分夸大图式或概念框架在康德的先验哲学及先验论证中的作用和地位。事实上，康德在先验演绎中并不强调范畴本身的终极性，而是强调范畴之于我们知识的可能性。因此，任何一种单方面夸大范畴地位的做法都是有悖康德的原意的。此外，先验哲学及先验论证之于概念图式的关系也没有如我们所想象的那样紧密，这种关联成为一种"常识"是斯特劳森式解读的结果。

罗蒂关注先验论证的主要动机不在于他对先验论证本身感兴趣，而是因为他试图在普特南和戴维森的著作中寻找到一种反笛卡尔传统的思想方式，尤其在戴维森的反概念图式论证中寻找到其实用主义的理论旨趣。因为普特南与戴维森这两个论证最为关键的共同点就是，对心灵与世界、图式与内容的二元区分的驳斥。而在罗蒂看来，对这种区分的批判是实用主义区别于传统哲学的一个根本特性。罗蒂试图把实用主义与先验哲学设定为两种完全不能兼容的哲学思想，最终把实用主义视为一种"自主的文化制度"：它无须为哲学奠基服务，它只是一种历史的偶然，而不是一种命中注定。①在表明自己对于实用主义的立场之前，罗蒂对康德的先验哲学给予了严厉的批评。

罗蒂认为，虽然康德一直以来是以超越唯理论的独断论和经验论的怀疑论而著称，但是他的先验哲学依然分享了他试图超越的笛卡尔传统。在此，罗蒂主要指的是康德的权利问题最终依然会还原为事实问题，他说："尤其是，他有时只不过是用一种关于神秘的本体的认识能力的描述来代替'人类理解的生理学'或一种独断的形而上学，因此权利问题再次还原为事实问题。"②在罗蒂看来，合法性概念（权利问题）是寄生于符合概念之上，进而是依赖于图式与内容的区分之上的。因此，在这个意义上，康德依然没有摆脱真理符合论，真正改变这种状况的是实用主义的真理理论。

罗蒂把康德视为文化灾难的制造者，认为他的这种思想禁锢了，甚至绑架了整个现代西方思想，使之误入了歧途。他认

---

① Richard Rorty, "Transcendental Arguments, Self-Reference, and Pragmatism", in P. Bieri R. P. Horstmann and L. Krüger (eds.), *Transcendental Arguments and Science*, D. Reidel Publishing Company, 1979, pp. 77-103: 101.

② Ibid., p. 99.

为走出歧途的唯一途径就是放弃合法性概念，并且为实用主义寻找一个论证来反对这个概念，以往的实用主义者们都失败了，因为他们虽然排除了合法性概念。但是却都屈服于相对主义。戴维森的伟大功绩在于他为我们提供了这种驳斥合法性概念的先验论证。不过，罗蒂进一步强调，实用主义要扛起拯救哲学的重任，并且要使之同历史主义结合在一起，即认为哲学问题最终都是被历史地和文化地规定了的。然而我们不禁要问，罗蒂的这种历史主义的实用主义如何能够避免成为一种文化相对主义呢？进而如何能够不陷入怀疑主义的泥沼之中呢？

实际上，罗蒂的实用主义在美国实用主义传统中属于异类，并没有获得主流哲学界的普遍认同，福尔斯顿更是直接批判他的实用主义最终无法完全同总体的怀疑主义相对论区分开来。[①]在美国实用主义传统中，一直存在一种亲康德倾向，更有甚者，如韦斯特法尔（Kenneth R. Westphal）和福尔斯顿，他们认为实用主义应该回归到康德式的根源。福尔斯顿就康德与实用主义的关系提出了这样一个问题：我们实用主义者忘记了康德了吗？[②]而韦斯特法尔则就普特南的内在实在论与先验论证的关系提出了一个直截了当的问题：实用论的实在论能够先验地论证吗？[③]

---

① Sami Pihlström, *Naturalizing the Transcendental: A Pragmatic View*, Humanity Books, 2003, p. 34.

② Ibid., p. 17.

③ Kenneth R. Westphal, "Can Pragmatic Realists Argue Transcendentally?", in John R. Shook (ed), *Pragmatic Naturalism and Realism*, Prometheus Books, 2003, pp. 151-175.

　　福尔斯顿首先对实用主义做了一个非常应景式的区分，即罗蒂式的实用主义与非罗蒂式的实用主义。显然，这种区分只适用于批评罗蒂式的实用主义的场合。鉴于罗蒂的实用主义同康德的先验哲学针锋相对，福尔斯顿认为非罗蒂式的实用主义所要回答的一个问题就是：为什么非罗蒂式的实用主义可以联合康德而避免形而上学和知识论中的独断论和怀疑主义极端呢？他给出的答案很简单：像真正的康德主义者那样，真正的实用主义者试图在独断论和怀疑主义之间寻找一个中间过程。关键是，这如何可能？康德的先验哲学涉及的是我们能够描述和认知一个结构化的经验对象世界的诸条件，实用主义的诀窍在于，它把这些条件视为是社会地、文化地、历史地（或者广义上，实践地）受约束、变化和可重新解释的。它们不是先天给定的人类心灵的不变结构。我们生活在同世界不断相适应的实践当中，科学只是其中之一，因此我们没有理由假定科学能够描述一个中立的、独立于实践的、无条件的实在。因此，实用主义者与康德共享的一个核心观念就是，实在的描述只有在某些（准）先验条件的语境范围内才是可能的，这些条件可以随着生活形式的转变而改变。这些可重新解释的条件根植于我们的实践当中，它的要素都不是绝对不可修正的。因而，批判哲学的工作就是，通过提供对这些条件的一个解释帮助我们理解我们人类的状况，而且这种解释必须在这些条件使之成为可能的经验领域范围内才能够被提供。这就是自然化的、历史化的批判哲学。① 因此，福尔斯顿调和康德与实用主义者的方案

---

① Sami Pihlström, *Naturalizing the Transcendental: A Pragmatic*

关键在于先验论证的策略，即他们都认为存在一个先验条件域，这些条件使经验成为可能，而且，对这些先验条件的反思和探究需要在经验领域内进行。所不同的是，康德并不认为人类思想的这些条件是可改变的，即范畴是完备的和必然的，而后者则认为这些条件随着生活形式的改变而改变。

福尔斯顿的这种方案所引发的忧虑是明显的，即他实际上认为先验与经验的关系是一种渐进式的，即先验的东西在本质上是经验的，是可改变的。不过，这种解释比"范式替换"那种不可通约的模式具有优点，因为先验条件域的改变是一种渐进的过程，因而在两个范式之间存在可理解的纽带。然而，这依然无法消除一种根本上的困惑，即哲学如何免于为历史所湮灭，或者哲学如何获得其独立的合法性？因此，先验哲学与实用主义的根本裂痕还是存在的。不过，先验论证作为一种论证模式却完全可以独立于这种裂痕，在两者各自的领域内游刃有余，潇洒自如，尽管在"先验"这一概念的含义上会有所不同。

本章小结

正如福尔斯顿所说，普特南著名的（新康德式的和新实用主义的）内在实在论是一个有前途但并不是没有问题的企图，即实用主义者试图用一个更人性的、更少科学主义的实在论来

View, Humanity Books, 2003, pp. 34-35.

取代科学实在论，后者认为自然科学至少在原则上能够独立于人类概念的和实践的视角而如其所是地描述世界。[①] 这种企图在他后来的基本著作中越来越明显，例如他后来认为实在论应该具有一副人类的面孔等等。当他进入自然实在论阶段的时候，他已经清楚意识到先验论证在实在论中起着作用，因此，他才在真正意义上进入融合实用主义和康德主义的实质性阶段。

　　然而，在另外一层意义上，普特南的先验论证却是属于一种过渡性质的先验论证。他的论证之中依然保持着内容与图式的区分，并且依然采用指称的方式来处理真理与意义的关系等基础问题。然而，同时，他又是率先明确地对以这种二元区分为基础的传统形而上学实在论进行了批评，试图建立一种没有基础的实在论。从更大的角度来看，普特南的先验论证同时是哲学的语言学转向前后过渡期间的一种先验论证，他讨论哲学的方式已经全然是语言学式的了，然而他讨论哲学的角度却是非常传统的，例如他依然通过形而上学指称理论[②]来讨论真理、意义等基础问题。诚然，这种过渡是必要的，语言学的转向不

　　[①]　Sami Pihlström, *Naturalizing the Transcendental: A Pragmatic View*, Humanity Books, 2003, p. 14.

　　[②]　叶闯把指称区分为形而上学指称与语义学指称两种，前者指传统意义上用于实现语言表达与语言外世界之间的一种关系的观念，而后者把指称视为是意义的一种功能，由意义所完全决定。用叶闯自己的话来说："意义产生自己的语义学的指称对象。因此根本不会再有传统意义上相对独立的指称理论，或者说，指称本身已经完全不需要一种独立的理论。"具体参看叶闯：《语言·意义·指称：自主的意义与实在》，北京大学出版社 2010 年版，第 1—11 页。

是一句空话，它需要长期的哲学准备和酝酿才能真正实现，先验论证的语言学转向也是如此。普特南的先验论证确实是戴维森完全意义上的语言学版本的先验论证的先驱。因此，我并不认同罗蒂把戴维森与普特南放置在实用主义这一进程之中进行归类，我们不如把他们放置在语言学转向这一进程中，也许这会更加贴切一些。

第五章
戴维森与先验论证问题

戴维森是后分析哲学时代最重要的哲学家之一，其独树一帜的彻底解释理论为传统的真理与意义的问题引入了新的理论基础，对我们今天乃至未来的哲学都将产生深远的影响。在此我们不会全面分析他的哲学方方面面的影响，而只是介绍他的彻底解释理论在反思先验哲学和先验论证方面的积极影响。下面将从讨论他对概念图式和内容与图式的二元区分的批判出发来探讨一种新的语言学的形而上学或先验哲学，以及其所包含的一种语言学版本的先验论证思路。

第一节　概述

自斯特劳森提出概念图式这一概念之后，它在哲学中迅速蔓延开来，许多哲学流派都倾向于谈论这个概念。戴维森在库恩、奎因、费耶阿本德等一大批哲学家那里都发现了这个概念的身影。戴维森认为在这个概念背后蕴含着一种概念相对主义，即"或许在这些概念图式之间无法通过翻译来沟通，因为对于企图进行这种翻译的人来说，在一种概念图式里表征一个人的那些信念、愿望、希望和点点滴滴的知识，在另外一个概念图式里没有真正的对应体"①。戴维森认为这种概念相对主义不可避免地会陷入一种"潜在的悖论"：既然另一种概念图式对我们来说是无法理解的，那么我们如何知道这种概念图式存在呢？②最为关键的是，实在本身是相对于一个概念图式而言的，这就是说，在一种概念体系中实在的东西，在另一种概念体系里就不一定是实在的。因此，在戴维森看来，这种意义上的实在并不是真正意义上的实在，而根本的错误在于理解实在的方式错了。概念图式这个概念预设了"未被解释的实在"这一概念，而后者在根本上是一个虚幻的概念，因为它预示着任何一种语言都曲解了实在，进而似乎它暗示着只有在根本不用语言的情况下心智才得以按照事物的本来面目来把握事物。然而，戴维森认为，这种语言观是无法理解的。为了深层次地解析概念图式这一概念之下所包含的矛盾，戴维森考察了两种情况：一是完全不可翻译，一是部分不可翻译。最后，他得出结论说："试图给关于概念相对主义的看法，从而给关于概念图式的看法赋予一种可靠的意义，把这种企图建立在翻译部分失败的基础上就如同建立在翻译全部失败的基础上一样是无法奏效的。只要有了潜在

---

① Donald Davidson, "On the Very Idea of a Conceptual Scheme", *Proceedings and Addresses of the American Philosophical Association*, Vol. 47 (1973-1974), pp. 5-20: 5.

② Ibid., p. 7.

的关于解释的方法论，我们就无法判断他人是否根本不同于我们自己的概念或信念。"①

　　一般情况下，先验论证是以图式与内容、概念与直观的二元论为基础。根据罗蒂所述，这种先验论证默认逻辑与实在之间的结构性的同一关系，其目标在于保证逻辑、语言或理性探究的实践同世界之间的符合关系，他把这种先验论证称为"实在论的先验论证"，康德的先验演绎和驳斥唯心论都是其中的典范。罗蒂称它们为"实在论的"，就因为它们最终都是以世界或实在作为客观性的参照，而称它们为"先验论证"是就其通达客观性的途径而言，即它们都力图从主观性出发来达到客观性。②如上所述，戴维森的先验论证与一般的先验论证不同，他以批判图式与内容的二元论区分开始。正是在这种意义上，罗蒂把戴维森的先验论证评价为是"终止一切先验论证的先验论证——它拆除了标准的'实在论'的先验论证建立于其上的脚手架"③。

　　先验论证通常被视为是一种驳斥怀疑论的策略，根据上面的基本形式，我们可以引述基诺瓦（A.C. Genova）的观点把

---

　　①　Donald Davidson, "On the Very Idea of a Conceptual Scheme", *Proceedings and Addresses of the American Philosophical Association*, Vol. 47 (1973-1974), pp. 5-20: 19.

　　②　Richard Rorty, "Transcendental Arguments, Self-Reference, and Pragmatism", in P. Bieri R. P. Horstmann and L. Krüger (eds.), *Transcendental Arguments and Science*, D. Reidel Publishing Company, 1979, pp. 77-103: 78-79.

　　③　Ibid., p. 78.

这种驳斥怀疑论的策略的一般形式大致表述如下：先验论证被设计用于表明，就某些基本的概念或特定的核心命题的真的客观有效性而言，怀疑论的主张是自败的或不一致的，因为它们必定招致某些概念图式或认识论语境的必要条件的反对，而只有在这些概念图式或认识论语境之下，怀疑论的主张才是可理解的。如果是这样，那么怀疑论所怀疑或否定的东西必然包含该怀疑论可理解的必要条件（预设）；因此，如果怀疑论的主张是可理解的，那么它必定是假的而其对立面是真的。[①] 戴维森的全知解释者论证（Omniscient Interpreter Argument）就是这样一个驳斥怀疑论的先验论证，它以一个全知解释者的假设为基础,试图在他的基本主张（一致论题）和他的扩展主张（客观性论题）之间、在认为真的语句与那些语句的真之间以及在一致与符合之间建立先天的连接。[②]

总体而言，先验论证是一种试图从主观性出发，力求在主观性与客观性之间建立一种通达关系，其关系建立的具体途径可以是多样的，但总体路径却是一致的。此外，我们通过对康德的先验论证与戴维森的先验论证进行比较可以隐约地看出，从近代乃至于古代的以哲学心理学为出发点的哲学向现代的以语言学为出发点的哲学的演进轨迹，而戴维森的先验论证完美地体现了语言学转向对于哲学论证，尤其是康德以来先验哲学

---

① A. C. Genova, "The Very Idea of Massive Truth", in L. E. Hahn (ed.), *The Philosophy of Donald Davidson*, Open Court, 1999, pp. 167-191: 186.

② Ibid., p. 176.

的论证方法的影响。对于此类探究，有助于我们更深刻地理解哲学革命对于哲学方方面面的影响。

第二节 从康德到戴维森：先验论证的延续与蜕变

戴维森的先验论证究竟是否存在？据我所知，戴维森直接提及"先验论证"这个概念的地方只有三处：一处是在《为约定 T 辩护》[①]一文中，在此他认为先验论证可以用于证明自然语言在本质上是可以互译的，并且提示说具体完成这个论证是在《论概念图式这一观念》和《形而上学中的真理方法》[②]二文中；另一处是在《回应基诺瓦》一文中，戴维森基本上认同了基诺瓦把他全知的解释者论证视为是一个先验论证的结论，他说："人们认为我所偶然碰到的东西是一个先验论证，而我并不反对这个概念。"[③]最后一处是针对宽容原则（Principle of Charity），对于是否把对宽容原则的论证视为是一个先验论证，戴维森是持迟疑态度的。总起来说，戴维森是认同先验论证这一概念的，虽然他并没有对此进行详细的论述，而且对某些哲学家把他的

---

① Donald Davidson, "In Defence of Convention T", in *Interpretation into Truth and Interpretation*, Oxford University Press, 2001.

② Donald Davidson, "The Method of Truth in Metaphysics", Op. cit., pp. 199-214.

③ Donald Davidson, "Reply to A. C. Genova", in L. E. Hahn (ed.), *The Philosophy of Donald Davidson*, Open Court, 1999, pp. 191-194: 192.

某些论证视为是先验论证的做法也不尽赞同。

然而，戴维森的先验论证到底是怎么样的？它有什么特征和功能？对于这些问题的回答我们可以通过戴维森与康德的比较来完成。康德是先验论证的鼻祖，我们现在所意指的先验论证基本上是以他的先验演绎和驳斥唯心论为原型的。当然，对先验论证的讨论远非就讨论其形式及其有效性问题，更为重要的是，康德采取先验论证背后深刻的哲学动机和意图。我在此就是要试图揭示康德与戴维森之间在哲学动机和意图上深刻的一致性，以及由此导致的他们之间在方法论的一致性，从而回答为什么戴维森会认同并使用先验论证这一问题。

首先让我们先谈谈共同点。戴维森与康德在先验途径上的共同点基本上包含三个方面：动机、目标和论证程序。首先，从动机上来看，他们在以一种间接的方式达到关于知识和实在的客观性的企图中共同转向了先验论证，从而规避一种更为直接的达到这些结论的方式所导致的困难。而包含在这种共同点之中的一个核心观念就是，通过一种推理过程确立我们对客观性知识的主观权利的合法性。这种推理过程避免诉诸某种概念，即关于主观性和客观性领域之间的一种可直接发现的证据性的联系的概念。在这一点上戴维森表述的尤为明显，他说："我们已经表明，为信念整体寻求这样一种确证根据，即某种外在于这个信念整体并且我们能够用来检验我们的信念或把它与我们的信念进行比较的东西，这种做法是荒谬的。因此，对于我们的那个难题的回答就必须为我们的大多数信念为真这个假定找到一个理由，这个理由并不作为某种形式的证据。"[1] 至于康德，其所要实现的从事实问题（quid facti）向权利问题（quid juris）的转变（A84/B116）[2] 便足以说明问题了。与之相应的当然还有一些观点的相同之处，例如，他们都放弃了关于联结主观性和客观性的桥梁的对抗性观点以及超越主观性的一种立场，即他们都力图在主观性中把握客观性。

其次，从目标上来看，主观性和客观性之间的关系问题实际上就是先验论证要处理的核心问题，康德和戴维森都力图在不完全消除主观性和客观性区分的前提之下，消融主观性和客观性之间传统的绝对对立关系，正如威廉·马克尔（William Maker）所说："他们的每一个先验企图都在于，在不破坏主观性的前提下保留客观性并证明其可通达性，这个企图包括以这样一种方式，即客观性被视为或多或少在主观性领域内必然地'在场的'或'显然的'，重新构想主观性领域，因此不需要一个对抗性的桥梁。"[3]

最后，从论证的程序上来看，康德与戴维森在完成其先验论证时都是包括两个阶段：1. 主观化或内在化客观性；2. 论证主观化的客观性与完全不同的客观性之间的区分（即在语言中

---

[1] Donald Davidson, "A Coherence Theory of Truth and Knowledge", in Lepore (ed.), *Truth and Interpretation: Perspectives on the Philosophy of Donald Davidson*, Blackwell, 1986, pp. 307-319: 314.

[2] 康德：《纯粹理性批判》，邓晓芒译，杨祖陶校，第79页。

[3] William Maker, "Davidson's Transcendental Arguments", in *Philosophy and Phenomenological Research*, Vol. 51, No. 2 (Jun., 1991), pp. 345-360 :348.

可描述的客观性与完全不能在主观领域里得到理解的客观性之间的区分）是不可理解的或不一致的。对于第一步，这种主观化其实就是一种概念性的重整（conceptual reorientation），用斯特劳森的术语就是概念化（conceptualization）。它的作用就在于把对象纳入到主观性的领域之内，因此其背后的一种动机就是，他们都认定主观性领域是一个具有认知首要性的领域，这是康德的哥白尼革命所体现的精髓之一，而在戴维森那里则体现在其对第一人称权威的赞成性态度里面。[1] 第二步则在于证明主观化的客观性的唯一性，因此也就是要从第一步的主体化的客观性转移到这整个主体化的领域的客体化领域，因此第二步可以称为是"客体化的过程"。当然，这一步不是跨越到绝对外在于我们的客体世界，这里所要表达的客观性是一种介乎于主观性和绝对的客观性之间的一种客观性。

上述我们从三个方面论述了康德与戴维森的先验论证之间的相似性，而在进一步细化或延伸的过程中还是有许多重大的差异的，下面我将作简要的论述。对于主观性领域的描述上存在着巨大的方法论差异，在康德那里，主观性是根据心理学来定义的，他的主观性领域是关于思维主体诸如心灵、自我、意识等的领域，而戴维森的方法则是语言学，他把语言作为我们理解的起点，以此来规避上述的心理学术语："在康德的情况中，

---

① 对于第一人称权威的论述，可以参看戴维森的同名文章《第一人称权威》（1984），以及随后发表的著名的论文《认识我们自己的心灵》（1987）和《主观性的神话》（1988），这三篇文章都收入于其论文集《主体性、主体间性和客体性》，克莱顿出版社2001年版。

主观性领域是由意识来定义的，并且我们的关注点被带到如下一个无法攻击的事实，即意识经验大体上不是随意的或混乱的，而是空间地、时间地和因果地组织在一起的，这表明了总体上的一致性和可理解性。在戴维森的情况中，主观性领域是由语言来定义的，并且我们的关注点被带到这样一个事实上，即我们使用语言作为交流的一个中介，也就是说，我们大体上理解他人，而他们也理解我们。"① 这是一种根本性的差异，意味着他们各自的先验论证所赖以建立的方法论基础不同。

从更广泛的背景来看，也许我们能够理解导致这种方法论差异的深刻根源。在哲学史上，先验哲学往往同基础主义是联系在一起的，康德也不例外，康德的知识理论基本上可以视为是一种基础主义。此外，作为先验论证在现代的兴起的功臣斯特劳森，其描述的形而上学基本上也可以解读为一种基础主义②；与他们不同，戴维森公开反对基础主义，他在批驳完石里克（Moritz Schlick）的基础主义的知识观之后说："我相信，纽拉特（Otto Neurath）、卡尔纳普（Rudolph Carnap）和亨普尔（Carl Hempel）放弃我们关于世界的知识所依靠的一种基本证据的探究的做法是对的。没有什么基本证据是有效的，并且

---

① William Maker, "Davidson's Transcendental Arguments", in *Philosophy and Phenomenological Research*, Vol. 51, No. 2 (Jun., 1991), pp. 345-360: 351.

② 对于康德的基础主义的论述，可以参看陈嘉明教授的《康德哲学的基础主义》,《南京大学学报（哲学·人文科学·社会科学）》2004 年第 3 期，第 65—71 页;而对于斯特劳森的基础主义的论述，可参看拙作《斯特劳森的基础主义》,《东北大学学报》2010 年第 2 期。

也不需要。"①

不过，与一般的反基础主义者不同，戴维森没有否定实在论（包括认识论的实在论和形而上学的实在论。——笔者注）。他认为，"假定有了一种正确的认识论，我们便能在一切场合都是实在论者。我们可以接受客观的真值条件概念，把它作为解决意义问题的线索（这是一种关于真理的实在论观点），我们可以坚持认为，知识是独立于我们的思想或语言的关于客观世界的知识"②。

因此，总体说来，戴维森首先要抛弃传统基础主义的某些核心观念，例如关于图式／内容的二元区分的观念，但是却要通过其他不同的途径来得出基础主义所要达到的目的，这是戴维森所独有的一种立场。这种特殊立场使得戴维森采用先验论证来获得这些结论的做法显得有些令人迷惑却同样令人兴趣盎然，因为这恰恰能够体现其先验论证的特殊之处。

我们以图式／内容的二元论为出发点来讨论这种特殊性，因为它是这种特殊性的最终根源。戴维森把它称为"经验论的第三教条"，他说："只要有关于图式和实在的二元论③这个教条，我们就得接受概念相对性以及相对于一个图式的真理。……在

① Donald Davidson, "Empirical Content", in *Subjective, Intersubjective, Objective*, Clarendon Press, 2001, pp. 159-175: 174.

② Donald Davidson, "A Coherence Theory of Truth and Knowledge", in Lepore (ed.), *Truth and Interpretation: Perspectives on the Philosophy of Donald Davidson*, Blackwell, 1986, pp. 307-319: 307.

③ 在戴维森那里，图式／内容的二元区分根据具体的语境可以表述为"图式／实在的二元论""图式／世界的二元论""语言／世界的二元论"等。

放弃关于图式与世界的二元论时，我们并没有放弃世界，而是重建与人们所熟悉的对象的没有中介的联系，这些对象本身的行径使我们的语句和意见为真或为假。"[①] 因此，与康德的客观演绎不同，他不是企图在世界以及我们对它的理解，即语言这两个彼此泾渭分明的两个领域之间架设一道桥梁，而是根本上否认这两个领域存在一道鸿沟。在戴维森看来，主观性与客观性（语言与世界）的关系是直接的，根本不需要所谓的中介存在。对于这点，戴维森倒是同斯特劳森的客观性论证（同样也是一个先验论证）相似，因为后者企图在意识的统一性和我们的经验世界的客观性之间建立一个直接分析的联结，即依赖统一性和客观性之间的一种分析关系完全可以完成康德在主体自身之中寻求知识的客观性根据的努力，即建立主观性和客观性之间的无中介的直接联系[②]。然而，斯特劳森却是支持概念图式这一概念的（事实上是其描述的形而上学的核心概念），因而想必在戴维森看来，斯特劳森的努力是不可能成功的。

那么，在戴维森那里，图式与内容、语言与世界的直接性的关系究竟是如何确立的呢？戴维森认为，关键在于如何理解真理这个概念，理解真理是同理解不可分割地联系在一起的。戴维森借以否定传统的图式与内容的二元论的工具就是以塔尔斯基真理定义为模型的他自身的真理理论。该理论中最为关键

---

① Donald Davidson, "On the Very Idea of a Conceptual Scheme", in *Proceedings and Addresses of the American Philosophical Association*, Vol. 47 (1973-1974), pp. 5-20: 20.

② 具体论述可以参看拙作《斯特劳森的客观性论证》,《自然辩证法研究》2010 年第 3 期。

的是一个约定 T，例如戴维森所举例的"'雪是白的'是真的当且仅当雪是白的"。他说，这个约定 T 的真理性很平凡，但是"却暗示出（尽管它不可能明说）为一切具体化了的真理概念所共有的一个重要特征。它之所以能够做到这一点是因为它必不可少地使用了翻译成我们所知道的一种语言这个概念"①，而他所说的这个共同特征无非就是只有该语句本身所指涉的事实才能使得该语句成真，而根本无须相对于一个概念图式为真。也正是在这个意义上，罗蒂把戴维森的这个论证称之为是"自指论证"（self-referential argument）。尽管同康德式的先验论证存在诸多差异，但是，正如罗蒂所说："对我的目的而言，同等重要的是把它本身视为一个先验论证。如果我们补充完戴维森反对通过'符合事实'或'组织经验'来解释'真理'的论证的细节，我认为，它们已经显然可以被视为是诸如康德对休谟的批判，或普特南对其早先的自我的批判这类相同论证的例子。"②

总体来说，康德的先验论证因为建立在图式与内容的二元区分基础上，使得其先验论证最终无法避免地陷入经验论的存疑当中。而戴维森的先验论证正是从批判这个经验论的教条出

---

① Donald Davidson, "On the Very Idea of a Conceptual Scheme", in *Proceedings and Addresses of the American Philosophical Association*, Vol. 47 (1973-1974), pp. 5-20: 17.

② Richard Rorty, "Transcendental Arguments, Self-Reference, and Pragmatism", in P. Bieri R. P. Horstmann and L. Krüger (eds.), *Transcendental Arguments and Science*, D. Reidel Publishing Company, 1979, pp. 77-103: 99.

发，并且引入三角架构（triangulation）[①]的解释模型当中，因为这个三角架构试图在我自己、他人和世界之间建立一种因果性的外在关系。因此，它们实际上构成了一个交流的基本网络，我们的信念内容来自于交流，而不是未被解释的单纯材料，从而摆脱经验论的存疑。这是戴维森对康德式的先验论证的一个关键性改进。

第三节　戴维森的全知解释者论证

戴维森所提出的"全知解释者"（Omniscient Interpreter）概念曾经引起过激烈的讨论，而以该概念为缘起构建起来的全知解释者论证则作为一种基于语言学的反驳怀疑论的方法也受到了广泛的关注。可以毫不夸张地说，戴维森的全知解释者论证是他的思想最具原创性的地方之一，它不仅是彻底解释理论的一次具体应用，而且也是作为形而上学论证方法的先验论证在分析哲学中尤其在语言哲学中的复兴的一种体现。戴维森提出全知解释者论证不仅具有其特有的理论支持，更为重要的是由于它所提出的知识理论所面临的困境：他所提出的一致主义理论虽然不同于当代一般意义上的一致主义的知识理论，但是

---

① 对三角架构的具体论述可以参看《理性动物》（1982）、《外在化的认识论》（1990）、《三种知识》（1991）和《第二人称》（1992），收录于戴维森2001年出版的论文集《主体性、主体间性和客体性》（克莱顿出版社）。

它依旧不能避免一致主义理论固有的理论困境，即循环困境。不过，由于其彻底解释理论，戴维森又充满信心地认为为解决这种困境提供了出路。

一、简述戴维森的一致主义

要论述戴维森的全知解释者论证，我们最好首先介绍一下他的一致主义，否则我们很难理解他引入这么一个相当令人费解的论证想要干什么。同一般的知识论观点相同，戴维森认为知识是由信念构成，但是在信念的界定上有些不同，因为他把信念同某个理解它们的人视之为真的语句相等同，他说："信念概念的一个很大特点在于它引出了在被认为是真的东西与真的东西之间的潜在差距……一致主义所坚持的不过是，一个一致的信念集合总体中的大多数信念都是真的。"① 因此，戴维森的一致主义的目的在于缩短认为真（hold true）与真之间的差距，进而从总体上使一致切近于真（或符合），或者用戴维森自己的话来说：一致产生符合。②

然而，戴维森非常清楚通常的一致主义的缺陷在哪里，他说："坚决支持一致主义的人不允许从信念系统之外寻求保证，而在信念系统之内又没有什么东西能够提供支持，除非可以证

---

① Donald Davidson, "A Coherence Theory of Truth and Knowledge", in Lepore(ed.), *Truth and Interpretation: Perspectives on the Philosophy of Donald Davidson*, Blackwell, 1986, pp. 307-319: 308.

② Ibid., p. 307.

明信念（最终或同时）依赖于独立地可信任的某种东西。"① 戴
维森沿袭了当代知识论强调确证在知识构成中的作用的一贯做
法，他认为我们传统理解确证问题的方式是错误的，因为他们
总是把确证同感觉经验联系在一起，然而感觉经验是一个非常
成问题的认识论中介。诚然，在感觉与信念之间存在的是因果
关系，即我们的绝对多数信念是由我们的感觉来引起的。但是
由于感觉自身的真假还是有待处理的问题，所以它不可能成为
确证的根据，而且他认为确证应该是一种逻辑关系，即信念之
间的推论关系。因此，信念所最终要依赖的"独立地可信任的
东西"不能够是感觉经验。

戴维森认为，导致这种错误地处理确证问题的方式的根源
在于我们错误地看待了信念与世界之间的关系："我们一直作这
样的假定，只有通过把他的信念与世界相联系，把他的某些信
念逐个地与感官所传递的东西相对照，或许是把他的信念整体
与经验法庭相对照。"② 然而，这种对照是无意义的，也是不可
能的，它只会让认识论困境愈发凸显。例如，基础主义经常使
用的"所予"（Given）概念，它最终只能被认为是一个神秘之
物，或者仅仅诉诸直觉或亲知这样更为模糊的术语来进行解释。
正是在这种意义上，戴维森喊出口号说："无须对照的符合。"③

显然，摆脱这种局面的一种可能的方式就是彻底放弃认识

① Donald Davidson, "A Coherence Theory of Truth and Knowledge", in
Lepore(ed.), *Truth and Interpretation: Perspectives on the Philosophy of
Donald Davidson*, Blackwell, 1986, pp. 307-319: p. 310.

② Ibid., p. 312.

③ Ibid., p. 307.

论中介，并且在信念与世界之间建立直接、可靠的联系。而这得以可能的前提就是要寻求一种理解信念的方式，戴维森引入了一条解释的道路。他认为，理解信念的唯一途径就是从解释者用来表达和描述信念的那些语句的解释入手。而这恰恰表明了信念对于意义的依赖性，因而信念的理解问题很自然地转向了意义的理解问题，而在戴维森那里一种独立于任何经验的意义理论是由彻底解释理论所完成的。因此，信念的理解最终诉诸彻底的解释，他说："在我看来，彻底的解释的目标在于对关于说话者的语言的真理概念提出一种塔尔斯基式的表征，并提出一种关于说话者的信念理论。"①

我们知道，戴维森特别强调宽容原则在彻底解释中的重要作用，因为这个原则指导解释者进行翻译或解释，以便把他自己的某些真理标准纳入对被说话者认为真的语句之范型的理解之中，也就是说，它使得说话者成为可理解的。不仅如此，在对信念的理解中，宽容原则的作用再次被提升，它不仅对允许的信念的自由度进行了限制（即被允许的信念必须符合解释者的逻辑标准），而且还对确定了如何解释构成信念的语词。在某种意义上，宽容原则是解释者唯一可以使用的一个原则。

在宽容原则之下，解释者与说话者实际上处在了这样一个解释的环境之中：他们共同处于一个客观世界之中，一个解释者根据自己的逻辑标准来理解说话者所说的语句（因而说话者

① Donald Davidson, "A Coherence Theory of Truth and Knowledge", in Lepore(ed.), *Truth and Interpretation: Perspectives on the Philosophy of Donald Davidson*, Blackwell, 1986, pp. 307-319: 315.

的信念），而他可以参照的唯一的外部条件就是在这个客观世界中发生的、使这些语句成真的事件和对象，因此，实际上解释者不仅同说话者进行直接的交流，而是通过与说话者共处的客观世界来不断验证被解释的语句和信念，使之成真和具有意义。这种三角架构的解释模型避免了解释者与说话者试图把握彼此之间的心灵状态这一不可能完成的工作来进行解释，因此也就避免了诸如感觉经验这样不可靠的认识论中介。

总而言之，戴维森试图把信念的理解视为一种彻底解释的活动，使之避免陷入信念与意义之间相互依赖的怪圈（即解释其中一个就要借助于另一个，最终谁也没有被解释），[①]从而避免陷入惯常的一致主义理论之间的困境，即一致与真之间不存在必然的联系。不过，由于在宽容原则下的信念真是在解释者的标准下的真，为此，戴维森引入了一个全知解释者论证，试图通过这个论证表明解释者的标准可以是一个客观的标准，因而证明一致与真之间确实具有先天的联系。

二、什么是全知解释者论证？

早在 1977 年，戴维森就在《形而上学中的真理方法》一

---

① 除了《关于真理与知识的一致主义》一文外，戴维森多次提及信念与意义的相互依赖性的困境，而彻底解释的一贯做法就是寻求一种独立于它们之外的证据，即从那种认为语句为真、接受语句为真的态度出发来构建的以 T 语句为核心的真理理论。具体可看 Donald Davidson, *Inquiries into Truth and Interpretation*, Oxford University Press, 2001, pp. 134-138, 141-154。

文 ① 中就论及了一致与真的关系问题，他承认一致并不保证真。不过，他认为关于全知解释者的看法并不荒谬，而且根据全知解释者的标准，一致意见必定是真的。②

与之略有不同，戴维森在《关于真与知识的一致主义》中再次使用全知解释者这个概念的时候，他不仅给出了全知解释者这个概念的部分内涵，而且还强调全知解释者标准的客观性，他说："因为我们可以试想这样一个解释者，他对于世界、对于引起或会引起一个说话者对其（潜在无限的）全部语境中的任何一个语句持赞同态度的原因无所不知。这个全知解释者使用与可出错的解释者所用的相同的方法，他发现可出错的说话者说的话在很大程度上是一致的和正确的。当然，这是根据他自己的标准，但是既然这些标准是客观地正确的，因此，按照客观的标准来看，可出错的说话者被认为是在很大程度上是正确的和一致的。" ③

从表面上看，全知解释者这个概念的可辩护性非常差，因为这个概念很难获得经验支持，我想除了宗教徒乐于把他理解为是他们心目中至高无上的神外，正常人很难想象在现实中有这么一种人的存在。因此，很容易让人指责戴维森的全知解释者只是上帝的一个代名词。福莱（Richard Foley）和富梅顿

---

① Donald Davidson, *Inquiries into Truth and Interpretation*, Oxford University Press, 2001, pp. 199-214.

② Ibid., pp. 200-201.

③ Donald Davidson, "A Coherence Theory of Truth and Knowledge", in Lepore(ed.), *Truth and Interpretation: Perspectives on the Philosophy of Donald Davidson*, Blackwell, 1986, pp. 307-319: 317.

（Richard Fumerton）提出了这方面的指责，他们在《戴维森的有神论？》[①]一文中力图表明戴维森的全知解释者论证一开始就是错的，因为它试图填补在全知解释者的可能存在与外在世界的现实存在之间的鸿沟，而这是不可能的。他首先断定"如果他反对怀疑论的论证是成功的，那么他必须假设或认为事实上存在一个全知解释者"，紧接着就质问："那么，一个宽容原则强迫我们得出结论说，戴维森确实相信存在一个全知解释者吗？"[②]同时，他们把戴维森的全知解释者直接理解为上帝："实际上，我们需要断定上帝存在。但是如果如此，那么戴维森就会像在他之前的笛卡尔那样求助于上帝来打败怀疑论。"[③]

那么，到底谁是全知解释者？他的作用到底是什么呢？对于第一个问题，我们可以拆分为两个部分：一就是什么是全知；二就是什么是一个解释者。显然，这里的全知不应该是如同上帝那般能够对把握其他心灵具有特权。因此，一个全知解释者也需要同其他任何解释者那样通过同样的解释过程来认识我们表达的意思，否则"如果这个全知解释者知道这些心灵状态，那么他就不需要（并且作为一个事实，也不能够）使用彻底解释。为了成为一个解释者，全知解释者不能知道所有事情"[④]。全知的意义则体现在这个解释者知道所有彻底解释所需要的真

---

① Richard Foley, Richard Fumerton, "Davidson's Theism?", in *Philosophical Studies*, 48 (1985), pp. 83-89.

② Ibid., p. 88.

③ Ibid., p. 84.

④ Peter Marton, "Ordinary Versus Super-Omniscient Interpreters", *The Philosophical Quarterly*, Vol. 49, No.194 (Jan.,1999), pp.72-77: 74.

理，即"一个具有充分知识的解释者关于一个说话者说的话的含义所要获知的，他全都能获知，同样，这样的解释者关于说话者的信念所要获知的,他也全部都能获知"[①]。在这种意义上，他不可能错误地解释，即他所相信的每一个命题都是客观地真的。

其次，作为一个解释者，在戴维森看来，其最重要的一个蕴涵就是解释者和说话者的信念之间的一致的引入。因为根据戴维森的一致主义的观点，一个信念的确认需要另一个信念，如此一个信念的可解释性就会传递到另一个信念，如此最终导致整个信念系统的可理解性。同时，导致解释者自身所拥有的信念与说话者的信念极大地相似，因此，解释者与被解释者共享一个信念背景。

两相结合，全知解释者拥有两个基本特性:（1）不可错性；（2）他同我们（作为被解释者）享有一个信念背景,或者说"他应该足够地见多识广（well-informed），即他的语句至少应该比得上他的交流者的语句。"[②]

因此，基于全知解释者的两个基本特性，他的作用就在于连接一致与真。不过，这并不意味着全知解释者的现实存在，而这恰恰是戴维森的论证真正的精巧所在，因为它有效地避过了这个问题。戴维森没有为了移向真而宣称一个全知解释者的

[①] Donald Davidson, "A Coherence Theory of Truth and Knowledge", in Lepore (ed.), *Truth and Interpretation: Perspectives on the Philosophy of Donald Davidson*, Blackwell, 1986, pp. 307-319: 315.

[②] Peter Marton, "Ordinary Versus Super-Omniscient Interpreters", *The Philosophical Quarterly*, Vol. 49, No.194 (Jan.,1999), pp.72-77: 74.

存在，而仅仅是诉诸这种存在者的单纯可能性。而这么做的合理性不能够通过我们解释全知解释者这个概念的内涵就能够获得，而是需要求助于其彻底解释的原则，用戴维森的话来说就是"赞同关于解释的一般方法"[①]。正是在这种意义上，基诺瓦从根本上否认了把全知解释者论证依赖于全知解释者这一假设的基础上的做法。他认为这个假设是没有必要的，完全可以用可错的解释者来取代其在论证中的作用，他说："我坚决主张，戴维森的论证只依赖于认知的可能性与可理解性的等同，可理解性与可解释性的等同。"[②]我认同基诺瓦的观点，因为我们上面对戴维森的一致主义的描述可知，戴维森把认识视为一种解释活动，因而在他那里，信念的认识就是信念的解释，而就彻底的解释理论而言，可理解性确实是与可解释性相等同的。

因此，戴维森论证的关键不在于全知解释者的现实存在，而在于是否能够在其彻底解释理论的支撑之下保证意见一致与真之间的先天联系。当我们追问全知解释者论证是如何可能的问题时，我们不应该试图为全知解释者的现实存在进行辩护，而是应该追问这个概念背后的一般解释方法如何能够实现一致向真的过渡。根据这种理解，本内特（Jonathan Bennett）把戴

---

① Donald Davidson, "A Coherence Theory of Truth and Knowledge", in Lepore (ed.), *Truth and Interpretation: Perspectives on the Philosophy of Donald Davidson*, Blackwell, 1986, pp. 307-319: 316.

② A. C. Genova, "The Very Idea of Massive Truth", in L. E. Hahn (ed.), *The Philosophy of Donald Davidson*, Open Court, 1999, pp. 167-191: 183.

维森想要完成的工作看成是实现如下两个论题之间的推理：（1）X 不能为 Y 所理解，除非 X 的绝大部分信念也是 Y 的信念，即被 Y 判断为真；（2）X 不能为任何人所理解，除非他的绝大部分信念都是真的。他说："戴维森通过一个大胆的先验论证表明，（1）蕴含（2）……在语言学的前提与形而上学的结论之间架上一道稳固的、宽广的桥梁。这是一个令人惊奇的雄心勃勃的努力。"[1]

鉴于我们所揭示的全知解释者论证的基本要素和论证关键，我们不妨采用基诺瓦对于该论证的重建。基诺瓦引入一个相对弱的可错的解释者概念，称之为真实的解释者（Veridical Interpreter or VI），相应地把戴维森的全知解释者论证重构为真实的解释者论证，而戴维森也基本上认同这种重构，该论证具体表述如下[2]：

H：假定一个全面的、一致的大规模地错误的信念系统（system of massively false beliefs or MF）是可理解的（在认识上是可能的）。

1. 一个 VI 在认识上是可能的，即一个解释者，他拥有所有与戴维森式的解释方法论所涉及的相关材料有关的真信念。

2. 如果一个解释者拥有这些真信念，那么这个解释者就有能力解释任何可解释的信念系统。

---

[1] Jonathan Bennett, "Critical Notice", *Mind*, New Series, Vol. 94, No. 376 (Oct., 1985), pp. 601-626: 610.

[2] A. C. Genova, "The Very Idea of Massive Truth", in L. E. Hahn (ed.), *The Philosophy of Donald Davidson*, Open Court, 1999, pp. 167-191: 181-182.

3. 因此，如果一个信念系统是可解释的，那么它就是一个可由 VI 来解释的。

4. 一个信念系统是可理解的，当且仅当它是可解释的。

5. 如果一个信念系统是可解释的，那么它必须可以通过解释者的信念系统和被解释的信念系统之间的大规模一致而可解释的。（一致限制）

6. 如果一个 MF 是可通过 VI 来解释的，那么 VI 必须把 MF 解释为（a）一个 MF（作为一个大规模不同于 VI 的信念系统的一个不真实的信念系统），或者（b）不是一个 MF（作为一个同 VI 的信念系统极大地一致的一个信念系统）。

7. 因此，因为选项（a）在 6 中是不可能的（根据 5），而选项（b）是不可能的（根据 1），所以一个 MF 是不能通过一个 VI 来解释的（根据 6）。

C：因此，一个 MF，即 H，是不可理解的。（根据 3，4，7）

6 ★．因此，所有可理解的、全面的、一致的信念系统都是可通过一个 VI 来解释的，并且任何不能通过一个 VI 来解释的信念系统是不可理解的。（根据 3，4）

7 ★．因此，如果一个信念系统是可通过一个 VI 来解释的，那么这个信念系统就是大规模地真的。（根据 1，5）

C ★．因此，所有可理解的、全面的、一致的信念系统都是大规模地真的。（根据 6 ★，7 ★）

C．因此，一个 MF，即 H，是不可理解的。（根据 C ★）

具体来看，其中第 1 步和第 4 步是该论证的两个预设，它们在戴维森的解释理论的语境中必须接受的。它们保证了一致与符合、一致和真之间的先天联结，其中尤为重要的是第 4 步，即一个信念系统是可理解的，当且仅当它是可解释的。这一步是对戴维森在《论概念图式这一观念》一文中所表达的一个基本的理论结论的具体表达，即"可翻译性是一种语言标准"[①]。正是这个原则，使得他能够反对图式与内容的二元论和概念图式这一观念，而这又促使戴维森取寻求一个非二元论的全新的解释模型，即三角架构。我们知道，该论证的一个关键的一个观念就是，只存在由一个有充分准备的解释者在相关的观察和理论限制的基础之上所断定的意义和信念，也就是说，根本不存在独立于解释之外的客观的真和意义，也不存在独立于解释的信念内容，正如基诺瓦所说："心灵内容不是独立于解释来决定的；内容是一个理论观念，它只存在于解释的语境之下。在这个意义上，对于戴维森来说，一个说话者的真理理论是被构建起来的，而不是被发现的。"[②]因此，戴维森的全知解释者论证是建立在其语义学实在论（戴维森自己喜欢称为外在主义）基础之上的，而戴维森的外在主义正是以三角架构为核心的。

三、全知解释者论证的功能与性质

由于全知解释者论证的结论实际上已经构成了对认知怀疑

① Donald Davidson, "On the Very Idea of a Conceptual Scheme", *Proceedings and Addresses of the American Philosophical Association*, Vol. 47 (1973-1974), pp. 5-20: 7.

② A. C. Genova, "The Very Idea of Massive Truth", in L. E. Hahn (ed.), *The Philosophy of Donald Davidson*, Open Court, 1999, pp. 167-191: 185.

论的一种直接反驳，因此它又被当作是对认知怀疑论的一个结论性的证明。然而，还是有许多哲学家虽然承认全知解释者论证确立了信念的大规模的真，但是他们认为我们可能系统地弄错我们的真信念的内容，甚至否认驳斥信念内容的怀疑论本身具有意义。克雷格（Edward Craig）不无讽刺地说："仅仅通过把可能存在的关于它们的真的怀疑转变为关于它们的内容是什么的怀疑这种方法来确立我们的信念绝大部分都是真的，这是一种甚至还没有把洗澡水倒掉之前先把孩子给扔掉了的做法。"[1] 无疑，有一点克雷格是正确的，戴维森的全知解释者论证确实是应对信念内容的怀疑论的，因为归根结底该论证是一个关于信念系统内部的论证，它并不直接指涉外在世界。因而关键在于要表明克莱格不能既承认戴维森的"整个论证"又一致地坚持我们所拥有的信念有可能是系统地错误的，并且引入了一个一阶信念内容（例如，"我相信我有一只手"）和二阶（"我相信我相信有一只手"），乃至于更高阶的信念内容的区分。这是与克雷格对关于笛卡尔式的对外在世界的知识的怀疑论与关于信念内容的怀疑论的区分相对应的。基诺瓦认为，首先，一旦我们承认全知解释者论证以及蕴含在其背后的解释理论，那么就必然能够得出，我们的绝大部分二阶信念都是真的，否则一旦允许我们的绝大部分二阶信念都是假的，这势必导致我们的整个信念系统都是大规模地错误的可能性，因此这就等于否定了全知解释者论证。据此，基诺瓦排除了信念内容的怀疑论

① Edward Craig, "Davidson and the Sceptic: The Thumbnail Version", *Analysis*, Vol. 50, No.4 (Oct.,1990), pp. 213-214: 213.

的可能性。①其次，他进一步强调关于二阶信念内容的怀疑论同关于一阶信念内容的怀疑论是不一致的，原因就在于，以一阶信念为内容的二阶信念必须是以一阶信念为基础的，他反问："如果我们没有关于我们的信念内容的在先的信念或思想（一阶信念。——笔者注），我们如何能够有意义地表达关于这些内容的怀疑论的疑惑呢？"②不过，布鲁克纳（Anthony Brueckner）据此却解读出完全相反的内容，他说："[1]（指上面引文中的这个反问句。——笔者注）告诉我们，关于某种一阶内容的一阶怀疑论的疑惑要求关于那个内容的一个信念 B（根据基诺瓦的术语，一个二阶信念）的支持。"③这种解释显然是站不住脚的，正如基诺瓦所说的："这种怀疑论（指一阶怀疑论）……允许系统地弄错我们所拥有的信念是什么。由此，我们将会系统地弄错我们所有的二阶信念以及所有更高阶的信念，以至无穷。"④最后，结合前面两步得出，只要承认全知解释者论证，一阶信念的怀疑论（笛卡尔式的关于外在世界的怀疑论）也是不可理解的。不过与笛卡尔求助于一个上帝来力保防止怀疑论不同，戴维森则需要一个先验论证——全知解释者论证。⑤

---

① A. C. Genova, "Craig on Davidson: A Thumbnail Refutation", *Analysis*, Vol. 51, No.4 (Oct., 1991), pp. 195-198: 196.

② Ibid., pp. 196-197.

③ Anthony Brueckner, "Genova, Davidson and Content-Skepticism", *Analysis*, Vol. 52, No. 4 (Oct., 1992), pp. 228-231: 230.

④ A. C. Genova, "The Very Idea of Massive Truth", in L. E. Hahn (ed.), *The Philosophy of Donald Davidson*, pp. 167-191: 184.

⑤ A. C. Genova, "Craig on Davidson: A Thumbnail Refutation",

由于先验论证通常被视为是一种驳斥怀疑论的方法，正如基诺瓦所说："先验论证在这样 种语境下具有其最大的可信性，即试图驳斥被解释为是对确证信念或达到关于外在世界的知识的可能性的系统怀疑或否定的认知怀疑论。"[①]并且，他给出了先验论证的一般的驳斥路线：

"先验论证被设计用于表明，就某些基本的概念或特定的核心命题的真的客观有效性而言，怀疑论的主张是自败的或不一致的。因为它们必定招致某些概念图式或认识论语境的必要条件的反对，而只有在这些概念图式或认识论语境之下，怀疑论的主张才是可理解的。如果是这样，那么怀疑论所怀疑或否定的东西的真是或者必然包含该怀疑论可理解的必要条件（预设）；因此，如果怀疑论的主张是可理解的，那么它必定是假的而其对立面是真的。"[②]

戴维森的全知解释者论证完全符合这种驳斥路线。因为，戴维森在论证中表明，在一个说话者中客观的错误预设了一个共享的大量地真的信念背景，或者具体来讲，一个全面的、一致的大量地错误的信念系统要成为可理解的，那么它已经预设了所有可理解的、全面的、一致的信念系统都是大规模地真的。这样一种自我指涉的先天的必要条件关系的解释正是先验论证的一大特征。

Analysis, Vol. 51, No.4 (Oct., 1991), pp. 195-198: 198.

① A. C. Genova, "The Very Idea of Massive Truth", in L. E. Hahn (ed.), *The Philosophy of Donald Davidson*, pp. 167-191: 186.

② Ibid.

当然，戴维森的先验论证并不是没有前提的，它必须要放在其解释理论的语境之下才是可理解的，因此其所反驳的怀疑论与其说是反驳传统的笛卡尔式的认知怀疑论，不如说，他反驳的是一种语义学的认识怀疑论，即其怀疑的知识内容是语义学的。因此，从根本上来说，戴维森的先验论证的核心要义在于，意义的可能性的一个必要条件就是真理性，而语言则是一种意义的工具，如果某种东西是一种语言，那么它就必须以一种有效的方式描述世界。正是基于这种语言描述世界的先天有效性，使得我们作为语言的用户却大规模错误地拥有关于世界的信念变得不可理解。

不过，戴维森的驳斥怀疑论并不是一步到位的，而全知解释者论证就是其整个驳斥怀疑论系统工程中的重要一环。基诺瓦认为，首先要认识到的一点是，在驳斥怀疑论的论证之前还有一个预设便是对图式/内容二元论的反对。这种反对背后所蕴含的意思便是，信念内容的规定不能独立于其因果环境。我们知道，戴维森极力地把自己的语义实在论（戴维森自己喜欢称之为"外在主义"）同普特南的形而上学实在论相区分。因为普特南承认独立于心灵与语言的实体的存在，而对于戴维森来说，"我们并不拥有任何凌驾于任何一种语言中的所有可能的语句（我们可以把它们翻译成一种我们能够理解的语言）的真理、意义或内容之上的关于真理、意义或内容的一般概念。所以，离开在一种语言中被解释的内容来讨论（如克莱格所做的那样）一个信念的内容是毫无意义的。离开这种解释的方法论，根本不存在可理解的内容的独立地位。"[①] 按照对信念内容的这种理解，在我们的信念与世界之间根本不存在一种中介，世界作为我们信念的原因本身就构成了我们的信念内容。因而，普特南这种预设以信念与世界的根本分裂为基础的缸中之脑类型的怀疑论就被排除了，同时，戴维森的这种信念与世界之间的无中介的紧密联系自然地就会导致信念固有的、诚实的本性。

即使我们承认图式／内容的二元论是站不住脚的，接受信念内容与原因之间在方法论上的联结，排除缸中之脑的怀疑论，同时也承认戴维森的一致论题，但是怀疑论还是没有完全杜绝。因为还存在一种怀疑论，基诺瓦称之为"内在化的语义学怀疑论"，这种怀疑论是在彻底解释的语境内部发生的，它承认解释者必须把信念内容与原因联结在一起，并且根据他自己的标准，发现说话者在很大程度上是一致的和正确的，而其质疑的恰恰是，为什么解释者的标准免于犯大规模的错误呢？这个问题类似于，康德的这样一个问题，即使这些范畴必然地构成我们关于对象的思想，为什么这些对象本身应该必然地根据这些范畴来被构成呢？确证我们支持其客观有效性的东西是什么？对康德来说，需要一个先验演绎来回答，而对于戴维森则是全知解释者论证。因此，全知解释者论证，作为一个先验论证，他在戴维森的整个驳斥怀疑论的论证中起到了至关重要的作用，它实际上是在为宽容原则的合理性和有效性提供辩护。全知解释者的必要性就体现在此。

---

① A. C. Genova, "Craig on Davidson: A Thumbnail Refutation", *Analysis*, Vol. 51, No.4 (Oct.,1991), pp. 195-198: 198.

本章小结

围绕着戴维森的先验论证依然是困难重重，因为他的先验论证具有特殊的语境，即必须要在其解释理论的语境下才能够完成，这在很大程度上限制了其驳斥怀疑论的效力。正如基诺瓦所说，戴维森的先验论证不过驳斥了语义学的认知怀疑论，而对于传统的认知怀疑论根本无效，因为其理论基础不同，或者说它的先验论证需要诉诸"所谓的'语言学转向'的合法性"①。

尽管如此，戴维森的先验论证对于先验论证的发展具有其特殊的贡献，恰恰是因为其语言学的理论背景在其先验论证中的应用，使得我们对于"世界就是语言，语言就是世界"这样基本的语言学转向之后的哲学论述在方法论方面有所体验。这也是戴维森对先验论证的一大贡献。

此外，他对客观性概念的理解，乃至于对实在、真理、知识等的相关解释，都揭示了传统认识论的一个困境，即认识论中介问题。基于感觉证据的知识理论不可避免地会陷入缺乏可靠根据的困境，因为在先验哲学家看来，它们都缺乏对认识根据的批判。从康德到戴维森，虽然哲学的话语方式几经变更，但是他们在思想方式上的高度一致不禁让我们惊叹于哲学特殊

---

① A. C. Genova, "The Very Idea of Massive Truth", in L. E. Hahn (ed.), *The Philosophy of Donald Davidson*, Open Court, 1999, pp. 167-191: 186.

的复兴方式：重复地思考相似或几乎相同的问题。

就特殊案例而言，戴维森的全知解释者论证力图在信念的一致与一个客观的公共世界的知识之间建立先天的连结，其内在的背后驱动力可以追溯至近代哲学的语言学转向的深刻根源，简言之，就是语言与世界（思想与实在）的同构性的认同。同时，它是戴维森的整个驳斥怀疑论的论证体系中的一个结论性的环节，它绝不是一个孤立的论证，我们应该在系统中来考察它，进而才能真正理解它。此外，虽然它同康德的先验演绎存在极强的相似性，但是由于它们所处的哲学背景的深刻差异，它们各自论证的起点并不相同，即前者的起点是经验的可能性，而后者则是交流的可能性，相应地，它们的论证结果也各不相同。

尽管如此，这种方法论上的一致性表明先验论证在形而上学领域具有其得天独厚的优越性，因为它最适宜的战场就是世界与自我的关系这一纠结了人类无数年的困惑和难题，使得康德、维特根斯坦、斯特劳森、戴维森和普特南等一大批哲学家前赴后继，对其情有独钟。

第二部分

先验论证的批判研究

第六章
先验论证的可能性与有效性

追问一个论证是否可能，这是一种相当严厉的拷问，因为如果给予否定的回答，那么关于它的一切后续讨论就没有意义了。因此，要为先验论证提供辩护的当务之急就是给予这个问题一个正面的回应。在此，我们说先验论证是否是可能的，这里的可能性是从逻辑意义上来讲的，因此先验论证的可能性问题追问的是其论证过程的逻辑融贯性。这是一条反对先验论证的有效性的快捷方式，因为它不需要去关心这个论证的具体内容。在这种意义上，可能性问题可以视为是最严格意义上的有效性问题。有鉴于此，本章将把先验论证的可能性和有效性放置在一起讨论。另外，还有一个原因就是，先验论证作为独立论题存在的时间很短，人们对它的争议还是比较大，甚至反对者多于支持者，因而对于先验论证的反对近乎成了早期先验论证研究的主要组成部分。而归根结底，要反对一个先验论证，要么反对其可能性，要么反对其有效性（或者说，反对是我们讨论可能性和有效性问题的动力所在）。因此，从反对的角度来看，我们还是把它们放在一起讨论比较好。

第一节　两条反对先验论证的标准路线

福斯特（E. Förster）认为存在两条反对先验论证的标准线路：一条是由克尔纳提供的，另一条是由斯特劳德提供的。^①克尔纳认为，先验论证只排除了一种特殊的替代图式，却没有能够排除所有可能的替代图式，因为我们不可能列举所有的可能图式，所以先验论证最终是不可能的。实际上克尔纳在此所要表明的是，由于范畴图式的唯一性不可能被证明，所以先验论证是不可能的。我们也可以在罗蒂那里找到这条反对线路，他说："如果我们能够在不诉诸关于知识的'主观的'或'语言学的'构成的真的情况下很好地理解'排除所有知识形式的替代者'这个观念，那么我们就能获得一种论证……然而，不幸的是，我并不认为我们能够很好地理解这个观念。"；^②从现实的例子来看，他认为所有称为"驳斥"或"演绎"的论证（正如本内特和斯特劳森的解释所主张的那样）所做的就是排除一个替代者——怀疑论的、休谟式的和"知觉—材料经验"的替代者，而没有排除所有可能的替代者。从原则上来讲，"没有什么东西能够在原则上设定我们所能够设想的东西的界限，我们最多

① Eckart Förster, "How Are Transcendental Arguments Possible?", in E. Schaper and V. Wilhelm (eds.), *Reading Kant: New Perspectives on Transcendental Arguments and Critical Philosophy*, 1989, pp. 3-20: 14.

② Richard Rorty, "Transcendental Arguments, Self-Reference, and Pragmatism", in P. Bieri, R. P. Horstmann and L. Krüger (eds.), *Transcendental Arguments and Science*, 1979, pp. 77-103: 82.

能够做到的东西就是表明没有人在事实上设想了一个例外。"[1]

福斯特认为，这种反对是错误的，因为它依赖于一个混淆了的"替代者"的意义。他说："我们已经注意到，为了确立知识或经验的一个特殊条件，一个先验论证是通过思考一个替代者，即这个条件的否定来进行的，进而证明其内在的不融贯性。显然，这穷尽了这个条件的可能替代者的领域。因为即使我们也许可以基于这个原初条件的否定来想象不同的哲学立场或概念，但是这并不增加这个原初条件的替代者的数量。"[2]福斯特在此想说的是，一个先验论证往往并不是真正对这个条件的否定本身来思考，而是对基于这个条件的否定而设想的哲学立场或概念进行思考，进而指出这种哲学立场或概念的荒谬性。不过，这种方式并不能否定这个条件的否定，进而也不能证明原初条件的正确性。在这种意义上，先验论证是不成功的，但是并不能就此得出类似于罗蒂的结论，即"不能够存在论证否定性结论的完全的先验论证"。[3]

不过，克尔纳的这条反对路线并没有福斯特所描述的那样

---

[1] Richard Rorty, "Transcendental Arguments, Self-Reference, and Pragmatism", in P. Bieri, R. P. Horstmann and L. Krüger (eds.), *Transcendental Arguments and Science*, 1979, pp. 77-103: 83.

[2] Eckart Förster, "How Are Transcendental Arguments Possible?", in E. Schaper and V. Wilhelm (eds.), *Reading Kant: New Perspectives on Transcendental Arguments and Critical Philosophy*, 1989, pp. 3-20: 15.

[3] Richard Rorty, "Transcendental Arguments, Self-Reference, and Pragmatism", in P. Bieri, R. P. Horstmann and L. Krüger (eds.), Op. cit., p.82.

简单。他更富于技巧，更加晦涩，远不是一个"替代者"概念的混淆可以解释得清楚。

另一条反对路线是由斯特劳德提供的。首先，他把先验论证视为是反驳传统怀疑论的一种论证，即试图通过证明某种概念对思想或经验是必然的这一点来证明怀疑论挑战的非法性。然而，如果这是它们的意图，那么根据斯特劳德的观点，它们不能成功。因为或者它们必须依赖于一个可疑的证实原则（verification principle），只有如此才能得出结论说，如果我们的语言的一个语词或观念有意义，那么必定存在它真正适用的事物或状况；或者，如果不依赖于它，那么这个论证至多能够证明，为了思想或经验成为可能，我们必须相信我们拥有怀疑论者所怀疑的知识，即关于外在世界的知识。第一个选项使得先验论证成为多余的，因为是证实原则而不是先验论证驳斥了怀疑论；然而，第二个选项则不能反驳怀疑论的挑战，因为它没能证明我们的信念是或必定是真的，因而表明先验论证是微不足道的。

斯特劳德认为，斯特劳森式的先验论证都选择了第一个选项，即在使用先验论证的同时使用了一个证实原则。不仅如此，他认为即使选择了第二个选项，情况也没有更好，这意味着它们很难再解释为是先验论证，而他给出的理由是这些论证没有提供"回答怀疑论的一个全面答案"。①

如上所述，第一条反对路线主要针对先验论证的论证程序

---

① Barry Stroud, "Transcendental Arguments", *Journal of Philosophy*, 65, 1968, pp. 241-256: 245.

的逻辑融贯性，而第二条则对先验论证本身的结构或论证程序并不关心，它把先验论证视为一种单纯的反驳怀疑论的工具，审查它是否能够完成这项任务，一旦无法完成，那么其存在的合理性和必要性就丧失了。鉴于这两种反对线路各自的关注点的不同，反驳它们的策略也是不同的。对于前者，我们可以从两个层面上来回应：第一就是从原则上否定其对先验论证的看法；第二就是针锋相对地给予反驳，即策略性地消解其论证。对于后者，我们只能质疑其先验论证的定位的合理性，以及他对康德的立场的理解的正确性。因此无论应对哪一种反对线路，最终都需要我们对"什么是先验论证"这一问题提供一个正面的回答。

下面我将分别从克尔纳与斯特劳德两人的反驳出发，详尽地揭示它们的论证思路和过程，最终回答先验论证的可能性和有效性问题。

第二节　克尔纳论先验论证的不可能性

在20世纪六七十年代间关于先验论证的激烈讨论中，克尔纳是一个活跃分子，他先后于1966年和1967年发表了两篇比较重要的论文，即《最近哲学中的先验倾向》和《先验演绎的不可能性》。不过，从《最近哲学中的先验倾向》这篇论文的题目就可以看出，这是一篇侧重于描述的文章，重点在于介绍当时哲学中兴起的先验倾向及其表现特征，而他对斯特劳森的先验论证的讨论也只是其中的一个很小的部分而已。《先验演绎的不可能性》是一篇专题论文，它对先验演绎这个一般概念进行解释，并且试图证明任何先验演绎在逻辑上都是不可能的。除了这两篇文章之外，克尔纳在 1977 年参加了在比勒菲尔德大学跨学科研究中心举办的以先验论证和科学为主题的会议，与会的众多哲学家们在他们各自的会议论文中多次提及克尔纳的《先验演绎的不可能性》，充分显示了它的影响力。虽然克尔纳在这次会议中没有提交论文，但是他为本内特（Jonathan Bennett）的《分析的先验论证》[①]写了一篇简短的评论，在该评论中他非常明确地阐明了其关于先验论证的主张。在此，本文试图以克尔纳的《先验演绎的不可能性》为主要的讨论对象，从而思考和回答先验论证的可能性问题。

一、简述克尔纳的论证思路

要论述先验演绎的不可能性，就要先把先验演绎这个概念解释清楚，否则所谓的不可能性就是一种无稽之谈。克尔纳首先把属性（attribute）划分为构成属性（constitutive attribute）和个别属性（individuating attribute），前者是"全面适用于外在对象"，而后者则"穷尽地（exhaustively）赋予外在对象以个性"。[②]进而，他认为关于外在世界的命题预设了一种区分外

---

① Jonathan Bennett, "Analytic Transcendental Arguments", in Peter Bieri, R. P. Horstmann and Lorenz Krüger (eds.), *Transcendental Arguments and Science: Essays in Epistemology*, Holland, 1979, pp. 45-64.

② Stephan Körner, "The Impossibility of Transcendental Deductions",

在对象与以外在对象为载体的属性—性质和关系的方法。克尔纳通过这种在先区分的方法与两者属性来定义范畴图式，概括如下："一种对一个经验域进行在先区分的方法同一个范畴图式相关或属于一个范畴图式，当且仅当被使用的属性包含构成这个域的对象的属性，以及赋予这些对象以个性的属性。"[①]

对范畴图式的限定是为了定义先验演绎："现在，一个先验演绎完全能够一般地定义为是一个关于逻辑上可靠的理由的证明，即证明为什么一个特殊的范畴图式在区分一个经验域的时候不仅在事实上而且必然地要被使用的理由。"[②]这种意义上的先验演绎的典型案例可以在康德哲学中找到，而且具体到康德的先验演绎，讨论就会限定在对外在的和实践的区分图式的检验之上，因为在克尔纳看来，这是康德的先验演绎所包含的仅有的东西。

那么，克尔纳到底是如何论证先验演绎的不可能性的呢？简单来说，他试图检验先验演绎的可能性的先决条件，并且表明至少它们中的一个不能被满足，进而直接得出先验演绎的不可能性的结论。由于图式之于先验演绎的密切关系，所以很自然地就会把先验演绎的可能性问题转变为图式的可能性，即图式的确立问题。图式的确立是基于对象和属性而对经验领域进行一种在先区分的特殊方法的探究，其结果是由如下两个命题

---

in Lewis White Beck (ed.), *Kant Studies Today*, Open Court, 1969, pp. 230-244: 230.

　① Ibid., p. 231.

　② Ibid., p. 232.

所表达的:(1)某些为这种方法所使用的属性对于这个领域的对象来说是构成性的;(2)所使用的属性中的其中一个(或多个)属性赋予这个领域的对象以个性。克尔纳把这两个命题分别称之为全面的适用性(comprehensive applicability)命题和穷尽的个体性(exhaustive individuation)命题。进而他认为,康德所做的工作之一就是分析了这种两种命题的逻辑状况,即它们是综合的,还是分析的。由于这两种命题都是由两个命题联合而成:一个是综合命题,它表达了一个属性的外延不是空的,必定存在某物,而其存在不是单独由逻辑或定义来保证的这一观念,因而它必然是一个综合命题;一个是分析命题,它表达了一种在逻辑上必然的观念,即一个属性总是赋予一个对象以某种个性。由于一个综合命题与一个分析命题的联言命题是一个综合命题,因此全面适用性命题和穷尽的个体性命题都是综合命题。

克尔纳进一步说,它们不止都是综合命题,它们还都与任何关于对象的命题兼容,即同任何表达属性之于对象适用性与不适用性的命题兼容。这是由于任何关于对象的命题都默认了属于某个图式的经验领域的在先区分方法。在这种意义上,克尔纳认为,全面的适用性命题和穷尽的个体性命题是相对于一个特殊的图式而是先天的,但是这并不意味着它们是对于任何图式而言都是先天的。所以,克尔纳得出结论说,要证明全面的适用性命题和穷尽的个体性命题是唯一地先天的就要求这个图式的唯一性。克尔纳认为证明图式的唯一性的方法有三种,克尔纳逐一反驳了它们的可能性,进而反驳了先验演绎的可能性。夏普尔(Eva Schaper)对克尔纳关于这三种方法的讨论进行了详细的分析，最终认为克尔纳的论证都是站不住脚的。

在引出图式的唯一性证明的要求之后，克尔纳才指出康德的错误所在，即"康德混淆了唯一地先天的命题与非唯一地先天的命题"。[①]他认为这种混淆决定了其哲学的结构，尤其是把他的所有原则性的论证划分为形而上学阐明和先验演绎。形而上学阐明展示一个概念为先天的，它总是对我们现实地使用的区分方法的探究的结果；而先验演绎则致力于证明一个先天概念是和如何是可应用的或可能的，它只检验被这个特殊的图式的形而上学阐明所确立的图式。而且在康德那里，他甚至没能虑及在形而上学阐明以及相应的先验演绎之间插入一个唯一性证明，这种失误只不过是与上面所提及的康德的混淆这同一个错误的另一个方面而已。

最终，克尔纳把康德的这种错误归结到康德的历史局限性。具体来说，就是康德把他那个时代的物理学和数学视为是唯一的一种思想范式，而根本没有想到超越它们而质疑其正确性。

二、对克尔纳的原则性反驳：如何定位先验论证？

率先对克尔纳的《先验演绎的不可能性》一文提出异议的是夏普尔。在1972年发表的《先验地论证》一文中，她对克尔纳的《先验演绎的不可能性》这篇文章进行了细致的分析，

[①] Stephan Körner, "The Impossibility of Transcendental Deductions", in Lewis White Beck (ed.), *Kant Studies Today*, Open Court, 1969, pp. 230-244: 236.

指出其错误所在。

文章一开始，她就开门见山地给出了她自己对先验论证的定义："我把一般的先验论证视为是这样一类论证，它们确立某种东西就是如此，以及我们能够（或真或假地）说它就是如此的逻辑默认。它们展示必然的预设，没有它们我们说或认为能够说的东西根本不能说。因此，这类论证包括，但不局限于，引出概念化经验（以被我们概念化的方式）的前提条件，即引出如我们所知道它那样的经验探究的必要预设的论证。"[①] 夏普尔也意识到这个定义没能体现康德关于"先验"的定义，即根据我们关于对象的、就其应当为先天可能的而言的认知方式的知识来定义。[②] 不过，她给出了自己的辩护，具体可陈述如下。

众所周知，康德的第一批判的核心问题就是：先天综合命题如何可能？夏普尔认为，在康德那里，所有支持他这个问题的特殊答案的论证都是先验的，而要回答这个问题就至少要求回答这样一个问题：我们能够可理解地说我们的经验世界的必要条件是什么？因此，对于这个问题的追问是一种先验论证，因而支持这个问题的答案的论证都可以称之为是先验论证。

概言之，夏普尔认为先验论证处理的主要是经验探究的必要条件，即展示和检验被我们所概念化的经验的条件，而这样一种论证是一种弱意义上的先验论证。康德式的先验论证，尤其是其范畴的先验演绎是一种强意义上的先验论证，它试图证

[①] E. Schaper, "Arguing Transcendentally", *Kant-Studien*, 63:1 (1972), pp. 101-116: 101.

[②] 康德：《纯粹理性批判》，邓晓芒译，杨祖陶校，第 19 页。

明，其所证明的那些必要条件是如此基本，以至于我们不可能设想任何替代它们的东西。正是在这种理解的基础上，克尔纳认为一个先验演绎要成为可能，就必须满足两个条件：确立一个图式和证明其唯一性。夏普尔并不否定这种区分，但是她认为克尔纳弄错了这两个条件的关系，以至于其整个论证并不能成功。进而，她批评克尔纳的论证是一种取巧，因为他试图在"没有穿越帕顿所描述的康德的'阿拉伯大沙漠'的情况下而获得其结论"。①

　　首先，她考察的是这样一个问题：根据克尔纳自己的定义，是否他在事实上证明了先验演绎是不可能的？由于克尔纳把一个图式的确立诉诸证明一个在先的区分方法属于它，进而最终诉诸两个条件的满足，即全面的适用性条件和穷尽的个体性条件。夏普尔认为这种思路存在两个基本问题。第一个问题就在于克尔纳把一个区分方法的使用并不要求我们应该明确地知道图式到底是什么错误地等同于说存在一种没有图式的方法。这后一点恰恰是他能够做出方法与范畴图式区分的前提，因而也是他如下基本观点的前提，即先验演绎不能够开始，除非关于经验或某种经验领域的陈述预设了把那种经验区分成对象与属性的在先方法。

　　其次，由于克尔纳关于先验演绎的论证依赖于如下基本前提，即所有经验判断都预设了一种在先的把经验区分成对象与属性的方法。这个基本前提包含了经验主体与经验之间的区分，

---

　　① E. Schaper, "Arguing Transcendentally", *Kant-Studien*, 63:1 (1972), pp. 101-116: p. 103.

虽然他意识到了这点，但是他却没能意识到这个区分在先验演绎中的重要性。先验自我或意识的统一性论题在康德的先验演绎中是至关重要的组成部分。正是在这点上，夏普尔批评克尔纳对康德的解读是有悖于康德原意的。

因此，夏普尔其实在原则上不同意克尔纳对于先验演绎的定义。在她看来，后者的定义建立在某些虚假的区分或对某些区分的理解的不到位之上。夏普尔确实点出了克尔纳立场中的不一致的地方，它根源于传统知识论的一个区分，即认知主体与认知对象的二分法。然而，下面我们从夏普尔对先验演绎的可能性的辩护可以看出，她自己似乎也不得不陷入这种不一致之中，归根结底，她也没能逃脱这种二分法。希望的曙光只有在戴维森关于概念图式的批判，因而批判图式与内容这种虚假的二分之后才出现。

许多哲学家也表达了对克尔纳观点的不同意见。他们或者不满于克尔纳的某些假设，或者不满于他对康德的解读，或者不满于其所采用的某种概念。例如，威克尔森就对克尔纳关于先验论证与形而上学阐明之间的关系假设表达了不同意见，他说："先验论证并不依赖于我们所做出的某种关于世界的假设（例如欧几里得式的和牛顿式的假设），而是依赖于我们所拥有的某种一般能力。假设可以相当频繁地改变，但一般能力却不会。"[1]

阿莫克里斯在《作为一个回溯论证的康德的先验演绎》一文的一个注释中写道："这个问题（即先验演绎在原则上是否可

---

[1] T. E. Wilkerson, "Transcendental Arguments Revisited", *Kant-Studien*, 66:1 (1975), pp. 102-114: 104.

能。——笔者注），以及夏普尔反对克尔纳的特殊论证是独立于任何关于康德所意谓的东西的论题，但是我相信克尔纳严重地误解了康德的策略。"[①] 此外，阿莫克里斯在该文中主张一种回溯的先验论证，这是一种相当弱意义上的先验论证，它不要求证明范畴图式的唯一性，而只要求证明如果我们拥有经验，那么必定存在某些先天概念是普遍有效的。因此，他批评克尔纳提出了对康德的先验演绎的一个过分强的责难，而这是完全不必要的。

福斯特稍微具体一点反驳克尔纳的论证线路，把克尔纳的错误归咎于对"替代者"这个概念的理解之上。他说："这个反对是错误的，并且依赖于一种'替代者'的混淆意义。我们已经注意到，为了确立于知识或经验的一个特殊条件，一个先验论证必须通过思考一个替代者，也就是说，通过这个条件的否定来进行，随后证明其内在的不融贯性。显然，这穷尽了这个条件的所有可能替代者的领域。因为，尽管我们可以基于原初条件的否定来想象不同的哲学立场或概念，但是这并不能增加这个条件的替代者的数量。"[②]

原则性反驳的重要性在于，它让我们重新思考先验演绎应该是一个什么样的论证，也就是说，我们如何定义先验演绎。而我们能够与克尔纳提出商榷的东西就是，是否从图式出发来

[①] K. Amerik, "Kant's Transcendental Deduction as a Regressive Argument", *Kant-Studien*, 69: 3 (1978), pp. 273-287: 285.

[②] Eckart Förster, "How Are Transcendental Arguments Possible?", in E. Schaper and V. Wilhelm(eds.), *Reading Kant: New Perspectives on Transcendental Arguments and Critical Philosophy*, 1989, pp. 3-20: 15.

定义先验演绎是一个恰当的做法？当然，这显然是一个仁者见仁智者见智的观点，因此在此先把这个问题搁置一边，而是进入更为具体的策略性反驳。它之所以成为必要在于，一旦我们在原则问题上存在观念之争（这往往是一种没有结果的争论），而我们又试图反驳对方，那么我们最好对对方所采用的论证方式提出异议。

三、对克尔纳的策略性反驳：唯一性论题的三种证明方法

由于唯一性论题是克尔纳所关切的重点，所以夏普尔把反驳的重点放在了该论题的证明方法上面。克尔纳认为存在三种证明范畴图式的唯一性的方法：（1）比较图式与没有利用在先区分的未被区分的经验；（2）比较图式与可能的竞争者；（3）检验这个图式的内在构造。夏普尔对克尔纳认为这三种方式之不可能的各自理由进行了逐一审查，指出其错误所在。

对于第一种方法，我们很自然地会认为这种方法之所以是不可能的乃是因为我们根本无法讨论"未被区分的经验"，因而图式与未被区分的经验之间的比较根本不可能。这已经是一个反对第一种方法的充分理由，但是，克尔纳的理由却并不仅限于此，他说："命题（比较不得不通过它们才能够做出）不能够在不使用某种在先的经验区分的情况下而被明确地表达；并且即使存在未被区分的经验，我们至多能够表明一个特定的图式'反映'了它，而没有表明某个其他图式不能够反映它。"[①] 克尔

---

① Stephan Körner, "The Impossibility of Transcendental Deductions",

纳的反对可以分为两层：第一层反对基本上表达了"未被区分的经验"不能够被用于比较这个观念，理由就是比较的命题要求预设某种在先的区分，而"未被区分的经验"恰恰是一种不预设任何在先区分的经验。如果克尔纳的反对仅止于此的话，我们还是可以接受的，但是一旦我们接受了它，那么后面的第二层的反对似乎就是多次一举了。夏普尔不仅认为克尔纳的第二层的反对是多此一举，而且还认为它蕴含了致命的问题，她说："如果意义能够被归属于未被区分的经验的话，把这种经验同其唯一性应该被证明的图式的比较至多推荐采用这个图式，因为它正确地'反映'了未被区分的经验。它不能够证明某种其他图式不能反映它。……不管这个方法错在哪里，确定的是，它不能够排除反映相同的经验的替代方式的可能性。"[1]因此，第一种方法的根本问题在于，哪怕它成功了，也不能够证明范畴图式的唯一性，即它根本不能够如克尔纳煞有介事地认为的那样是证明范畴图式唯一性的方式。

对于第二种方法，夏普尔认为克尔纳的问题在于"排除了不确定性这个要素"。[2]这里夏普尔所要说的是，我们不应该排除"也许可能的"（possibly possible）竞争者。克尔纳认为，一个可能的竞争者是这样一个图式，它能够通过某些在先的区分方法来确立，并且它还不能等同于其唯一性被假定是可证明

in Lewis White Beck (ed.), *Kant Studies Today*, Open Court, 1969, pp. 230-244: 233-234..

[1]　E. Schaper, "Arguing Transcendentally", *Kant-Studien*, 63:1 (1972), pp. 101-116: 106.

[2]　Ibid., p. 107.

的图式，所以一旦我们承认一个可能的竞争者的存在就会导致自相矛盾的。不过，以这种方式来论证是一种不审而判，因为它得以可能的前提是取缔所有可能的竞争者，而没有严肃地对待第二种方法本身。

诚然，当先验演绎宣称已经表明我们能够融贯地思考经验的时候，很难看到我们是如何用可能的替代者来讨论或思考其他条件的。在这种情况下，确实不可能存在同等意义上的竞争者。不过这并不意味着我们不能够思考伪装成真正图式的图式。对于图式的甄别需要看它们是否真正地适用于经验，如果我们所选择的图式确实是唯一的，那么甄别的结果就会彻底瓦解竞争者应该是真的这一主张。我们应该给予图式与"也许可能的竞争者"之间进行比较的空间，因此现在的问题就在于要证明一个可能的图式是不可能的，进而得出原初图式是唯一的结论。

然而，要证明一个宣称是可能的图式根本是不可能的，我们不可能罗列所有可能的替代图式，然后逐一指出它们的错误所在。因此，我们最终只能通过表明任何替代图式都必定冒犯了某种必然的经验预设这一点来达到。但是，按此进行的第二种方法必然是在乞求问题：如果被冒犯的必然之物属于我们希望证明是唯一的图式，那么这个论证就不可能开始，因为这个论证得以开始的前提在于原初图式与替代图式之间是可比较的，而一旦认定替代图式冒犯了这个经验的必然预设，这种比较的可能性就被取缔了；如果它不属于这个图式，那么，要么应该如此（即我们没能把它视为是这个图式的一个后果），要么这个图式不是唯一的，因为经验的必然预设不属于唯一的图式，这显然是荒谬的，但是这种荒谬性建立在它是唯一的图式这个前提之上，即建立在我们试图通过这个论证所要论证的东西。[1]

简言之，克尔纳试图以排除任何替代方案的可能性的方式来否定图式与可能的竞争者之间比较的可能性，即否定第二种论证唯一性论题的方法。这显然是一种独断的做法。然而，一旦允许可能的竞争者存在，进而允许图式与可能的竞争者之间的比较，这种论证却又必定会以自身所要论证的结果当作前提，因而不能成功。

夏普尔认为，如果这个结论是正确的，那么它不仅反驳了克尔纳所主张的第二种证明方法，而且也反对了他的第三种方法，即通过检验这个图式的内在机制来证明唯一性。理由在于，如果一个反对替代图式的论证拥有成功的机会，那么它必须要避免假定其自身错误的原初荒谬性。然而，我们上面给出的论证恰恰指出了对替代图式的证明必定包含了这种原初的荒谬性。克尔纳对第三种方法的反对加强了这种观点，因为他说："我们可能支持完全从图式本身的内部，即通过属于它的命题来检查这个图式（其唯一性有待证明）及其应用。"[2]这等于事先取消了任何替代图式的可能性。

克尔纳认为第三种方法的问题就在于其论证只能证明在那些概念的应用中这个图式是如何工作的，但不能证明该图式是

① E. Schaper, "Arguing Transcendentally", *Kant-Studien*, 63:1 (1972), pp. 101-116: 108.

② Stephan Körner, "The Impossibility of Transcendental Deductions", in Lewis White Beck(ed.), *Kant Studies Today*, Open Court, 1969, pp. 230-244: 234.

唯一的。不仅如此，如果要规定经验判断的真假预设了由我们正在检验的图式所提供的标准和方法，那么我们的结论完全是根据这个图式而是有效的，由此导致的结果就是我们不能外在于图式而思考。然而问题在于，为什么我们必须从一开始就位于这个图式当中呢？根据克尔纳的论证，这个问题是他要证明图式的唯一性所必须回答的。而在他那里，如果这样一个问题只有在给定这个图式的标准和方法的情况下才是成立的，那么，我们就没有理由接受或拒绝替代图式的可能性，而这必定意味着作为当前图式的替代者的可描述的图式是不能够被排除的。

综上所述，克尔纳对三种唯一性证明方法的反驳无一成功。对于前两种方法，夏普尔与克尔纳的分歧主要在于反驳的理由的不同，就其方法本身而言确实不能够成功。对于第三种方法，夏普尔认为它是唯一可能的论证方法，不过克尔纳错误地理解了这种方法，从而导致其错误的应用。夏普尔认为，这是因为克尔纳错误地理解的唯一性证明所应该真正关切的东西，而错误的最终根源在于他对先验演绎的真正本质的误解。

四、为先验论证的可能性辩护

夏普尔在批评了克尔纳之后，她并没有否定第三种方法本身，即没有否认通过范畴图式的内在机制的探究来证明范畴图式的唯一性，而且她的方法更像是上面前两种方法的一种结合。夏普尔认为理解一个替代图式对于唯一性论题来说是至关重要的，它是我们审视真正图式的一条合理道路。不过，考察替代图式的目的不在于通过揭示它的内在不融贯性而证明范畴图式

的唯一性，而是借此引出任何替代图式与真正图式之间共享的
一般特征，进而通过考察图式的这种内在机制来证明范畴图式
的唯一性。

为了解释一个替代图式是如何可能的，夏普尔引入了一种
逻辑经验主义的范畴替换模式。这种模式认为构成图式的范畴
不是全盘替换的，而是用一个或几个范畴来替换在当前语言或
思想中占据主导地位的范畴来完成。这种替换意味着在原初图
式与替代图式之间存在一种翻译关系。然而，任何翻译都预设
了为原初图式和作为其翻译的替代图式所共享的一般意义原则。
这里所谓的"一般意义原则"反映的是所有图式所共享的必然
特征。在这种意义上，任何一个替代图式要么仅仅是在对所有
经验都必然的特征的范围内的某个变种，要么它们必须避免为
任何图式所满足的可理解性限制。据此，夏普尔说："因此，如
果范畴图式依赖但不包括在我称之为意义原则的东西的构想之
中，那么唯一性问题将会成为一个关于这些原则与依赖于它们
的图式之间的关系问题。对我来说，这个问题只能作为一个内
在问题来回答，应该以类似于方法三（即克尔纳所说的第三种
方法。——笔者注）的模式来把它论证清楚。"[1]对于夏普尔的
这句话，我还是要稍微解释一下。由于这些原则为所有经验所
共享，因此这些原则成了判断一个图式是否适用于一切经验的
标准，只有在对这些原则与图式的关系的阐明之中我们才能判
断这些图式是否满足这个标准，因而图式的唯一性才能够被证

---

[1] E. Schaper, "Arguing Transcendentally", *Kant-Studien*, 63:1 (1972), pp. 101-116: 110.

明。那么，到底什么是"共享的意义原则"呢？

夏普尔认为弄清楚这些"共享的意义原则"的最好方法就是举一个现实的例子。她举了学界公认的康德的先验论证的典型案例，即驳斥唯心论。驳斥唯心论是一个特殊的先验论证，因为它具有一个特殊的对手，用夏普尔的话就是，它是一个反驳一个特殊图式的论证。这个特殊图式就是唯心论，即认为经验唯一地是由内在于我们的心灵之物所组成的，它们构成了我们组织经验的基础。显然，唯心论是一个康德自身的图式（先验观念论）的一个替代图式，它是康德思考并试图拒斥的一个图式。康德的先验观念论的一个根本论题就是客观性论题，即任何我们能够理解的经验都必定承认心灵与非心灵之物的区分，而这恰恰是唯心论者所要反对的。如果唯心论要成立，那么它必定或者明确支持或者至少蕴含对康德的客观性论题的否定的范畴图式。唯心论假定所有我的经验能够在原则上被认识为我的，这就不得不假设它至少能够在自我与其经验之间作出区分，因为，如果我们不能在原则上是某些非我的东西，那么我们就不可能说什么东西是"我的"。所以，最终我们发现这个区分转而要求客观性论题的真。因此，唯心论要成立必定预设了先验观念论，即它的成立预设了其所要反驳的东西，即它在逻辑上是自毁的、不一致的。

她认为，康德的驳斥唯心论的论证点出了先验论证的一个本质特征，即一个先验论证必然包含着这样一种结构：其明确反对的东西是否必然预设在其反对之中。[①] 正是这个本质特征

---

① E. Schaper, "Arguing Transcendentally", *Kant-Studien*, 63:1

削去了作为康德的先验观念论的替代图式的唯心论的基础。

最终，夏普尔把先验论证的这个本质特征同唯一性主张联系在一起，正如其所说："在此我希望坚持的是，在驳斥唯心论中例证的这类论证提供了我们说一个唯一性主张是确证的东西所能够希望拥有的一样多的根据：如果它们是真正的替代者的话，当我们能够证明，我们所讨论的图式的竞争者的候选者必须包括或蕴含同这个图式的其他特殊特征不一致的特征。"[①] 那么，当我们说一个唯一性主张是确证的时候，我们这样说的根据到底是什么呢？当我们说一个替代图式存在内在的不融贯的时候，一个先验论证所提供的理由是这个替代图式预设了其所要反对的东西，而且这个反对的东西恰恰就是原初图式所必然预设的东西。因此，这虽然不能证明原初图式的唯一性，但是它指出，我们能够设想一个替代图式的时候，这便意味着它必须满足对它与原初图式来说共同的、最小的可理解性标准。克尔纳的错误就在于其对先验论证的本质的错误理解之上，因为他的论证是根据如下方式进行的，即在不用探究是否不存在以我们能够设想替代之物的方式强加于我们之上的限制的情况下，能够在范畴图式之间存在或证明不存在一种选择。然而，对我们而言，让这些强加于该选择之上的限制或约束显现出来正是一个唯一性证明应该企图的东西。换言之，一个先验论证应该立足于探究任何图式都必须要预设的东西，即经验所必需的一般特征。而对于替代图式的探讨就是要表明，一个替代图式要

(1972), pp. 101-116: 111.

① Ibid., p. 111.

成为可理解的，那么它必然预设它与其所替代的原初图式都必然要预设的共同之物。

因此，夏普尔与克尔纳之间的最大区别在于，前者认为我们能够在不否认唯一性的前提下对两个图式进行比较，并且把唯一性问题变成了可理解性问题，即通过展示任何图式都必须满足的可理解性标准来证明唯一性。但是，他们在处理先验论证的可能性问题的方式上却具有惊人的相似性：克尔纳试图把图式的唯一性问题转变为方法的唯一性问题，而夏普尔则转变为可理解性原则的唯一性问题，而两者都是无法证明的。因此，夏普尔所能够达到的不是图式的唯一性，而是图式的非唯一的先天性。

然而，无论是克尔纳的批评，还是夏普尔的辩护，它们都是在斯特劳森的意义上来理解先验论证的。正如曼弗雷德·鲍姆所说："我们能够表明的一点就是，由克尔纳所提出的针对康德的所谓的先验方法的反对事实上只对斯特劳森意义上的先验论证有效。"[①] 事实上，斯特劳森引入概念图式这个概念来解释康德的先验论证的做法包含着一个隐秘的野心，即积极地把康德哲学与语言学转向之后的分析哲学结合在一起。这样做当然主要是因为分析哲学早期过多地关注技术性的问题而极力拒斥形而上学，事后他们震惊地"发现"他们取缔了"哲学"本身，他们眼中的哲学只是一门单纯的技术性学科。斯特劳森以及很

---

① Manfred Baum, "Transcendental Proofs in the Critique of Pure Reason", in P. Bieri, R. P. Horstmann and L. Krüger (eds.), *Transcendental Arguments and Science*, 1979, pp. 3-26: 4.

多后分析哲学时代的哲学家们意识到了这点，并且试图扭转这个局面。"概念图式"这个概念很好地把康德的经验断言（经验如何可能）转换成语言断言（可理解的语言是如何可能的），毕竟在经验与语言之间并不存在不可跨越的鸿沟。如果我们把"经验"看作是一种关于思想或作出判断的能力（概念化的能力）的意识的话，那么"经验"和"语言"在本质上是同一的。用"概念图式"来刻画先验论证的做法的好处是明显的，它极大地简化了康德的先验演绎的繁复和消解了驳斥唯心论的晦涩不明。不过，它的缺点也是非常明显的，因为它实际上会转移视线，让我们关注对图式的结构、性质和唯一性等方面，从而在很大程度上脱离了康德的先验论证的本意，即与我们的认识方式相关性：康德的先验论证试图完成的是一种超越，是对形而上学阐明的一种超越，他不满足于后者告诉我们的经验的时空本性，而是借此返回人类经验运作的方式，关注我们自身的认知机制和结构，让我们的理性为我们自身的认知结果负责，从而获得了人之为人的生存尊严。

第三节　斯特劳德论先验论证的有效性

斯特劳德是美国著名的休谟研究专家，尤其擅长于怀疑主义研究，出版和发表过《哲学怀疑主义的意义》[①]等一系列同怀

[①]　Barry Stroud, *The Significance of Philosophical Scepticism*, Oxford University Press, 1984.

疑主义相关的著作和论文。正是对怀疑主义的研究使得他对先验论证充满兴趣，为此他发表了一系列关于先验论证的文章。[①]我们可以发现，在本页注中所罗列的文章基本上从 20 世纪 60 年代以后几乎没有间断。在这些文章中，斯特劳德不断地深入研究先验论证作为一种反驳怀疑论的方法的有效性，他的观点不断有新的调整，并且表现出越来越同情先验论证的倾向。无疑，斯特劳德在 1968 年发表的《先验论证》一文的影响力最大，据 Jstor 数据库的文章被引次数统计显示，到目前为止，已经总共 207 次了。[②]这无疑是在所有关于先验论证的文章中被引次数最多的，哪怕在哲学类的论文中也不算少，这充分显示了这篇论文在先验论证研究领域中的巨大影响力。下面主要就该文中提出的先验论证的两难困境问题进行讨论，通过澄清这种困

---

① 包括 : "Transcendental Arguments", *The Journal of Philosophy*, 1968, pp. 241-256; "Transcendental Arguments and 'Epistemological Naturalism'", *Philosophical Studies*, 1977, pp. 105-115; "The Significance of Scepticism", in P. Bieri, R. P. Horstmann, L. Krüger (eds.), *Transcendental Arguments and Science*, Netherlands, 1979, pp. 277-297; „Die Transzendental-philosophie und das Probleme der Aussenwelt", in E. Schaper & W. Vossenkuhl (eds.), *Bedingungen der Möglichkeit: „Transcendental Arguments" und Transzendentales Denken*, Stuttgart, 1984, pp. 204-229; Kantian Argument, "Conceptual Capacities, and Invulnerability", in Paolo Parrini (ed.), *Kant and Contemporary Epistemology*, Kluwer Academic Publishers, 1994, pp. 231-251; "The Goal of Transcendental Arguments", in R. Stern (ed.), *Transcendental Arguments: Problems and Prospects*, Clarendon Press, 1999, pp. 155-172。

② 具体可查阅如下网址 : http://www.jstor.org/pss/2024395。

境的形成机制来为先验论证的合法性提供辩护，而在先验论证的驳斥怀疑论功能上为先验论证的有效性进行辩护。

一、斯特劳德论先验论证

斯特劳德所理解的先验论证是以康德的先验演绎为蓝本的，并且他试图根据其所理解的先验论证来驳斥斯特劳森和苏梅克尔（Sydney Shoemaker）的先验论证。由于他倾向于把先验论证视为一种单纯的驳斥怀疑论的论证，因此他认为康德的先验演绎以及驳斥唯心论的主要功能就是反驳怀疑论："先验演绎（随同驳斥唯心论）恰恰应该提供这样一种证明，从而给予关于外在于我们的事物的存在的怀疑论者一个完整的回答。因此，我们可以通过观察认知怀疑论者所提出的挑战来获得对康德的确证问题的某种理解。"[①] 那么，所谓的"认知怀疑论"指的是什么呢？作为驳斥怀疑论方法的康德的先验论证异于其他方法的特殊之处在哪里？康德的确证概念到底要表达什么？

斯特劳德认为传统知识论者对具体的问题（例如是否有一只猫在房间里）不感兴趣，而是对这样一个问题感兴趣：知道所有关于我们周遭世界的事物是如何可能的？与这个问题相对应，怀疑论者认为实践和信念的整个结构是不可靠的，因而以此为基础的经验假设同样也是不可靠的。这样一个整体性的问题不是一个事实问题，而是一个确证问题，或者是卡尔纳普所

---

① Barry Stroud, "Transcendental Arguments", *The Journal of Philosophy*, Vol. 65, No. 9, 1968, pp. 241-256: 242.

说的"外在问题",即外在于我们描述经验的概念、信念以及证实的认知程序的形而上学框架。

卡尔纳普认为,我们去追问作为一个整体的时空性的物质对象系统的存在是一个实践问题,而不是一个理论问题,因为它涉及我们是否有客观的权利去这么追问的问题。或者说,这样一个问题要求决定我们是否**应该**以物质对象的方式来思考和讨论。进而,卡尔纳普通过否定外在问题具有意义(可经验证实)的方式来规避怀疑论,他认为诸如"存在物质对象"这种命题只表达了我们所采取的策略或遵守的约定。然而,如果这种约定主义的驳斥怀疑论的线路能够成功,那么我们必定不需要以时空中物质对象的方式来设想世界,即我们有可能以其他方式来设想世界和我们的经验。斯特劳德认为,先验论证恰恰是要证明某些特殊的概念对经验或思想来说是必然的,它们确立了这些概念的必然性或不可缺少性。在这种意义上,上述的约定主义的反怀疑论的线路应该被反驳。进而斯特劳德得出结论说:"因此,一个可靠的先验论证会表明,对我们的思想方式唯一可能的确证是'实用的'或实践的,这样的想法(同约定主义一起)是错误的。同样,认为它们只能够通过收集它们的可靠性的直接经验证据来确证的想法(同约定主义的怀疑论一起)也是错误的。即使这些看似困难的要求被满足,它们也只是康德所提出的一个先验论证成功的最小条件。"①

至此,我们可以对上面所提出的问题给予一个简单的回答。

---

① Barry Stroud, "Transcendental Arguments", *The Journal of Philosophy*, Vol. 65, No. 9, 1968, pp. 241-256: 244.

在斯特劳德看来，认知怀疑论所关心的是作为整体的外在世界的存在问题，即"外在问题"。而康德的先验论证特异之处在于它恰恰是要以非实践的方式来反驳关于"外在问题"的怀疑论，而这种论证是同确证问题紧密相关的，因为它最终回答的是我们是否能够确证地拥有我们的经验和世界。

　　关于确证与实践的问题，斯特劳德同罗森伯格（Jay F. Rosenberg）之间有过一场小小的争论，这场争论实际上最终关乎对康德的先验论证的解释问题。罗森伯格在1975年发表了《重返先验论证》[①]一文，据罗森伯格自己说，这篇论文是在1975年美国哲学协会专门举办的一个关于先验论证的论坛上宣读的，而当时约定的两个评论人分别是斯特劳德和格拉姆（Moltke S. Gram），其中格拉姆的《我们必须要重返先验论证吗？》[②]随同罗森伯格的这篇论文一起发表。不过，这篇评论不过区区3页不到的长度，格拉姆似乎对此意犹未尽，大约两年后以同名再发表了一篇论文来详细阐述他对先验论证和罗森伯格的看法。[③]

---

　　① Jay Rosenberg, "Transcendental Arguments Revisited", *The Journal of Philosophy*, Vol. 72, No. 18, Seventy-Second Annual Meeting American Philosophical Association, Eastern Division (Oct. 23, 1975), pp. 611-624.

　　② Moltke S. Gram, "Must We Revisit Transcendental Arguments?", *The Journal of Philosophy*, Vol. 72, No. 18, Seventy-Second Annual Meeting American Philosophical Association, Eastern Division (Oct. 23, 1975), pp. 624-626.

　　③ Moltke S. Gram, "Must We Revisit Transcendental Arguments?", *Philosophical Studies: An International Journal for Philosophy in the*

格拉姆对罗森伯格的评论引向了关于先验论证的唯一性问题，这是已经超出了我们现在所要讨论的范围，因此我准备先把这个问题搁置一边。斯特劳德的评论在 1977 年才正式发表[1]，随同一起发表的还有罗森伯格的简短回应[2]。

罗森伯格认为在他之前关于先验论证论题的讨论都有一个共同的缺陷，那就是忽视了康德的先验论证，并且他研究康德的先验论证的目的在于抵制当时日益盛行的新黑格尔主义的狡辩，因为"现在，对先验论证的思考事实上已经成为某种新黑格尔主义的狡辩的一个最通常的批判先驱"[3]。那么，首先还是要追问，到底康德的先验论证是一个什么样的论证呢？对于这个问题，罗森伯格给出了直截了当的回答，它是一种实践推理或实践的三段论。他根据康德"演绎"这个词的法哲学来源，以及康德的先验演绎所处理的是权利问题，而不是事实问题，由此，他认为先验论证的结论必定是一个规范性的结论，即"确

Analytic Tradition, Vol. 31, No. 4 (Apr., 1977), pp. 235-248.

① Barry Stroud, "Transcendental Arguments and 'Epistemological Naturalism'", *Philosophical Studies: An Inter-national Journal for Philosophy in the Analytic Tradition*, Vol. 31, No. 2 (Feb., 1977), pp. 105-115.

② Jay Rosenberg, "Reply to Stroud", *Philosophical Studies: An International Journal for Philosophy in the Analytic Tradition*, Vol. 31, No. 2 (Feb., 1977), pp. 117-121.

③ Jay Rosenberg, "Transcendental Arguments Revisited", *The Journal of Philosophy*, Vol. 72, No. 18, Seventy-Second Annual Meeting American Philosophical Association, Eastern Division (Oct. 23, 1975), pp. 611-624: 612.

立或保证或合法化我们使用特定概念的权利"①。对此，斯特劳
德认为，要把这样一种推理模式归属于康德，至少存在两个困难：
（1）我们很难看到他如何能够以实践推理的方式为他想要的那
种结论提供辩护；（2）直接从康德区分事实问题和权利问题这
一观察过渡到对权利问题的回答是由伴随着一个实践的或规范
的结论的"实践三段论"来保证的这一结论。对于第一个困难，
罗森伯格关心的是，对于我们来说，思考和经验任何事物是如
何可能的，而在这样的追问中，我们看不到达到人类思想和经
验的最佳路径的意思，而后者是审议式的。对此，斯特劳德说：
"如果你一旦进行审议式的思维，那么就已经太迟了。你将只会
达到你'想要的结果'。"②对于第二个困难，康德确实主张先验
演绎回答的是权利问题，但是他从来不曾提及实践三段论这种
说法。我们可以用一个简单的例子来反驳这种关系：我在商店
买了一支笔，那么我就拥有了使用这支笔的权利，而在这个过
程中根本没有使用什么实践推理。诚然，一个演绎必定要从某
个原则出发，而一个原则的真决定了这个演绎的成功与否。然而，
在一个特殊案例中，要确立我的权利并不要求我必须证明这些

---

① Jay Rosenberg, "Transcendental Arguments Revisited", *The Journal of Philosophy*, Vol. 72, No. 18, Seventy-Second Annual Meeting American Philosophical Association, Eastern Division (Oct. 23, 1975), pp. 611-624: 612.

② Barry Stroud, "Transcendental Arguments and 'Epistemological Naturalism'", *Philosophical Studies: An International Journal for Philosophy in the Analytic Tradition*, Vol. 31, No. 2 (Feb., 1977), pp. 105-115: 107.

原则或法则本身，我只需要表明我当前的案例被归入哪个法则或权利的陈述。因此，问题的关节点在于什么是实践推理。从上面的表述可以看出，斯特劳德所认为的实践推理是从某一个原则出发而获得一个规范性结论的推理。然而，罗森伯格自己并不这么认为，他说："通过'实践推理'我意欲某种本质上是受应该支配的东西，首先，我诉诸这个概念是由于对这样一个事实的认知，即我们不可能通过堆积是的东西（is's）而获得应该是的东西（ought's）。"①按照罗森伯格的这种说法，他提出实践推理完全是要把先验演绎同经验演绎区分开来，这是同他一贯的看法一致。他一再强调的康德试图完成休谟未完成的任务，即为某些不能经验地获得的概念提供出生证。不过，论辩到了这种程度就显得很没有意思，因为固然斯特劳德的反驳已经不起作用了，但是罗森伯格不厌其烦地试图向我们展示的先验演绎的看法也不过如此而已，没有讲出任何新的东西。

　　他们之间的争论唯一还有点价值的地方在于，斯特劳德向我们揭示了在论证方式与结论之间不存在必然的联系。一种论证方式只告诉你论证是如何进行的，而结论则是实质性的。根据这种看法，康德的先验演绎试图确证或合法化我们对某些概念的使用并不必然跟随着它们必定要采取什么样的论证或推理形式。康德真正试图确立的东西就是对于思想和经验来说，某些概念是不可或缺的，拥有和使用它们是思想之可能性的必要

---

　　① Jay Rosenberg, "Reply to Stroud", *Philosophical Studies: An International Journal for Philosophy in the Analytic Tradition*, Vol. 31, No. 2 (Feb., 1977), pp. 117-121: 119.

条件。因此，我们应该关心的是如何证明这些概念的客观有效性，即证明它们的必然性或绝对的不可或缺性。然而，罗森伯格的看法却把先验论证引向了这样一种看法，即它致力于确证或合法化从一个概念集向另一个概念集的转换。他把这种看法称为"认识论的自然主义"。然而，这只不过是新康德主义的历史主义的解释的一种甚至是更为激进的一种，因为他说："我们（认识论的自然主义者。——笔者注）立足于一个历史的背景，从这个背景出发，我们在自然科学中观察理论的连续性，并且理解它。一个概念核心的观念是同一种物理理论相连续的，因此，显然我们能够把康德的范畴的必然性视为是一种自然的必然性。换言之，我们可以把一种进化论的观点应用于认识论——应用于概念系统，正如它已经被应用于生物、社会和经济的系统那样。"①

因此，回过头来，我们根本不需要在确证问题上大做文章（如罗森伯格那样），进而也不需要对先验论证的论证过程或论证形式大做文章，先验论证一开始便没有获得诸如肯定前件式、否定后件式等诸如此类的推理形式的企图，它一开始就致力于实质性的问题本身，即如何证明某些概念是思想的可能性的必要条件。根据这种思路，斯特劳德在《先验论证的目标》②一文

① Jay Rosenberg, "Transcendental Arguments Revisited", *The Journal of Philosophy*, Vol. 72, No. 18, Seventy-Second Annual Meeting American Philosophical Association, Eastern Division (Oct. 23, 1975), pp. 611-624: 618.

② Barry Stroud, "The Goal of Transcendental Arguments", in R. Stern (ed.), *Transcendental Arguments: Problems and Prospects*,

中提出"先验地位"（transcendental status）这个观念，他说："理解先验论证是什么或想要做什么，就是意味着理解这种特殊的先验地位，和了解试图确立某些事物拥有它的要点。"[①]以康德为例，这个要点就是形而上学。康德认为他的先验哲学的任务就是要把形而上学带入科学的康庄大道上来，而这得以可能的原因在于他的先验哲学能够证明对思想和经验的可能性来说是必然的所有结果的先验地位。在这种意义上，对这种结果的证明都可以相应地被称为是"先验的"证明或论证。

此外，尽管我们可以从罗森伯格那里获得的东西极少，但是他提出了康德的先验论证所回答的问题不是卡尔纳普式的"外在问题"的看法，他说："康德被限定于从内部去追问他如何能够确证对它们（即某些概念）的使用。反过来，这限制了他对一个先验演绎的性质的理解。"[②]斯特劳德认为这不仅不是一种限制，而且它恰恰体现了先验论证的一个重要特征。这里的"内部"是就经验与先验这一区分而言的，我们把经验领域视为是内部，而把先验视为是外部，康德试图在经验领域内部来确立先验领域这一外部的某些要素是经验的基础。因此，就其知识论而言，他从来没有试图超越经验领域本身来讨论任何东西。在这种意义上，康德的先验论证就是一种从内部出发来为知识寻求基础的方法。

上面我们已经提及过，在斯特劳德看来，先验论证的关键

Clarendon Press, 1999, pp. 155-172.

① Ibid., p. 158.

② Ibid., p. 618.

在于确立某些概念对于思想和经验的可能性的必要性，并且，他主要表明这些概念的无懈可击性（invulnerability）。斯特劳德试图用无懈可击性这个概念来表达某些概念不会受我们的世界概念的那些明显特征的一般怀疑主义的严肃怀疑或威胁。他认为康德的革命性策略包含两个方面：第一，存在一个我们关于世界的概念的某些基本成分的无懈可击性的观念；第二，回答这种无懈可击性应该被如何确立的问题。这个策略的第二个方面包含了这样一个企图，即企图从关于人类思想和经验的特征的前提出发为关于世界的形而上学结论提供积极的证明。[①] 尽管关注点有所不同，但是，在他看来，先验演绎依旧是提供了外在世界的存在的证明，而他的困惑依旧在于如何跨越心理学事实与世界的真这一形而上学结论之间巨大的鸿沟的问题，当然，他不是不知道康德的先验观念论的观点，而是根本上质疑它的可靠性，他在质疑休谟的观念论在解释世界方面的根本缺陷时，他认为康德在这个方面"紧随休谟的纲领"[②]。因此，对于他而言，提出上述质疑是理所当然的。

总而言之，在斯特劳德看来，先验论证试图在心理学事实与形而上学真理之间建立一种联结。这种看法倒是同本内特的看法相当一致，他在评论戴维森的全知解释者论证时说："戴维森通过一个大胆的先验论证表明……在语言学前提与形而上学

---

① Barry Stroud, "Kantian Argument, Conceptual Capacities, and Invulnerability", in Paolo Parrini (ed.), *Kant and Contemporary Epistemology*, Kluwer Academic Publishers, 1994, pp. 231-251: 234.

② 巴里·斯特劳德：《休谟》，周晓亮、刘建荣译，俞宣孟校，山东人民出版社1992年版，第301页。

结论之间架上一道稳固的、宽广的桥梁。这是一个令人惊奇的雄心勃勃的努力。"[1] 因此，如果按照这种思路来理解先验论证，那么似乎所有的先验论证都试图在回答笛卡尔的心物二元论的问题，从而回答笛卡尔关于外在世界的怀疑。然而，这是存疑的。还是以康德为例，康德想要证明外在对象的存在吗？是的，但是这个外在对象并不是如斯特劳德所说的那样绝对外在的客观事物，而是"我们所称的外在对象不是其他东西，而仅仅是我们的感觉的表象"（A30/B45）[2]。当然，我们引用康德也许并不能最终说服斯特劳德，但是至少我们可以指出他对康德的理解的某些偏颇，而这是他讨论先验论证的起点和重要的理论来源。不过，我们即使先把他对康德的理解问题放置一边，回到他对先验论证的两难困境的论述，在他对斯特劳森的讨论中还是能发现许多问题。产生诸多问题虽然有策略层面的原因，但是最根本的还是他对先验论证的定位决定了他对斯特劳森的理解的取向，甚至达到了扭曲的程度。

二、先验论证的两难困境：先验论证，还是证实主义？

上面已经说过，斯特劳德认为先验论证企图从某些心理学事实或真理出发，最终达到形而上学的真理。对于这种先验论证的批评，斯特劳德认为他在 1968 年提出的先验论证的两难

---

① Jonathan Bennett, "Critical Notice", in *Mind*, New Series, Vol. 94, No.376 (Oct., 1985), pp. 601-626: 610.

② 康德：《纯粹理性批判》，邓晓芒译、杨祖陶校，第 33 页。

困境一直都是适用的。对于这个两难前面已经数次提及，但是每一次都只是一带而过，现在专门作详细讨论。为了再现斯特劳德批评的场景，我们最好还是从未被知觉且持续存在的对象的证明开始[①]：

（1）我们认为，世界是包含着客观殊相的一个单一时空系统。

（2）如果我们认为世界是包含着客观殊相的一个单一时空系统的话，那么我们就能够确认和重新确认殊相。

（3）如果我们能够确认殊相，那么我们就拥有了可满足的标准，在这个基础上我们能够进行重新确认。

（4）如果我们知道我们所拥有的重新确认殊相的最佳标准已经被满足，那么我们知道未被知觉的对象持续存在。

（5）我们有时知道我们所拥有的重新确认殊相的最佳标准已经被满足。

（6）未被知觉的对象持续存在。

首先，斯特劳德认为在前提（1）和结论（6）之间是一种先验论证所常说的必要条件关系，即未被知觉的对象持续存在是我们把世界思考为包含着客观殊相的一个单一时空系统的必要前提。其次，斯特劳德把从（1）到（4）的论证结果称为"证实原则"，他的意思是说，（4）这个结论要具有驳斥怀疑主义的功能，即证明未被知觉的对象持续存在，就要求"证实"重新确认的最佳标准，而这显然是一个事实性的工作。它不仅反驳

---

① Barry Stroud, "Transcendental Arguments", *The Journal of Philosophy*, Vol. 65, No. 9, 1968, pp. 241-256: 245-257.

了斯特劳森的论证是演绎的，而且更为重要的是，他认为他发现了斯特劳森的论证能够成功的关键。如果，不诉诸这个证实原则，那么斯特劳森至多能够获得的结果就是，如果怀疑论的陈述有意义，那么我们必须拥有可满足的标准，在这个基础上，我们能够把一个当前观察到的对象确认为在数上同某个早先（即在我们对它的知觉的中断之前）观察到的对象是相同的。因此，这个结论不能够证明未被知觉的对象持续存在，进而（1）也就不能成立。所以，斯特劳德说："没有这个原则，斯特劳森的论证将没有效力；但是有了这个这个原则，怀疑论就能够被直接地和决定性地反驳，因此不需要用一个间接的或先验的论证来展示他的错误。"① 这就是斯特劳德的先验论证的两难困境。

斯特劳德所构建的论证来自于斯特劳森的《个体》一书第一章第二节"重新确认"。斯特劳森在这节中主要是要阐明这样一种关系，即概念图式与某些非连续观察情况中的殊相－同一（particular-identity）："无疑，我们拥有关于物质事物的单一时空系统的观念，这种观念就是，每个物质事物在任何时代都以各时代的各自方式与每一时刻的其他事物在空间上联系起来。根本不用怀疑，这就是我们的概念图式。现在我要说的是，我们拥有这种概念图式的条件就是，毫不犹豫地接受至少在某些非连续观察情况中的殊相－同一。"② 这种关系是如何来的呢？斯

---

① Barry Stroud, "Transcendental Arguments", *The Journal of Philosophy*, Vol. 65, No. 9, 1968, pp. 241-256: 247.

② P. F. Strawson, *Individuals: An Essay in Descriptive Metaphysics*, Routledge, 1959, p. 35.

特劳森是从这样一个简单事实出发开始论述的，即我们作为有限的认知主体，其观察的范围、手段和时间上总是有限的，我们无法在任何时候都观察到我们的整个空间框架，不存在任何我们可以持续观察的东西，我们自己在这个框架中并不占据固定的位置。这个事实背后的一个结果就是我们必须考虑到观察的非连续性和限制。进而，对殊相的重新确认就会遭遇麻烦，因为如果存在观察的不连续性，我们如何知道我们在不同时间确认的殊相具有相同的概念图式或框架呢？斯特劳森认为，在非连续观察的情况中，如果我们承认不同的概念图式，我们就会陷入一种典型的哲学怀疑论中："这使得我们承认不同于我们所意味的东西的另一些意义，或从未确定的另一些意义。因为用于确定我们所意味的东西的标准被设定得自相矛盾地高，即在我们并没有连续观察的地方我们却有了连续的观察。所以，你不能确定的抱怨就还原为如下重言式，即你并没有连续观察到你没有连续观察到的东西。"[①]这段话主要表达的是，一个认知主体在确认殊相时只能确定一种意义，即相对于他在那个时刻所处的概念图式的意义，而一旦我们承认了存在另一种意义也就承认了另一个概念图式，因此这是自相矛盾的。要摆脱这种尴尬的局面只有承认非连续观察情况中的殊相—同一，正是在这种意义上，它才成为我们的概念图式的条件。

　　因此，回到斯特劳森的文本之后我们发现，斯特劳德的重构或解读在很大程度上越出了斯特劳森所论述的范围，至少在

---

① P. F. Strawson, *Individuals: An Essay in Descriptive Metaphysics*, Routledge, 1959, p. 34.

对重新确认的论述中他没有试图在概念图式与未被知觉且持续存在的外在对象之间建立必要条件关系。

此外，在"重新确认"这一节中，斯特劳森对于怀疑论的阐述是值得我们关注的，并且在提及怀疑论的时候数次提及休谟。我想这是引起斯特劳德反对斯特劳森的重要诱因之一，因为斯特劳德是著名的休谟研究专家，他的《休谟》一书在学术界具有不错的名声，获得了1979年美国为表彰优秀哲学著作而颁发的富兰克林·麦奇特奖。而我们随后会发现，斯特劳森对休谟的理解同斯特劳德的理解至少在怀疑论这一点上具有明显的不同。

在斯特劳森看来，休谟式的怀疑论者的怀疑主要是就方法和概念图式而言的，即他们质疑的是没有一种可靠的方法使得我们可以连续地确认物理事物，或者说，没有这种方法，这种确认就会是某种捏造的东西，或是假象，或至少是值得怀疑的；此外，斯特劳森认为上述这种怀疑必然会得到一种意义更为深远的典型的怀疑论立场："他假装接受了概念图式，但是同时又很快抛弃应用这个图式的一个条件。因此他的怀疑是不真实的，这不单单是因为它们在逻辑上无法解决的怀疑，更是因为它们等于抛弃了整个概念图式，而这些怀疑只有在这个图式中才有意义。"[①]

斯特劳德似乎对斯特劳森的这些论述毫不关心，他一开始就认定斯特劳森所面对的怀疑论是关于外在世界存在的怀疑论，

---

① P. F. Strawson, *Individuals: An Essay in Descriptive Metaphysics*, Routledge, 1959, p. 35.

而斯特劳森的先验论证就是试图证明外在世界的存在。不过，真正导致这种结果的原因在于，他意识到了斯特劳森关于未被知觉而又持续存在的对象的观念来自于休谟[1]，而斯特劳德理所当然地认为斯特劳森在此想要证明这种对象的存在，而他却认为休谟的怀疑论同外在世界的怀疑论完全无关，这在他的《休谟》一书中获得了清晰的表达。

　　休谟在讨论持续而个别的存在时想要表达的是：在理性和感官两方面的这种怀疑主义的疑惑是一种永远不能根治的疾患，不论我们怎样加以驱除，有时似乎完全摆脱了它，但它每时每刻都可以复发。不论根据任何体系，都既不可能为我们的知性也不可能为我们的感官进行辩护，而我们如果力图以这个方式证明它们的正当性，反而会更加暴露它们的弱点。怀疑主义的疑惑，既是自然而然地发生于对那些题目所作的深刻而透彻的反省，所以我们越深入反省（不论是反对或符合这种疑惑），这种疑惑总是越要加剧。[2] 在休谟看来，导致这种局面的原因在于传统哲学里包含的理性自负，理性不是人生的主宰力量。如果理性是人生的主宰力量，那么一切信念、谈话和行动就会消灭，自然会很快结束人生悲惨的存在。与传统的概念相反，信念更应该是我们天性中感性部分的活动，而不是认识部分的活动。由此，休谟劝诫人们回归到人性的自然根据当中去，"接受

---

　　[1] "对象的存在如果不依赖于知觉，并且与知觉不同，那么即使它们未被知觉到，也必定存在。"转引自斯特劳德：《休谟》，周晓亮、刘建荣译，俞宣孟校，第137页注释。

　　[2] David Hume, *A Treatise of Human Nature*, L. A. Selby-Bigge (ed.), Oxford University Press, 1958, p. 218.

世人的一般原理"①。

因此，在休谟那里，存在哲学家的观点与通俗的观点的区分：哲学家把他们的内在的、倏生倏灭的知觉同这些知觉所表象的物体或被知觉到的物体区分开来，而普通人则把知觉和对象混淆起来，并赋予他们所感觉和所看见的那些事物以一种各别而继续的存在。休谟试图说明的是普通人的观点，而不是哲学家对外在的对象世界的信念。他说："谁愿意说明关于物体的持续而个别的存在的那个通俗意见的根源，那他就必须把心灵放在通常情况下来考虑，并且根据必须依据下面的假设来进行说明：即我们的知觉就是我们的唯一对象，而且即使当它们未被知觉时也仍继续存在。这个意见虽然是虚妄的，可是它是一个最自然的假设，只有它才是想象最先采纳的。"②所以，如果我们处于普通人那种状态，具有他们那样的特点，就要求我们已经有了持续的、未被知觉到的存在的观念。为了具有持续而又各别存在的信念，我们需要持续而又未被知觉到的存在的观念，因此对于休谟来说，当务之急就是探究这个观念在普通人的意识中的起源，即对普通人的意识状态进行描述和分析。

总而言之，对于对象的持续而个别的存在的信念，休谟真正关心的问题是这个信念的来源问题。他认为这个信念不可能在经验基础上用理性来确证，因此追问这个信念的确证是徒劳的。斯特劳德借此批评普赖斯(H. H. Price)错误地理解了休谟，

---

① David Hume, *A Treatise of Human Nature*, L. A. Selby-Bigge (ed.), Oxford University Press, 1958, p. 269.

② Ibid., p. 213.

因为普赖斯认为休谟并不是在追问持续存在观念的来源这一直截了当的经验心理学问题，而更像是在问我们以感觉印象的何种特征来断定物质对象命题这样的问题。在这方面，斯特劳森并没有做得更好一些。他对休谟的怀疑主义的理解以及他对未被知觉而持续存在的物质对象的讨论无不是同休谟的精神相违背，因为他终究还是试图以理性的论证来确证这种信念，而不是试图探求这种信念的人性根源。

然而，斯特劳森在"重新确认"这一节后面紧接着讨论基本殊相，而我们在本章论述斯特劳森与先验论证问题的时候已经说过，在基本殊相这个概念背后斯特劳森未尝没有本体论的蕴涵。因此，斯特劳德所构建的论证未尝完全违背斯特劳森的意愿，斯特劳森在《怀疑主义与自然主义：某些种类》一书中部分地接受了斯特劳德的批评，这表明斯特劳森变相地承认了先验论证的原始意图中的本体论诉求。证实主义与先验论证的关系问题是先验论证研究领域中的一个热门话题，并且引发了一场持久的论战。这场战争虽然热闹非凡，但是显得有些混乱。究其根本，还是因为这个问题涉及了先验论证研究的关键所在、困难所在。如果按照上面我们所采取的反驳策略，虽然简单有效，但它实际上并没有揭示出斯特劳德的反对路线的本质意义。事实上，斯特劳德提出的是一种对先验论证的一般性批评。对于这样一种批评，我们应该以一般的角度去审视。也就是说，我们要摆脱斯特劳德所采取的案例的具体语境，重新审视先验论证作为一种反怀疑主义策略的有效性问题，以及证实原则在其中的作用问题。

三、先验论证与弱化的实证主义：罗蒂的折中方案

　　斯特劳德的批评的关键在于先验论证无法保证实在性，即它不能证明诸如物质对象等事物的必然存在。在这种意义上，斯特劳德认为要改善这种论证就需要证实原则。罗蒂基本上认同了这种看法，不过他认为这种论证所体现的一个观点非常重要，即就赋予术语以意义来说，现象同实在一样好。正因如此，他认为由斯特劳森所提供的、可以归属于维特根斯坦（即私人语言论证）的论证可以原封不动地保留下来，并且他把这种模式的论证称为寄生论证（parasitism argument）。他试图证明只有好的"先验"论证才是一个"寄生"论证。不过他并不完全认同斯特劳德的观点，而是试图保留这种论证的反怀疑论效力，同时又承认从我们思考或说话的方式到关于经验或语言的可能性的真理之间不存在可靠的推论。[①]

　　罗蒂认为，这种寄生论证所应对的怀疑主义是笛卡尔式的怀疑主义，因为笛卡尔式的怀疑论者认为，我们现在根据诸如人和物质对象所描述的每一样东西都能够以经验的方式——在一种"纯经验"的语言中——来描述，而寄生论证的效力恰恰在于证明我们事实上不能描述这样一种语言，因此更不用说我们能够描述一种私人语言了。说得更为详细点，寄生论证所提供的是这样一条论证路线：如果怀疑论者只是说我们思考如此这般的东西存在或不可能时所拥有的理由不充分，那么他就不

---

　　① Richard Rorty, "Verificationism and Transcendental Arguments", *Nous*, Vol. 5, No. 1 (Feb.,1971), pp. 3-14: 5-6.

能够被反驳；但是，怀疑论者所说的不过是指出这样一种情况，一如在物理学中，在形而上学中总是有可能出现一个更好的观念，提供一种描述世界的更好方式；因此，我们驳斥怀疑论者的方式就是，如果你现实地支持这样一种更好的观念，我们就能够指出你的错误，即我们能够证明，你描述世界的新方式对于不熟悉旧方式的人来说是不可理解的。从上面的表述可以看出，罗蒂认为寄生论证对于怀疑论者有特殊的要求，也就是说，它只针对某些特殊的怀疑主义，即针对斯特劳森所说的持修正的形而上学观点的怀疑论者，因为它们主张用一种概念图式来修正另一种概念图式。因此，在对待怀疑论的态度上，罗蒂在总体上是赞同斯特劳森的观点的。

在布鲁克纳（Anthony Bruckner）看来，罗蒂把他所谓的怀疑论称为"笛卡尔式的"观点是相当奇怪的，因为在他看来罗蒂的观点是奎因的可错论与斯特劳森的修正论的奇怪组合：除了上面明显的斯特劳森式的观点之外，根据罗蒂的观点，怀疑论者所做的不过是令人厌烦地强调一个奎因式的知识论的核心观点，即在我们的信念体中，没有一部分能够免于修正，如果这种修补消除了系统内的不一致，这将使得这个系统更加融贯或更加简洁。进而，布鲁克纳指出，真正的笛卡尔式的怀疑论者"没有提出任何种类的可替代的概念框架，这种概念框架的融贯性将表明人和物理对象这些关键概念是可选择的。……试图从日常的概念图式内部出发来得出一个彻底否定的观点。他想要挖去通过使用人和物理对象这些关键概念来表达的常识信念的确证根基。最极端的情境是，他通过提出这些概念在他的经验中没有真正使用的可能性来达到他的怀疑终点（与我们所想的相反）。这种怀疑论者认为，除非这种可能性能够被证明是不能获得的，在做出知识－主张的时候，我们使用人和物理对象的概念的权利将不能被剥夺"[1]。正是基于对怀疑论的这种考虑，布鲁克纳认为罗蒂的论证没有驳斥怀疑论的功能,或者说,他所主张的证实主义在驳斥怀疑论中不起任何作用。而这才是他与罗蒂分歧的关键所在。

　　不过在讨论这点之前，我们还是先总体上来考察一下罗蒂的驳斥怀疑论的方案。通过对托马森（Judith Jarvis Thomson）的私人语言论证的分析，他认为存在一种证实主义，它使得意义性并不依赖于一种语词－世界的联结，但是却依赖于某些语言行为与另外一些语言行为之间的联结。[2]也就是说，罗蒂支持一种弱化了的证实主义，它不再企图从经验事实出发获得一个形而上学或本体论的结论，而是满足于经验事实之间的联结。这点同后期斯特劳森存在相似性，后期斯特劳森试图把先验论证的功能和作用仅仅界定为联结，即他认为分析概念框架之中的概念之间的联结，尤其是一些基本概念（例如，人、物质物体等）同其他概念之间的联结，在我们对怀疑论的处理上具有重要的作用。这便是后期斯特劳森的自然主义转向的核心内容。当然，罗蒂并没有走得那么远，他依然相信通过论证来驳斥怀疑论的途径是可行的和有根据的。

---

　　[1]　Anthony L. Brueckner, "Transcendental Arguments I", *Nous*, Vol. 17, No. 4 (Nov.,1983), pp. 551-575: 569.

　　[2]　Richard Rorty, "Verificationism and Transcendental Arguments", *Nous*, Vol. 5, No. 1 (Feb.,1971), pp. 3-14: 9.

　　显然，罗蒂所支持的这种证实主义同斯特劳德所提出的证实主义不同，因为后者恰恰要求语词－世界的联结。罗蒂反对斯特劳德的证实主义，认为对先验论证的有效性的这种一般批判是不存在的，对于先验论证的批评只能逐个地进行，而对这种寄生论证的每一次谴责都要根据其自身的价值来评估。罗蒂对斯特劳德的评论具体分为三点，下面依次论述。

　　首先，斯特劳德认为，一个证实原则是否是真的，对他来说，这不是一个有争议的问题，也不需要讨论，不过它必须被那些支持哲学的康德式转向的人所讨论。斯特劳德给出的理由在于，"对康德来说，一个先验论证就是假定去回答'确证'问题，这样做就是要证明某些概念的'客观有效性'。我把这当作是说，概念'X'拥有客观有效性，仅当存在 X，而证明这个概念的客观有效性就等同于证明 X 现实地存在。"[①] 罗蒂认为，这显然是假的。在罗蒂看来，斯特劳德对标准（criteria）做了非法的应用，因为他直接把标准同现实的存在挂钩，这显然已经超出了一种标准所应该承担的范围。以巫术为例。按照斯特劳德的证实原则，我们为了使得关于巫术的讨论成为有意义，就不得不能够陈述某个标准，这个标准的满足逻辑地蕴含了巫术的存在。而相信巫术的人用于确认巫术的标准经常被实现，但是事实并不总是如此，这些标准证明不能被满足，因为 18 世纪以后，对巫术现象的一种更好的解释最终被采纳了。因此，罗蒂认为标准的满足总是处于动态的变化过程中，这不仅反映了标准问

---

① Barry Stroud, "Transcendental Arguments", *The Journal of Philosophy*, Vol. 65, No. 9, 1968, pp. 241-256: 256.

题或证实原则是否是真的问题是一个存在争议的问题，而且它还说明证实原则只是一个典型案例论证，它要成功，仅当我们能够以某种方式证明某些语词只有通过其所指的真实案例的实指才能被实指地教会。罗蒂认为这点就是维特根斯坦的私人语言论证最后要得出的一个主张。

其次，罗蒂认为，如果斯特劳德把先验论证定义为那些证明某些概念对于思想或经验来说是必然的论证，那么这些论证的整个论证效力必定就在于证明所建议的可替代概念的"寄生状态"。不过，罗蒂认为，这不能是两个概念图式之间的替代，因为我们不可能说任何新的理论只能寄生于旧的理论之上，新的理论不能替代，而只能补充旧的理论。这首先在物理学上已经被证否，那么我们只能寄希望于说哲学与科学之间存在差异，即在形而上学中事情可能会不一样。然而，这种立论是没有任何根据的，也是违背一般常识的。因此，罗蒂认为，我们有理由猜测，任何这种主张背后的效力将现实地体现于对某些特殊替代者的寄生性质的论证中。[1] 同斯特劳森一样，罗蒂所谓的特殊替代者主要指人和物质物体这两个概念，他所谓的"纯经验语言"指的是这样一种语言，它完全没有人和物质物体的概念，而只包括特殊类型的经验概念和刻画感觉性质的概念。罗蒂认为卡尔纳普在《世界的逻辑构造》[2] 中使用的就是这样一种纯经

---

[1] Richard Rorty, "Verificationism and Transcendental Arguments", *Nous*, Vol. 5, No. 1(Feb., 1971), pp. 3-14: 11.

[2] Rudolf Carnap, *The Logical Structure of the World*, University of California Press, 1967.

验语言。从这个角度出发，罗蒂的寄生论证就是要证明这种纯经验语言的不可能性，他所提供的理由就是斯特劳森在《个体》一书中强调的经验概念预设了人这个概念，而人这个概念又默认了物质物体这个概念。[1]在此，罗蒂主要批评的是斯特劳德对于先验论证的一般定义是不可靠的，它会使得人们对于先验论证的评论限于一般性的道说，从而掩盖它作为一种寄生论证的特殊性质。

最后，出于同样的理由，罗蒂认为在《个体》中没有关于不思考物质对象我们就无法思考的一般论证，存在的只是反对关于我们如何避免思考它们的特殊主张的论证。为此，他把斯特劳森反对私人殊相(private particulars)是基本的论证视为《个体》的第一部分的核心所在，它表明了某些非常重要的东西。[2]

斯特劳森所谓的私人殊相包括感觉、心理事件以及感觉材料，它属于两种一般的殊相类型之一，而且它的确认需要依赖另外一个一般殊相，即人。因此，反对私人殊相是基本的论证的关键在于表明"这种经验（指私人殊相。——笔者注）的个体化原则在本质上依赖于具有自身历史的人的同一"[3]。在此，关键在于对"确认"这个概念的理解上。如果我们从说话者与听者的指称的一致角度来界定确认，那么每一个人都可以在不把自己认为是一个人的情况下确认他自己的私人经验，可以说，

---

[1] P. F. Strawson, *Individuals: An Essay in Descriptive Metaphysics*, Routledge, 1959, pp. 97-100.

[2] Richard Rorty, "Verificationism and Transcendental Arguments", *Nous*, Vol. 5, No. 1 (Feb.,1971), pp. 3-14: 13.

[3] P. F. Strawson, Op. cit., p. 42.

他首先确认他的经验，然后确认他自己。在罗蒂看来，以这种方式来界定确认概念是一种洗牌作弊（stack the cards）行为，因为我们只有在确认了对方的话语的情况下我们才能谈论一致这个概念，而不是相反。为此，罗蒂认为，斯特劳森要为自己的论证提供辩护就必须要援引某种形式的私人语言论证，他说："至少，你需要能够说，你不能（正如在笛卡尔传统中那样）仅仅通过说拥有它而确认你的经验，而是你不得不知道某种语言来把它确认为一种经验，并且这种语言不能被不事先或同时学习了什么是人和他们的肉体的人所习得。"[①] 这种意义上的私人语言论证的功能就在于证明一种确认经验的纯粹语言是不可能的，而罗蒂最终想要表达的是这种私人语言论证背后的证实主义，也就是说，斯特劳森的先验论证最终被归结为一种证实主义。

当然，罗蒂的证实主义不同于斯特劳德的证实主义，它据说来源于皮尔士的证实主义观念，即你不知道"这是一个 X"的意思是什么，除非你知道如何去证实它。这个观念背后的洞见在于知道意义就是知道推论关系，它同经验论和现象论没有任何关系，而是同这样一种知识观有关，即知识总是概念的，而拥有一个概念就是去拥有一个语词的使用。因此，罗蒂的证实主义关涉的还是语词之间的关系，而不是如同斯特劳德那样关涉语词与世界的关系。或者说，一个是语言或经验系统内部的证实主义，一个是经验之外的证实主义。后者显然是荒谬的，

---

① Richard Rorty, "Verificationism and Transcendental Arguments", *Nous*, Vol. 5, No. 1 (Feb.,1971), pp. 3-14: 13.

借用维特根斯坦的说法就是，后者在说不可说的东西。

布鲁克纳也注意到了罗蒂与斯特劳森在反驳怀疑论方面的相似性，为此，他把这种涉及同证实主义的反怀疑论论证总的称之为"罗蒂-斯特劳森式的反怀疑论论证"[1]。他认为，斯特劳德的责难是适用于这种论证的，并且他把斯特劳德的策略称为"特权类策略"（privileged class strategy）。然而，"特权类策略"对康德式的先验论证是无效的，即斯特劳德没有提供足够强的证据表明先验论证会崩解成为证实主义。[2]"特权类"这个概念不是布鲁克纳的杜撰，而是出自斯特劳德自己，他用这个概念来表示这样一种命题，它的真是其所属的那类命题的一个条件。在此，斯特劳德主要以语言为讨论对象，一个特权类命题指的是它的每一个成员的真是存在任何语言的前提条件。当然，斯特劳德并不关心这种特权类命题具体指什么，而是借此阐明一个观念，即存在一种语言或存在有意义的语句这一事实背后跟随着某种有意思的真理。所以，特权类命题担当的是一种真理承载者（truth-bearer）的角色。特权类命题的真假问题是一个实证问题，因而需要实证原则。

不过，布鲁克纳认为斯特劳德的特权类策略并不是完全没有问题，它还是隐藏着含糊不清的地方，他说："如果斯特劳德仅仅假设语言的可能性的一个条件必须涉及依赖于心灵的实在，那么他就已经回避了如下一个问题的实质，即一个先验论证是

---

① Anthony L. Brueckner, "Transcendental Arguments I", *Nous*, Vol. 17, No. 4 (Nov.,1983), pp. 551-575: 554.

② Ibid., p. 556.

否能够成功地证明诸如物理对象存在是语言之可能性的一个条件这样的结果？所以，这个关键的步骤是否真的易受怀疑论者攻击，这点远没有弄清楚。因此，远没有弄清的还有，是否为了补充斯特劳德所提倡的特权类策略，证实主义应该被要求。"①

布鲁克纳对罗蒂的批评可以分为两个部分。第一部分是针对斯特劳森的客观性论证②以及罗蒂对它的改造后的论证③。他认为它们都只是一种概念预设论证（conceptual presupposition argument），也就是说，它们至多能够证明两个概念之间的必然预设关系，具体来说就是某个人拥有经验概念就必须拥有物理对象的概念。因而，布鲁克纳认为他们的论证没有反驳怀疑论的能力，而如果要具备这种功能，则必须诉诸证实原则。显然，无论是斯特劳森还是罗蒂，它们的论证所设定的目标是要证明物理对象的存在，但是在物理对象的概念具有意义到物理对象的存在之间并不能等同。要完成这种推论则必须证明这个概念具有广延，或者说必须证明存在某些实体可以归入这个概念，而这种归入过程是一个证实的过程，因而要诉诸证实原则。

第二部分是针对罗蒂微调他在《斯特劳森的客观性论证》一文中的观点后形成的介于斯特劳森与斯特劳德之间的一种中间状态的观点，即一种新的证实主义观点，这种观点我们在上面已经概述过了。布鲁克纳认为罗蒂对斯特劳德的回应只适用

---

① Anthony L. Brueckner, "Transcendental Arguments I", *Nous*, Vol. 17, No. 4 (Nov.,1983), pp. 551-575: 556.

② 对于斯特劳森的客观性论证的论述可以参看本书的第三章第一节。

③ Richard Rorty, "Strawson's Objectivity Argument", *The Review of Metaphysics*, Vol. 24, No. 2 (Dec., 1970), pp. 207-244.

于他自己先前的观点，他说："我将主张，罗蒂对斯特劳德的回应不足以成为对斯特劳德问题的一种解决方案，无论在其一般形式中，还是在其对罗蒂自身的作品的应用中都是如此。"[①] 从一般的形式讲，罗蒂所提供的新证实主义的关键之处在于它处理的是语言行为单元之间的关系，即它不设本体论承诺。在罗蒂看来，肩负本体论承诺的古典证实主义（斯特劳德式的）太强了以至于不合情理。因为正如斯特劳德所指出的那样，古典证实主义提供了对笛卡尔式的怀疑主义的直接反驳，那么这就表明，同一个真实概念相关的认识方式将不得不使得我们能够毫无疑问地解决任何涉及概念应用的怀疑论问题。然而，这在罗蒂看来是不可能，例如，同女巫概念相关的认识方式很可能被女巫猎人当作是辨别女巫的标准，因此，在这种情况下，要么认为存在女巫，要么认为关于女巫的讨论是没有意义的。所以，罗蒂认为，一旦我们持有古典证实主义，我们就会陷入上面这种两难之中。罗蒂认为他的新证实主义成功地避免了这种两难困境，因为它在根本上放弃了对于语词与世界之间关系的追求，而是转而证明语词与语词之间的关系，即通过某些特殊的概念的经验证实来达到某些一般性的概念的客观必然性或实在性。

　　布鲁克纳把罗蒂的新证实主义归结为如下原则，即一个属性 T 是有意义的，仅当它出现于其中的语句同其他语句之间具有非琐碎的（non-trivial）证实关系。这里，非琐碎性要求的作用在于强调非 T 语句不能被 T 语句逻辑地蕴含，也不能逻辑

---

① Anthony L. Brueckner, "Transcendental Arguments I", *Nous*, Vol. 17, No. 4 (Nov.,1983), pp. 551-575: 562.

地蕴含 T 语句。然而，这是一种错误的理解，布鲁克纳实际上把罗蒂的新证实主义仅仅解释为是一种一致主义理论，即一个语句的确证需要诉诸另一个语句。而事实上，罗蒂则要通过他的新证实主义告诉我们，经验要成为可表达的，首先要求存在一种语言来描述它，而拥有一个概念就是拥有一个语词的使用，也就是说，一切证实都是一种语言行为，而且是命题间的推论关系；其次，这样一种语言背后必然蕴含着人和物质物体（首先是他的肉体）这样的概念，也就是说，一种语言作为一个概念框架体系，首先代表的是一种概念秩序，而人和物质物体在其中排在最前的位置。在这种意义上，新证实主义所要表达的比布鲁克纳所归纳的东西多出很多东西。

不过，在处理笛卡尔的怀疑论对象时，布鲁克纳似乎把物理对象的存在与关于物理对象的知识相等同，因此，他与罗蒂，乃至于同斯特劳森的区分在于他不承认知识在根本上是概念性的。更准确地说，他认为除开概念之外存在独立的经验，这就是戴维森在《论概念图式这一概念》一文中极力批评的一种知识主张的极端表现，即关于内容和图式的严格区分，独立存在的经验只是有待组织的经验，它们需要一个概念图式来进行组织。当然，罗蒂和斯特劳森没有像戴维森那样彻底地放弃内容和图式这个基本区分，但是他们至少承认在概念之外没有经验，或者说，不存在不用概念表述的经验这样的东西。也许，布鲁克纳对笛卡尔思想的理解是正确的，因为笛卡尔确实认为存在绝对独立于心灵的物体存在，乃至于关于它们的知识。于是问题又一次回到了内与外这样一个基本的问题上：究竟我们能否在经验之外来讨论经验呢？显然不能。基于这样的一个回答，我们应该可以对笛卡尔的怀疑论进行一个合理的改造，即笛卡尔的怀疑论如果还具有意义，那么我们必须认为它所质疑的对象是物理物体或客观对象的知识。从这个意义上讲，罗蒂把先验论证所要应对的怀疑论称为"笛卡尔式的怀疑论"似乎也没什么问题。

在先验论辩者看来，怀疑论者的怀疑都是有前提的，即他们都承认主观的经验内容，他们所否定的或怀疑的只是我们断定关于对象知识的权利。作为怀疑论者的笛卡尔给我们的最大启示是他发现了一个不可怀疑的东西，即"我思"，它构成了经验知识的基础。在这种意义上，先验论辩者在笛卡尔那里找到了灵感，但是他们并不完全对笛卡尔满意，即他们不是最终诉诸上帝来排除怀疑，而是寻找一条架通思想和关于客观殊相或对象的命题之间鸿沟的道路。相对于贝克莱，康德对笛卡尔的存疑式唯心论（problematic idealism）颇为赞赏，原因恰恰在于它正确地把怀疑论的前提（即直接经验）及其所质疑的结论（即除了我们自身之外的存在）提了出来。在这个意义上，康德试图通过先验论证表明"就连我们内部那种笛卡尔不加怀疑的经验也只有以外部经验为前提才是可能的。"（B275）[1]如果我们对怀疑论的上述理解是正确的，那么我们只能说斯特劳德和布鲁克纳等一批哲学家对怀疑论立场的刻画是有疏忽之责的，因为他们忽视了怀疑论者存在肯定的一方面。

对怀疑论的理解只是我们应对斯特劳德和布鲁克纳等对先验论证的批评的一方面，另一方面就是对于先验论证在驳斥怀

---

① 康德：《纯粹理性批判》，邓晓芒译，杨祖陶校，第203页。

疑论中的关键作用的理解。在原初意义上，先验论证是为先验或批判哲学服务的一种特殊的论证方法，因此，我们要理解先验论证最好还是回到先验哲学最初的哲学意图或动机上来。

在康德那里，"先验的"或"批判的"是同"独断的"相对立的，他说："这个批判……是与独断论相对立，即与那种要依照理性早已运用的原则、单从概念（哲学概念）中来推进某种纯粹知识而从不调查理性达到这些知识的方式和权利的僭妄相对立。所以独断论就是纯粹理性没有预先批判它自己的能力的独断处理的方式。"（BXXXV）[①] 那么，纯粹理性对自身能力的批判的目的何在？也许我们可以从康德对于反驳的划分来理解，康德把一切反驳划分为独断的、批判的和怀疑的。独断的反驳针对一个命题的反驳，它所针对的是对象的本质性状。然而，这就默认了反对者对于对象的本质性状有一个更好的理解，而这是独断的和缺乏根据的。批判的反驳是针对一个命题的证明的反驳，因而它不直接涉及命题或对象的真或假，而只攻击这个证明，因而它只是指出对这个命题或对象的理解是无根据的。[②] 因此，批判的反驳关涉的是对理性的推理和论证能力的考察，问题的关键不在于事物是什么，而在于事物是如何是的。先验论证和独断论证的关键区别也正是在于此，先验论辩者并不否定独断论者们所使用的原则和标准，而是质疑他们对这些原则和标准的独断使用。对此，彼得·哈克（Peter Hacker）说："问题在于确证那些在经验真理的确立中所使用的推理模式。经

---

① 康德：《纯粹理性批判》，邓晓芒译，杨祖陶校，第 25 页。
② 同上书，第 336 页。

验本身的展示至多是对这些原则的例证，而不是对它们的确证。不诉诸经验证实就能够解决这个问题，因为这些原则本身被要求去确证一切我们希望诉诸的经验知识。"[①] 也就是说，任何独断论者要确证经验知识，那么它就不得不诉诸产生它们的原则，因而他们最终都不得不陷入恶性循环之中。先验哲学家通过对这些原则本身的理性审查来避免这种恶性循环，从而为经验知识的确证寻求一个可靠基础。

对于先天知识，仅仅通过概念分析是不能获得的，因为它只表明在这些概念中所限定的东西，而没有表明我们是如何先天地达到它们的。对后一问题的解决方案在于，我们可以根据所有知识的一般对象来规定这些概念的有效使用，而具体达到这种规定的途径就是先验论证。

四、康德与怀疑主义

斯特劳德试图在康德的作品中寻找出其反驳怀疑论的旨趣和对先验论证的功能的判断依据，为此他引用了康德的一段著名的话：

"对于哲学和普遍的人类理智来说，这依旧是一个丑闻，外在于我们的事物的存在……必须被接受为仅仅是信仰，并且，如果有人忽然想到要怀疑它们的存在，我们却无能通过任何令

---

① Peter Hacker, "Are Transcendental Arguments a Version of Verificationism?", *American Philosophical Quarterly*, Vol. 9, No. 1 (Jan., 1972), pp. 78-85: 82.

人满意的证明来反驳他的怀疑。"（BXL）[①]

　　不过，对于这段话的理解是各异的，后期斯特劳森认为这段话并不表明我们要通过论证来反驳怀疑主义。为此，他引用了一段海德格尔在《存在与时间》中对该段话的回应：

　　"'哲学的丑闻'不在于至今尚未完成这个证明，而在于人们还一而再再而三地期待着、尝试着这样的证明。"[②]

　　他认为海德格尔的这段话代表了一种我们解决怀疑论问题的方向，这个方向并不是新的，至少在休谟那里已经出现，而离我们最近的则是维特根斯坦。他们都主张把某些信念视为在我们所有推理中都是理所当然的，这些信念包括物体存在的信念、归纳地形成的信念以及过去的实在性的信念，等等。所不同的是，他们得出这种结论的根据不相同，休谟把它归因于自然，而维特根斯坦则诉诸语言游戏或生活形式。斯特劳森把这种观点称为"自然主义"，其同以往应对怀疑主义的最大区别在于，它认为通过论证来反驳和证明怀疑主义的做法都是无根据的，正确的做法是绕过它。因此，在后期斯特劳森看来，先验论证的作用不在于提供一种直接反驳怀疑论的方法，它提供的仅仅是联结："这些论证或它们的弱化版本将继续让我们自然主义者感兴趣。因为，即使它们没有成功地确立如它们最初所承诺的那样紧密的或坚固的联结,然而它们至少表明或显出（bring out）了概念联结，即便只是一种松散的联结；并且，正如我

　　[①] 康德：《纯粹理性批判》，邓晓芒译，杨祖陶校，第 27 页。
　　[②] 海德格尔：《存在与时间》，陈嘉映、王庆节译，第 236 页。译文有改动。

已经表明过的那样，它们确立了我们的概念图式——不是把它展示为一个严格演绎的系统，而是展示为一个一致的整体，其部分相互支持、相互依赖，并且以一种可理解的方式连结在一起——的主要结构特性或要素之间的联结。对于我们自然主义者而言，这可能是分析哲学的正当工作，或者至少是主要的工作。对我来说，确实如此。"[1]

显然，这只是斯特劳森后期的观点，而其早期对先验论证具有驳斥怀疑论的功能这一看法并不会排斥。事实上，只要描述的形而上学企图为知识寻求一种形而上学的基础，即它本身是一种经验形而上学，那么，怀疑论便是其天然的对手。因此，他说："描述的形而上学这一观念易于遭遇怀疑主义。"[2]

斯特劳森在《个体》这本书中的先验论证的实例企图证明外在对象的存在，即反驳关于外在世界的怀疑主义。这并非是历史的偶然，而是他一开始便呈现出一种解决怀疑论问题的架势，并且试图向人们传达这样一个信念，即单纯的概念分析已经不足以完成这项任务，必须要探究我们深层的思想结构，它们构成了一切思想或经验的基础，这很容易就会联想到康德的范畴的先验演绎。同时，斯特劳德以及当时很多关注先验论证的学者也注意到了这种关联，因此他们很容易就接受了先验论证是一种反怀疑论的方法。同样，斯特劳森后期观点的转变的

---

① P. F. Strawson, *Skepticism and Naturalism: Some Varieties*, Methuen, 1985, p. 25.

② P. F. Strawson, *Individuals: An Essay in Descriptive Metaphysics*, Methuen, 1959, p. 9.

主要动力我想就是来自于斯特劳德对先验论证的有效性的质疑，这在斯特劳森的《怀疑主义与自然主义：某些种类》的行文之中已经表露无遗。

斯特劳德对于先验论证与怀疑主义的关系问题的更为成熟的处理出现在《怀疑主义的意义》①一文中。一般的观点认为，先验论证是对科学基础的哲学探究的两种途径之一，他说："存在某些人，他们严肃地对待哲学怀疑主义的挑战，认为它不能够直接地由'笛卡尔式的'或'基础主义的'知识理论来应对，而是要诉诸所谓的'先验论证'去证明某些概念或原理在我们的思想中享有一种特权地位。因为没有它们，没有一种人类知识或经验是可能的。"②另一种就是采取自然主义的态度，它们主张放弃对经验知识的一般确证，而只研究为科学家和其他认知主体所使用的认知程序本身，这种观点代表人物当然包括奎因，还有上面我们讨论过的后期斯特劳森。

斯特劳德本人不认为这两条途径穷尽了所有的可能性，不过就两相比较而言，他还是认为先验论证的途径是优于自然主义的途径，原因大概就是他认为后者没有真正理解怀疑主义的意义。简单地说，斯特劳德把哲学怀疑主义视为任何一种知识理论中不可或缺的一部分，甚至于认为"怀疑主义的威胁是使知识论保持前进的东西"③，或"对于人类知识的一种令人满意

① Barry Stroud, "The Significance of Scepticism", in P. Bieri, R.-P. Horstmann, and L. krüger (eds.), *Transcendental Arguments and Science*, D. Reidel, pp. 277-297.

② Ibid., p. 277.

③ Barry Stroud, "Scepticism, 'Externalism', and the Goal of

的哲学理解来说，如下一点是至关重要的，即对传统怀疑主义的诉求被证明人类知识拥有某种不受威胁的来源"[①]。因此，在斯特劳德看来，自然主义的计划要成为可能，最终也只有在正确理解了怀疑主义的真正意义后才是可能的。不过，怀疑主义毕竟是以一种否定性的方式向我们展示人类知识的真理性，因此，应对怀疑主义的挑战是一件严肃的事情。在斯特劳德看来，至少先验论证就是这样一种严肃地应对怀疑主义的方法，它试图通过证明怀疑主义预设了其自身的虚假性来削去传统怀疑主义的根基。但是斯特劳德还是认为，即使先验论证成功，它也没有给出对哲学问题（即"外在世界存在吗？"这个问题）的一个令人满意的回答，而只是证明了追问这个原初问题在某种意义上是失败的。

后来，斯特劳德对于先验论证与怀疑主义的关系的看法有所松动，不再把先验论证单纯地视为是一种驳斥怀疑主义的看法，他说："说怀疑主义能够被用于引起对先验论证的特殊性质的主意并不就是说先验论证的唯一要点就是反驳怀疑主义，或者就是主张那是康德试图做的主要事情。"[②] 不过，他依旧指出，

Epistemology", *Proceedings of the Aristotelian Scoiety*, vol. 68,1994, pp. 291-307: 293.

① Barry Stroud, "The Significance of Scepticism", in P. Bieri, R. P. Horstmann, and L. krüger (eds.), *Transcendental Arguments and Science*, D. Reidel, pp. 277-297: 293.

② Barry Stroud, "The Goal of Transcendental Arguments", in Robert Stern (ed.), *Transcendental Arguments: Problems and Prospects*, Clarendon Press, pp. 155-172: 162.

先验论证的胜利意味着怀疑主义的全面缴械。

把先验论证同怀疑主义放在一起是一种主流的观点，这当然同先验论证本身所要论证和具体的案例是分不开的，我也并不拒斥这种观点。事实上，如果不是这种关联的存在，过去几十年哲学家们不会如此关注先验论证。只是在对待康德式的先验论证时，我们还是要慎重地思考一下这样一个问题，即使先验论证具有反驳怀疑主义的功能，然而你所理解的康德的怀疑主义是康德本人所主张的那样吗？怀疑主义是多种多样的，即使在知识论内部的怀疑主义也各有不同。那么，康德是怎么理解怀疑主义的呢？

上面我们曾经讲到过，康德把独断论、批判主义和怀疑主义并置在一起来看问题。现在我们就是从这个角度来具体看看康德的怀疑主义。康德说："怀疑论的一切论争本来都只是对独断论者的反转而已，独断论者并没有猜疑到他的本源的客观原则，就是说，他无批判地、煞有介事地继续着自己的进程，这种反转则只是要打乱他的计划使他达到自我认识。"（A763/B791）[①] 所以，怀疑主义在康德看来不是直接针对康德的批判哲学，而是针对独断论者，而且怀疑论者所起到的作用是检察官的作用，但是他"永远也不能使有关人类理性权限的争执终止"（A764/B792）[②]。这是因为独断论的失败仅仅是一个事实问题，而不是一个权利问题，而且一个怀疑论者的反对只是表明某些独断论的主张是有问题的，他完全可以在一个完全不同的方向

---

① 康德：《纯粹理性批判》，邓晓芒译，杨祖陶校，第586页。
② 同上。

上提出一个新的主张。

在这种意义上，康德认为休谟作为怀疑论者是最有才智的，认为他在怀疑论的处理方法上对唤起某种彻底的理性检验方面最有影响力，但是休谟在真理的轨道上误入了歧途，因为他像所有的独断论者那样"没有系统地通观知性的先天综合的一切种类"（A767/B795）[1]。如果休谟这么做了，他就能够发现许多先天综合原理，例如持存性原理，预测经验，而作为结果，他就"有可能预先为先天自我扩展的知性以及纯粹理性规定好确定的界限了"（A767/B795）[2]。依循休谟的怀疑论方法，他只是局限了我们的知性，而没有给它定出界限。因此休谟只能带来对理性的普遍不信任，而导致这种结果的根本原因在于休谟对独断论的种种反驳只是基于本身是偶然的事实，而不是基于使人们必然放弃独断论的主张之权利的那些原则。

究其根本，康德想要的是确立我们的无知，而不仅仅是对它提出质疑，因而他必须把知性就其全部能力而言置于批判的测试天平之上，使得权利得到伸张。对于这点，康德是借必然的无知和偶然的无知的区分来论述的。他说："如果这种无知只是偶然的，那么就必定会推动我在第一种情况下独断地去探索事物（对象），在第二种情况下我则批判地去探索我的可能知识的界限。但是说我无知是绝对必然的，因而宣布自己免除一切进一步的探索，这一点并不能经验性地从观察来决定，而只能批判性地通过对我们知识的最初来源的探究来决定。所以，对

---

① 康德：《纯粹理性批判》，邓晓芒译，杨祖陶校，第 588 页。

② 同上。

我们理性的界限的规定只有按照那些先天根据才能产生；但是理性的限制虽然只是对一种永远也不能完全取消的无知的不确定的知识，但它也可以后天地通过那种无论有多少知识总还留待我们去认知的东西而得到认识。所以，前一种唯有通过理性本身的批判才可能的对自己的无知的知识就是科学，后一种知识则只不过是知觉，我们对它不可能说出从它而来的结果会达到何种地步。"（A758/B786）[1]

因此，怀疑主义相当于一种对理性进行点射的方法，而批判主义则用原理来束缚理性的方法。它针对的不是我们关于某一点的无知，而是关于所有可能种类的问题的无知，因此需要从原理出发来证明，而不是仅仅通过猜测来达到。康德希望达到同怀疑主义相同的目标，即限制推测性的理性，但是他想要科学地来完成它。怀疑主义已经做好了准备性的工作，或者用康德的话来说已经"对它所处的地区画出了草图，以便能够在今后以更多的把握选择自己的道路。"批判主义拟定了原理，从而为理性提供一种"对一小笔产业的确定性的确信"，这笔小产业就是指可能经验这一领域，但是与此同时，矫正"更高要求的虚妄。"（A768/B796）[2] 所以，在现象领域，理性将取决于这一有限但又无可争议的财产。有些怀疑论者会提出一些位于现象领域之外的问题，而批判哲学家对此无动于衷，因为他对后者并不提出任何要求，也不会被纠缠进有关它的争执当中去。所以，怀疑论的处理方式虽然本身并不使理性的提问得到满足，

---

① 康德：《纯粹理性批判》，邓晓芒译，杨祖陶校，第582—583页。
② 同上书，第588页。

但毕竟为唤起理性的谨慎并且指出能够保障理性的合法财产的那些根本手段作了预先练习。

康德能够用科学的确定性来拥抱无知，而怀疑论者则只能依旧对此不确定。康德把这种根据原理来保证的无知视为其批判哲学最大的优点："纯粹理性的一切哲学最大的、也许是唯一的用处的确只是消极的；因为它不是作为工具论用来扩张，而是作为训练用来规定界限，而且，它的不声不响的功劳在于防止谬误，而不是去揭示真理。"（A795/B823）[1]

我们承认我们不能从我们所认为的世界的观点推出世界确实是什么样的，但是这并不意味着我们对怀疑主义让步，而是要指出，这一事实是怀疑主义同先验观念论所共享的共同根据。斯特劳德、沃克（R. P. S. Walker）等一大批哲学家主张康德的论证意图在于反怀疑论，因此他的主张在本质上是与康德自身对于其计划的解释不相容的。在康德那里，怀疑论者不是康德的对手，而是同盟，他"教育独断的玄想家去对知性和理性本身作一种健康批判的训导师。"（A769/B797）[2] 因此，批判主义不是对怀疑主义的一种矫正方法，毋宁说是一种带有特定条件的科学怀疑主义。这个条件就是这样一种主张，即否定我们能够知道世界本身是什么样的知识。康德显然不会否定我们能够拥有"现象世界"的知识。

既然我们把康德的批判哲学解析为一种科学的怀疑主义，那么先验论证在其中的作用是什么呢？我们可以从先验论证、

----

① 康德：《纯粹理性批判》，邓晓芒译，杨祖陶校，第 606 页。
② 同上书，第 589 页。

先验观念论和框架原理三者的关系角度来看先验论证。康德只承认关于现象世界的知识的观点直接来自于康德的先验观念论，因为它把现象只看作是表象，而不是物自体，同时又把时间和空间视为是我们的直观的感性形式，因此我们的知识的最终根据在于主体自身。这是认识论的一次重大转折，它使得对知识的关注转向概念和与人类认知方式密不可分的对象，先验论证提供的就是对概念和原理的证明，它试图证明某些概念或原理对于经验来说是必不可少的，因此他其实在为先验观念论提供内容。此外，康德同时给出了可知与不可知的标准或界限，这便是他的框架原理（Framework Principle），即经验只能在某个概念框架之下才能够是经验，或关于不包括在概念框架范围内的对象的主张是空的，但它不是严格无意义的。因此，先验论证实际上起到的是不同确立和明确标准的作用。

从康德的角度出发来应对斯特劳德的批评是简单的，但是我并不认为在先验论证与怀疑主义之间不存在一种可商榷的余地。我们将在第八章详细讨论罗伯特·斯特恩如何天才地找到了一条既避过斯特劳德的反对，同时又把先验论证与怀疑主义更为紧密地对应在一起的道路，这是数十年来先验论证研究最值得称道的地方之一。

本章小结

由克尔纳和斯特劳德分别提出了两条基本的反对路线，究其根本，可以分别称之为两个问题：唯一性问题和多余性问题。

这两个问题其实都涉及先验论证的可能性问题，前者追问先验论证所确立的范畴的唯一性而质疑其可能性，后者追问先验论证所能够达到的目标而质疑其可能性。下面我就每条路线进行简单的短评。

我们看到，克尔纳所采用的对待康德的解读方式是新康德主义的，他说："与康德的信念相对，不仅区分的方法，而且它们所归属的图式，能够且必定是变化的，这项工作不可能一次完成，但是必须一直承担下去。"① 这种看法是同柯林伍德（R. G. Collingwood）对形而上学的论述如出一辙："形而上学总是一种历史科学……形而上学的工作就是找出由不同的时代的不同的人在处理各种科学思维的过程中所做出的绝对预设是什么。"② 按照这样一种历史主义的视角，康德的范畴图式的唯一性问题当然会成为持历史主义观点的哲学家关注的重点，并且努力表明范畴图式的唯一性是不可能得到证明的。

然而，这种有前见的解读所带来的结果却是严重的，因为它基本上否定了康德哲学思想最具原初性的地方，它在某种意义上否定了哲学具有持久的对象，让其变成一种历史的演变物。如果哲学成为一种历史或哲学史，这不是哲学的幸运，而是厄运。康德的《纯粹理性批判》在探究人类认知的方式和结构，但这不是理性的幻想，而是以经验为据对思想进行划界。没错，纯

---

①　Stephan Körner, "The Impossibility of Transcendental Deductions", in Lewis White Beck (ed.), *Kant Studies Today*, Open Court, 1969, pp. 230-44: 244.

②　R. G. Collingwood, *An Essay on Metaphysics*, Oxford University Press, 1940, pp. 58-60.

粹理性批判的精髓就在于界限，它为我们的经验知识划界，越过它，便是不可知。或者我们可以把康德所要表达的称之为"框架原理"，更为准确地说是，经验的框架原理，即经验只有在某一概念框架范围内才能成为经验，或才能够被论说。但是不包括框架范围内的对象并不是严格无意义的，只是不能够成为经验对象。因此，斯特劳森的"意义原理"并没有真正反映康德所要表达的东西。康德的先验论证在框架原理中起到的作用是至关重要的，因为它实际上是为整个框架原理提供内容，即证明某个或某类概念与原则对经验是必不可少的。

因此，我认同威克尔森的观点，即认为克尔纳得出的结论是"令人遗憾的"，而且这种柯林伍德式的对哲学或形而上学的看法会"使哲学丧失其绝大部分的价值，如果它只不过是对科学史的一种运用的话"[①]。因此，对于先验论证的可能性辩护可以视为是维护哲学自身尊严的一个层面。从广义上讲，先验论证是一种理智的高级游戏，对它的无视或敬而远之是人类对自己理智的不负责任。

从根本上来说，斯特劳德抱定的是这样一种思想，即我们最终要从人生中的实际思考、感觉和贯彻在事物之上的因果联系的角度去理解世界。这种思想来自于休谟。在他看来，休谟的自然主义首要表现在自然主义的人学或人性学，而不是像斯特劳森理解休谟的那样，是一种自然主义的方法论态度。站在这种角度上，斯特劳德认为对于思想和经验的基本或必然条件

---

① T. E. Wilkerson, "Transcendental Arguments Revisited", *Kant-Studien*, 66:1 (1975), pp. 102-114: 104.

的考察不必采取先验的方法，即"不需要某种莫名其妙地从我们显然具有的知识和技能中先验地推演出来的、神秘的、非经验的心理学真理，而是需要对现实生活中的人的实际状况做'纯自然的'研究，对人能做、能思和能感的一切作这种研究。这就使人对因果相连的对象组成的，自己也生活在其中的那个客观世界形成一个概念"[①]。也许，这种原则层面的差异是无可厚非的，但是一旦这种原则差异投射到策略层面，就会导致对康德的思想的理解偏差，这种偏差往往是致命的。因此，我对斯特劳德的回应不会试图去辨明到底是经验途径好还是先验途径好的问题，而是试图在策略层面给出反驳。

斯特劳德对感觉的如此偏爱使得他深刻地相信独立于感觉的外在对象的存在，因而直接导致他对怀疑主义的理解，即认为怀疑主义的对象就是外在世界、过去的实在性和归纳的可靠性。然而，以这种理解为基础的对先验论证的反对一开始便走在了错误的道路上。先验论证首先阐明的是一种关系，往大了说是概念或原理之于经验的关系，往小了说就是概念与概念之间的关系，或者说，先验论证首先是一种概念论证。我们祈求一个概念论证来获得一个概念之外的结论是不现实的，同时我们也不认为获得一个概念性的结论是不可接受的。当然，斯特劳德的反对不是无的放矢，也不是对于某个案例的特殊反对，它实际上是对一类先验论证的反对，我们可以把这类先验论证称之为雄心勃勃的先验论证，其代表就是斯特劳森的客观性论证。这类先验论证同康德的先验论证最大的区别在于它们基本

[①] 巴里·斯特劳德：《休谟》，周晓亮、刘建荣译，俞宣孟校，第309页。

取缔了康德关于现象与实在的先验层次的区分，而是直接把经验的对象视为是如其所是的事物的现象，即它们在根本上不支持先验观念论。这样做的目的在于突出先验论证的驳斥怀疑论的潜质，因为毕竟现象与实在的区分似乎为怀疑论留下了足够大的空间。

抛开本体论承诺不论，斯特劳德的反对依然具有启发意义，它告诉我们先验论证同证实原则之间具有某种联系的可能性：一方面，先验论证总是同一个框架原理相关，即同知识的标准和界限相关，因而总是涉及对知识的证成；另一个方面，我们的知识总还是要从感觉开始，而最原初意义上的对感觉的概念化是从实指定义出发的，在这个层面，我们还是要诉诸某种具体的证实原则的。然而，最紧要的还是要记住这样一点，先验论证的提出是同先验哲学的特殊的哲学旨趣密切相关的，因而它总是要关注主体自身，包括认知能力和认知模式等方面，进而去讨论对象的问题。只有从这个角度出发，我们才能够正确地把握先验论证，而斯特劳德的反对的最大问题就在于还是秉承传统认识论的对象概念，进而错误理解先验论证的用途和目的。虽然斯特劳德对先验论证的看法也并非一成不变，他在20世纪90年代，尤其是在《先验论证的目标》一文中一改以往对先验论证的完全批判的态度，而是对先验论证进行了区分，分为适度的先验论证和雄心勃勃的（ambitious）先验论证。他把以往他所批评的先验论证划归为雄心勃勃的先验论证，并且依旧持批评态度，但是他试图为适度的先验论证进行辩护。不过，他依旧没能注意到他自身的最大问题。

第七章
先验论证的性质

在我看来，在目前阶段讨论先验论证的性质是一件相当尴尬和吃力不讨好的事情，因为我们在上一章的论述中可以看到，关于先验论证的可能性问题的争论还是一个悬而未决的问题，对于先验论证的性质问题的讨论在很多研究者看来像是在讨论一个未出生的孩子的性格或品格问题一样显得有些荒诞和不合时宜。不过，还是让我们暂且搁置问题，就目前我们能够观察到的先验论证的实例（最为著名的实例我已经在本文的第一部分向大家展示和介绍过了）或设想的先验论证来探讨先验论证的性质。有一些是我们认为应该具备的性质，它可能在目前为此的现实案例中没有出现过，但是我们根据先验论证的对象和目的等的设定而推测它们可能具有的性质。总的说来，本章的讨论是一种实验性的探究，因此，也许是一次没有结论的探讨，但是这种探讨是必要的，而且是富有成效的。正如自然科学发展的历史经验告诉我们，观念的先行对于科学的发现和创造具有积极帮助的意义，有时甚至是决定性的帮助。

第一节 先验论证的本质

对于先验论证，令人遗憾的是，至今还没有一个标准的定义存在，因此，我们就可以发现很多对先验论证的定义和描述，其中不乏相悖之处。不过，我们还是可以从三个基本标准出发来给先验论证下一个定义，即形式标准、客观性标准和反怀疑论标准。

首先，对于基本形式方面的争论并不是很多，而且取得了一定的共识，罗伯特·斯特恩认为先验论证最明确的特征就是它包含了一个独特的形式，即某物 X 是某物 Y 的可能性的一个必要条件，所以没有前者，后者就不能够获得，其中 Y 是某种关于我们和我们的心灵生活的不可辩驳的事实，例如我们拥有经验、使用语言、下某些判断、拥有某些概念等等。[①]沃克也给出了类似的形式：

我们拥有经验（K 类）；

P 的真是经验（K 类）的一个必要条件，这是一个分析事实；因此 P。[②]

概言之，先验论证能够被认为是这样的一个论证：从断定经验的某种没有争议的方面这一大前提出发，经由断定存在某种有争议的主张，它是这个没有争议的方面的一个必要条件，所以，这种先验论证的定义满足某种形式标准，即存在一个绝

---

① Robert Stern(ed.), *Transcendental Arguments: Problems and Prospects*, Clarendon Press, 1999, p. 3.

② R. C. S. Walker, *Kant*, Routledge, 1978, p. 21.

对的前提，怀疑论者会发现是无可争议的，而后经由一个假言前提，即如果我们接受关于这个绝对前提的无可争议的主张，那么我们就要接受一个更强的主张，即关于我们的经验是如何被构成的。因此，在斯特恩的定义中，最为关键的是存在这样一种形而上学主张，X 是 Y 可能的必然条件，而要达到这个主张必定不能够通过经验科学的路径达到，而只能通过反思。①

卡拉南（John J. Callanan）认为斯特恩太过乐观了，至少他关于先验论证的刻画存在一个问题：通过反思，我们能够观察到某些没有争议的事物 Y 与某些作为其条件的有争议的事物 X 之间的必然关系，即反思允许我们看到更多包含在概念 X 中的东西。然而，事实上并非如此，康德的先验论证更为强调 Y 的讨论，它试图支持 Y 包含某种其他东西，而对它的支持则证实了把 X 作为 Y 的必要条件这种做法。否则，按照斯特恩的思路，如果我们能够直接从概念 Y 推出概念 X 是 Y 的必要条件，那么就不需要先验论证了。②

卡拉南对斯特恩最主要的批评在于，康德的先验论证在本质上应该具有三重结构，而导致斯特恩犯这种错误的根源就在于他没有真正理解康德的"经验的可能性"这个观念。因为斯特恩认为涉及主题 Y 的本质特征不是先验论证的决定性特征，而他给出的理由就是主观性的经验不应该比其他经验更容易把

---

① Robert Stern (ed.), *Transcendental Arguments: Problems and Prospects*, Clarendon Press, 1999, p. 3.

② John J. Callanan, "Kant's Transcendental Strategy", *The Philosophical Quarterly*, Vol. 56, No. 224, 2006, pp. 360-381: 365.

握，而完全没有理解"在先验知识中，……我们的向导就是经验的可能性"中的"经验的可能性"与在康德经常使用的"可能的经验"一词表达的是相同的意思，因此他把"经验"作为中介词。而在卡拉南看来，康德关于主题 Y 的讨论之于其先验论证恰恰是决定性的，而且先验论证应该包含三个要素：主题 Y、作为其前提条件的 X 和调和前面两者的第三要素，即可能经验。

在我看来，对于"可能经验"观念在先验论证中的作用问题涉及如何确认先验论证的关键，例如像先验论证的分析与综合之争，首先是由于持分析的先验论证的哲学家认为存在一个前提与结论之间分析性的真理。然而，它们试图借助分析哲学中常用的概念分析方法来达成这个目的，结果丧失了康德意义上的范畴或概念的"客观实在性"，从而使得先验论证的有效性成疑。而以威尔克森为代表的综合的先验论证虽然观察到了"可能经验"这个观念在康德的先验论证中的作用，但他否认它能够确实起到这种作用，进而一并否认先验论证能够演绎地完成。威尔克森彻底抛弃了"可能经验"以及"分析的真"这些观念，而提出其"实质的充分性"和"综合的真"的观念，进而构造出"综合的先验论证"。具体论述在下面第二节展开。

其次，讨论确认先验论证的第二个标准，即客观性标准。上一章中已经讨论过斯特劳森式的反对，这种反对最为关键的就是提出了一个质疑，即先验论证能否穿越"必然性之桥"，从心理学领域达到实在领域，正如马克·萨克斯所描述的：

"标准的先验论证试图从关于经验的某些不可否认的事实或心理学领域出发，超出单纯心理学领域而得出关于世界必须如何是的结论。这种论证试图——正如我们所说的那样——试图跨越现象—实在的鸿沟：覆盖我们的信念与世界，或世界对我们看起来如何是的与它们实际上如何是的之间的距离。"[1]

然而，一旦这种客观性概念被限定下来，并且被视为先验论证的一个本质特征，那么它们之于先验论证就如同形式标准之于先验论证那样并不能给我们以更多的信息。我们知道，康德的先验观念论的一个核心特征就是放弃获得关于物自体的知识的无谓尝试。尽管如此，我们依旧能够获得一个足够强的客观性概念，它适用于现象。不过，由于当代哲学家们对于先验观念论的不屑足以让他们对后者的客观性概念也不屑。然而，一旦如此，我将不能够理解，先验论证之"先验"概念还能保留多少康德的意味。因此，卡拉南认为斯特劳森所理解的"先验"概念并不是康德意义上的。

在斯特劳森那里，"先验"这个概念被认为是发现经验必然条件的方式。按照这种理解，康德的先验观念论就可以被视为是由两个截然不同的部分所组成，即"先验"的部分和"观念论"的部分，前者涉及揭示经验的必然条件的策略，而后者涉及康德的知识主张，即仅仅是关于现象，而不是物自体的知识。斯特劳森则认为先验论证可以在先验观念论之外寻求其应用，而斯特劳德则反对先验论证能够独立于先验观念论而获得应用，并且认为一旦假定先验观念论，那么这个前提就足以应对现象与实在的鸿沟问题了，因此先验论证就是多余的。贝尔（David

---

[1] Mark Sacks, "Transcendental Arguments and the Inference to Reality: A Reply to Stern", in Stern (ed.), *Transcendental Arguments: Problems and Prospects*, Clarendon Press, 1999, pp. 67-82: 67.

Bell）认为这个概念不能被如此简单地定义，他说："先验这个概念典型地孤立于联结和对立的复杂网络而被使用，在这个网络中，它坐落于诸如内在的、超验的、经验的、自然主义的和独断论的等概念之中。"[1]

最后，反怀疑主义标准。先验论证被视为是反怀疑主义的论证已经是当代对先验论证的一个获得普遍承认的观点，斯特劳德更是把康德的先验演绎和驳斥唯心论视为是反怀疑论论证的典范。同时，这也是先验论证让当代众多哲学家倾注如此热情最为重要的原因之一，毕竟形而上学在当今时代并不具有如此重要和深远的号召力。因此，卡拉南说："一般而言，这个反怀疑主义标准如何被解释将决定先验论证的解释。所给予的解释涉及先验论证的形式的强度和客观性的意义，而这些解释内在地同先验论证的怀疑论目标的确认连接在一起。"[2]同样，罗伯特·斯特恩在论述先验论证的关键性特征的时候，他也是从怀疑主义开始谈起：因为先验论证是反怀疑论的，进而要求从先验论证的起点是怀疑论者也接受的前提出发，因而它必定是个人的（即从我或我们如何经验、思考和判断等出发）。此前提加上一个先验主张构成一个先验论证的主体，其所得的结论可以用于反怀疑论，而一个先验主张包含必然性的概念，因而

---

[1] David Bell, "Transcendental Arguments and Non-Naturalistic Anti-Realism", in Robert Stern (ed.), *Transcendental Arguments: Problems and Prospects*, Clarendon Press, 1999, pp. 189-210: 194.

[2] John J. Callanan, "Kant's Transcendental Strategy", *The Philosophical Quarterly*, Vol. 56, No. 224, 2006, pp. 360-381: 368.

这样的一个论证必定是康德式的。[①]当然，斯特恩本人也同意，到目前为止所有的先验论证都没有包含上述所论及的所有特征，因而先验论证的性质议题依然充满了争论。我也并不完全赞同斯特恩的这种表述，不过在此我只是用之于表明先验论证之于怀疑主义的紧密联系。

正如我在上面已经多次提及的那样，当代许多先验论证研究者认为它的怀疑论目标应该是笛卡尔式的怀疑论，即关于外在世界的怀疑论，因而其所要完成的任务就是跨越实在与现象的鸿沟。然而，先验论证尤其是康德的先验论证的目标应该是应对休谟式的怀疑主义，这种怀疑主义涉及某些核心的形而上学概念，如原因、结果、实体等，因此康德的主要目的在于确证这些概念。概言之，先验论证应该是一种认知确证的方法，确证概念在其论证中占据主导地位，因而其所应当的怀疑主义也应该是同确证相关的，或者说，同人类的认知能力相关的，考究的是人类的认知成果。先验论证的适度化发展的真正内涵就体现在这种认识之上，它所应对的怀疑主义是确证的怀疑主义，这种发展是同当代知识论的发展是相吻合的，罗伯特·斯特恩对于先验论证同当代知识论，尤其同当代知识论视野下的怀疑主义的关系的处理是其中的一个榜样。具体在下一章中展开。

在此，我所关心的是，这种怀疑论目标调整之下，我们应该如何重新审视先验论证，尤其当我们深入探析"先验"概念的本质特征或结构的时候，我们应该如何审视先验论证的论证

---

① http://plato.stanford.edu/entries/transcendental-arguments/

思路，在下面第三节中关于回溯论证的引入固然是在对分析的先验论证的解释的进一步的反思结果，更为重要的是，反思一种适度化的先验论证需要什么样的论证思路与之匹配的问题。

总而言之，当我们对必然性概念、"先验"概念、怀疑论目标等进行深入分析和思考之后，我们将不得不对先验论证的总体趋势做一个预判，即"适度化"这个词逐渐成为标识先验论证的最为重要的一个概念。在这种思路之下，先验论证不仅获得了其区别于其他论证的本质特性，而且还认清了其本质任务，即反思和辩明人类最根本的那些认知能力，或者用康德的话来说，纯粹理性的批判。

第二节　先验论证：分析的，还是综合的？

一、问题的引入

我在论述斯特劳森的客观性论证时就表明，斯特劳森企图把先验演绎改造成为一种分析的论证，即其客观性论证是一种分析的论证，它试图通过分析概念之间的关系来阐明其客观性论题。促使斯特劳森努力想要从康德的先验演绎中抽离出这样一种分析的先验论证的理论意图是可以理解的。毕竟，他对康德哲学的关注并不是纯粹地为了研究康德而研究康德，而是为其描述的形而上学寻找一种可行的方法，证明客观殊相或独立于心灵的实体的存在。

归根结底，斯特劳森的描述的形而上学不满足于对概念的孤立分析，而是试图挖掘出人类某些共同的、不变的概念框架，因此，它的主旨在于通过分析概念之间的关系揭示人类思想的根本结构。在这个概念框架中，物质物体或独立于心灵的对象的概念是一个重要的概念，或者说，是最重要的两个基本概念之一（另一个是人这个概念），对于它的证明是描述的形而上学的一个首要的、亟待解决的任务。

无疑，物质物体是一个抽象的实体，要证明其存在必定不能诉诸经验的方法，因此，斯特劳森很自然地就想到了康德，想到了康德的先验演绎。然而，描述的形而上学毕竟是一种在分析哲学背景下产生的形而上学，它最基本的方法论工具还是概念分析，斯特劳森甚至强调它是唯一可靠的方法。因此，他不可能放弃这个基本工具，他要吸收康德的先验演绎为己所用，则必定要在概念分析的框架体系下完成，因此，很自然地，康德的先验演绎会被改造成一种强调概念之间的关系的论证，因而其性质必定是分析的。

然而，这在直觉上会导致我们有这样的疑问，即这样一种改造或转变会否造成某些问题，尤其是把先验演绎改造成一种分析的先验论证，是否会同康德哲学在本质上是相悖的呢？这种担忧并非无的放矢，艾利森对斯特劳森的这种做法进行了严厉的批评，认为他对待康德的方式是延续自康德所处的时代就存在的那些反观念论传统，把观念论仅仅解释为这样一种原理，即实在是超感觉的，我们不可能拥有它的知识。他认为，斯特劳森对康德的解读的最大错误在于试图把一种分析论证从与其纠缠在一起的先验观念论分离开来，并且企图通过自我意识（经验的自我归属）与公共经验（客观世界）之间的一种联结的证明来反驳笛卡尔式的怀疑论。

首先，艾利森从总体角度出发批评斯特劳森在《意义的界限》一书中对康德的《纯粹理性批判》的解读，他认为斯特劳森解读康德的立足点选错了。斯特劳森认为康德的《纯粹理性批判》恒久意义在于其"对形成我们关于世界以及世界的经验的一切思想的限定框架的概念集的探究"①。而对概念框架的探究是一项分析的工作，因而，在这个意义上，他把康德的先验观念论视为是一项分析的论证工程。进而，他对康德的《纯粹理性批判》的解读主要关注分析论证与先验观念论的关系上面。然而，艾利森认为，这种定位是错误的，我们更应该关注的是先验观念论，以及所谓的"分析论证"，与康德据以解释它的模型之间的关系。最终，艾利森在对康德的先验观念论进行辩护的同时表明斯特劳森也不可避免地要做出观念论承诺，除非他以回避康德最想要回答的问题为代价。②

进一步而言，斯特劳森主要反对的是康德的综合原理和整个先验心理学机制。首先，他认识到综合是康德的范畴的先验演绎的基本概念，不过他拒绝这样一个概念，因为它及其相关的对未联结的感知材料的信念（作为综合的材料）属于对知识模型的观念论解释，即属于一种先验心理学，它们不可能是真的。而且,综合和未联结的感觉材料都是经验知识的前提条件,然而,

---

① P. F. Strawson, *The Bounds of Sense: An Essay on Kant's Critique of Pure Reason*, Methuen, 1966, p. 15.

② H. E. Allison, "Transcendental Idealism and Descriptive Metaphysics", *Kant-Studien*, 60: 2 (1969), pp. 216-233: 216.

它们本身却都不是能够经验地获得的东西。也许这才是斯特劳森极力反对综合概念的真正原因，因为他自己所主张的概念框架都是由最基本的经验对象所组成的，而作为基本殊相的人和物质物体也是具有经验线索的理论抽象。

不仅如此，他还认为综合原理是完全没有必要的，他说："我看不到任何理由，为什么任何高级的原理在此应该是必须的。为人类所使用的观念集或思想图式当然反映了它们的本质、需要和状况。它们不是静态的图式，而是允许伴随着科学的进步和社会形式的发展而提炼、修正和扩展的。"[1] 因此，在斯特劳森看来，虽然经验概念的一般结构是需要的，但是它们并不是一成不变的，不存在永恒不变的原理。进而，他提倡用一种直接的、分析的途径来替代先验观念论的"高级原理"。

艾利森当然不会同意斯特劳森对康德的先验分析论作如此解释。他认为，概念分析的计划同样不可缺少综合的过程，进而先验演绎也是必要的，究其根本，我们不可能直接讨论超验的世界，我们最终还是不得不诉诸概念图式，而这恰恰包含了先验观念论的承诺。[2]

此外，艾利森认为斯特劳森错误地把康德的先验观念论看成是一种贝克莱式的经验观念论，因而时常就会出现这样的状况，往往斯特劳森批判康德的地方只适用于贝克莱。康德与贝

---

① P. F. Strawson, *The Bounds of Sense: An Essay on Kant's Critique of Pure Reason*, Methuen, 1966, p. 44.

② H. E. Allison, "Transcendental Idealism and Descriptive Metaphysics", *Kant-Studien*, 60: 2 (1969), pp. 216-233: 228.

克莱之间的最大的一个区别就在于如何看待客体的问题上。康德的哥白尼革命的意义之一就在于它不再形而上学地追问客体的存在，而是试图以经验的可能性为尺度来理解客体，即他关心的不是独立于经验的客体，而是关于客体的知识，进而关心我们的认知模式的先天条件，从而最终确定一切经验之可能的先天条件。这样一种理解的失误的一个直接的后果就是斯特劳森错误地把康德从客体向主体的转变视为是一个被迫的举动，艾利森说："对康德的论证方式的斯特劳森式规定基本上是引人误解的……康德的主观主义或观念论并不包含这样一个形而上学主张，即不存在'真正的'客体，它独立于我们对它们的觉知而存在。毋宁说，因为我们不能越过我们的表象来比较表象与客体，我们的判断的客观有效性必须根据内在于意识的条件来确证。进而，远非多余，这是仅有的基础，唯有在它之上，我们才能为一个客观性的一致理论作辩护。"[1]

在我看来，艾利森提出了一个关于先验论证的性质的关键问题，即先验论证究竟是分析的，还是综合的。它此后便成为围绕先验论证展开的争论焦点之一，曼弗雷德·鲍姆甚至认为先验论证的弱点就是分析方法的弱点，因而先验论证之所以必须被反对，不是因为它们是先验的，而是因为它们是分析的。[2]这个问题的重要性涉及康德整个哲学思想的性质，它的妥善解

---

[1]　H. E. Allison, "Transcendental Idealism and Descriptive Metaphysics", *Kant-Studien*, 60: 2 (1969), pp. 216-233: 224.

[2]　Manfred Baum, "Transcendental Proofs in the Critique of Pure Reason", in P. Bieri, R. P. Horstmann and L. Krüger (eds.), *Transcendental Arguments and Science*, 1979, pp. 3-26: 6-7.

决与否直接关系到康德哲学的本质能否在分析哲学中得到保存和延续的问题。

二、分析的先验论证

本节选择本内特的分析的先验论证作为主要的讨论对象，之所以这样选择是因为他的先验论证位于在斯特劳森式的先验论证（主要指其客观性论证）与威尔克森（T. E. Wilkerson）的先验论证主张之间：既不像斯特劳森的客观性论证那样从相对弱的前提得到一个相当强的结论，也不像威尔克森的先验论证那样具有非结论性（inconclusiveness）。此外，本内特的《康德的分析论》[①]一直被视为当代研究康德的重要著作，同时本内特也常常被视为分析的康德主义的解读路径的重要同盟之一。

本内特提出了两种先验哲学，即综合的和分析的，区分的根据就在于它们是否使用了结合活动。本内特试图给先验综合提供一种分析的解释，抛弃任何关于自我的结合活动的观念，从而使之成为"一种致力于自我意识和理智能力的联结的强有力的哲学工具"[②]。那么，本内特到底是如何解释先验综合的呢？进而使分析的先验论证成为可能的呢？如上述引言所说，先验综合必须从自我意识和理智能力的关系角度来看，而不是像康德通常从综合的活动这种起源性的角度来界定，因而用本内特

[①]　Jonathan Bennett, *Kant's Analytic*, Cambridge University Press, 1966.

[②]　Ibid, p. 111.

的话来说，"首先，当它被用于描述非时间的本体论机制的工作时，它分享先验感性论的所有问题。此外，先验综合被假定去生产，或者是意识的统一性，或者是对它的觉知，而一个生产活动必须先于所获得的产物；所以，那个先验综合必须在不在任何时间发生的情况下先于某些时间而发生。"①本内特认为，在康德那里事实上存在另一种先验综合，它"至少部分地由自我意识包含理智能力这一信念所激发"②，并且，他认为这种解释更加好。

这第二种解释最为重要的一点就是涉及统一性或同一性标准。本内特说："在这种意义上的先验综合表明，被统一的东西必须满足统一性或同一性的某些标准，而作出这种统一的人必须拥有对那些标准的领会。"③在本内特看来，"标准的领会"就是指我们能够在经验综合中处理它们，例如，我手上所感受到的东西就是我现在看到的东西，我拥有一个标准这么说，因为我能够怀疑这个同一性是否成立，然后慎重地得出结论说它确实是。因此，不用把先验综合解释为某种非时间的解释程序，它依旧能够同理智活动相关联。由于这种先验综合同对统一性的觉知的标准相关，而与这种觉知的内容没有什么关系，因而本内特把它称之为是先验综合的分析解释。根据这种分析的解释，先验综合涉及一种概念的复合性（conceptual complexity）

---

① Jonathan Bennett, *Kant's Analytic*, Cambridge University Press, 1966, p. 111.

② Ibid., p. 113.

③ Ibid.

（即康德所说的"结合"[combination]），对它的领会存在于日常的、世俗的、时间性的、理智的活动能力，即经验综合的能力。[①]在康德的文本中，这种分析的先验综合表现得最为明显的一段话就是：

"因此，'在直观中被给予的这些表象全都属于我'这一观念不过是说，我把这些表象结合在一个自我意识中，或者至少我能把它们结合于其中，并且即使这个观念本身还不是对这些表象的综合的意识，它毕竟是以这种综合的可能性作为前提。"（B134）[②]

本内特认为在这段话中的"综合的意识"之前应该插入一个"经验性的"，否则这段话便是不可理解的，而一旦插入它，这段话就要包含了对先验综合的分析解释。因为按照这种理解，这段话表达了一种先验综合，它先于经验综合而把直观中被给予的表象结合在自我意识中，并且使得经验综合成为可能。

先验综合最为重要的是标准的问题，而标准的使用体现的是一种理智能力，本内特通常把人同其他生物区分开来的能力称之为理智能力或语言能力。并且为了解释这种理智能力为什么是一种语言能力这一点，他举了狗的判断能力的例子和关于过去的例子。他认为，狗能够作如下判断，我手上的包是一个有肉味的东西，但是它没有能力使用一个标准去解决如下一个问题：我手上的包是否一个 x？对于这一点，也许关于过去的

[①] Jonathan Bennett, *Kant's Analytic*, Cambridge University Press, 1966, pp. 114-115.

[②] 康德：《纯粹理性批判》，邓晓芒译，杨祖陶校，第90页。

例子会更明显，本内特给出了两句话：The bone is there; The bone was buried there。他认为，狗的刨挖行为可以表达前一句话，但是却无法表达后一句话。这说明，一个能够作关于过去的判断的生物不仅拥有某种层次的语言能力，尤其是必须能够在决定这个或那个过去时判断是否是真的这一点使用标准。在这个意义上，本内特说："那么，自我意识蕴涵着一种去判断过去的能力，由此也蕴涵了一种使用概念的（concept-exercising）语言的拥有。先验演绎最好的成果之一就是它凸显了自我意识包含了要求作出过去时判断的那种理智能力，远非是一种伴随着人类的而不是类似于狗那样的心理状态的不可分析的意识流。"[1] 其实，这里本内特强调的是自我意识的历史性，即人类的自我意识是一种能够把过去和现在的事件放置在一个历史的平台上来思考的理智能力，以及其所包含的标准性，而这些显然是其他动物所不能够具备的。

吕迪格尔·比特纳（Rüdiger Bittner）认为，本内特是在完全不同意义上使用"分析"这个概念。按照本内特的解释，实际上，先验综合是一种概念复合性，即一种标准，为了任何经验确认能够进行，我们必须掌握它们。因此，先验综合包含在经验综合或意识之中，我们只需要分析后者就能够把它显现出来。简言之，分析的先验论证的分析性就在于"不使用任何综合活动"。然而此"分析"概念既不是如"单身汉与未婚男子"这样的分析关系，也不是从"分析与综合"这种方法意义上来

---

[1] Jonathan Bennett, *Kant's Analytic*, Cambridge University Press, 1966, p. 117.

讲的，而只是根据词意。因此，比特纳认为这种分析的先验论证是引人误解的。[①]

如果说在《康德的分析论》中本内特关于先验论证的论述还受限于康德的文本的话，那么在1979年写的《分析的先验论证》时就没有这种束缚。不过，他关于先验论证的看法没有任何真正意义上的改变，所不同的是，它对分析论证以及他所理解的先验论证论述得更为直截了当或者说更加按照自己所设想的先验论证模型来构建。

本内特认为，分析论证是这样一种论证，它是完全外在于概念分析和概念性的相互连结的材料建立起来的。在这方面，他认同斯特劳森的做法，放弃康德的"黑暗面"，即物自体的概念，这就蕴含着心灵非时间地创造其对象。当然，仅仅是分析这一点不足以标示先验论证，他把先验论证进行了特殊的规定，即他依然首先是一种反驳怀疑主义的方法，而且具体的方式就是表明某种怀疑主义是自败的。然后，他发挥他在《康德的分析论》中所阐述的关于自我意识之于语言能力之间的关系，从而对先验论证进行了更为严格的规定，即"通过证明关于自我知识、自我意识或类似物的必要条件的某种东西来反驳某种怀疑主义……但是我不是无条件地称它们为'先验论证'，除非它们包括如下主张（我所怀疑的主张），即自我知识在概念上要求

① Rüdiger Bittner, "Transcendental Arguments, Synthetic and Analytic: Comment on Baum", in Peter Bieri, R. P. Horstmann and Lorenz Krüger (eds.), *Transcendental Arguments and Science: Essays in Epistemology*, Holland, 1979, pp. 27-35: 30-31.

语言能力"^①。本内特对于先验论证的特殊限定虽然比一般观点更狭义，但是已经比格拉姆和克尔纳的观点宽松得多，例如格拉姆要求太多康德关于它的特殊性质，并以此高标准来最终否定任何先验论证的有效性。

根据上述限定，本内特构建了一个简单的先验论证，这个论证所涉及的所有要素都已经在《康德的分析论》中已经出现过了。因为它涉及的是关于某人过去的内在状态的信念，其前提是关于他当前的状态的信念（自我知识），并且论证说，除非他把他自己的某些内在状态带入到客观性概念之下，否则他就不能说关于过去状态的信念（关于过去的判断是一种使用概念的语言能力）。显然，这样一个先验论证试图在自我知识与客观性概念的使用之间建立先天联系，这是一种相对弱化的论证，因为毕竟他不再像斯特劳德所批评的那样试图架通自我与世界之间鸿沟。不过，这个论证依然是结论性的，因为它证明了某些概念使用之于自我知识的必然性。

由此，本内特批评威尔克森的先验论证是非结论性的，因为威尔克森的先验论证并不为自我知识产生必要条件，而只是产生充分条件。而本内特的主张是，先验论证完全可以是结论性的，他说："我认为我的先验论证结论性地证明某个拥有他自己过去的起作用的概念的人必定会把他的内在状态带入一般法

---

① Jonathan Bennett, "Analytic Transcendental Arguments", in Peter Bieri, R. P. Horstmann and Lorenz Krüger (eds.), *Transcendental Arguments and Science: Essays in Epistemology*, Holland, 1979, pp. 45-64: 50-51.

则之下；并且我看不到任何原则上的理由，为什么某人通过弱化前提或加强结果（或两者）却不应该加强那个结果——依旧使用结论性的论证，而不是使用威尔克森那样的论证。"①

同时，本内特也质疑斯特劳森式的强结论的先验论证能否成功。因为斯特劳森的客观性论证实际上在前提上比本内特的前提弱，即经验的自我归属或经验的概念化，而不是某人意识到他自己的当前状态，却得出了一个比本内特的论证更强的结论，即外在世界存在，而不是这个人必定使用了客观性概念。因此，在本内特看来，斯特劳森的客观性论证显然会遭遇更多的困难，而正是这些困难使得他的论证显得如此晦涩难明。

不过，本内特认为即使这种弱化的先验论证还是会遭遇类似于斯特劳德所提出的两难，也会遭遇证实主义与先验论证之间的紧张关系。尽管本内特意义上的证实主义不是斯特劳德意义上的，他说："我的论证在如下意义上是'证实主义的'：它的结论是关于一个自我知道者（拥有一个关于他的过去的概念）如何必须概念化他的内在状态的一个命题，所以，只有在关于外在世界陈述的'证实主义的'解释基础之上，它才是关于外在世界的。进而，我没有看到任何先验论证如何是同怀疑论探究（甚至只是表面上）相关的，除非是这种广义上的证实主义。"②

---

① Jonathan Bennett, "Analytic Transcendental Arguments", in Peter Bieri, Rolf-P. Horstmann and Lorenz Krüger (eds.), *Transcendental Arguments and Science: Essays in Epistemology*, Holland, 1979, pp. 45-64: 56.

② Ibid., p. 58

因此，本内特试图借用这种广义上的证实主义瓦解先验论证与怀疑主义之间传统的相关性观念。然而，本内特的野心远非止于此，他进一步试图瓦解先验论证之于科学基础的相关性。当本内特几乎排除了所有传统意义上的先验论证的"用武之地"后，我们不禁会问：先验论证到底还能干什么？与绝大多数先验论证的支持者一致，本内特走向了一条适度的道路，一如往常，首先走向了一条重构怀疑主义的道路：不激进的怀疑主义。

在本内特的设想中，这种不激进的怀疑主义接受证实主义所要求的最为重要的一点就是：它关于外在世界理论的问题只是关于这个理论在与其可能的对手的对抗中如何好地起作用的问题。这就是说，这种怀疑主义不涉及物自体，而只是针对我们使用概念的能力，先验论证所要做的工作就是证明一种关于外在世界的最佳理论。正如本内特所说，现在只剩下两个问题：（1）在这些材料范围内，外在世界理论将比某些对手理论低级，存在带给他这些材料的事物吗？（2）他的过去和当前的材料被这种外在世界理论处理得比某些其他未想到的理论差一些？[①]本内特认为他所构建的那种先验论证，即自我知识要求客观概念的应用，能够回应第一个问题，因为这种论证的结果已经表明关于外在世界的理论与自我知识之间的必然关系，或者说，任何外在世界的理论都离不开我们对过去和当前的意识状态的

---

① Jonathan Bennett, "Analytic Transcendental Arguments", in Peter Bieri, Rolf-P. Horstmann and Lorenz Krüger (eds.), *Transcendental Arguments and Science: Essays in Epistemology*, Holland, 1979, pp. 45-64: 60-61.

拥有。对于第二个问题，本内特语焉不详，只是强调他的论证只证明了我们不能够通过理智努力发现我们当前或过去的材料为一个非外在世界的理论所更好地掌握，因而他实际上回避了第二个问题。或者说，一个回应第二个问题的先验论证实际上就会导致其所要反对的非结论性，而罗蒂在《证实主义与先验论证》一文中采取的就是这种思路。

克尔纳批评本内特的先验论证并没有如其所说的那样简单明了，而是充满了含糊不清的地方，例如，他批评本内特的先验论证是否在形式上是明朗的，尤其是其"蕴涵"（entailment）这个概念是在什么意义上说的，是比形式演绎强呢，还是比它弱，或者是从"非形式逻辑"的角度来说的，而根据他的先验论证反驳怀疑主义的方式（指出后者是自败的）的观点，应该是后一种可能性。其次，本内特对客观性概念的分析也是相当匮乏，以至于我们根本无从知晓更为详尽或准确的信息。[1] 最后，克尔纳认为本内特的论证至多能够实现这样一个推理，即从"我判断我自己记起一个过去的现象"到"我正在使用共主观性（cosubjectivity）[2] 概念"，而达不到"我正在使用客观性概念"。他认为本内特关于"共主观性"和"客观性"的区分是一个不据前提的（non-sequitur）区分，理由在于本内特他自己

---

[1] Stephan Körner, "On Bennett's 'Analytic Transcendental Arguments'", in Peter Bieri, R. P. Horstmann and Lorenz Krüger(eds.), *Transcendental Arguments and Science: Essays in Epistemology*, Holland, 1979, pp. 65-69: 66.

[2] 这个概念是本内特和克尔纳商榷的结果，本内特在原文中却没有使用这个概念。

对"共主观性"的定义。当某人判断一个主观现象是共主观的时候，他是指这个主观现象属于一个现象系统，而后者是由它们与该主体的关系来确认的。因此根据这种定义，这个概念实际承认了不同人之间的共主观性概念不兼容的可能性。因此，从"我判断一个主观现象是一个同我自己相关的主观现象系统的一部分"到"我正在使用一个特定的共主观性概念"，这是一种不据前提的推理。①

实际上，分析的先验论证的一个基本主张在于，通过一个主体实现前提和结论之间的演绎推理，并且断言如下一点是不可设想的，即一个与主体自身相关的前提是真的，然而由此演绎地推出的结论却是假的。克尔纳把这种论证推理称之为"本体论蕴含"，因为先验论证一般被用于讨论本体论问题。在他看来，本内特倾向于把它解释为能够被提供的演绎证明的直觉性保证，当然也存在视为是逻辑蕴含或适用于所有理性存在物的前提与结论之间的绝对关系。无论哪种解释，本内特都不承认本体论改变这一历史主义的观点。克尔纳本人采取了一贯的新康德主义解读路线，他的本体论蕴含不仅承认本体论的改变，而且还能够用之于理解它，因而他认为对本体论蕴含更为圆满的解释预设了对本体论的机构和功能，以及形而上学论证的本质的探究。② 我同意对于先验论证的探究要涉及形而上学论证

---

① Stephan Körner, "On Bennett's 'Analytic Transcendental Arguments'", in Peter Bieri, R. P. Horstmann and Lorenz Krüger (eds.), *Transcendental Arguments and Science: Essays in Epistemology*, Holland, 1979, pp. 65-69: 67-68.

② Ibid., p. 69.

的本质探究，不过不是从历史主义的角度，而是从形而上学的本质的角度出发来探究，对此笔者在第一章中已经详细地论述过了。

任何一个论证都会要求其前提尽量弱一点，而结论尽可能强一点，先验论证由于其前提的特殊性，只能要求其结论显得不那么微不足道。然而无论如何，这个结论绝对不可以跨越主观性的领域而进入绝对客观的领域。幸而，先验哲学家并不要求这样一个领域的存在（至少在知识论或经验形而上学中不要求）。因此，先验论证主要的着力点必定关注我们的知识的普遍有效性和客观实在性，而一个分析的先验论证在这方面过于严厉，乃至于其能够达到的结论不可避免地受到形式的限制而显得过于贫乏。这样一种先验论证很难达到康德试图在先验演绎中所要达到的结论，即借助于可能的经验这一标准对经验或知识的合乎法则性进行理性的审查或批判，从而揭示范畴之于经验或知识的必然应用。

三、综合的先验论证

威尔克森在1970年发表的《先验论证》[①]一文中最早对先验论证是分析和综合的问题提出自己的看法，由此也引发了一系列的争论。从该文章的一个注释来看，威尔克森的主要的讨论对象就是斯特劳森的《意义的界限》一书中对康德的先验演

---

① T. E. Wilkerson, "Transcendental Arguments", *The Philosophical Quarterly*, Vol. 20, No. 80, 1970, pp. 200-212.

绎的解读和改造，并且在成文的过程中同斯特劳森本人有过深入的讨论，后者对该文的一个早期版本做过评论。因此，可以合理地推断，威尔克森在最终发表的这篇文章中提出的一种综合的先验论证的方案在很大程度上是为斯特劳森所接受的，也就是说，斯特劳森基本上接受了一种纯粹的分析性的先验论证是不可行的。接下来，我们就来看看威尔克森的方案到底是什么样的。

有意思的是，威尔克森的方案的灵感来自于本内特，源自后者的一个区分，即直截了当地分析的（straightforwardly analytic）和不直截了当地分析的（unobviously analytic）。这个区分出自本内特的《康德的分析论》的第 15 节关于斯特劳森理论的状况的分析，他用不直截了当的分析来标示斯特劳森的"分析"概念，即斯特劳森的"分析"概念表示的是某些区分、某些范畴之间的联结，而不仅仅是概念之间的联结。这种"分析"概念的内涵最好用本内特如下一段话来说明：

"康德称之为先天综合的最有意思的真理拥有某种类似于我曾宣称斯特劳森的理论会拥有的状况：它们是关于诸条件的不直截了当地分析的真理。在这些条件之下，某些区分能够被作出，或在这些条件之下某些概念能够拥有一种有意义的使用，不管是肯定的还是否定的。进而，我们应该看到，康德的论证是同其拥有这种状况的结论是相适应的。所以我提出了这个探索性的规则：'当康德把某种东西称之为先天综合的时候，沿着他曾经说过的路线进行下去就会得到关于如同斯特劳森的理论那样的一般的概念性相互关系的真理'。"①

　　威尔克森认为这种主张本身是引人误解的，因为与斯特劳森理论相似的不是康德的先天综合原理，而是证明它们的先验论证。尽管如此，威尔克森认为本内特的论证为我们提供了一条全新的路径，"不直截了当地分析的"这一观念实际上区分了概念与范畴两个层次。以红为例，概念红和范畴／红／是不一样的。当我们说"x 是红的"时候，相当于说"x 是红的,这是真的"；而"x 是／红的／"相当于"把 x 描述为红的,这是有意义的（或可理解的）"。根据这种区分，存在三种情况：

　　（1）x 是红的，当且仅当 x 是有颜色的。

　　（2）x 是／红的／，当且仅当 x 是有颜色的。

　　（3）x 是／红的／，当且仅当 x 是／有颜色的／。

　　第一种情况就是日常的"分析"概念所要表达的东西，而第二和第三种情况就是先验主张所关心的形式。而且它们也恰能够说明为什么本内特会称之为"不直截了当地分析的"，因为作为范畴的／红／与作为概念的"有颜色的"和作为范畴的／有颜色的／之间并没有明显的包含关系。不过，威尔克森认为（2）是综合的，且是虚假的，只有（3）才是分析地真的。然而，一个先验论证所遭遇的特殊困难在于它通常同时包含了（2）和（3）两种形式的步骤。

　　根据如上区分，同时也为了突出表现这种困难，威尔克森

---

　　① Jonathan Bennett, *Kant's Analytic*, Cambridge University Press, 1966, pp. 42-43.

重新表述了斯特劳森的论证，如下所示[①]：

a）我意识到一个在时间中定序的表象系列。

b）我／意识到表象／，当且仅当我／自我归属它们／。

c）我／自我归属它们／，当且仅当我／区分主观的与客观的／。

d）我／区分主观的与客观的／，当且仅当我／使用客体的概念／。

e）我／使用客体的概念／，当且仅当世界展示了一种受法则统摄的联结性。

如上所示，该论证的最大困难就在于 e）是上面第二种形式，因而是综合的和虚假的。我们很容易构造一个它的一个反例，如缸中之脑之类的思想实验，拥有客体的概念，但它并没有展示世界受法则统摄的联结性。出于这个原因，威尔克森认为我们也无须根据上面提供的等值公式（即"x 是／红的／"，相当于"把 x 描述为是红的，这是可理解的"）来变换 b）、c）、d）。

为了解决 e）步骤所包含的这种困难，威尔克森从斯特劳森的一段评论中吸取灵感：

"当然，利用我们已经具备的概念资源，我们能够形成这样一幅图景（即关于纯粹感觉材料的世界图景。——笔者注），但这是不够的。我们不得不证明的是，这个图景本身包含了实质的使得概念本身成为经验的东西。"[②]

---

① T. E. Wilkerson, "Transcendental Arguments", *The Philosophical Quarterly*, Vol. 20, No. 80, 1970, pp. 200-212: 207.

② P. F. Strawson, *The Bounds of Sense: An Essay on Kant's Critique of Pure Reason*, Methuen, 1966, p. 109.

威尔克森认为，与其用可理解性来变换 b）、c）、d）、e），还不如用"实质的"，例如 b）可以变换为"我 / 意识到表象 / 是实质的并不在我不 / 归属它们 / 的世界中在场。"这种变换的好处是明显的，它表明在哲学上令人感兴趣的问题是涉及那些思想条件的东西，即在什么条件下，我们能够拥有我们所使用的概念，或什么东西使得我们自然地拥有我们所使用的概念？然而，这样变换消除了"当且仅当"这样的特征术语，在某种意义上它失去了先验主张的某些关键特征。因此，威尔克森认为还应该改变一下"实质的"这个术语，用"实质的充分性"（material sufficiency）。因此，上面的论证可以重新表述如下^①：

（a）我意识到一个在时间中定序的表象系列。

（b）我 / 自我归属它们 / 对于我 / 意识到它们 / 来说是实质地充分的（其他条件不变）。

（c）我 / 区分客观的与主观的 / 对于我 / 自我归属它们 / 来说是实质地充分的（其他条件不变）。

（d）我 / 使用客体的概念 / 对于我 / 区分主观的与客观的 / 来说是实质地充分的（其他条件不变）。

（e）一个世界展示了一个受规则统摄的联结性对于我 / 使用客体概念 / 来说是实质地充分的（其他条件不变）。

威尔克森提出实质的、实质充分性概念来构造先验论证的目的在于他不满足于先验论证只是在编造逻辑上一致的精灵故

---

① T. E. Wilkerson, "Transcendental Arguments", *The Philosophical Quarterly*, Vol. 20, No. 80, 1970, pp. 200-212: 210.

事。他认为我们还必须能够理解精灵的活动，因此他说："我们所关注的先验论证的要点恰恰在于：它试图关注在我们的概念图式的不同部分之间的某种联结，我们发现它们确实是可理解的，而且如果某些关键概念（尤其是那些关于自我意识主体的概念）不是逻辑空间的完全随机的填充物的话，那么这种联结必定存在。"①

威尔克森的方案在康德那里具有一定的理论根据，他认为康德关于分析和综合的方法的论述，以及对先验方法的论述都充满模棱两可的地方。康德一会说他是综合地对纯粹理性本身进行探究的，一会又说他采取的是分析的方法。威克尔森通过下面一段话突出表现了这种含糊性，并且为他自己的解读寻找到了根据：

"在先天综合知识的一切证明中，对先验的和综合的命题的证明本身有这样的特点，即理性在它们那里不可借助于其概念而直接转向对象，而是必须预先说明这些概念的客观有效性和对它们进行先天综合的可能性。……如果我想先天地超出有关一个对象的概念，若没有一个特殊的和处于这个概念之外的引导线索，这是不可能的。在数学中，引导我的综合是先天直观，在此一切推论都可以直接从纯粹直观中引出来。在先验知识那里，只要它仅仅与知性概念发生关系，那么这个准绳就是可能的经验。因为证明并不表明被给予的概念（如关于发生的事的概念）直接就导致另一个概念（一个原因概念）；因为这

---

① T. E. Wilkerson, "Transcendental Arguments", *The Philosophical Quarterly*, Vol. 20, No. 80, 1970, pp. 200-212: 211.

样一类过渡将是一个根本不可辩护的跳跃；而是表明，经验本身、因而经验的客体没有这样一个连结就会是不可能的。所以证明必须同时指出综合地和先天地达到某种有关物的知识的可能性，而这些知识本来并不包含在这些物的概念中。"（A782-3/B810-1）[1]

一般情况下，这段话可以有两种解读：（1）先验论证是演绎地无效的，因为"综合地和先天地达到某种有关物的知识的可能性，而这些知识本来并不包含在这些物的概念中"；（2）先验论证是演绎地有效的，因为这种论证是通过"可能的经验"这一逻辑黏合剂把前提和结论演绎地绑定在一起的。不过，威尔克森认为还存在第三种解释，他认为康德弄混了两个问题，他说："与其讨论他的先验证明的逻辑状况，不如讨论先天综合原理的状况，即讨论'被给予的概念'（如关于发生的事的概念）和'另一个概念'（一个原因的概念）的关系问题。"[2] 当然，威尔克森的目的在于驳斥第二种解释，即分析的先验论证，而这第二种解释就是我在本书第三章第二节中所采用的解释路径。他认为可能经验这一概念引入了一个非常有意思的和在特性上是康德式的建议，如果接受这个概念，我们至少能够解决一种情况的困难，即它至少保证了这样一个论证的演绎的严密性，即从经验性的自我意识的事实出发，证明范畴之于每一个先天

---

① 康德：《纯粹理性批判》，邓晓芒译，杨祖陶校，第597—598页。

② T. E. Wilkerson, "Transcendental Arguments", *The Philosophical Quarterly*, Vol. 20, No. 80, 1970, pp. 200-212: 202.

综合的直观形式的必然应用。^①

威尔克森认为，不幸的是，这种策略很难在实践中实现。首先，从逻辑的目的来看，可能经验这个概念是不规范的，因为论证首先是由命题组成的，而不是由概念组成的。如果我们直接诉诸可能经验这一概念来构想一个命题，那么它的直接后果就是，"我们要么说得太多，要么说得太少"^②。当我们把下面两个命题，即"我意识到一个在时间中定序的表象系列"和"这个表象系列构成了一个可能经验"看作是具有承继关系的时候，我们如何看待"经验"这个概念？可选择的内涵有三种：

（1）客体，即外在事物，的经验。

（2）客体，即以某种受法则统摄的方式定序的外在事物，的经验。

（3）一系列意识状态。

然而，如果选择（1），那么要么预设了外在事物的存在，要么就是由于前提太弱而无法得出这个结论。因而在这种情况中，"对于逻辑的目的而言，前提太弱，因为它们将不会准许这种推理；对于哲学的目的而言，它们太强了，因为一个假设了其所有证明的东西的论证是无趣的"^③。另外两种情况也会遭遇这样的问题，因为对于（2）来说其实是增加了其所要证明的部分内容，因而使得整个论证变得索然无味，而对于（3）来说太

---

① T. E. Wilkerson, "Transcendental Arguments", *The Philosophical Quarterly*, Vol. 20, No. 80, 1970, pp. 200-212: 204.

② Ibid.

③ Ibid.

强了，从而将不会准许这种推理。

威尔克森认为，错误的地方在于分析的先验论证这个思路本身，即引入了"可能经验"这个概念，那么我就必定要追问表象序列构成一个可能经验这一主张到底处于什么状况。而那样只是把问题往前推了一步，即从先验论证转向先验前提的讨论。当这个表象序列被视为是一个一般论证的前提的时候，我们必须能够通过某些一般条件来确证它，而这些一般条件必定不能仅仅是这个表象系列构成了一个可能经验这一有趣的事实，而必须涉及这个表象序列的必然特征。而且，威尔克森认为满足他的逻辑目的的唯一条件必定不是在逻辑上必然的，或分析地必然的，因此他说："取代一个综合的先验论证，我们剩下一个综合的先验前提。"①

总而言之，威尔克森发展了康德的先验论证的综合路线，这是基于一个前提，即他坚信一种形式的论证本身足以保证先验论证的结果，他所反对的只是那种分析的或演绎地有效的论证路径。正如其在《先验论证》一文开始引述斯特劳森的客观性论证的时候评论道："从一般哲学的观点来看，这是一个不错的论证模式，康德用（或可能有用）之以证明他想要（或曾经想要）证明的每一个先天综合原则。"②这个论证模式的最大特点就是它不包含先验演绎的心理学机制，而这点招致欣提卡的不满，他说："因此，对'心理学机制'的涉及（最近的先验论

---

① T. E. Wilkerson, "Transcendental Arguments", *The Philosophical Quarterly*, Vol. 20, No. 80, 1970, pp. 200-212: 205.

② Ibid., p. 200.

证研究者倾向于因其非本质性而不加以考虑）实际上接近了康德式的论证的要点。（当然，对于康德来说，它们不是经验心理学，而是先验心理学，即同我们的'认知能力'相关。）……因此，我将不过多地讨论最近对先验论证的讨论细节，因为这种讨论对于我来说，这个概念的核心内容已经在这种讨论中被误解了。"①

此外，欣提卡对威尔克森最为不满意的一点也许就是他把演绎地有效的论证与先天综合论证对立起来的做法，他认为这种对立对于我们解释先验论证没有一点帮助。欣提卡对"演绎的有效性"有其特殊的理解，他认为斯特劳森、威尔克森、格拉姆等一批先验论证研究者对于这个概念的理解都是当代意义上的。然而，康德意义上的"演绎"最好理解为"同实在相关联的量化语句是通过某种语言游戏来谈论的，一阶逻辑的演绎规则反映了这些游戏的规则。那么，任何使用一阶逻辑的演绎论证都将预设玩'探险世界的游戏'的可能性，这些游戏是根据某些规则建立在这种可能性之上的。如果一个演绎论证被假定是确立这种可能性的，并且如果这个论证本身是量化的，那么我们已经以某种方式拥有了一种同康德所描述的状况相似的状况。这个结论（某种概念实践的可能性）是通过其本身依赖于这些实践之上的推理来达到的。这个结论使得通过其所确立的那个论证成为可能。"②上面这段话在表述上虽然不是康德式

① Jaakko Hintikka, "Transcendental Arguments: Genuine and Spurious", *Nous*, Vol. 6, No. 3, 1972, pp. 274-281: 276.

② Jaakko Hintikka, "Transcendental Arguments: Genuine and

的，但是欣提卡认为他真实地表达了康德所要表达的东西。欣提卡的观点自有其理论支撑，他发展了一种语言游戏语义学，并且把它应用于分析康德的先验论证，其中最为关键的就是他作出了"室内"（indoor）游戏和"室外"（outdoor）游戏的区分。它们遵循不同的规则，前者涉及的是用二阶语言来讨论的符号，它像是棋盘游戏那样并不指涉外在的实体本身，而只是它们的符号；而后者则涉及用一阶语言来讨论的实体，它是由寻找这种实体的一系列活动所组成的。进而，欣提卡认为，最基本的哲学问题就是由前一种游戏不如后一种游戏对于我们来说来得重要引起的，而我们应该追问的是，"室内游戏"如何帮助我们玩好"室外游戏"呢？在他看来，先验论证就是在解决这个问题。① 但是，显然，欣提卡的解释已经大大超越了康德的视域，这种解释的效果如何依然是个问题，而且他的解释对于我目前讨论的问题没有多大帮助。不过，它的解释有助于揭示先验论证的一个重要特性，即自指性。

对威尔克森不满意的哲学家众多，笔者认为最关键的是要弄清他对于可能经验这一概念的批评是否是有效的。首先，威尔克森对这个概念的理解是错误的，他根本就没有理解这个概念中的"可能"这个词的意思，而是直接在讨论中将其化归为"经验"，进而讨论经验的三种可能的理解。然而这个概念的真正关

Spurious", *Nous*, Vol. 6, No. 3, 1972, pp. 274-281: 277-278.

① Jaakko Hintikka, "Quantifiers, Language-Games, and Transcendental Arguments", *Logic, Language-Games, and Information: Kantian Themes in the Philosophy of Logic*, Oxford University Press, pp. 98-122.

键的地方在于"可能"这两个字。"可能"这个词在此表达了概念或范畴应该具备非经验的但又是直观的或具有内容的意思，因为首先康德认定经验性的直观在先验论证中是不能够起作用的。并且，概念要具有客观有效性就要求概念具有内容，因此他想到了"可能的直观"，而更为具体地讲它指的不过是"一般性的时间和空间"。其次，威尔克森关于论证是首先由命题构成而不是由概念构成这种观点固然没错，但是"可能经验"这个词也不是应用于命题的！或许威尔克森首先假定了这点才认为这个概念在先验论证中是不合宜的。我认为完全不需要做出如此论断，因为可能经验固然是为了连结概念而不是为了连结命题而引入的。但是，概念作为命题的核心构成部分，一旦概念获得了充实或获得了客观有效性，那么对于命题本身的真来说也是至关重要的。因为只有如此，命题才不仅仅表达一种单纯的概念关系。而且，在康德那里，概念的范围要广得多，正如在上面的引文中所说的，他把"发生的事"也可以视为是一种概念，然而在现代逻辑中，往往是一个命题才能够完成的任务，因此在此要关注的是范畴；根据康德的表述，第二经验类比所要证明的是"关于发生的事的概念"与"一个原因的概念"的关系，也就是说，是经验或经验的概念与范畴之间的应用关系。因此，现在情况变得明朗了许多，因为"可能经验"实际上是同范畴直接相关的，它填补的是经验与范畴之间的巨大鸿沟。话至此，引发了我们进一步的思考，威尔克森在论证中不断强调命题在论证中的作用。在我看来，他实际上认定了先验论证具有固有的严格形式，哪怕这种形式不是演绎性的。然而，我们在本书的第一部分中的先验论证的具体实例可以看到，在具体论证中,先验论证是千姿百态的,根本没有固定的程序或形式,而揭示先验论证的特质的也不是具体的哪一个步骤,而是对于经验、知识或语言等的可能性条件的追问。

最后,我们回到威尔克森的方案,"实质充分性"在论证中体现在与主体相关的一些决定性要素上。例如,他举了螺帽的例子,认为螺帽的转动和拧紧实质地充分的条件就是我使用一个扳手并且转动它,至于其他条件,如螺帽本身的结构、外来干涉源的缺乏等都不算不上是实质地充分的条件,而只是一些必要的假设。这点在想法上固然是没错。不过,这必定导致这个论证变得琐碎无趣,因为这个论证"只会告诉我们一些经验性的条件,而如何获得概念这种问题也就变为一个发生心理学问题"①。如果真是如此,那么先验论证将会是一个很无趣的论证,不仅丧失了先验论证应该具有的批判性视角,而且会湮灭哲学的真正旨趣所在。不过,虽然面临诸多指责,威尔克森毕竟在适度化道路上迈出了一步,因为他在对抗严格意义上的演绎地论证这一点上是功不可没的。

关于分析和综合之争的关键的分歧在于先验论证是应该演绎地进行呢,还是归纳地进行。显然,它们都在先验论证的前提和结论之间是保持高度一致的,问题在于如何可靠地实现的问题。然而实际上,先验论证的前提和结论远非清楚,尤其是康德的先验演绎的论证的前提和结论更是迷误重重,以斯特劳森为代表的强解释引发了斯特劳德的激烈反对,因此也引发了此后数十年的论战。在这种争论中逐渐出现了一股适度化的先

---

① Ralph C. S. Walker, *Kant*, Routledge, 1978, p. 21.

验论证思路，当然，这种思路具体实现的路径是多种多样的，下面一节讨论的作为回溯论证的先验论证应该是所有适度化讨论的前提，因为正是在这一节中，我们要开始重新审视先验论证的前提和结论，进而重新审视先验论证的论证途径。

第三节　先验论证：回溯的，还是前进的？

根据论证的进程不同，先验论证可以分为前进的（progressive）先验论证和回溯的（regressive）先验论证：前者从一个明显不容置疑或普遍地被接受的关于世界的经验前提出发，得出关于世界的实质性的知识主张，例如世界是因果地和时空地联系在一起的。因此，它们开始于怀疑论者的怀疑过程的末端；而回溯的先验论证则恰恰相反，它们同怀疑论者的起点是一样的，例如我们拥有关于一个因果的和时空的世界的经验，进而证明某些观念隐含在这种经验概念之中。因此，相比较而言，回溯的先验论证是一种更为保守的论证，它不再追求得出关于世界的实质性的本体论主张，而是关注主体本质，正如泰勒所说的："它们（即先验论证。——笔者注）推出一个更强的结论，它涉及主体的本质或他在世界之中的立场。它们是通过一个回溯论证来完成这一步骤的。"[1] 早期的先验论证研

---

[1] Charles Taylor, "The Validity of Transcendental Arguments", *Proceedings of the Aristotelian Society*, New Series, Vol. 79 (1978-1979), pp. 151-165: 151.

究者们主要持前进的先验论证观点，其中最著名的包括斯特劳森、本内特和沃尔夫（R. P. Wolff）等，而主张回溯的先验论证的主要有卡尔·阿莫里克斯（Karl Ameriks）和奎赛因·卡萨姆（Quassim Cassam）和查尔斯·泰勒等。我基本上持回溯的先验论证观点，因为它不仅与康德的意图相符，同时它能在真正意义上体现先验论证的本质。

一、先验阐明与先验演绎的结构一致性

阿莫里克斯认为当代对康德的先验演绎的公认解读是错误的，因为它们基本上都忽视了康德自身对先验论证结构的讨论，而这种忽视的结果就是当代解读者对先验演绎的 B 版几乎没有什么详尽的分析，从而像斯特劳森、本内特和沃尔夫等人都错误地把先验演绎视为是一种关于客观性的证明。他说："与之相反，演绎是从存在经验知识这样的假设到那种知识的前提条件的一个证明，这种理解是必要的，也是有益的。"[1]

然而，阿莫里克斯并不直接讨论 B 版先验演绎，而是首先讨论我们在论述先验论证的时候很少论及的先验阐明。先验阐明同样是一个先验演绎，因为康德说过："我们前面已经借助于一个先验演绎对空间和时间概念追踪了其来源，并解释和规定了它们的先天的客观有效性。"（A87/B119）[2] 这个主张得到后来

[1] Karl Ameriks, "Kant's Transcendental Deduction as a Regressive Argument", *Kant-Studien*, 69: 3 (1978), pp. 273-287: 273.

[2] 康德：《纯粹理性批判》，邓晓芒译，杨祖陶校，第81页。

者的积极响应,例如道格拉斯·伯纳姆(Douglas Burnham)认为,
几何学的本质和客观有效性是对空间的先验观念性的 "主要论
证",这就是说,康德在先验感性论中的主要论证是从几何学出
发的回溯论证。^①无独有偶,乔治·迪克（Georges Dicker ）也
持相同的观点,他把空间概念的先验阐明归结为如下一个论证:

（1）几何学命题是先天综合的。

（2）仅当空间是直观的一个主观条件,这才是可能的。

（3）所以,空间是直观的一个主观条件。

紧接着,他说:"这就是我先前提及过的回溯论证,在其中,
康德从几何学的先天综合状况出发,并为它寻求一个解释。这
个论证在本质上是一个从几何学命题的必然特性到那些命题
所描述的东西的主观特性的论证。必然与主观之间的这种联
结是这个论证的关键,这个论证的成败与否取决于这种联结
的合法性。"^②

此外,迪克认为,在康德那里,我们上面关于回溯论证
和递进论证的区分实际上就是分析的方法与综合的方法的区
分。不过,这里跟命题或判断的分析与综合的区分没有什么关
系。康德曾经指出,《纯粹理性批判》是综合地进行的,而《导
论》则是分析地进行的,迪克承认这是两者的重要差别所在,
但是他进一步认为康德经常把这两个论证搅和在一起,从而导

---

① Douglas Burnham, *Kant's Critique of Pure Reason*, Edinburg
University Press, 2007, p. 55.

② Georges Dicker, *Kant's Theory of Knowledge: An Analytical
Introduction*, Oxford University Press, 2004, p. 31.

致他的论证时常出现恶性循环的情况。迪克举了一个例子。在《纯粹理性批判》的导言中，康德在提出了"纯粹数学如何可能？""纯粹自然科学如何可能？"这两个问题之后，他紧接着说："由于这些科学现实地存在了，这就可以对它们适当地提出问题：它们是如何可能的；因为它们必定是可能的这一点通过它们的存在而得到了证明。"（B20-21）[1]迪克认为，这段话听起来让我们觉得，康德仅仅假设我们只拥有位于自然科学之下的先天综合知识。但是，如果康德做出了这个假设，那么他就假定了休谟所否定的东西，因而是一种乞求问题的论证。

言归正传，康德在"空间概念的先验阐明"这一节一开始就提出了他对一个特殊表象的先验解释的要求，表述论述：

"为此目的，就要求：1）这一类知识确实是从这个给定的概念推导出来的，2）这些知识只有以这个概念的给定的解释方式为前提才是可能的。"（B40）[2]

这意味着先验阐明必须表明：（1）几何学是从空间这个表象"确实地推导出来的"，（2）几何学是可能的，仅当这个表象具有一个特殊的本质（用康德的术语就是，是观念的）。根据这两个要求，先验阐明实际上要求证明一种特殊知识（如几何学）的充分必要条件。因为，第一个要求明显表明空间表象对于几何学来说是充分的，而第二个要求则表明空间对于几何学来说是必要的。阿莫里克斯认为当代许多哲学家就是依循这种解释的路径，并且把它应用于对先验演绎的解释，而这种解读也并

---

[1] 康德：《纯粹理性批判》，邓晓芒译，杨祖陶校，第15—16页。
[2] 同上书，第27页。

非完全没有根据。根据康德在《未来形而上学导论》中的著名评论表明，《纯粹理性批判》使用了一个综合的或前进的，而不仅仅是一个分析的或回溯的方法，即它提供的论证不仅仅假设先天综合知识和证明其默认，而且还拥有先天综合命题作为其结论。因而，先验阐明的第一个要求投射到先验演绎就是，后者必须包括一个论证，它从仅仅说明一种特殊类型的表象的前提出发演绎地推导出先天综合原则。这种把先验演绎解读为前进的论证的企图实际上是缺乏根据的，因为，康德在提出先验阐明的两个要求之后马上表明，几何学是综合地却又是先天地规定空间属性的一门科学，它只要求诉诸纯粹直观，而不是经验性的直观，即"这种直观又必须是先天地即先于对一个对象的一切知觉而在我们心里"。然而，他直接转向了解释这如何可行的问题："那么，一个先行于客体本身并能于自身中先天地规定客体概念的外部直观如何能够寓于内心中呢？显然只有当这些表象仅仅作为主体受客观体制刺激并由此获得对客体的直接表象即直观的形式形状，因而仅仅作为外感官的一般形式，而在主体中占有自己的位置时，才得以可能的。"（B41）[1] 我们在上面的论述中无从发现前进论证的影子，有的只是如何追溯几何学在我们内心中的根源的回溯论证。由此，阿莫里克斯得出结论说："在这点上，我们应该记起，康德的先验阐明所要表明的只不过是，几何学包括先天综合命题，而这要求一个空间的先天直观，尽管它要接受空间的'形而上学阐明'的结果，即

---

① 康德：《纯粹理性批判》，邓晓芒译，杨祖陶校，第28页。

我们拥有空间的先天直观。"①

　　阿莫里克斯认为，把先验阐明解释为回溯论证的好处主要有两个。首先，它同整个纯粹理性批判的精神相契合，尤其是先验演绎的主观线路就是要追溯先天综合知识在人类心灵中的原初根源。进而从这个角度出发，我们可以把先验阐明视为致力于把一种特殊的先天知识同心灵特殊的能力、活动或表象相关联。正如欣提卡所认为的，对于康德来说，先验论证是这样一种论证，它通过表明一种特定的先天综合知识如何归因于我们的那些活动来证明一种特定的先天综合知识之可能性。② 不过，我不能同意的是，欣提卡把我们的那些活动简单地称之为"心理学装置"，并认为它是康德先验式论证的要点所在。

　　另一个好处在于，这种解读能够很好地揭示先验感性论与先验分析论之于先验观念论的密切关系，而不是像斯特劳森那样极力地试图把先验论证同先验观念论分开，有意破坏康德的《纯粹理性批判》的整体性，即试图重构出一种符合分析时代的、没有先验观念论的先验论证。这个好处清楚地表现在阿莫里克斯对先验感性论和先验分析的主要结构的刻画中：

　　"先验感性论（关于空间的）的核心论证具有如下结构：几何学（A）要求先天综合命题，反过来，后者要求纯直观（B），而仅当先验观念论是真的，这些才是可能的。……先验分析论

---

　　①　Karl Ameriks, "Kant's Transcendental Deduction as a Regressive Argument", *Kant-Studien*, 69: 3 (1978), pp. 273-287: 275.

　　②　Jaakko Hintikka, "Transcendental Arguments: Genuine and Spurious", *Nous*, Vol. 6, No. 3 (Sep., 1972), pp. 274-281: 275.

的论证具有一个相似的结构：经验知识（'经验'）是可能的，仅当'统觉的源初综合统一'应用于它，而后者要成为可能的，仅当纯粹概念具有有效性，而这反过来要求先验观念论是真的。"①

总而言之，根据回溯的解释，空间的先验阐明是这样一个论证，即几何学是可能的，仅当空间这个特殊的表象具有一种特定的本质，即是纯直观。相应地，先验演绎则表明了经验要是可能的，仅当存在一种特定的表象，即纯概念。因此，它们都追溯到了人类心灵的认知能力，而没有企图得出一个更强的结论，如客观性诉求。

二、对公认解释（received interpretation or RI）的批评

本章第一节已经表明，斯特劳森把康德的先验演绎重构为一种客观性论证，即力图从我们具有自我意识或自我归属经验的能力这个小前提出发来证明存在一个外在的和至少部分合乎法则的世界，迥异于我们的觉知。阿莫里克斯把这种以斯特劳森为代表的对先验论证的当代主流解释称之为"公认解释"（简称 RI）。阿莫里克斯认为，这种解释的主要观点就是认为《纯粹理性批判》接受经验知识作为一个应该被回溯地解释的前提，而不是作为一个应该被确立的结论。②

---

① Karl Ameriks, "Kant's Transcendental Deduction as a Regressive Argument", *Kant-Studien*, 69: 3 (1978), pp. 273-287: 276.

② Ibid., p. 276.

阿莫里克斯对 RI 的反对理由主要有两点。第一点即上面论述已经表明的结论，即这种解读不符合康德的意图，而第二点就是认为根据这种解释所获得的先验论证不是一个有效的论证。我们知道，斯特劳森在提出客观性论证之后，不少哲学家已经从多个角度提出过批评，不过阿莫里克斯认为这些批评都没有真正击中要害。针对其论证所要证明的关键点，即遭遇一系列时间地经验的对象这一事实蕴涵着我们拥有把客观的东西与主观的东西区分开来的能力，而这些客观的东西"被设想为不同于对它们的特殊主观状态"[①]。格雷汉姆·伯德（Graham Bird）认为斯特劳森的"被设想为是不同于对它们觉知的特殊主观状态的东西"这个观念是不充分的，因为能够通过斯特劳森的客观性检验的对象依旧只是我们心灵的属性而已。[②] 阿莫里克斯认为这种诘难可以通过对其中包含的"特殊的"这个概念的不同解释来应对，如果它指的是"任何某个特殊的"，那么持久的心灵状态证明是"客观的"，例如，我的愤怒可以完全不同于对它的某种特殊的觉知；而如果它指的是"所有特殊的"，那么对事物的看或听就是"主观的"，因为例如，我们不可能独立于我们的意识状态而理解一朵花的红。[③]

阿莫里克斯认为，对斯特劳森观点的决定性反对在于指

---

① P. F. Strawson, *The Bounds of Sense: An Essay on Kant's Critique of Pure Reason*, Methuen, 1966, p. 90.

② Graham Bird, "Recent Interpretation of Kant's Transcendental Deduction", *Kant-Studien*, Vol. 65, 1974, pp. 1-14: 10.

③ Karl Ameriks, "Kant's Transcendental Deduction as a Regressive Argument", *Kant-Studien*, 69: 3 (1978), pp. 273-287: 278.

出他达到结论的路线的离奇之处，正如罗斯·哈里森（Rose Harrison）和罗蒂所做的那样。他们主要攻击的是斯特劳森如下一段话中所表现的论证路线：

"我们已经达到更深层次的困难。（1）我们一开始就同意说经验既要求特殊的直观又要求一般概念。（2）如果经验不要求特殊事物的认识成为如此这般的一般种类的认识的话，那么我们就根本不可能有经验。（3）这似乎必定是可能的，甚至在最短暂的和最纯粹主观的印象中，也有可能去辨别出一个认识组成部分或判断，它不能简单地等同于或完全同化于被认识的特殊物，而且形成了判断的主题。（4）然而，同时我们似乎被迫承认存在特殊的主观经验（例如一瞬间痒的感觉），它的对象（宾格）没有独立于对它们的觉知的存在。（5）清楚的是，康德所认为的走出这个困难的方法是什么。（6）出路就是，承认对经验来说是必然的这个认识组成部分能够在经验中在场，只因为存在可以把不同的经验归诸同一个主体的**可能性**。"[①]

（1）和（2）是论证的前提，它们表达了经验的基本构成和形成方式，其中（1）完全就是康德关于知识的基本主张，而（2）则是一个基本常识，即经验的形成是从特殊到一般的过程，因而实际上第（2）是对第（1）句的一个具体的确认，即经验必须包含特殊物和一般物。哈里森认为，斯特劳森要从（2）可以推演出（3），那么"这必定意味着，在所有经验之中，必定

---

① P. F. Strawson, *The Bounds of Sense: An Essay on Kant's Critique of Pure Reason*, Methuen, 1966, pp. 100-101. 为了便于下面的论述，笔者在引文中加入了着重号和数字标号。

有可能在那个经验的判断之中区分出该判断所及的特殊对象和被断定拥有的特质或应该是的那类对象。也就是说,这种断定就是,在所有关于经验的判断之中,必定有可能去区分描述性的部分和指称性的(或指示性的)部分,前者把这种经验或对象同其他经验或对象进行比较,而后者则与关于特殊的经验或对象的判断相关联。因此,描述的部分必定就是斯特劳森的'认知组成部分或判断'所意味的东西。"[1]

不过,根据这种解释的话,(4)和(5)所表达的困难就不会出现,因为即使我们在关于"痒"这个经验中同样可以区分出描述性的部分(它是让人发笑或难受等)和指称性的部分(指"痒"这一感觉材料)。我们通过(6)里再次出现的"认识组成部分"可以知道,斯特劳森自己想要用这个概念表达的东西跟哈里森认为应该具有的意思完全不同。(6)作为对困难的解决,认知组成部分在经验中的在场是对象与对它们的觉知进行区分的关键所在,进而,斯特劳森才会说早期感知材料论者"没有在假定的觉知经验与被觉知的特殊对象之间的区分根据"[2]。所以,认知组成部分的意思就是能够独立于对象本身而存在的关于对象的经验一部分,它同对象的觉知直接相关。

因此,两相比较,斯特劳森在这个论证中转换了"认知组成部分"这个词的意思,如果不进行这种切换的话,那么这个

---

[1] Ross Harrison, "Strawson on Outer Objects", *The Philosophical Quarterly*, Vol. 20, No.80, Special Review Number, 1970, p. 215.

[2] P. F. Strawson, *The Bounds of Sense: An Essay on Kant's Critique of Pure Reason*, Methuen, 1966, pp. 100-101.

论证以该词的第一种意思进行完全不能够达到斯特劳森的理论意图，即反对早期感觉材料论，证明独立于我们的觉知的客观世界的存在。哈里森提供的这种反对的关键在于，表明了一种试图从我们的意识及其条件演绎出客观世界的存在这一论证路线之不可能性。因为哪怕具有独立地位的"认知组成部分"依旧不过是主观的，而这是我们的前提所能够达到的最理想的结果，而它完全可以同一个独立地存在的世界无关。

罗蒂的批评更为明朗和敏锐，因为他观察到在斯特劳森那里的"认识组成部分"和"概念组成部分"的区分[1]，而这不过是（1）和（2）前提所表达的区分的一种复述，因而他认为斯特劳森在论证的关键步骤上其实假设了其要论证的前提，因而是一个乞求问题的论证。[2]

归根结底，阿莫里克斯认为，先验论证的公认解释错误地认定了先验论证的前提和结论，从而导致其论证过程必然会借助上述所表达的某些"偷梁换柱"或"乞求问题"的方式来达到其论证目标。然而，这注定是要失败的。因此，对先验论证的回溯性解释告诉我们要正确地认清先验论证的前提和结论，只有这样，论证才能够成功地完成。

---

[1] P. F. Strawson, *The Bounds of Sense: An Essay on Kant's Critique of Pure Reason*, Methuen, 1966, p. 110.

[2] Richard Rorty, "Strawson's Objectivity Argument", *Review of Metaphysics*, 24: 2, 1970, pp. 207-244: 218.

三、作为回溯论证的先验演绎：阿莫里克斯的版本

阿莫里克斯认为在就先验论证是前进的还是回溯的问题上，在康德的文本中常有暧昧不明之处。因此，关于先验演绎具有回溯的结构的问题不能仅仅诉诸权威，而是要立足于这个论证本身证明这种使用拥有经验知识作为其前提的论证不是一个微不足道的，即它完全能够达到其预期的理论目标。

首先，我们应该澄清"前进的"和"回溯的"这两个词的意思。通常的观点是认为前进的论证就是要证明某物的充分条件，而回溯的论证就是要证明某物的必然条件。然而，稍微掌握点逻辑常识的人就知道，一个有效的论证会同时证明必要条件和充分条件，因为我们说 A 蕴涵 B，那么就是说，A 是 B 的充分条件，反过来，B 则是 A 的必要条件。不过，从知识论层面来说，这种区分是完全充分的，因为在认知过程中，我们不大可能会在前提和结果之间倒错。例如著名的鸡和蛋问题在特殊的认知语境中不是问题，它产生的根源就是在单纯概念之间的推演而完全忽视了经验这一坐标，因为只有经验才使得概念的使用具有其合法性，即概念的客观有效性。所以，在知识论层面上，我们说一个回溯论证就是要证明 Y 是经验或知识 X 的一个必要条件；一个前进论证就是证明 Z 是知识 X 的一个充分条件，而这里 Z 指的是不以认知来定义的某类表象。这种定义的一个好处在于，它避免了与康德自身对回溯和前进论证的区分相冲突的可能性。康德在说演绎是一个前进论证的时候，他是就论证的结果而言的，即一个前进论证的结论是先天综合命题或原理，而我们的区分则是就前提而言的，即它是从我们拥

有经验知识这一弱的前提出发的。

作为回溯论证的先验论证遭遇的最大批评就是指责它弱化到毫无论证价值的地步，即指责其琐碎性。就斯特劳森的客观性论证而言，如果不能够达到证明客观世界的存在的论证目标的话，那么它就会被认为是毫无价值的。这里的意思是说，琐碎性有其层次和标准的问题。如果，先验论证被设定为是一种驳斥这种激进的怀疑主义的方法的话，那么它注定是琐碎的。作为回溯论证的先验论证的总体构思在于，它试图从一个相当弱的前提（如假设某种经验知识）得出一个相当较强的结论（如某些先天概念的普遍有效性或客观实在性）。因此，从这个角度来说，实际上该批评的是这种先验论证要求的太多、结论太强，而不是太弱、太琐碎。

那么，如何能够保证这种从弱前提达到强结论的先验论证实现其论证目标呢？它必定不能诉诸前提的应有之义这种说法。阿莫里克斯认为它必须诉诸某些相当重要的形而上学假设，正如康德在先验演绎中所做的那样。而且，他认为"在康德的策略中能够指出的不管何种可能的缺陷都同时埋葬了对这种策略的最为一般反对"[①]。不得不说，这是一个相当自信，甚至有些傲慢的论断。

上面已经说过，要表明康德的先验演绎的回溯性质，首先要对其前提和结论进行重新审查。"公认解释"版本的先验论证一致认为，先验演绎的前提应该是意识的事实，这直接源自康

---

① Karl Ameriks, "Kant's Transcendental Deduction as a Regressive Argument", *Kant-Studien*, 69: 3 (1978), pp. 273-287: 283.

德在论述先验演绎的时候就是从关于意识的统一性讨论开始的。例如，康德在 B 版先验演绎第二小节讨论的就是统觉的本源的综合统一，这似乎告诉我们后面的论证都是由此出发的。然而，事实并非如此。在阿莫里克斯看来，意识的事实和客观的意识不是一回事：后者所包含的"客观的"这个词是同"源初的"（original）同义的，它直接同源初统觉相关，而后者使得直观中被给予的杂多能够统一在对象概念之中，所以才有资格称为"客观的"（即康德所说的"客体是就其概念中结合着一个所予直观的杂多的那种东西"[1]）；而前者则是同经验的统觉相关，因而意识的事实与概念的客观有效性无关。他说："康德清楚地表明，统觉的先验统一是经验知识的一个必要条件，不能够被统一为是我的表象不能够是等同于是知识的表象。"[2] 而且，由于"客观的"与"源初的"的同义性，因此，源初统觉或客观的意识是经验知识的一个充分条件，进而，可以把演绎视为是前进的。但仅仅是根据定义，而不是根据任何前进论证。

此外，阿莫里克斯借用了迪特·亨利希的名篇《康德先验演绎的证明结构》[3] 的观点，他在文中点明批评了斯特劳森、本内特和沃尔夫根本没有意识到先验演绎中特殊的证明结构问题，而这就导致他们的解读在很大程度上是不可靠的。亨利希认为康德的 B 版演绎中包含了一个"两步一证明"（two-steps-in-

---

[1]　康德：《纯粹理性批判》，邓晓芒译，杨祖陶校，第 92 页。

[2]　Karl Ameriks, "Kant's Transcendental Deduction as a Regressive Argument", *Kant-Studien*, 69: 3 (1978), pp. 273- 287: 283.

[3]　Dieter Henrich, "The Proof-Structure of Kant's Transcendental Deduction", *Review of Metaphysics*, 22: 4, 1969, pp. 640-659.

one-proof)的结构，这种解释能够有效地解释康德的《纯粹理性批判》中第 20 小节和第 26 节的关系问题。第 20 节所要证明的是"在一个所予直观中的杂多必然从属于诸范畴"（B143）[①]，而第 26 节则要证明"范畴就是经验的可能性的条件，因而也是先天地适用于一切经验对象的"（B161）[②]。因此，它们所要证明的东西近乎是相同的。然而，康德自己则在第 21 节中说："在后面（第 26 节）我们将由经验性直观在感性中被给予的方式来指明，经验性直观的统一性不是别的，而是范畴按照前面第 20 节为一个所予直观的杂多而一般地规定的统一性，所以，只有把范畴对于我们感官的一切对象的先天有效性解释清楚了，这个演绎的目的才完全达到。"（B145）[③]这表明，康德把 20 节和 26 节视为先验演绎的两个功能不同（前者证明范畴的客观性，后者证明范畴的有效性）且具有明显支持关系（前者支持后者）的步骤。亨利希得出的基本结论是，先验演绎的目标只有一个，即"试图证明范畴之于每一事物的不受限制的有效性，它们能够有意义地同经验相关联"[④]，而 20 节只证明了范畴的受限的有效性，而 26 节才证明了范畴对所有我们的感觉对象的有效性。英语系的哲学家由于受到了康蒲·斯密（Norman Kemp Smith）的《纯粹理性批判》译文的影响，忽略了不定冠词"Einer"和"Einheit"（统一性）具有相同的词根，因而在德语中前者

---

① 康德：《纯粹理性批判》，邓晓芒译，杨祖陶校，第 96 页。

② 同上书，第 107 页。

③ 同上书，第 96—97 页。

④ Dieter Henrich, "The Proof-Structure of Kant's Transcendental Deduction", *Review of Metaphysics*, 22: 4, 1969, pp. 640-659:646.

同样表达"统一性"的意思，使得他们无法理解到第 20 节中的限制条件，即范畴只对那些已经包含了统一性的直观有效。而对于这点，康德在第 21 节的一个注脚中表述得很清楚。[①]

在第 20 节中，康德的论证表明，在一个直观中的表象是由意识来统一的，而判断的逻辑机能恰好就是意识统一表象的方式，因此这些表象必须服从于这些机能。因此，阿莫里克斯说："这个论证主要依赖于'形而上学演绎'的一般有效性及其主张，即'赋予一个判断中的各种不同表象以统一性的那同一个机能，也赋予一个直观中各种不同表象的单纯综合以统一性'（B104）。"[②]

与第 20 节的论证诉诸形而上学演绎不同，第 26 节的论证则求助于先验感性论，导致这样的原因在于，第 26 节要完成第 20 节没有完成的任务，即证明范畴之于不在一个直观中统一的表象的有效性问题。

在第 26 节中，康德说："现在所要说明的是，通过范畴先天地认识那些永远只能对我们的感官出现的对象，而且不是按照它们的直观形式，而是按照它们的联结法则来先天地认识它们的可能性，因而是仿佛向自然颁布法则甚至于使自然成为可能的可能性。"（B159-160）[③]这句话的意思就是说，在此要证明的对象并没有在先给予统一性，而这正是之前的论证所没有回

---

① 康德:《纯粹理性批判》，邓晓芒译，杨祖陶校，第 96 页，脚注 2。

② Karl Ameriks, "Kant's Transcendental Deduction as a Regressive Argument", *Kant-Studien*, 69: 3 (1978), pp. 273-287: 284.

③ 同上书，第 106 页。

答的问题，但是如果要使范畴具有普遍有效性或客观性，就必须回答这个问题。然而，为什么范畴能够通过这些对象的联结法则来认识它们呢？康德把只能对我们的感官出现的对象，即一个经验性的直观中的杂多的复合称为"领会的综合"，它是知觉，也就是对这直观的经验性意识（作为现象）成为可能的条件。而且康德认为领会的综合必须以诸直观（时间和空间）中的这些杂多的统一性为前提，他说："因此，甚至我们之外和之内的杂多的综合统一，因而甚至一切要在空间或时间中被确定地表象的东西必须与之符合的某种联结，就已经和这些直观一起（而不是在它们之中）同时被先天地作为一切领会的综合的条件而给予了。但这综合的统一不能是任何别的统一，只能是一个给予的一般直观的杂多在一个本源的意识中按照诸范畴而仅仅应用于我们的感性直观上的联结的统一。"（B161）[①] 康德在论证中依赖于先验感性论的结论："一切在空间和时间中被确定地表象的东西都必须符合……诸范畴。"这种主张表明，范畴的普遍有效性是由空间和时间的普遍性和统一性来保证的。正是在这种意义上，亨利希说："这种推衍方法并不是由从自我意识的概念之中发展出的分析性蕴涵所组成的。相反，它明确说明了自我意识的存在之可能性的诸预设。通过使用这种方法，我们能够获得诸条件的知识，它们尽管不是已经在自我意识本身的结构之中被给定的，但一个自我意识要成为现实的，正是由于这个结构被默认了。"[②]

---

① 康德：《纯粹理性批判》，邓晓芒译，杨祖陶校，第 107 页。

② Dieter Henrich, "The Proof-Structure of Kant's Transcendental

　　总而言之，阿莫里克斯对康德的先验演绎的解读思路是强调先验感性论与先验分析论之间的关联性，试图在这种密切关系中挖掘先验演绎的真正内涵，即其真正的前提和结论是什么，进而表明与之相应的论证进程应该是怎样的。根据上面的解释，我们可以重新解释康德的如下一段话，它经常被 RI 版本先验论证的支持者们用以断定康德先验演绎的理论意图：

　　"因为很可能现象是这样被构造成的，以至于知性会发现它们完全不符合它的统一性的条件，而一切都处于这样的混乱中，例如现象的次序中呈现不出任何可提供某种综合规则，因而可与原因和结果的概念相符合的东西，这将使得因果概念完全是空洞无物、没有意义的。同样，现象将会把对象呈现给我们的直观，因为直观不需要任何的思维机能。"（A90-1/B123）[1]

　　很多哲学家据此认为康德在此反对休谟而坚持认为我们能够确定一个法则的，因而是客观的世界。从这种观点来看，先验演绎的目标就是确立因果原理，进而证明存在某种东西，它们区别于我们的心灵状态。然而，可以有一种替代解释：康德所描述的这种无序状况的可能性并不是提出类似于传统怀疑论所提出的问题，而是我们之前的先验演绎的二重结构所提出的问题，即是否先验演绎可以扩展到所有我们的表象，还是只扩展到仅仅根据定义而被认为是客观的某个表象子集。这种解释的合理性在于，康德在 20 节中提醒我们要回顾包含了上面这段

Deduction", *Review of Metaphysics*, 22: 4, 1969, pp. 640-659: 657.
　　[1] 康德：《纯粹理性批判》，邓晓芒译，杨祖陶校，第 83 页。

话的第 13 节^①。而且，作为 20 节论证延续的 26 节，我们的解释已经表明，"知性会发现它们完全不符合它的统一性的条件"这种情况并不可能发生，因为现象的统一性条件恰恰就是在诸直观中杂多的综合统一性，后者先天地被作为前者的条件而被给予了，这是先验感性论所证明了的。

此外，阿莫里克斯关于康德的先验演绎应该是回溯的这一观点是有原则性根据的，因为我们抛开上述那些细节不谈，先验演绎必然是服务于康德在《纯粹理性批判》中力图完成的为形而上学寻找新的可靠基础的总体目标，而康德所寻找到的这个基础就是纯粹理性，达到这个目标的进程就是对纯粹理性的批判，而先验演绎作为在该进程中最为重要的一步，必然在论证路径上是一致的。抛开暴力解释或解释的合法性问题不谈，我认同海德格尔关于这个形而上学奠基进程的回溯性质的明确论述，他说："为了对存在论知识的内在可能性（即形而上学的奠基。——笔者注）进行筹划，必须首先开显出一种向着根基回溯路向的概观，而这一根基则承载着本质法相中所寻求的东西的可能性。……正是通过批判，康德才得以更为原初性地理性地自我认识。"^②而在海德格尔看来，先验演绎是这个整体的回溯过程中的第三环，它的任务就是展示存在论知识的本质统一性的内在可能性，也就是说，展示"理性之有限性的最内在

---

① 康德：《纯粹理性批判》，邓晓芒译，杨祖陶校，第 96 页。

② 海德格尔：《康德与形而上学疑难》，王庆节译，上海译文出版社 2011 年版，第 15 页。

的本质"①。因此，在他看来，先验演绎是一种从纯直观或纯知性出发，回溯到它们先天合一的整体结构的论证过程，正是在这个意义上，他才说先验演绎是"对纯粹综合的整体结构进行条分缕析式的揭明"②。不过，海德格尔强调想象力在形而上学奠基中的重要作用，因此，与康德自身不同，他并不特别突出先验演绎的作用，而是把"纯粹知性概念的图型法"视为《纯粹理性批判》最核心的部分。③

　　不仅如此，作为当代先验论证研究最重要的思想来源之一的维特根斯坦，其私人语言论证同样是回溯性的。对此，黄敏在其《作为先验论证的私人语言论证》一文中略有提及，他认为私人语言论证就是要"否定支持这种蕴涵关系（因为语言指涉的是私有感觉，所以他人不能理解）的理解方式。因此，私人语言论证是一个典型的归谬论证，是回溯性而不是简单的衍推，它关系的是语言之所以能够被理解的前提"④。当然，这里黄敏是从归谬论证得出私人语言论证是回溯性的。不过，归谬论证不是先验论证的必然形式，而回溯性倒确实是其本质性特征之一。这并没有什么矛盾，因为私人语言论证是一个归谬论证是由于私人语言论证是一个否定性论证这一特殊性所决定的，即私人语言论证从假定私人语言存在这个前提出发，通过回溯私人语言要成为可能的条件来最终得出这个前提的虚假性的结

① 海德格尔：《康德与形而上学疑难》，王庆节译，第65页。
② 同上书，第70页。
③ 同上书，第83页。
④ 黄敏：《作为先验论证的私人语言论证》，《哲学研究》2004年第2期。

论。而真正体现先验论证特征的是，私人语言论证所采取的通达方式，即追问私人语言（经验性前提）成为可能性的条件这一方式。顺带提一句，赵汀阳认为先验论证就是一种归谬论证的看法是不可信的。①

第四节　先验论证的自指性

上一节中，笔者论述了作为回溯论证的先验论证，即先验论证把知识、经验、思想或语言的可能性条件最终都回溯到我们自身的心灵或认知能力，因此，很自然就会提出先验论证的自指性问题。先验论证的自指性问题牵涉到心灵的实践，即其运用概念的能力。在这种元层次上，概念系统必定是自指的，因为对该系统的澄清或阐明本身便是这种能力的一种运用。似乎这种自指性构成了某种循环困境，然而事实并非如此。它是先验论证的一个本质特征，因为它反映了先验论证是一种探究人类认知及其运用的话语系统（概念图式）的合法性论证，并且这种自指并非一种绝对的内循环，而是以可能经验为其准基的一种大循环。

一、问题的提出

先验论证的自指性特征是由吕迪格尔·布勃纳（Rüdiger

---

① 赵汀阳：《先验论证》，《世界哲学》2005 年第 3 期。

Bubner）提出的，他自信地认为，一旦我们认清了先验论证这个根本特征，那么上一章我们讨论过的克尔纳与夏普尔的争论就会从根本上被克服。因为他们的争论焦点在于一个默认的概念系统（范畴图式）的必要性和唯一性必须从概念系统本身内部被证明。克尔纳想要通过解释为什么一个假定的认知图式的有效性在不依赖其他理由的情况下不可能被合法化这一点来表明先验演绎的不可能性，而夏普尔则诉诸她自己对康德的理解而逐一反驳了克尔纳关于唯一性的三种证明途径。布勃纳则另辟蹊径地指出："这个争论并没有重视一个概念系统与针对它的合法化企图之间的内在联系，即我所说的'自指性'。给定这个基础，我们可以真正理解康德的先验论证。"[①]

布勃纳把精力主要放在"先验的"这一概念的意思来探究先验论证。借由这个概念，他考察了维特根斯坦、奎因和斯特劳森对"先验的"这一概念的理解，然后回到康德对这个概念的理解，并用之于解释先验演绎，从而提出他自己对康德的先验演绎的正确解读。

我们在导论中以及在第三章中已经讨论过维特根斯坦与康德的关系、斯特劳森的先验论证，因此在下面的讨论中笔者只简略地概括布勃纳对维特根斯坦和斯特劳森的"先验的"这一概念的理解以及相关的重要结论。

布勃纳认为，维特根斯坦在"逻辑是先验的"这一句话中

---

① Rüdiger Bubner, "Kant, Transcendental Arguments and the Problem of Deduction", *The Review of Metaphysics*, Vol. 28, No. 3, 1975, pp. 453-467: 460.

用"先验的"这一概念表达了逻辑和世界之间的默认关系，即逻辑本身作为世界的"脚手架"，它什么事物也不处理，只处理构成世界的那些条件。在这个意义上，他称逻辑这个默认是先验的，而"先验的"必定也表达了逻辑与实在之间的结构性同一。因此，逻辑同时必定比经验或世界具有更高的层次，这就要么会导向柏拉图关于第三人困境中的无穷回溯，要么就得承认罗素那样的等级制。维特根斯坦借用"先验的"概念的一个最大意图就是借此来把逻辑归因为使经验知识成为可能的机能。而这必须要有一个预先的分析，澄清陈述的意义为再生（reproduce）实在的能力。这个分析又必须预设某种没有它这个分析就不能够运行的东西，即陈述与实在之间的意义关系。正是这种关系使得分析程序本身有意义。然而，对这个关系的揭示又要求语言分析渗透进构成世界的那些条件，因此，这种揭示本身就是一个逻辑分析。所以，布勃纳说："对有意义陈述的逻辑默认的澄清是自我启发的（self-instructive），它同澄清的能力、界限和可能性有关。在涉及语言的逻辑默认的时候，分析涉及了其自身。正是这个复杂的形式结构诱使维特根斯坦使用先验这一概念。我们暂时把这个本质的结构要素定名为自指的。"①

布勃纳认为，对于斯特劳森，被称为先验的东西就是指称的时空框架，它必须是事先被确立的，而这种确认的条件的澄

---

① Rüdiger Bubner, "Kant, Transcendental Arguments and the Problem of Deduction", *The Review of Metaphysics*, Vol. 28, No. 3, 1975, pp. 453-467: 456.

清在被斯特劳森称为先验论证的东西中起着一个示范性的作用。不过，他批评斯特劳森对于先验论证的论述并不能够指示先验论证的根本特性，因为斯特劳森在论述先验论证的时候说："只因为解决方法的存在，这个问题才能够显现出来"，而这种基于指称方向逆转的构建只是论证途径上的改变，并没有涉及作为指称框架本身的先验本性。在此，欣提卡点出了其中的关键所在，他说："那么，任何使用一阶逻辑的演绎论证都将预设玩'探索世界游戏'的可能性，而这些游戏是根据某些规则建立起来的。如果一个演绎论证被假定致力于确立这样一种可能性，并且如果这个论证本身是量化的，那么我们处在了康德所描述的一种处境。这个结论（某种概念实践的可能性）是通过其本身就依赖于这些实践的推理来达到的。这个结论使得通过其所确立的东西来进行的论证成为可能。"① 因此，布勃纳就是对称之为先验的前提条件设定了这种特殊的要求，它们必定是自指的。

钱捷批评布勃纳对"先验的"这一概念的理解过于泛化，从而使得"先验论证"这一本来具有特定含义的概念泛化为一般关于认识的认识，即所谓元认识。进而，他得出结论说，按照这种泛化后的理解，不仅康德的先验演绎，而且还有维特根斯坦的"语言图像说"、奎因的"本体论承诺"理论和斯特劳森的"描述的形而上学"，都成为一种先验论证。② 我倒不认为布

---

① Jaakko Hintikka, "Transcendental Arguments: Genuine and Spurious", *Nous*, Vol. 6, No. 3, 1972, pp. 274-281: 278.

② 钱捷:《什么是康德的先验论证？》,《华南师范大学学报（社科版）》2000 年第 2 期。

勃纳对"先验的"这个概念的理解过于泛化，恰恰相反，他是在狭义上来理解这个概念的。布勃纳说："我们或多或少立足于我们自身来试图理解一种特殊地先验的论证方式。"①而他的这种特殊的"先验的"概念与认识或认识能力的关系更加密切，从而突出了"先验的"这个概念中的自指特性。有意思的是，钱捷在翻译布勃纳的一段话（即笔者在下一节中一开始所引的那段话）的时候，钱译文中用"自身特征性能力"一词来译布勃纳原文中的"specific possibilities"，这种修改表明他对后者作了专门化的理解。在这里，"可能性"当然是与"先验的"这个概念直接相关的一个词，前者表达了后者最为关键的一层意思，即"使经验成为可能"，而布勃纳认为，这里的"可能性"还应该具有更进一步的限制，即被称为使经验成为可能的东西必须是自指的，即指向人类的认识或认识能力本身。

此外，除了斯特劳森之外，布勃纳根本没有说维特根斯坦的"语言图像说"、奎因的"本体论承诺"是一个先验论证，而只是剖析他们所使用的"先验的"这个概念的意思，进而探究他们共同的思维倾向和特征。实际上，布勃纳认为康德与上述提及的几位分析哲学家的不同之处在于，后者在很大程度上都改变了康德式的论证思路，即他们所处理的是实在的语言学解释，而不是像康德那样的理智认识，虽然他们的"先验的"这一概念一脉相承地沿袭了自指性的特征。

---

① Rüdiger Bubner, "Kant, Transcendental Arguments and the Problem of Deduction", *The Review of Metaphysics*, Vol. 28, No. 3, 1975, pp. 453-467: 453.

简言之，由于先验论证问题在当代分析哲学中激起了相当可观的争论，因此布勃纳认为有必要在分析哲学家对"先验的"这一概念的理解进行梳理，发掘他们之间的共性，即自指性。进而，以此特征为重要线索回到对这一概念的当代意义负有主要责任的康德那里，以这种回归的方式重新理解康德的先验演绎，同时指出对它的传统理解的疏失。不过，回到康德的举措似乎是把问题缩小化了。然而，事实并不如此，康德的先验论证永远是该项研究最为重要和最具代表性的参照坐标，因而，这种回归是把问题变得更加稳固，让"自指性是先验论证的本质特征"这一主张获得更加可靠的支撑。在下面第三小节我们会看到，罗蒂从自指性这个特征出发，把康德、普特南和戴维森的先验论证纳入一个哲学变革的进程当中。虽然他的观点不乏偏颇之处，但我依然相信通向实用主义的先验论证的道路并没有完全隔绝。

二、康德的先验论证的自指性

对于康德的"先验的"这一概念，布勃纳对此有过一个总括性的一段话："根据康德的观点，唯有在其中知识被主题化为关于其特殊的可能性（specific possibilities）的那种知识才是先验的。如果真是如此，那么那种被称之为是先验的知识把它自身的起源和机能，连同知识的一般条件一道被当作是其对象。自指性刻画了先验论证。"①

_____

① Rüdiger Bubner, "Kant, Transcendental Arguments and the

布勃纳认识到，他对先验演绎的这种刻画有悖于一般的理解，其中最主要的问题在于，先验演绎一般被认为是涉及我们关于世界的知识的合法性的，而他自己的理解则似乎只涉及认识的起源和机能，因而只涉及在自我意识中的统觉的结构。因此，如何解决这个问题成了布勃纳辩护的关键所在。布勃纳认为，他上述对先验论证本质特征的描述的目的同时包含这两个主题，即把两个貌似独立的两个主题有机地结合在同一个论证之中。这如何理解呢？这要求我们知道他对经验知识的合法性的理解。

布勃纳认为，对于我们实际拥有的知识的合法化只能够在知识的事实性层面来进行，因而康德只能采取唯一一种合法化的方式，即证明那种知识的替代者的缺乏。康德的合法化企图开始于经验知识，而这恰恰就是要合法化的对象，因此这种企图马上会面临一种境况，即没有其他知识可供选择来合法化经验知识，因而似乎这种企图没有实现的可能性。布勃纳认为，唯一可能的答案就是，合法化企图不是独立于我们事实上拥有的知识的前提下进行的，并且它承担了对这种知识的非同语反复的洞见。而这就意味着现实的知识获得了关于其本身的一般结构的信息，而又不放弃其自身的部分。在这种意义上，对这种合法化对象的一种结构上不同的替代者是不可能的，进而阐明我们事实上拥有的知识的一般结构。①

与单纯事实性的证明相比，这种对真正的经验替代者的不

Problem of Deduction", *The Review of Metaphysics*, Vol. 28, No. 3, 1975, pp. 453-467: 462.

① Ibid., p. 464.

可能性的先验证明获得了一个决定性的进步，而这种进步依赖于自指性的逻辑环节。这种自指性主要体现在当我们设想一个替代者的时候，我们忍不住要使用我们事实上拥有的知识的一般结构，因而设想一个替代者在原则上是不可能的。这种由自指性所刻画的先验论证在事实性和强制性层面之间占据了一个位置，也就是说，它从一个事实获得其效力。这个事实就是对知性的可能性的每一个思考都不得不通过知性来进行，并且这种思考的结果不得不满足知识的一般结构。然而，这个事实又不是经验事实，因为它同思维本身直接相关。在这个意义上，布勃纳说："先验论证和知识的一般结构关系是在一个元层次上发展的，并且其本身就是推理的一个产物。先验论证认识到了某种关于一般知性的某种东西，即使是在这样一种情况下，即被认识的东西拥有一种事实的地位，而不是拥有基于绝对原则的一种单纯逻辑的结构的地位。"[1]

　　钱捷把布勃纳意义上的自指性称为"形式上的自指性"，说这种自指性"从本身不过是一种知识形态来说，它们都是以认识（形态）来谈论认识的"，进而他表明"康德的先验学说之为自指性，而不仅是形式上的，而且是实质上的"。[2]然而，我们上面的表述已经表明，布勃纳在论述先验论证的自指性的时候一直强调它的实质性蕴含。更令人费解的是，他给出先验之自

---

①　Rüdiger Bubner, "Kant, Transcendental Arguments and the Problem of Deduction", *The Review of Metaphysics*, Vol. 28, No. 3, 1975, pp. 453-467: 465.

②　钱捷：《什么是康德的先验论证？》，《华南师范大学学报（社科版）》2000 年第 2 期。

指性的理由在于"它不只是一般地谈论认识,甚至认识的可能性,而且包含了一个(不涉及任何超越物的)关于认识的可能性的论证"①。令人费解的是,为什么包含了这种论证的自指性就会是实质的呢?钱捷试图把布勃纳的自指性与他所理解的康德的自指性所作的区分是虚假的,因为他们所力图表明的先验论证的自指性的实质性蕴含都是指先验论证必须与思维本身的事实直接相关。

钱捷把康德的先验学说视为是一种元语言,而它所谈论的知识则因此成为一种对象语言,进而把自指性视为先验论证的一个语义学特征。他的这种表述不过是布勃纳把先验论证视为一种元层次论证的观点的另一种表述而已,并且他们都并没有仅仅停留于此,而是试图表明先验论证处于事实性层面与纯形式层面之间的一种状态。而这也许是钱捷把康德的先验论证同哥德尔的不完全性证明相比较(认为它们具有语义结构的相似性)的原因所在,因为哥德尔曾经说过:"[我的证明]并非对人类理性的力量设限,而是对数学中的纯形式主义的可能性作出限制。"②

钱捷特别强调先验论证的自指性特征的内在性特征,甚至于把先验论证的整个运行机制称之为"内化",而其所要表达的就是先验论证是诉诸认识过程本身(因而涉及认识的先天结构,

---

① 钱捷:《什么是康德的先验论证?》,《华南师范大学学报(社科版)》2000 年第 2 期。

② Godel, *Collection Words*, Vol. I, Oxford University Press, 1986, p. 370.

例如康德的范畴）来谈论认识的，而不涉及任何超越物。并且，这种内化的本质决定了先验论证必须是明示性的和构成性的，这三者共同构成先验论证的自指性特征的本质内涵。进而，钱捷得出了与本章上一节中阿莫里克斯相同的结论，即先验论证要求依赖于形而上学演绎，正如其所说的："由于先验论证的这一本质，为了实现它，就势必在论证中涉及认识活动或运作的机制。并且这种机制将进一步导致了对于认识的某种内秉元素，即先天的认识结构（如知性范畴）的设定。……是在所谓的'形而上学演绎'中完成的。"[①]

这种把先验论证依赖于形而上学演绎的做法似乎会面临一种困境，即先验论证必须诉诸先验心理学，后者以先天的认识结构作为其对象（或"经验内容"）。上面我们在论述斯特劳森的客观性论证时已经表明过，斯特劳森重构先验演绎的一个最重要的理论企图就是要摈弃先验心理学，寻找一种单纯分析性的先验论证。对于这种责难，钱捷认为，用自指性来刻画的先验论证可以规避这种心理主义的危险，理由在于："由于其中被内化的形而上学预设并非从经验而来（先天的直观形式和知性范畴乃是知识形态分析的结果，例如对判断类型的分析。这种分析本身虽然是可错的，但这不是对于经验的可错性而是对于先验论证本身的可错性，即它的正确与否最终视其能否达成先验论证的目的）。"[②]这个理由表述的相当语焉不详和含糊，实际

①　钱捷:《什么是康德的先验论证？》,《华南师范大学学报(社科版)》2000年第2期。

②　同上。

上，它想要表达的只不过是布勃纳所说的"非经验性事实"，即对知性可能性的每一个思考都不得不通过知性本身来进行。正是由于斯特劳森等人对先验心理学的无根据恐惧，钱捷得出了一个相当强的结论："结果是，真正构成自指的元理论系统的只有**康德的**先验论证。无论是斯特劳森对于先验论证的阉割式的分析，还是罗蒂式的对于先验论证的怀疑，都没有理解先验论证的这个实质的结果。"①

诚然，斯特劳森的客观性论证很难说成功，不过不是因为斯特劳森的先验论证缺乏自指性的特征。在一脉相承自康德的"先验的"这一概念之中包含了自指性这一特征，斯特劳森也不能例外，这点在上一小节中已经表明。斯特劳森的客观性论证的失败应该归咎于两个方面：从客观上来说，对康德的先验演绎的前提和结论的结构性的认知错误，或者用阿莫里克斯的观点来说，斯特劳森根本没有意识到先验演绎特殊的证明结构（由于对《纯粹理性批判》的§20和§26两小节某些细节的疏漏），因而无能发现先验论证的回溯性本质，以及一种相对弱意义上的先验论证；从主观上来讲，试图构建一种纯分析性质的先验论证是斯特劳森在《意义的界限》一书最根本的理论意图，并且因此引发了一个分析的康德主义潮流，而且他愿意相信在分析性中有客观性的位置。至于对罗蒂的看法，我在下面进行考察后再评论。

总而言之，我比较认同布勃纳把自指性看作先验论证的一

---

① 钱捷：《什么是康德的先验论证？》，《华南师范大学学报（社科版）》2000年第2期。

种根本特征，而不专属于康德的先验论证，因为当代对于"先验的"这一概念的理解应该直接受到了康德的影响，或者用他的话来说："康德不是第一个使用先验这一术语的人，不过，他要为其现代意义负责。"[1] 这种求同性分析更符合先验论证的当代发展脉络，虽然当代先验论证寻求更多的可能性，但这种可能性或变异性都是基于康德的先验论证，尤其是基于康德意义上的"先验"概念。

三、罗蒂的误解：实在论 vs. 实用主义

在上一章中，我介绍了罗蒂应对斯特劳德反对的方案：罗蒂提出了一个折中方案，即把先验论证视为一种寄生论证，其有效性依赖于一个维特根斯坦式的证实主义前提，与斯特劳德的证实主义相比，这是一种弱化了的证实主义。后来，罗蒂似乎也不满意之前的观点，在1979年写了《先验论证、自指和实用主义》[2] 一文，提出了一种全新的实用主义先验论证，对此我在第三章中讨论普特南的先验论证时有过一些论述，尤其是对实用主义的基本主张以及他如何看待普特南对此的贡献这方面有过论述，但是我还没有介绍他关于先验论证的自指性特征

[1]　Rüdiger Bubner, "Kant, Transcendental Arguments and the Problem of Deduction", *The Review of Metaphysics*, Vol. 28, No. 3, 1975, pp. 453-467: 453.

[2]　Richard Rorty, "Transcendental Arguments, Self-Reference, and Pragmatism", in P. Bieri, R. P. Horstmann and L. Krüger (eds.), *Transcendental Arguments and Science*, 1979, pp. 77-103.

的论述。在文中，他承认先验论证的自指性特征，并且主张一种与实在论的先验论证相对的实用主义先验论证更能够展示这种特征。

罗蒂是从两个极端视角来看待先验论证的：一个极小视角，即作为一种反驳怀疑主义的方法，并且他认为布勒纳所指出的先验论证的自指性特征应该主要体现在这方面；一个极大视角，即把先验论证视为一种文化批判的工具，上升到哲学本身的高度，当然在他那里文化和哲学的应有之义就是实用主义（或新实用主义），至少就哲学关注知识主张的合法性问题而言是如此。不过，这两个视角并非不和谐，因为先验论证是对怀疑主义所提供的经验图景的可能替代者的一致性进行自指性的攻击。罗蒂把所有这些替代者的方案总的称为"形而上学实在论"，这方面的代表人物是塞拉斯、罗森博格和普特南。相应地，先验论证同时为实用主义进行辩护，在这方面，戴维森完成了至关重要的一步。他对概念图式的彻底分析表明，以往任何一种先验论证都是以图式与内容区分为前提的，而这种二元区分是一种虚假的区分，因而他实际上取缔了所有以往实在论先验论证的基础。罗蒂则更进一步，他把对图式与内容区分的放弃与哲学的终结联系在一起，在这种意义上，他并不把其实用主义视为是一种哲学，而是一种非经验性的文化批判主义。

罗蒂引用了布勒纳对维特根斯坦的评论作为刻画其所谓的"实在论先验论证"：

"这个预设（即具有纯重言式或分析性的真的形式逻辑并没有毫无希望地同所有事实性的经验真理相分离，毋宁说，它精确地反映了那些为世界定序的结构）被称之为是先验的，因为它假设了在逻辑与实在之间的关系中结构性的同一，意义的概念就依赖于此。一种不做这种默认的逻辑将抛弃所有关于陈述意义的能力。……这种关系是唯一的保证，它使得一个陈述有可能再现一个给定的实在片段：构造一个有意义的命题。"[1]

因此，罗蒂把所有关于逻辑与经验的结构同一作为实在论论证的本质特征，并且认为这种实在论论证在哲学的先验和语言学转向中几乎没有什么根本性的改变。当然，满足这种要求的实在论论证并不都是先验的，罗蒂认为必须要附加一个非常重要的条件，那就是"我们的主观性（图式）创造了内容，它使得内容符合图式这一先验必然的真理合法化"[2]。然而，这个条件蕴含了一个笛卡尔式的主张，即心灵知识是最容易获得的知识，而用康德自身的话语来表述的话就是"我们关于物先天地认识到的只有我们自己放进它里面去的东西。"（BXVIII）[3] 因此，罗蒂认为，一个康德式的实在论先验论证实际上依赖于一个可疑的笛卡尔式前提。然而，现代哲学家（例如维特根斯坦和奎因等）的诸多研究已经表明，对于我们自身构造的特权类知识是不可靠的。由此，罗蒂认为对康德式论证的重新构造必须采取一条新的道路，这条道路必须避免诉诸这种特权类知识。

---

[1] Rüdiger Bubner, "Kant, Transcendental Arguments and the Problem of Deduction", *The Review of Metaphysics*, Vol. 28, No. 3, 1975, pp. 453-467: 455-456.

[2] Richard Rorty, "Transcendental Arguments, Self-Reference, and Pragmatism", in P. Bieri, R. P. Horstmann and L. Krüger (eds.), *Transcendental Arguments and Science*, 1979, pp. 77-103: 79.

[3] 康德：《纯粹理性批判》，邓晓芒译，杨祖陶校，第 16 页。

"换言之，我们必须找到某种方式说，尽管只有一个先验观念论者（他主张我们所知道的世界是由我们归属于它的东西所构建起来的）才能够是一个经验实在论者这一观点是虚假的，然而康德无意中发现了一种新的实在论论证形式，它能够脱离其先验观念论"[1]。

罗蒂认为，在这方面布勃纳走在了前面，他在重新解释康德的先验演绎的时候没有诉诸特权类知识，而是说"形而上学地独断的原理"[2]。因此，实际上把我们知道认知能力或语言的本质的主张几乎等同于知道神性理智或类似于上帝属性的思想。进而，布勃纳所提出的关于先验论证结构的观点才可获得正视，即先验论证只能是一个关于合法化知识的替代者的缺乏的证明，因而先验论证的基本策略只能是自指性的。

不过，罗蒂认为这种先验论证只能排除某一个替代者，例如布勃纳所论述的康德的先验演绎排除的就是怀疑论的、休谟式的感觉材料经验。这点与斯特劳森和本内特的观点是一致的。因此，他说："总而言之，我与布勃纳之间的一致和不一致的地方在于，布勃纳认为'先验论证认识到了关于一般知性的某些东西'，然而我认为它仅仅认识到，某人所建议的对我们当前

---

① Richard Rorty, "Transcendental Arguments, Self-Reference, and Pragmatism", in P. Bieri, R. P. Horstmann and L. Krüger (eds.), *Transcendental Arguments and Science*, 1979, pp. 77-103: 81.

② Rüdiger Bubner, "Kant, Transcendental Arguments and the Problem of Deduction", *The Review of Metaphysics*, Vol. 28, No. 3, 1975, pp. 453-467: 463.

知性的替代者并不可行。"① 如果这种先验论证要继续推进下去，就要求我们事先知道所有怀疑论者的想象范围，而这是不可能的。进而，他得出结论说："所有自指论证都是人身攻击式的偏好论证——这些论证反对一个特定的提议，通过表明该提议预设了其所否定的东西。针对所有否定结论的总体的自指论证不可能存在。"② 面对这种困境，罗蒂认为应该重新引入"形而上学地独断的原理"，不过是从一种完全新的思维之下来重塑这些原理，这便是实用主义。

实用主义的一个基本前提就是它放弃了造成实在论的罪魁祸首，即图式与内容的区分。在罗蒂看来，放弃这种区分背后的蕴涵其实就是放弃康德式的合法性观念，他说："仅当我们放弃合法性观念，我们才能愿意百分之百地接受科学知识主张，因为没有一种针对诸如康德式合法性观念的怀疑论和反怀疑论攻击计划能够成功。"③ 因而，一种实用主义先验论证应该是一种实践论证，它要证明，一旦一致被保证，那么提出符合的问题将会毫无所得。也就是说，实用主义并不是不把真同符合联系在一起，而是把真视为一个实践概念，因而真理理论是一种一致主义的理论。关于这种主张，戴维森是其中最杰出的代表。

罗蒂认为，实用主义需要引入一些论证来表明知识论的无用性，即证明任何合法性证明的虚假性。不过，在策略上，实

---

① Richard Rorty, "Transcendental Arguments, Self-Reference, and Pragmatism", in P. Bieri, R. P. Horstmann and L. Krüger (eds.), *Transcendental Arguments and Science*, 1979, pp. 77-103: 82.

② Ibid.

③ Ibid., p. 84.

用主义的先验论证同实在论的先验论证是一样的，即它也是自指的，他说："实用主义者用于反对寻找某些特殊关系（即图式与内容的符合、构成和不对称地通达关系）的实在论企图的一般策略就是指出，超出我们当前关于世界的理论，并且通过其'符合'或'处理'世界的能力来评估它的企图不可避免地是自欺的，如同休谟试图进入一个感觉印象的世界来逃避康德式的范畴那样。"①

总而言之，罗蒂认为传统的、康德式的先验论证是自指的，而这种先验论证的结果只是特殊的，偏好的，即它只反驳了一个给定概念框架的特殊替代者，因而不具有必然性。同时，传统的先验论证其实是在为知识的合法性主张的确证进行辩护，即证明一种特定形式的知识是不可或缺的或是有充分理由的。然而，这整个计划本身就是可疑的，尤其是合法性这一观念是可疑的，它建立在图式和内容这一虚假的区分之上。不过，有意思的是，先验论证并没有因此就一同随着其传统任务的消失而消失。相反，一种实用主义的先验论证恰恰可以被用于反驳这种传统的康德式计划，为此提供典型证明的是普特南和戴维森。前者对形而上学实在论的论证否定了其中一个康德式先验论证的前提，即世界与我们关于它的知识的条件之间的区分，后者关于概念图式的论证则否定了图式与内容的区分，这是决定性的一步。因此，罗蒂的实用主义方案其实是把康德关于权

---

① Richard Rorty, "Transcendental Arguments, Self-Reference, and Pragmatism", in P. Bieri, R. P. Horstmann and L. Krüger (eds.), *Transcendental Arguments and Science*, 1979, pp. 77-103: 85.

利问题的追问拉回到事实问题的追问。

迪特·亨利希对罗蒂的观点提出了尖锐的批评。根据亨利希的观点，先验演绎指向一个明确的目标，即范畴之于经验的普遍有效性，因此，至少在康德那里，先验论证的目的并不在于排除某一个经验替代者，而是关心我们所认识到的经验或知识的合法性问题。在其对罗蒂的《先验论证、自指和实用主义》的评论中，他认为罗蒂把先验论证、怀疑主义与概念图式联系在一起的做法受到了斯特劳森的不良影响，而事实上，它们之间并不存在必然的联系。

首先，亨利希说："要确证一个知识主张并不必然要通过反对一个竞争者（即一个替代图式。——笔者注）来确证它。"[①]为此，他回顾了康德的"演绎"概念的法学渊源。在法学领域中，一个演绎是指，一个特定的法律主张产生自正当的情况，因而它就是得到辩护的。因此，这种意义上的演绎关心的是一个权利是否存在的问题，而不是关心一个与之相竞争的权利。相应地，在哲学领域，康德所关心的是传统或某些哲学强加于它之上的主张的合法性问题。

其次，亨利希认为怀疑主义应该拒绝传统强加于我们之上的主张的合法性，他不需要求助于某一个替代者来反驳它，而只需要挑战这个框架的知识主张。在这种意义上，他说："没有

---

① Dieter Henrich, "Challenger or Competitor?—On Rorty's Account of Transcendental Strategies", in P. Bieri, R. P. Horstmann and L. Krüger (eds.), *Transcendental Arguments and Science*, 1979, pp. 113-120: 115.

理由期望哲学怀疑主义的根源应该是不同的，即期望怀疑论者的独创性完全依赖于他生产替代者的能力。他的主要力量在于确认无根据的主张。"①休谟反对因果性的怀疑就是以这种方式进行的，他对我们关于原因的信念来源的构建跟随着他对这个概念的合理性批判而进行，同任何竞争性框架无关。

最后，亨利希认为，竞争者图式或框架的想法其实依赖于一种本体论想象，即设计一个替代者就意味着这个替代者是合理的和有效的，尽管没有人准备去接受它。然而，这样一个替代者还不能够被视为是一个竞争者，因为它只不过是怀疑论者为了反驳被挑战的主张或图式的一个工具而已，其本身却未经确证。而且，亨利希认为试图用一个同样强的主张来对抗原来的主张是一种并不明智的选择，因而这样就会要求他自身对其提出的强主张进行辩护，而这不啻是为自己树立了一个新的目标。在这个意义上，亨利希说："出于这种理由，在哲学上正确的是，康德并不非常关注一个特殊的概念图式将证明不是一个终极图式这种可能性，取而代之的是，他关注没有知识主张能够在根本上被确证——同其竞争性的地位无关。真正对他有影响的怀疑论（因而成为其担忧的来源）不是框架的相对性和武断性，而是我们认为是知识的东西的无根性。"②不过，亨利希

① Dieter Henrich, "Challenger or Competitor?—On Rorty's Account of Transcendental Strategies", in P. Bieri, R. P. Horstmann and L. Krüger (eds.), *Transcendental Arguments and Science*, 1979, pp. 113-120: 116.

② Dieter Henrich, "Challenger or Competitor?—On Rorty's Account of Transcendental Strategies", in P. Bieri, R. P. Horstmann and

并不否定用概念图式来重构康德的先验演绎，但是他反对只把先验论证视为一种通过反对其他图式来为某一个图式进行辩护的论证，进而在根本上反对克尔纳所提出的图式的唯一性问题，因为在他看来，这根本是一种过分的要求。

当然，亨利希要有效地驳斥罗蒂的观点，最好是对其发端的基础进行发难，也就是说，取缔图式与内容这一提法的合法性。亨利希专门分析了《纯粹理性批判》的第15节，也就是B版演绎的第一节。他认为康德在此不是要表明，对象中的一个联结不能够被设想，除非把它设想为联结性的心灵活动的产物。毋宁说，康德是要表达，除了我们能够做的联结活动之外，我们不能理解在一个对象中的联结是什么，它由什么东西构成，因为康德说："联结是唯一一个不能通过客体给予、而只能由主体自己去完成的表象，因为它是主体的自动性的一个行动。"（B130）①它们之间最为重要的差别在于后者更具有基本性地位，正如亨利希所说："如果我们不能够理解联结是什么意思，那么我们就不能够清楚地理解被联结的东西是什么。"②而要理解联结这个概念，还是要把它与对象概念关联起来。对象就是展示出一种特定秩序的杂多，因此联结必定对于对象来说具有构成性的作用，用康德的术语就是，对象中所包含的统一性是由联结性赋予的。在这种意义上，康德为先验演绎提供了一个基础，

L. Krüger (eds.), *Transcendental Arguments and Science*, 1979, pp. 113-120: 117.

　① 康德:《纯粹理性批判》，邓晓芒译，杨祖陶校，第88页。

　② Dieter Henrich, Op. cit., p. 115.

即对象与联结的先天关系表明，我们关于什么应该是一个对象的知识是先天的。因此，显然，康德式的计划不是简单地预设概念与世界或图式与内容这样的区分，关键在于这样一个区分，我们知道和叙述与知道或叙述的东西，而这点是罗蒂也不能反驳的。①

诚然，罗蒂关于实在论先验论证与实用主义先验论证的区分是有一些市场的，因为确实存在一批先验论证的支持者把先验论证视为是一种架通心灵与实在之间的桥梁。然而，这种观点是站不住脚的，进而罗蒂的上述区分也是虚假的，至少在康德意义上是虚假的。而且，他对戴维森的先验论证的定位也基本上是一种主观臆测，因为戴维森关于图式与内容区分的反对不是一种实用主义路径。他只是基于其新的意义理论，即把真视为一种基本概念，并且用它来解释意义，而不是如罗蒂所说的实用主义真理观。不过，就罗蒂要构建他自身的实用主义先验论证的任务而言，这种区分是虚假的这一点也不打紧。因为实用主义先验论证基于一种全新的真理主张，即一种实践意义上的真理观，因此这种先验论证的有效性不应该体现在对某个对手的否定，而是具有自身合法性根据的。②

---

① Dieter Henrich, "Challenger or Competitor?—On Rorty's Account of Transcendental Strategies", in P. Bieri, R. P. Horstmann and L. Krüger (eds.), *Transcendental Arguments and Science*, 1979, pp. 113-120: 115。

② 对于先验论证的实用主义倾向的研究，可以参看 Sami Pihlström, *Naturalizing the Transcendental: A Pragmatic View*, Humanity Books, 2003。

本章小结

正如本章一开始就指出的那样，对于先验论证的研究的一个窘境就是，到目前为止，你还无法明确地为其寻找到一个特殊的性质，正如格拉姆所说："没有一种解释，也没有一个标准为形成一种特殊类型的论证提供一个理由，仅仅因为它们两者适用于各种知识和各种论证，它们能够被充分地刻画，而无须引入一个新的术语。所以，要么'先验'仅仅是某种已经被接受的东西的一种多余的同义词，要么它指示了某种不存在的东西。这就是康德式先验论证所面临的问题。"[①]也许我们可以引用美国著名的民谣歌手、诗人鲍勃·迪伦（Bob Dylan）最著名的一首歌《在风中飘荡》中的一句歌词：答案，我的朋友，正在风中飘荡；答案正在风中飘荡。也许真正的答案已经早已出现过了，但是依然还没能为我们所捕获，正在风中飘荡。我在本章中试图依循着一些已经显露的线索抓住这个飘在空中的答案。

分析／综合的争论实际上是由这样一个疑问所引发的：先验论证如果是一个单纯的演绎推理，它如何能够获得先天综合的知识呢？进而引发人们对先验论证所包含的"必然性"这个概念进行讨论，分析的先验论证者认为完全可以通过概念分析的方法来阐明客观性论题，例如本内特就试图通过一种分析的

---

① Moltke S. Gram, "Do Transcendental Arguments Have a Future?", *Neue Hefte für Philosophie*, 14, 1978, pp. 23-56: 31.

方法来解释"先验综合",使之成为一种自我意识与理智能力之间的联结工具,进而完全抛弃"先验心理学"。然而,无论是斯特劳森还是本内特,他们都没有提供出一个令人满意的分析的先验论证方案。归根结底,他们的方案都没有妥善处理,在我看来也无法妥善处理康德的"综合"概念的含义。他们都认为这个概念表达的是一种心理机制,然而心理机制同认识机制虽然在机能上可能是一样的,但是在哲学内涵上却大相径庭。后者在本质上属于认识论的范畴,表达的是由范畴所体现的认识能力的运行机制,即它们的差异在于前者关心知识的来源问题,而后者关心知识的结构问题。综合的先验论证则完全走在了另一个极端。例如,威尔克森彻底放弃了"必然性"这个概念,用"实质充分性"这个概念来取代。威尔克森的做法是可以理解的,因为他充分考虑到单纯的概念分析是无法获得综合的结果的,引入后一概念的好处正是允许经验内容的输入。然而,正如沃克尔所批评的那样,这种论证必然导致先验论证成为一种涉及经验性条件的无趣而又琐碎的论证。在我看来,先验论证当然应该是一种分析的论证,但是这里的"分析的"不是斯特劳森和本内特意义上的。答案其实在康德那里,"可能经验"这个概念的引入解决了靠单纯的概念分析获得先天综合知识的企图所引发的问题。威尔克森对于"可能经验"的批评没有理解这个概念的本质,因为他没有理解这个概念同一般直观、一般对象等概念之间密切的联系。总而言之,正如我在第二章论述斯特劳森的先验论证的时候所表明的那样,在概念与概念之间存在一种外延性的分析关系,它构成了分析的先验论证成为可能的基础。

关于先验论证是回溯的，还是前进的争论同上面关于分析与综合的先验论证具有承继关系。不过，它们各自的侧重点并不相同，前者主要关注的是先验论证的论证路径的合理性问题，以及反思它们各自所产生的结果。我们的结论是简单直接的，即我们不能够寄希望于先验论证能够对经验或知识的真做出什么贡献，不过它能够为经验与我们自身的认识方式或能力之间的隐秘联系获得一定程度上的揭示，让我们一窥经验背后深沉的先验支撑。作为回溯论证的先验论证不是要把知识追溯到不可知的彼岸，而是回到我们心灵的深处，从而让我们意识到我们自身要为知识担负起责任来。当代德性知识论的主张向我们表明，知识及其背后蕴含的认知责任在我们的知识论中占据一个非常重要的位置，甚至于是关键的核心位置。以斯特劳森为代表的"公认的解释"版本的先验论证试图让知识的证明"毕其功于一役"，这是对意识及其条件的过分自信所导致的，心灵毕竟不包括知识的全部内容。

用自指性来刻画先验论证再次表明了先验论证应该是回溯的，而不是前进的，即它不是从一个更高原理出发来确立经验知识的合法性，而是从经验知识本身出发，回溯到知性本身。而且，先验论证必定涉及知性的形式（知识的一般结构）和内容（我们事实上拥有的经验知识）两个方面，正如布勃纳所说："在他对一个先验演绎的企图中，康德在元层次上追求一项在事实性知识和纯粹理性原理之间的复杂的自指性推理计划。"①

---

① Rüdiger Bubner, "Kant, Transcendental Arguments and the Problem of Deduction", *The Review of Metaphysics*, Vol. 28, No. 3, 1975,

自指性是先验论证之"先验"概念所蕴含的应有之义，但是它反映的却是整个先验论证的论证结构的本质特征。自指性是一个逻辑学概念，它表现为以前提的循环构造为特征的自我意识。康德的先验演绎使得这种循环论证成为一种合法的论证，因而能够为哲学的奠基起到至关重要的作用。因此，这实际上在另一个层面上解释了先验论证能够为分析哲学家们所关注的原因之一。① 在我看来，用自指性来刻画先验论证无非是对上面的回溯的先验论证进行进一步的限制，即我们不可能对我们的知识的条件进行无限回溯。

总而言之，正如布勃纳说："因为经验知识的合法性不是依赖于一个独断的原理，所以我们必须得出结论说，一个严格的和逻辑上强势的演绎是无根据的。"② 因此，我们无论是从自我与世界的鸿沟的现实存在，还是从我们所能够掌握的论证来说，都不可能，也没有必要试图寻找一种强先验论证。先验论证的适度化是一种必然的趋势，问题只在于往哪个方向走。在下一章中我们试图在先验论证与怀疑主义的相互博弈中阐明其中一种"适度化"概念的内涵。这是最可行的一种方案。

---

pp. 453-467: 465.

① 盛晓明:《康德的"先验演绎"与"自相关"问题——评布伯纳与罗蒂的争论》,《哲学研究》1998 年第 6 期。

② Rüdiger Bubner, Op. cit., p. 466.

第八章
先验论证的功能和目的

先验论证作为一种方法，它的应用范围已经极其广泛，甚至可以说，它已经涉及几乎所有的哲学领域，而且基于它的性质，它也有潜质应用于几乎所有的哲学领域。过去五十多年来，先验论证与怀疑论的关系问题一直是学界关注的重点所在。然而，先验论证的这种功能指向显得相当晦涩难明，需要更为详尽和细致的分析。毋庸讳言，过去几十年的先验论证研究推进的进度有限，还主要关注先验论证的可能性问题，即先验论证是否可能及如何可行的问题，正是因为如此，斯特劳德的反对才会显得如此重要。20世纪80年代末以后，尤其是90年代，先验论证研究最大的成就也许就是试图发展一种适度的先验论证，以应对斯特劳德等人对雄心勃勃的先验论证的批评。在这种努力中，适度的先验论证不断以各种面目出现，一个突出的表现就是研究者们往往在自己的先验论证面前增加修饰词，如自我导向的（self-directed）、信念导向的（belief-directed）等。在对适度的先验论证的研究中，罗伯特·斯特恩的成果斐然，他是少数几个把先验论证作为其主要学术研究方向的学者之一，他在 1997 年成功举办了一场关于先验论证的会议，对数十年来的先验论证研究作了一次良好的回顾，并集中讨论了先验研究中的问题及其前景问题。与会者取得了某些共识，其中最突出的就是对适度的先验论证的前景保持乐观，并提出了各自的方案。他在随后组织出版的《先验论证：问题与前景》一书的导论中说："在我们的稿件中，沃克、斯特劳德和我自己都在思考先验论证如何能够以一种适度的方式被用于反对怀疑论，以期表明斯特劳德最初对更雄心勃勃的先验论证的反对是能够被避免的。然而，我们中的每一个都发展出了截然不同的途径。"①不过，在先验研究领域奠定其学术地位的是他在 2000 年出版的《先验论证与怀疑主义：回答确证的问题》②，这是一次探究适度的先验论证在驳斥怀疑主义方面的可能道路的杰出尝试。

第一节　总的设想

先验论证绝不是为了反驳怀疑主义而专门提出的一种论证方法，但是我并不拒绝先验论证在反驳怀疑主义这个领域中可以占据一席之地。关键在于，我们要弄清楚它能够应对什么样的怀疑主义，与此同时，我们应该如何合理地调整先验论证本

---

① Robert Stern (ed.), *Transcendental Arguments: Problems and Prospects*, Clarendon Press, 1999, pp. 8-9.

② Robert Stern, *Transcendental Arguments and Scepticism: Answering the Question of Justification*, Clarendon Press, 2000.

身以便能够达到最终的目的。自斯特劳德反对先验论证在制止怀疑主义方面，即反对先验论证在架通自我与世界之间的鸿沟方面能够起作用之后，先验论证需要走一条适度化的道路，放弃它本不应该走的那条野心勃勃的道路。下面的讨论是选择适度道路之后的一个结果，而这条道路在很大程度上是罗伯特·斯特恩所走过的，我只是试图沿着这条道路来探究它到底会产生什么问题，或者说它能够走到什么程度。因此，下面的讨论在很大程度上是对罗伯特·斯特恩的《先验论证与怀疑主义：回答确证的问题》一书的引介和评论。当代知识论的核心已经转向了确证问题的研究，随之转变的还应该有作为各种知识论主张的对手们，即各种怀疑主义。先验论证要在当代知识论中占据一席之地，必须随之调整其理论目标，因此，它必须把确证的任务揽过来作为其重要的战略核心。当然，先验论证这种调整并不是全然被动的，上面的论述已经表明先验论证在当代发展的历史是一部纷争史。在不断的争论中，先验论证的使用范围和界限逐渐地明确和清晰起来，因此，先验论证的适度化转向毋宁说是一种主动的战略大转移。

在我看来，与其说适度的先验论证是一种直接对雄心勃勃的先验论证的改造，不如说它是重新塑造先验论证与怀疑主义的关系的一个结果，当然这种重塑是从重塑怀疑论者的形象开始的。正如斯特恩所说，几乎每个哲学家给出的适度的先验论证的道路都是不同的，但是，他们至少具有一种共同的倾向或精神导向，即重塑怀疑主义的形象。例如，沃克把怀疑主义重塑为一种怀疑信念形成方法的理论，而斯特劳德也把怀疑主义同信念联系在一起，先验论证试图确立某些信念的不可或缺性，并借此反对怀疑论。斯特恩自己在论述康德的第二类比时认为先验论证是一种在一致主义的立场上确证信念的证明，因此他的怀疑主义观点就是关于信念之间的一致性的。而最为适度，同时也是极为极端的是后期斯特劳森应对怀疑论的自然主义态度，即把怀疑论所怀疑的对象视为我们自然形成的信念，而先验论证在其中所起的作用就是阐明这些信念在诸信念中的不可或缺性，而不是直接用于反驳怀疑论，说的更为准确些，就是他反对通过任何论证的方式来应对怀疑论。

当然，斯特恩的观点并不止于此，他不像其他哲学家那样仅止于提出这样一种大的设想，而是更为系统地把适度的先验论证推进得更深入和更远。首先，他认为怀疑主义应该具有某些属性：

（1）寄生性。斯特恩认为怀疑主义的怀疑不应该越出人类认知的界限，而是有针对地质疑人类的某些认知成果，因此它应该是一种寄生于我们自身的认识能力的东西。例如，如果你是一个无神论者，那么怀疑论者质疑你对上帝没什么认识是无意义的，只有当你相信神启的时候，这种怀疑才显现力量。因此，仅当怀疑主义针对的人类认知成果越基本的部分，怀疑主义的破坏性才越大。

（2）积极性。我们不能够把怀疑主义视为一种单纯否定性的立场，即只是单纯地否定我们认为理所当然的东西。怀疑主义应该是一种促进知识论者深入思考他们自身认识的根据的学说，简言之，怀疑论者不应该是一个迷宫制造者，而首先应该是一个哲学家，他致力于为某些特定种类的积极事项进行辩护。为了体现这种积极性，怀疑论者应该更加地贴近人类的认知，而不是越出它的界限提出质疑。

正是基于这些理由，当前占据主流的怀疑主义不是认知的怀疑主义，而是确证的怀疑主义，前者否定我们拥有知识，而后者则否定我们拥有确证的信念。斯特恩说："确证的怀疑主义拥有一种更加明显积极的生命，而不仅仅作为一种检验哲学系统的阻碍或难题而存在，还提供某些完全新的思维种类的基础。这种思维种类从皮罗主义的怀疑主义的'心神安宁'到休谟式的自然主义的反理性主义。"[1] 这种观点为当代知识论者所普遍接受，斯特劳德就是这种观点的积极提倡者，他甚至认为，如果我们要获得我们所寻求的人类知识的本质和可能性的话，那么我们必须以某种方式接受哲学怀疑主义，也就是说，哲学怀疑主义应该成为我们理解人类知识不可或缺的一部分。[2]

下面我将从确证与怀疑主义的关系入手，揭示在当代知识论中确证与怀疑主义密切关系的根由所在，并且试图解释为什么一种确证的怀疑主义是更应该被诉求的，进而表明一种适度的先验论证在应对确证的怀疑主义方面到底能够起到什么样的作用。

---

[1]　Robert Stern, *Transcendental Arguments and Scepticism: Answering the Question of Justification*, Clarendon Press, 2000, p. 15.

[2]　Barry Stroud, "The Significance of Scepticism", in P. Bieri, R. P. Horstmann, L. Krüger (eds.), *Transcendental Arguments and Science*, Dordrecht, 1979, pp. 277-297: 277.

第二节　确证与怀疑主义

陈嘉明教授在其《知识与确证：当代知识论引论》的第二章"确证与怀疑主义"中指出，把确证同怀疑主义联系在一起并不是一种强行的"撮合"，而是站在历史的角度看待知识论的发展以及怀疑主义的发展后进行的一种自然的"联姻。"[①]在该章的一开头，他就开宗明义："知识论所研究的中心问题是'你如何认识'，因此它的问题的焦点实际上并非在于'知识'本身，而是在于'如何'两字之上，即人们是如何使自己的信念成为知识，如何判断自己的信念是知识，凭什么根据相信某一命题，或者说，是什么东西证明了你的信念是正当的。这些'如何'关涉到的，就是知识的确证问题，它决定了什么是我们应当相信的，什么是不应当相信的。"[②]这段表述表明确证总是同"相信"或"信念"相关的，而且这个概念包含了像"使某个信念成为知识"这样的含义，因而确证实际上是一个提供理由、证据来证明某个信念的概念。此外，确证还是一个规范性概念，因为从上面的表述也可以看出，确证还同"应当""正当的"这样的概念相关，因此，它具有评价的性质。

在确证与怀疑主义的关系问题上，陈嘉明教授给出了其原则性的主张，即"由于当代知识论关注的主要是知识的确证理论，

[①]　这方面的证据还可以从牛津大学出版社出版的《怀疑主义牛津手册》中大量地发现，尤其是在当代问题卷里。具体可参看：John Greco (ed.), *The Oxford Handbook of Skepticism*, Oxford University Press, 2008。

[②]　陈嘉明：《知识与确证：当代知识论引论》，上海人民出版社2003年版，第75页。

因此对怀疑论的研究也集中表现在对怀疑论的论证方式与原则的研究上"。^①确实，先验论证在驳斥怀疑主义方面同样主要是在针对怀疑主义在论证上是站不住脚的，或者说在逻辑上是自毁的。在这方面最清晰的表达莫过于斯特劳森对怀疑主义论证的描述，他说："这使得我们得到了意义更为深远的典型的怀疑论者立场。他假装接受了概念图式，但同时又很快抛弃应用这个图式的一个条件。因此他的怀疑是不真实的，这不单单因为它们在逻辑上无法解决的怀疑，还因为它们等于抛弃了整个概念图式，而这些怀疑只有在这个图式中才有意义。"^②如果说斯特劳森对怀疑论的刻画过分强调概念图式而没有凸显先验论证的运作方式的话，那么斯特恩对先验论证驳斥怀疑论的刻画就来得直接很多："因此，先验论证是在用怀疑论者所玩的把戏反过来反对它自己，即通过表明怀疑论者依赖于特定的哲学假设（这些假设随后被证明包含了一个概念，它太贫乏了以至于不能够有一个融贯的开端，但是一旦丰富了这个概念，它就会让怀疑论问题消失）来使他的怀疑得以进行，先验论证对我们理解怀疑主义做出了真正的贡献。"^③因此，先验论证其实是在表明怀疑论如何以及为什么应该被反驳，而不是直接证明某某东西的真来反驳怀疑主义。

陈嘉明教授对怀疑主义做了梳理，在谈到20世纪的哲学家

① 陈嘉明：《知识与确证：当代知识论引论》，第124页。

② P. F. Strawson, *Individual: An Essay in Descriptive Metaphysics*, Methuen, 1959, p. 35.

③ Robert Stern, *Transcendental Arguments and Scepticism: Answering the Question of Justification*, Clarendon Press, p. 5.

们在怀疑论问题上所做的工作时，他说："毋宁说是把怀疑主义
作为一个假设性的论敌，设想怀疑主义对知识问题可能有的驳
难，以此来深化对知识论各个方面问题（包括知识的标准、证
据问题、论证结构等）的探讨。他们将原有的怀疑主义论题加
以提炼，使之得到更明确的表达，知识论内涵更加突出。其中
'缸中之脑'问题与'他人的心灵'问题，成为当代知识论所研
究的怀疑论命题的经典范本。"[①]然而，我在第一部分已经把普
特南的"缸中之脑"论证视为一个典型的先验论证案例，而在
本书中也多次提及"他心问题"和"外在世界问题"，它们同时
都是先验论证所要处理的问题。陈嘉明教授虽然没有在书中提
及用先验论证来解决怀疑主义问题的想法，但是他在论述他心
问题的时候承认我们的经验无法区分怀疑的情景与通常意义上
的情景，因而对经验能否最终证明外在世界的存在或证明他心
存在保持高度怀疑[②]，这实际上为先验论证留下了空间。

此外，他认为怀疑主义主要涉及两个方面：第一，对知识
的可靠性与可信赖性的怀疑；第二，对知识的判定标准的怀疑。
他认为，它们大致对应了传统知识论的两个基本问题，即"我
们的认识范围是什么"以及"认识的标准是什么"。[③]不过，在
我看来，这里的第一个方面与第一个问题并不对应，因为前者
涉及的是对认识的基础和来源的质疑，以及对获得知识的过程
的质疑，因而同认识范围没什么关系。当然，这里问题的关键

① 陈嘉明：《知识与确证：当代知识论引论》，第99页。
② 同上书，第101页。
③ 同上书，第103页。

在于这两个方面同确证的几层含义是契合的，因此，针对这两方面的怀疑主义可以统称为确证的怀疑主义。而根据这两方面各自的特殊性，可以把确证的怀疑主义进一步细分为可靠论的确证怀疑主义（reliabilist justificatory scepticism）和规范论的确证怀疑主义（normativist justificatory scepticism）。

确证的怀疑主义是相对于知识的怀疑主义（epistemic scepticism）而言的，它们最大的区别在于，前者关涉的是信念的确证或我们是否确证地拥有某些信念的问题，而后者是关于我们是否拥有知识的问题的。因此，确证的怀疑主义是以确证的信念为其怀疑的对象，而后者以知识为其怀疑的对象。斯特恩认为知识的怀疑主义没有真正地瞄准我们认知自我形象（self-image）的核心部分。他的意思是说，怀疑主义不应该仅仅针对由理性主义者所构建的夸张的知识概念，而是应该针对我们日常所持有的态度和信念，这才是我们认知自我形象的核心的、实质的部分。这里，我们首先就要求理解"知识"这个概念，对于知识的怀疑主义者来说，"知识"这个概念是作为一个特殊的知识论范畴而存在，而这就会导致一系列后果，例如斯特恩就说："一旦这样，我们对知识的主张就会崩塌得太过迅速而不能承认这个怀疑论者正确地对我们是否能够达到知识保留意见。只要我们能够不碰及确证，就会为我们留下大量未被触及和未被怀疑的东西。"[①] 导致这些后果的根本原因在于，"知识"这个概念，较之确证的信念，具有两个特征。第一个就是，如果一

---

① Robert Stern, *Transcendental Arguments and Scepticism: Answering the Question of Justification*, Clarendon Press, p. 16.

个信念要成为知识，那么这个信念被要求是真的，而一个信念可以同时既是确证的，又是假的；第二个就是，一个要成为知识的信念必须是确证的，而一个信念能够是确证的，同时又无需经历完全的谬误论证（error-proof）。无疑，"知识"概念的这两个特征都太过强而导致知识的怀疑主义丧失了其绝大部分意义。以确定性为例，如果怀疑论者利用我们没有能力去确定任何我们所相信的东西确实如此这一点来得出如下主张，即我们可能缺乏知识来断定我们确实如此，那么我们很容易承认这一点。因为每一个承认我们的信念是可错的人只能这样认为，"然而，一旦说出这点，知识的怀疑论者再次丧失了他的激进性，因为他的立场看起来无非是反对过分的理智自负的一种明智纠正而已"[①]。

面对"知识"概念过强的问题，似乎可以有一种稍微弱化一点的"知识"概念以供选择，也就是说，选择更少确定性的"知识"概念。然而，情况并没有更好一点，因为这将导致知识的怀疑主义的关注焦点发生改变，或者更直白地说，最终会导向确证的怀疑主义。我们说一种弱化的"知识"概念，指的是其所包含的确定性从绝对意义向相对意义的转变。然而，什么是一种相对的确定性？相对于什么而言的确定性？很简单，那就是意图或目的，怀疑论者所要针对的东西。知识的怀疑主义一开始所怀疑的东西是我们不能确定地知道事物是如何如其所是的，弱化之后，显然只能转向我们通常所持有的态度和信念了。

---

① Robert Stern, *Transcendental Arguments and Scepticism: Answering the Question of Justification*, Clarendon Press, p. 17.

大致来讲，弱化后的知识的怀疑主义可以像这样表述：面对着怀疑论对知识的攻击，我们可以要求合理的信念或确证的信念，即使我们关于世界的观点是可错的，但至少我们有权利拥有它们；即使存在犯错的可能性，但是放弃它们或怀疑它们则是错误的。然而，这恰恰是确证的怀疑主义所要攻击的立场。

斯特恩认为，确证的怀疑主义是一种辩证地更强的立场，因为我们更加困难于在承认这种怀疑论观点的同时还坚持说没丧失什么价值。确证的怀疑主义不仅谴责我们可能的无知，而且还谴责现实的独断论，谴责超出合理地确证一个信念而坚持持有这个信念。我们可以承认我们在认知上是有限的，因此是可错的，但不太容易去承认我们在认知上是无责的，我们的认知是由幻想、妄想或习惯来控制，而不是由理性和理性的原则来控制。因此，确证的怀疑主义具有一种更有利于辩护的立场。

我们从知识的怀疑主义向确证的怀疑主义的顺利过渡也可以知道，它们之间的区分不在于确定性这个概念。这还得回到怀疑论论证的功能来看，布尔尼伊特（Myles Burnyeat）认为怀疑论论证被用于提出关于根据的充分性问题，在这些根据之上，我们通常主张知道外在世界、他心等等，但是事实上，通过这种方式获得的问题很少不是关于合理信念的问题，正如它们是关于知识的问题那样。[①] 根据布尔尼伊特的观点，当怀疑论者把关注的焦点转移到一个同时适用于确证的信念和知识的

---

① Myles Burnyeat, "Can the Sceptic Live his Scepticism?", in Malcolm Schofield, Myles Burnyeat, and Jonathan Barnes (eds.), *Doubt and Dogmatism*, Oxford University Press, 1980, pp. 20-53: 22.

条件的时候，这种怀疑论在从知识问题向信念问题的转移过程中就没什么损失，而且它涉及的是合理的信念，而不是知识。

当然，对确证的怀疑主义与知识的怀疑主义的区分并不是为了否定存在某种攻击知识的怀疑论有可能在反对我们关于确证的信念的主张方面具有相同的效力（只要质疑知识的根据同样适用于质疑确证的信念）。这种区分所要否定的是确定性在该区分中起任何作用，进而以我们同这种区分的相对性可知，对知识的怀疑主义的反驳不需要通过证明我们拥有确定性，而是表明对于这两种怀疑主义最为关键的是要探究它们的条件的合理性。

上面已经提及对确证的怀疑主义进一步的区分，即可靠论的确证怀疑主义和规范论的确证怀疑主义。我们首先讨论可靠论的确证怀疑主义，不过在这之前还是先设想信念确证的一个基本场景来方便我们理解：白天，我走在一个树林边上，我看到了一只猫窜进了树林。只要我相信我自己的知觉没什么问题，我当然认为"一只猫窜进了树林"这个信念是确证的。不过，当我们给出确证的理由的时候，我们通常会指向我的知觉经验（我看到一只猫窜进了树林）。然而，对这个知觉经验的性质、构成等的分析无助于为什么我会相信一只猫窜进了树林，因为我的知觉经验各个成分与该知觉经验的信念方面没有太大关系。重要的是，我们这个知觉经验整体对产生关于它的信念有什么帮助，因此真正有意思的问题是追问"我看到了一只猫窜进了树林"这一经验是如何帮助我关于"一只猫窜进了树林"的信念的确证。

可靠论对于确证具有其特殊的要求，它主张确证必须作为一种信念形成方法来把信念的确证同其知觉经验的可靠性关联起来。因此，在可靠论者看来，信念确证是一个目的论或结果主义的概念，而其目标是真，也就是说，如果我的信念是确证的，那么它就要以一种可靠方式形成，并且拥有好的认知结果。可靠论者一般情况下是外在主义者，因为首先它承认知觉经验在信念确证过程中起作用，其次，更为重要的是，信念必须是以一种可靠方式达到某个完全认知的目标，也就是说，一个完全外在的目标。

不过,外在主义的可靠论马上会遭遇循环性反对(circularity objection)，因为可靠论把确证仅仅视为一种工具，即一种使建立在知觉经验基础之上的信念成真的工具，因而使得一个信念的确证仅仅依赖于某种外在于信念和知觉经验本身的东西。外在主义的可靠论的循环性表现如下：如果我们拥有确证的信念，那么我们就必须表明我们的信念满足外在主义的可靠论标准，即它们必须在可靠方法的基础上形成；然而，可靠论者认为这些我们实际上使用的方法有助于我们的信念成真，也就是说，我们可能实际上拥有确证的信念,这显然是一种乞题（question-begging）论证。我们可以把这种提出循环性反对的怀疑主义称之为可靠论的确证的怀疑主义。

面对这种怀疑主义的威胁，有些哲学家认为最好的办法就是弱化外在主义的确证标准，转向内在主义。内在主义与外在主义区分的关键在于，前者采取一种主观的、第一人称的立场，而后者则采取了客观的、第三人称的立场，不过他们共同的观点就是认为关键的是相信者必须有认为这种方法是可靠的根据。因此，外在主义的可靠论把实际的可靠性当作一种信念形成的方法提供给一个信念以确证的必要条件，而内在主义的可靠论则只要我们把它视为可靠的根据就可以了。然而，我们很难看到内在主义的确证标准能够应对可靠论的确证怀疑主义，即我们很难看到它避免了循环性反对。因为根据内在主义的可靠论，要为我们的信念是确证的主张提供根据，我们只需表明我们有好的理由认为我们的信念形成方法是可靠的，即使它们实际上并非如此。但是，面对循环性问题，我们如何能够表明我们拥有这种根据呢？如果循环性问题足以阻止我们主张实际上拥有可靠地形成的信念，那么，它也足以阻止我们主张拥有好的理由认为我们拥有可靠地形成的信念。因此，从外在主义到内在主义的可靠论的转变并没有在应当循环性反对方面取得更进一步的进展。

事实上，循环性反对不能够被可靠论所反驳的原因在于，可靠论无法为信念形成方法本身是可靠的这一点提供一个独立的理由。因为根据可靠论，一旦我们要作出关于信念形成方法是可靠的这一信念，它必须诉诸信念形成方法，从而导致循环性。先验论证在提供独立的理由方面具有其特殊的长处，例如我在论述戴维森的全知解释者论证时曾说过，戴维森需要为一致与真之间的联结提供一个独立的、先天的证明，以避免一致主义往往会陷入的循环论证问题。有些哲学家诸如阿尔斯顿（William Alston）、沃克等人也确实使用了先验论证来应对循环性问题。大体来说，用于反驳可靠论的确证的怀疑主义的先验论证的目标就是为把特定的信念形成方法是否可靠的这一点提供独立的理由，进而在作出关于这些方法的可靠性主张时无须使用这些方法本身，从而最终避免循环性问题。[①]

与可靠论的确证概念完全不同的还有一种特殊的确证概念，即规范论的确证概念。规范论可以免于循环性反对，因为它主张一个信念的确证同其信念形成方法之间不具有直接的联系，而是主张把相信者（believer）引入信念的确证，即与相信者是否根据我们（相信者共同体）认为是好的证据来形成信念这一点关联起来。假设我们认为知觉经验是形成信念的一个好的根据，那么某人通过那种方式形成的信念就是确证的。显然，它有效地避过了循环问题，因为我们依照的是我们认为是好的信念实践，而不需要把这些实践植根于任何关于它们的可靠性的证明之中。显然，这种诉诸相信者共同体的对确证的信念实践的解释很容易走向相对论，因为它实际上是关闭了来自外在的批评的大门，因而甚至不值得一驳。与之相近的另一种观点，不同的是，后者诉诸某个信念确证中正在进行的信念实践，具体表述如下：如果一个相信者正确地使用了一个合理的信念形成方法，并且他把他的信念建立在某种根据之上，那么他就获得了确证的信念。在此，一个信念形成的方法是否合理这一点是独立于其现实的可靠性的，我们可以把这种主张称为"道义论的规范论"（deontological normativism）。[②]

对于道义论的规范论者来说，某种信念形成方法（如知觉、

---

① 对于循环问题的可靠论路径的回应，可参看拙文：《从恶性循环到德性循环》，《自然辩证法通讯》2014 年第 5 期。

② Robert Stern, *Transcendental Arguments and Scepticism: Answering the Question of Justification*, Clarendon Press, 2000, p. 27.

记忆等）是信念的合理根据，一个相信者只要遵循支配这种证据所接受的规范，那么他就拥有确证的信念。道义论的规范论的灵感显然来自伦理学，为了更加清晰地表达这种观点，我们可以把它同伦理学中的道义论进行比较。伦理学中的道义论强调规则，否认功利论的结果主义，因而它的一个基本主张就是，行为的正当性取决于行为者是否遵循了支配其行为的规范，而与该行为所导致的后果无关。把这种主张应用到知识论的确证概念的解释中就是，我们所获得的信念是否确证取决于我们是否遵循了支配我们获得信念的方法的规范，而不需要证明我们所使用的信念形成方法是现实地可靠的。

显然，在应对循环性反对方面，道义论的规范论走的是一条重构确证概念的途径。对在道义论的规范论者来说，根本没有循环问题，因为他们根本没有把信念的确证诉诸信念形成方法本身，而是诉诸与相信者自身相关的规范。然而，如果循环问题不提出，那么道义论的规范论是否还具有反怀疑论的价值呢？斯特恩认为，关键在于怀疑论的对象需要调整，即从信念形成方法转向特殊的信念（例如，我们关于他心或外在世界的信念），进而试图去证明这些信念并没有以正当的方式同任何提供确证的方法相关联。例如，我们只能看到他们的身体，那么我们如何能够把我们关于他心存在的信念建立在感知经验之上呢？如果我们只能通过我们自身的感知来达到一个归纳性的信念的话，那么这个信念又如何能够通过类比论证来达到它呢？我们可以把诸如此类的问题称为规范论问题，因而对它们的否定可以称为规范论反对（normativist objection）。规范论反对强调我们所持有的信念与我们可获得用于支持这些信念的证据之间的差距，所以我们所持有的信念并不是由任何恰当的信念规范来获得其合法性的，我们把持这种规范论反对的怀疑主义称之为规范论的确证的怀疑主义。[①]

　　显然，规范论的怀疑主义针对的不是信念形成方法本身，而是针对这些方法与到达某些特殊信念的确证的合法性关系，因此涉及支配这些信念方法的规范问题。更为具体地来说，可靠论的怀疑主义提出的问题是，如果我们没有很好的理由支持知觉证据是有助于信念的真的话，那么我们那些基于知觉经验的信念如何能够是确证的呢？与之不同，规范论的怀疑主义不是在信念形成方法这一层面提出问题，而是在特殊信念的层面提出问题，即当我们不具有任何通过信念形成方法（如知觉或归纳推理等）获得的证据去充分地支持不能够被感知的对象（如他心、外在世界等）的信念的时候，这些信念如何能够是确证的呢？

　　规范论的确证概念并不是一种主观任意的构造，它在当代知识论中占据一个很重要的位置。这种确证概念可以在当代著名的知识论专家厄内斯特·索萨（Ernest Sosa）那里获得直接的理论支持。而他的确证概念正是源自对可靠论的确证概念的不满，进而试图寻找一种更为注重内在的、负责的确证概念。索萨把自己关于确证的理论称为"德性视角主义"（Virtue Perspectivism），由此发端的德性知识论已经形成了当代知识

　　[①]　Robert Stern, *Transcendental Arguments and Scepticism: Answering the Question of Justification*, pp. 33-34.

论的一个非常重要的（虽然不是主流）研究方向和流派。[①]

　　索萨考察了斯特劳森在《自然主义与怀疑主义：某些种类》一书中自然主义的反怀疑主义策略，他认为斯特劳森的策略太过激进和造作，更为关键的一点是，他不满意于后者实际上取消了确证概念在反驳怀疑主义中的作用的观点。索萨历数了几乎所有出现过的确证理论（可靠论或外在主义的基础主义、一致主义、内在主义的基础主义），发现它们最大的问题在于对理智自身在确证中的地位缺乏足够的重视，进而无法体现知识最为重要的属人属性，因为他认为"所有种类的确证都包含了主体的认知或理智的德性、能力或资质"[②]。索萨从普兰廷加（Alvin Plantinga）诉诸意向性来处理普遍性问题（generality problem）[③] 的做法中获得灵感，发展出其特殊的确证概念。索萨的确证概念最为主要的是强调它是对我们最为深刻的理智程序的反思，即我们关注的是对这些程序的正确应用的问题，而不是关注这些程序是什么的问题。在这个意义上，他说："因此，根据我们的观点，确证是内在的——甚至于一个干涉我们的外在语境的恶魔也不能把它从我们身上剥夺了去。"[④]

---

　　① 关于索萨及整个德性知识论的思想，可参看拙作：《德性知识论》，中国社会科学出版社 2018 年版。

　　② Ernest Sosa, "Beyond Scepticism, to the Best of our Knowledge", *Mind*, New Series, Vol. 97, No. 386 (Apr., 1988), pp. 153-188: 179.

　　③ 普遍性问题是可靠论会遭遇的主要问题之一，具体论述可以参看陈嘉明教授的《知识与确证：当代知识论引论》，上海人民出版社 2003 年版，第 169—177 页。

　　④ Ernest Sosa, Op. cit., p. 183.

根据对确证的这种理解，规范论的怀疑主义必须表明，根据我们自身的观点，关于我们认为是合法的信念实践，我们还是没有权利拥有我们所采用的信念。因此，规范论的怀疑主义是一种更为适度的怀疑主义，它首先假定我们的信念实践是合法的或略过这个问题，转而追问：即使我们进行了合法的信念实践，我们是否有权使用由此获得的某些信念？

鉴于上述各种怀疑论立场的基础不同，从而应对它们的先验论证也是各不相同，而且评估它们各自成功与否的标准也是不同的。下面逐一呈现先验论证与各种怀疑主义的关系，并且评估它们各自的有效性。

第三节　先验论证与规范论的确证的怀疑主义

上一节已经表明，规范论的怀疑主义是一种完全具有不同怀疑对象的怀疑主义，因而面对的问题也不一样，但是这并不意味着这种怀疑主义没有可靠的理论依据和现实基础。规范论的怀疑主义是一种适度的怀疑主义，它不直接针对信念形成方法（如可靠论的怀疑主义那样），因而允许我们诉诸这些方法以及支配它们的规范，而无须要求我们首先为这些方式寻找根据，因而避免了循环问题。不过，它也会遭遇其他问题，即规范论问题：这种问题的实质在于怀疑这些信念并没有以正当的方式同提供其确证的方法相关联，即在我们所拥有的某些信念与我们用于支持它们的证据之间存在差距，后者没有给予前者以足够的合法性。由于规范论的怀疑主义最为重要的术语就是规范，虽然我们不可能完全把规范，尤其把索萨所说的"我们最深刻的理智程序和标准"，说得一清二楚，不过，我们可以把规范大致分为推论性的和非推论性的。推论性的规范指的是，一个信念是确证的，因为这个信念能够获得来自其他信念的推论性支持，而在这个过程中，这个具体说明了那种支持的本质的规范需要这个信念是有正当理由的；非推论性的规范指的是，一个信念是确证的是因为这个相信者以及环境的某些事实或他所拥有的信念本身的某些事实。根据这种分类，先验论证的策略可以大致划为两类，一类诉诸推论性的规范，包括推论性策略和适度的标准（criteriological）策略，另一类诉诸非推论性的规范，包括现象学策略和一致主义策略。最后，我们介绍自然主义策略，它代表了第三条道路，代表的是一种态度。①

一、推论性策略

支持推论性策略的先验论证者承认某些成问题的信念（外在世界、他心等）不能够在非推论的规范之下被确证，进而他们试图证明这些信念只能推论性地被确证。最为明显的一种推论性的先验论证就是一种演绎性的论证，它试图证明这些信念能够从我们拥有经验、语言或思想这一事实中演绎出来。然而，这种主张的前提非常容易受知识的怀疑论者的攻击，它们要求削弱这个前提，但是这会导致不可能存在演绎性的确证。

---

① Robert Stern, *Transcendental Arguments and Scepticism: Answering the Question of Justification*, pp. 90-92.

不过，情况并没有很糟糕，因为，对于确证的怀疑主义来说，确证完全可以建立在归纳论证的基础之上，正如斯特恩所说："在此要求的不是确定的信念，而只是确证的信念，后者仅仅要求像使用示范性的推论保证（demonstrative inferential warrant）那样使用非示范性的推论保证，就两种推论都能够为我们提供确证而言。"①

从第七章第二节我们知道，威尔克森是一个综合的先验论证的积极倡导者，坚决反对以斯特劳森和本内特为代表的分析的先验论证，他最主要的主张就是否定把先验论证视为一种演绎地有效的论证，即支持先验论证是一种非演绎地有效的论证。因此，威尔克森实际上走向了一条适度化的道路，因为他排除了最为严厉的确证途径（演绎论证），进而承认归纳论证等确证途径的有效性。威尔克森提供的依旧是一种推论性的先验论证，不过，显然已经不适用于应对知识的怀疑主义和可靠论的怀疑主义，它恰好适用于应对规范论的确证怀疑主义。

威尔克森说："类似于'……的必要条件是……'这样的表达可以直接由'……蕴含……'这样的表达来替代。康德、斯特劳森、本内特、维特根斯坦和马尔科姆的观点结合在一起就是：如果康德的论证能够被证明是非形式地有效的，那么他们的论证就是形式地无效的；如果我们能够引入一个非逻辑的必要性的观念，它足以支持康德的先验论证，那么它也将足以支持其

---

① Robert Stern, *Transcendental Arguments and Scepticism: Answering the Question of Justification*, p. 93.

更为现代的相似物。"① 为此,他引入了"实质充分性"这个概念,它是在威尔克森所提供的第四个,也是最后一个版本的先验论证中提出来的,目的是转移人们对"实质"这个概念的攻击的注意力,由此,他可以说:"与其说一个受法则支配的世界为我/使用对象概念/提供了其他条件不变的(ceteris paribus)成分性,不如说一个受法则支配的世界的存在对我/使用对象概念/来说是其他条件不变地充分的。"② 这里的差别在于后者诉诸主体自身的能动性,或者用康德式的表达,人类的认知机制或能力,因为关于这样一个世界的存在表达的是认知主体对世界的看法,即我们不是一个被动接受的主体,更是一个认知的主体。为了更形象地说明这点,威尔克森用了一个关于螺帽的类比。一个螺帽根据其自身特性能够转动和旋紧,这在逻辑上是完全可能的,无须求助于上帝或人。但是,作为一个勤勤恳恳的机械师,无疑我们将对发现如下条件更感兴趣,这些条件(例如,我使用一个扳手并转动螺帽)对螺帽的转动和拧紧来说实质地是充分的。作为高傲的康德式的机械师,我们甚至可以把我们的计划描述为对螺帽拧紧的可能性的必要条件的发现。在这个意义上,威尔克森说:"重要的是,扳手的使用和转动对螺帽的拧紧来说是实质地充分的(其他条件不变),其次才包括关于螺帽的结构的假设、其他来源的干涉的缺席等等。"③ 毕竟,对于

---

① T .E. Wilkerson, "Transcendental Arguments", *The Philisophical Quarterly*, Vol. 20, No. 80, 1970, pp. 200-212: 201.

② Ibid., p. 210.

③ Ibid.

一个哲学家而言，重要的不是对事物本身的结构的研究，而是研究我们人类认知自身的机制，以及由此所导致的对世界的看法。

显然，威尔克森把"实质充分性"引入先验论证是为了对抗"逻辑充分性"。这种转变的背后蕴含的是从客体向主体的转变，最为关键的是主体对于认知过程或信念形成过程中规则或规范（康德把它们成为范畴）的遵守问题。这才是我们把威尔克森的先验论证视为应对规范论的怀疑主义的方法的最终理由所在。

斯特恩把威尔克森式的先验论证视为一种特殊的最佳解释推理，与一般的最佳解释推理不同，他不是追问某一个前提是对另一个前提的最佳解释，而是追问唯一的解释。由此，他批评威尔克森式的先验论证是"不适宜的和过于野心勃勃的"。[①] 诚然，唯一性要求在应对规范论的怀疑主义时是没有必要的，因为在此我们只需要表明我们认为的信念（如外在世界、他心）是我们所面临的事实是可设想的最佳解释，而不是唯一的解释。

威尔克森提到唯一性要求的时候说，"我们必须能够从那些我们不能设想其替代之物的人类能力来开始我们的先验论证"，不过他紧接着就说问题关键在于这里的"能够"还不清楚是什么意思，"这就是说，我们已经解决的先验论证的地位问题，只是剩下先验前提的地位问题"[②]。因此，威尔克森认为先验论证不

① Robert Stern, *Transcendental Arguments and Scepticism: Answering the Question of Justification*, Clarendon Press, 2000, p. 94.

② T. E. Wilkerson, "Transcendental Arguments Revisited", *Kant-*

是追求像克尔纳所描述的对范畴图式的唯一性的证明，而是追求人类能力某些方面的唯一性或不变性。正如其所说，"先验论证并不依赖于某些关于世界的假设之上，而是依赖于我们所拥有的一般能力。假设可以常换常新，但一般能力不是如此"①。显然，斯特恩和威尔克森的诉求是不一样的，这种不一样导致斯特恩误解了威尔克森的意思，认为威尔克森试图证明某一解释框架的唯一性。

在规范论的层次上，威尔克森给予我们的启示是一种完全基于人类认知能力的先验论证是完全可能的，而且我们完全可以把它构建为一种推论性的先验论证，从我们所面临的事实溯因地（abductively）推出最佳解释，从而在规范论层面应对怀疑论的威胁。

二、现象学策略

如上所述，推论性的先验论证基于这样一个假设，即没有非推论性的规范能够被用于确证诸如外在世界、他心等信念。然而，这个假设本身是可疑的，也就是说，完全可以存在一个非推论性的规范来确证这些信念。基于这个信念的第一种方案就是现象学的先验论证。

现象学的确证诉诸某些种类的经验规范，这之所以可行在于知觉经验是确证的一个明显来源。显然，这样一种观点是非

Studien, 66: 1, 1975, pp. 102-115: 114.

① Ibid., p. 115.

常容易受到攻击的，因为这种确证策略实际上是试图在信念与非信念之间建立确证关系，因此它必定会在这种确证关系的合法性方面遭受质疑。对于这种策略的反对主要有三种：一致主义反对；本体论的间接实在论反对；现象学的间接实在论反对。[①]

（1）一致主义反对。这种现象学策略类似于基础主义，即都把信念确证的最终根据建立在经验之上，因此，一致主义对基础主义的批评同样适用于现象学策略。一致主义的反对最为关键的一点就是认为只有信念才能够在认知上是确证的。不过，一致主义的反对是一种乞求问题式的反对，因为它的理由不过是说，所有确证只能从一个信念向另一个信念传递。格雷林为我们提供了进一步的理由证明存在除传递原则之外的确证方案。首先他要求我们区分传递原则与对基本信念的确证原则。前者确实要求信念之间的确证，而后者却不然，他说："在对基本信念的确证原则中，前件并不包含认知评估，而是代之以对某些环境的详细说明，使得它们被获得的时候，随之而来的基本信念能够由于它们的获得而是确证的。"[②]斯特恩把格雷林的观点归结为一点，即直接的认知规范允许确证的产生源自于非信念来源的可能性。而在描述的知识论层次上，我们确实实际上在运用着这些规范，如果一致主义者认为我们错了，那么他就是一个修正主义者。就规范论的怀疑主义而言，它实际上一开始

[①]　Robert Stern, *Transcendental Arguments and Scepticism: Answering the Question of Justification*, Clarendon Press, 2000, p. 95.

[②]　A. C. Grayling, *The Refutation of Scepticism*, Duckworth, 1985, p. 136.

就排除了一致主义的反对，因为在规范论的怀疑论者看来，他运用这些规范完全是一种内在的实践，并不对来自外在的批评开放。

（2）本体论的间接实在论反对。这种实在论认为我们的知觉经验不是直接的，与直接实在论相对，关于直接实在论和间接实在论的区别，麦卡洛克（Gregory McCulloch）有过非常准确明了的表述："间接与直接的实在论的争论关键在于知觉是否是中介。这样表述的话，问题就变得很简单：谁想要否定知觉是一种包含了在主体方面所知觉到的所有种类的组成部分（如光波、视网膜图像等）的因果交互过程？但是，间接实在论很难主张说，在知觉中，任何由知觉到的东西所引发的事物都会在它与知觉者之间进行。所以，所要做的事情就是追问是否有任何中介物被给予意识或觉知：回答'不'就产生了直接实在论，回答'是'就产生间接实在论。"① 本体论的间接实在论者把这些中介（我们通常所说的感觉材料或感觉印象）视为实体，并且认为我们要达到对象必须不断地把这些中介集合起来。因此，我们关于对象的信念只能通过归纳推理的方式获得，因而它就排除了任何非推论的知觉规范能够提供对象信念以确证的可能性。不过，本体论的间接实在论并没有否认直接的知觉规范，只是认为它只适用于我们关于感觉状态的信念，而不适用于我们关于外在世界的信念。进而，它能够阻遏现象学的确证策略。

---

① Gregory McCulloch, "The Very Idea of the Phenomenological", *Proceedings of the Aristotelian Society*, New Series, Vol. 93 (1993), pp. 39-57: 47.

这似乎要求我们转向麦克道威尔（John McDowell）在《标准、可辩驳性和知识》[①]一文中所持的现象学的直接实在论，即承认这种实体存在，但是它只起到单纯因果性的作用，并且否认我们对它们有任何觉知，由此，如果我们在看一棵树时经验到了任何东西的话，那便是树本身。这里的关键在于麦克道威尔所说的："我们坚持现象被呈现为是向经验者揭示的事实本身。所以，现象不再被设想为介于经验主体和世界之间的东西。"[②]然而，问题在于我们的现象学确证策略是基于间接性主张而建立的，也就是说，它首先必须承认它不能真正通达世界、对象本身，而只能基于我们的知觉来确证我们的信念。如果我们转而持现象学的直接实在论观点的话，争论已经发生了转变，即转向现象是否是事实本身的问题。这不是规范论的怀疑主义所要质疑的东西。而且，如果我们坚持现象学的直接实在论的话，那么先验论证似乎并不被需要，因为针对前者所要面临的问题，我们所持的适度的先验论证策略并不足以应对这方面的问题。所以，我们还是要转回间接实在论，这便转向了第三个反对。

（3）现象学的间接实在论反对。这里所要谈的间接实在论不同于本体论的间接实在论，它采取了现象学的形式，因此，我们可以称之为现象学的间接实在论。这种实在论的要点在于，首先，它承认推论在确证我们关于外在世界和他心等信念方面起作用；其次，承认这些信念的确证还需要建立在我们的间接

---

① John McDowell, "Criteria, Defeasibility and Knowledge", *Proceedings of the British Academy*, 68, 1982, pp. 455-499.

② Ibid., p. 472.

的知觉经验之上；最后，最为关键的是，我们的知觉经验的内容不是对象本身，而是我们直接经验到的东西，即感觉材料或感觉印象，因此在这个意义上，对象本身、他心等事物根本不是我们的经验内容。斯特恩认为，这样的经验将在现象学上太过贫乏以至于不允许我们通过使用一种知觉规范而把这些成问题的信念建立在它之上。因为根据这种实在论，物质对象、他心等事物都是"不可见的"，而根据本体论的间接实在论的观点，它们是可见的，虽然只是作为一个间接的结果而是"可见的"。[①]不过，我们的目的在于确证我们关于外在世界、他心等事物的信念，既然这种实在论排除了我们对它们的觉知，那么持这种观点的人们很自然地否定用这些经验来直接确证我们这些信念。因此，怀疑论者认为，我们需要某种推论来建立它们之间的联系，然而，推论显然超出了现象学的间接实在论能够接受的范围。正是在这个节骨眼上，先验论证能够起作用。在此，先验论证攻击的正是现象学的间接实在论关于经验内容的主张，它通过表明除非我们的经验在事实上是关于外在世界、他心等事物的，否则我们根本不拥有经验，或者说的更为温和一点，就是我们根本不可能拥有现象学的怀疑论者所允许我们拥有的那种经验（如关于我们自身心灵状态的内省经验）。

　　基于这种观点，斯特恩把普特南的"缸中之脑"论证、斯特劳森的客观性论证、康德的驳斥唯心论和黑格尔在《精神现象学》中对知觉的论证都视为一种现象学的先验论证，或者说，

---

　　① Robert Stern, *Transcendental Arguments and Scepticism: Answering the Question of Justification*, Clarendon Press, 2000, p.100.

只有从现象学的角度出发这些论证才是有效的和可行的。①

　　总而言之，先验论证在现象学层次上能够应对规范论的怀疑主义正是由于现象学并不要求这种论证架通事物如何是与他们如何向我们显现之间的鸿沟，而后者正是斯特劳德式反对的关键所在。先验论证在此避过了这个反对，而它被要求做的所有事情不过就是向我们呈现事物是如何向我们呈现的。并且，由于我们的经验规范（非推论的），我们能够确证地从这点向我们关于事物如何是的信念挺进。如果有人试图对这个步骤有怀疑，那么他实际上在质疑的是我们的信念形成方法本身，而这是可靠论的怀疑主义的问题，不是现象学的先验论证所能够和应该解决的问题。

三、一致主义策略

　　现象学的先验论证告诉我们，我们经验的意向内容比规范论的怀疑论者所允许的要丰富得多，因此，诉诸我们的经验事实的非推论的经验规范能够被用于确证我们的信念，而不是用怀疑论者不允许我们使用的推论性规范。不过，现象学策略显然成就有限，因为在它身上有太多的限制存在，即使怀疑论者承认能够使用一个先验论证来表明我们的经验比他最初允许的

---

　　① 笔者在此不再具体展开，因为在此展现的是一种总纲性的方案，不便于详细用具体实例来扩展，而且本书的第一部分已经对这些论证有过自己的看法，同时，我也并不完全认同斯特恩的这种归类。斯特恩对此的论述具体可参看 Robert Stern, Op. cit., pp. 126-176。

丰富得多，但他依旧可以说，许多他所质疑的信念依旧不能够被经验地确证。以斯特劳森所要证明的未被感知的对象的存在为例，显然，对这个信念的确证实际上必定已经超出了经验的范围，哪怕我们所能够拥有的经验足够丰富，也不能够就确证地达到未被感知的对象的存在这一信念。因此，似乎要确证这个信念，要么回到我们先前在推论性策略中所提到的最佳解释推论，要么我们寻找出一条既非现象学的又非推论的规范。我们下面所要谈的一致主义策略似乎满足第二条道路。

一致主义的基本观点在于，它首先诉诸相信者的某些事实来为他自己的信念提供确证。与现象学的观点不同，它不是把这些事实与相信者的经验相关联，而是指一个信念是否使相信者的信念集合更为一致的事实。因此，一致作为一个规范它不是推论性的，因为它诉诸某个信念在相信者的信念集合中的地位的事实，而不是诉诸信念之间所拥有的逻辑关系。用丹西（Jonathan Dancy）的观点来说，一个信念对某个人来说是确证的，如果他放弃了这个信念，那么他的信念集合将会更少一致性。①

一致主义的确证概念大大拓展了现象学的确证概念，因为它并不限于我们的经验内容，与此同时，它为一种信念导向的（belief-directed）先验论证提供可能性和空间。一个信念导向的先验论证用于证明，就我们拥有其他信念而言，我们只有在拥有了某些信念的情况下才是可能的，因此这就表明了后者在一致主义的基础上是确证的。这是另外一种适度的先验论证路

---

① Jonathan Dancy, *Introduction to Contemporary Epistemology*, Basil Blackwell, 1985, p. 116.

径，它可以有效地应对一致主义的怀疑主义。就此而言，斯特恩认为康德的第二类比最好解读为是一种基于一致主义的信念导向的先验论证。[①]

信念导向的先验论证较为贴近斯特劳森后期对先验论证的看法，他认为先验论证最好被用于"探究我们的概念图式的主要结构要素之间的联结，……以便于表明某一种概念能力是另一种概念能力的必要条件"。[②] 也就是说，它们都强调系统内部的一致性，不过，在应对怀疑主义方面它们显然不同，后者走向了自然主义。

对于一致主义路径，斯特恩提醒必须要注意四点：第一，它是第一层次的，而不是元层次的，也就是说，一致被视为特殊信念的确证的标准，而不是信念形成实践的标准，而且它是根据自身的权利而合法的。不过，这并不影响什么，因为在此讨论的规范论的怀疑主义本身也不涉及信念实践的确证问题。第二，作为一个结果，一致主义能够采取多元主义的立场，允许信念可以由于除了一致之外的某个理由（例如把它们同知觉经验、证词和记忆等相关联）而是合法的。第三，就一致主义原则是在规范论的怀疑主义的语境下使用的，理所当然地，它的确证效力能够被合法地确立，无须回答由可靠论的怀疑主义所提出的循环性反对，也无需任何元确证的论证来确立信念是

---

① Robert Stern, *Transcendental Arguments and Scepticism: Answering the Question of Justification*, Clarendon Press, 2000, pp. 199-203.

② P. F. Strawson, *Skepticism and Naturalism: Some Varieties*, Methuen, 1985, p. 22.

根据这个原则而形成的。对于后者，我在论述戴维森的全知解释者论证的时候已经表明，该论证就是要在一致与真（或符合）之间建立先天必然的联系，因为戴维森认为"一致产生符合"[①]，而这个论证的关键在于它指出了可靠论所要求的真并不需要被要求。第四，一致主义立场能够也将允许某种程度的相对性，不用把一致作为一个保证，而只要它是同信念的确证是相关的就可以，也就是说，给定不同的信念系统，不同的信念可以在一致主义的基础上是确证的。[②]归根结底，斯特恩给出的这四点想要告诉我们，一致主义有其特殊的应用范围，一旦超出这个范围就非其力所能及的了。其次，一致不是作为一个独断的规范或标准，它顶多算其中一个规范，而且其制约性并不是很强，允许相对性的存在，即它不能解决系统之外的问题。

四、适度的标准策略

无论是现象学策略还是一致主义策略，它们的共同点就是试图为信念确证提供一种非推论的路径，认为它们各自的非推论的规范（前者诉诸某些知觉规范，后者诉诸一致这个规范）足以为信念提供确证的根据，并且承认没有信念间的逻辑关系

---

① Donald Davidson, "A Coherence Theory of Truth and Knowledge", in Ernest LePore (ed.), *Truth and Interpretation: Perspectives on the Philosophy of Donald Davidson*, Basil Blackwell, 1986, pp. 307-319: 307.

② Robert Stern, *Transcendental Arguments and Scepticism: Answering the Question of Justification*, Clarendon Press, 2000, pp. 104-105.

（即推论关系）构成确证的基础。这些策略是吸引人的，它们可以避过规范论的怀疑主义的主要威胁，因为后者认为不存在信念或信念集能够被用于为我们关于外在世界、他心等信念提供推论性的支持。然而，这种规避策略毕竟没有真正应对规范论的怀疑主义，之前我们在讨论推论性策略的时候已经提及正面应对这种怀疑主义的途径，不过，这种途径要么使得其所由以出发的先验主张（即归纳论证）太过强，因为很难有什么东西是另一个东西的唯一解释，要么成为多余的，因为如果不是唯一的解释，那么我们只不过是回答了标准的最佳解释推理而已。归根结底，导致这种结果的原因在于，这种推论的先验论证从一个先验主张这一强前提出发。因此，改变这种状况的很自然的方法就是一种不是从先验主张出发的先验论证，这便是适度的标准策略。

适度的标准策略的基本主张在于表明，信念 A 与信念 B 之间的推论关系不同于怀疑论者所设想和批评的那种推论关系，对于这种新的推论关系，我们只需要表明我们要诉诸其他信念来确证某个信念。这种策略的目标在于反驳这样一种规范论的怀疑主义，即主张信念 B 不能够被推论地确证，因为相信者 S 没有足够的根据从其他信念推出这个信念。而根据适度的标准策略的观点，如果持有信念 A，那么 S 就拥有一个信念，它隶属于信念 B 的标准，由此可以推出信念 B 是确证的。这种诉诸信念 B 的标准的信念推论意味着这个推论无须是归纳的或溯因的，即它不用直接诉诸后者这种强先验主张。

这种策略不可以用于反驳知识的怀疑主义，因为知识的怀疑主义要求一个更为强的标准概念，即要求这个标准导向世界的真。一个主观的标准如何能够超出主观的范围达到客观的真呢？不过，我们现在的对手是规范论的怀疑主义，标准既然统摄的是我们的主观意向，那么它就能够规范我们，并且使得我们相信信念 B，而往往这个时候，我们不能从归纳论证或溯因论证获得信念 B。总而言之，这个弱化的标准概念能够被用于主张，信念 A 为信念 B 提供了一种非归纳的确证，因而能够应对我们在上面提出的规范论怀疑主义的反对。

如果要为这种策略寻找一个问题域的话，关于他心问题的证明是一个适当的选择。理由有两点：第一，他心不是直接可观察的，因此我们不可能采取归纳论证；第二，我们能够获得的某些关于他心的证据形成了我们关于他心的标准的一部分，由此构成了他心信念的非归纳性确证来源。斯特劳森说："某人把一个特定类谓词归属于某个个体即他自己的一个必要条件就是……他应该拥有这样一个观念，即那些归属这些谓词给其他个体的恰当情况是什么的观念。"① 斯特恩认为"我们现在看到，斯特劳森如何使用一个先验主张来论证，诸如'疼痛'这样的语词的应用条件必须包括一种第三人称的使用。在此，疼痛不是直接可观察的，而且不仅仅是第一人称语词。作为结果，他主张对于疼痛的某些证据必须是标准性的，因此，对于'他处于疼痛之中'这样的信念的某些行为根据构成了这个信念的非归纳性确证。因此，……一旦证据的标准地位以这种方式被确立，……我们就能证明一个标准策略如何能够被用于使得规范

---

① P. F. Strawson, *Individuals: An Essay in Descriptive Metaphysics*, Routledge, 1959, p. 99.

论的确证怀疑主义所担心的事成为多余的"。[1]

五、自然主义策略

对于怀疑主义，斯特劳森一开始并没有一个统一的应对策略，而是在两种策略，即在自然主义与先验论证之间徘徊。在1958年发表的文章《论归纳的确证》中，斯特劳森完全采取了休谟式的路线。他认为归纳信念不是约定的，而是自然的，并且我们的基本准则（归纳的）不是任意地选择的，因为它涉及信念形成这一基本层次，因而对基本准则的接受是自然强加于我们的。[2] 而几乎是同一时期，即1959年，斯特劳森在其成名作《个体》中则采取了康德式的路线，他说："怀疑主义者的怀疑是不真实的，不仅仅是因为他们在逻辑上不可解决的疑惑，而是因为他们等于抛弃了整个概念图式，而这些怀疑只有在这个图式中才有意义。"[3] 最后，他在《怀疑主义与自然主义：某些种类》中转向自然主义，并力图把先验论证纳入自然主义的计划中来。

按照斯特劳森以往的看法，先验论证是一种驳斥怀疑主义的方法，而这势必会造成它同自然主义之间功能上的重叠。因此，当务之急就在于怎么让这两个似乎在功能上重叠的东西结合在

① Robert Stern, *Transcendental Arguments and Scepticism: Answering the Question of Justification*, Clarendon Press, 2000, p. 237.

② P. F. Strawson, "On Justifying Induction", *Philosophical Studies*, 9(1-2), 1958, p. 21.

③ Ibid., p. 35.

一起，这就需要对两者的功能进行一种重新定位。

斯特劳森认为在康德与休谟之间存在一种类似的区分：在休谟那里是哲学的批判思想与日常的经验思想之间的区分，而在康德那里则是批判层次与经验层次的区分。在经验层面，休谟主张关于物体存在的信念是一个我们无可逃避的自然承诺。不过，在休谟诉诸对于信念的自然倾向的时候，康德却诉诸先验论证来证明，自我觉知（self-awareness），即关于我们自身内在状态的知识，要成为可能的一个前提条件就是，承认由受规则支配的对象组成的一个外在世界的经验知识的存在。在哲学批判的层面，休谟同康德的差异更大，前者认为批判思想不能提供给我们任何反驳怀疑主义的保证，而后者则提出了他自己的先验观念论。因此，休谟走的是经验与批判（先验）、理性与自然完全隔绝的道路，而康德则走的则是理性与自然结合的道路。斯特劳森本人主张后一条道路，他认为怀疑主义的质疑应该被忽略，因为它们是无根据的，我们没有能力抗拒自然以及自然地植根于我们的信念之中的秉性的力量；但是这并不意味着理性在涉及事实与存在问题的信念的时候没有作用：它引导我们限定和详细说明我们的归纳工具和程序，即批判，有时反对我们发现我们自己自然地倾向于相信的东西。[①]

最开始认为自然主义需要联合先验论证的是斯特劳德，他说："正是在这一点上，对类似于先验论证的某些事物的探究

[①] P. F. Strawson, *Skepticism and Naturalism: Some Varieties*, Methuen, 1985, pp. 14-15.

似乎是最可理解的和最有希望的。"① 这里的"这一点"指的是，斯特劳德认为，即使假定在一个完全自然主义解释的真和完备性的情况下，如果我们要完全满足于人类知识，还是有些事情是必须证明的。而这些事情指的是：表明传统哲学问题，即一般而言，我们能够知道的外在世界是否确实如我们所经验的那样，不是严格地类似于那些世俗问题的；或者，如果是类似的，就要表明它对我们而言是完全可理解的，并且能够提出融贯的可能性。当我们在哲学范围内对它进行追问的时候，它并不会有完全一般的因而是可怕的怀疑主义后果。

因此，在斯特劳德看来，先验论证实际上在寻求传统怀疑主义的可能性条件，并以此出发来揭示其无效性。不过，斯特劳德话锋一转，认为如果先验论证所能达到只是这些的话，那么它根本没有提供对怀疑主义问题一种令人满意的回答，而只是提供了该原初问题本身失败的一种感觉。

显然，斯特劳德对于先验论证的定位依然还是把它视为一种反驳怀疑主义的方法，并且认为这种方法处于两难之中，即它要么需要一种证实原理的支持，要么仅仅能表明自我经验与外在经验之间可能的条件关系。如果选择前者，那么先验论证根本就是一种多余；而如果选择后者，那么先验论证则不能驳斥怀疑主义，因为它不能证实外在世界的存在。然而，如果放弃把先验论证视为一种驳斥怀疑主义的方法，那么第二个选择

---

① Barry Stroud, "The Significance of Scepticism", in P. Bieri, L. Krüger, and R. P. Horstmann (eds.), *Transcendental Arguments and Science*, Dordrecht, 1979, pp. 277-297: 293.

就是可以接受的，这正是斯特劳森所采取的做法。他说他非常乐意接受斯特劳德上述的批评，因为"它至少允许先验论证可以证明我们的概念使用和相互联结"。[①] 为此，他特意引用了福斯特（E. M. Forster）的箴言："仅仅是联结。"[②]

斯特劳森如此强调联结的概念实际上是其对传统的"分析"概念不满的后果。传统的"分析"概念带有强烈的还原主义倾向，它试图在概念或语词与感觉知觉之间建立指称性关系，然而这两种在质性上完全不同的东西的结合必定为怀疑主义留下余地。为此，斯特劳森认为，分析应该是在体系中去寻找并建立概念与概念之间的联系。当然，先验论证是一种特殊的概念分析，它所指向的联结的一端必然是非经验性的概念，也就是斯特劳森所认为的怀疑主义所质疑的那些基本概念或信念。

简言之，斯特劳森放弃了把先验论证视为一种驳斥怀疑主义的方法的强观点，同时也让自然主义放弃大规模有效性的不真实计划，满足于概念能力和信念之间相互联结的证明，提供这种证明的正是先验论证。而这种结合之所以能够绕过怀疑主义挑战的理由就在于，它至少向我们表明了存在一种由彼此联结在一起的信念组成的信念体系或框架，其由我们自然地倾向于相信的基本信念组成的核心部分构成了我们一切思想的基础，并因此免于怀疑。

然而，许多哲学家对斯特劳森的这种自然主义的转向及其

---

① P. F. Strawson, *Skepticism and Naturalism: Some Varieties*, Methuen, 1985, p. 10.

② Ibid., p. 22.

同先验论证的关系的处理相当不以为然，罗伯特·斯特恩是其中比较突出的一位，因为他是为数不多的支持先验论证同时又反对自然主义的哲学家。斯特恩认为斯特劳森的自然主义策略不可能成功，他一一列举了数种对自然主义策略的可能解释，并一一驳斥之。[①] 反驳的核心要点在于自然主义作为一种理论本身太过单薄，仅仅诉诸信念持有的不可避免性，却又不能从自身出发来提出强有力的理论保障。然而如果求助于其他理论来支持的话，那么又会弱化，甚至危及其自身的存在的必要性。例如，斯特恩认为一条解释自然主义的可能路径就是采取一致主义的立场，而这是非常可疑的。因为从我对斯特劳森对于信念内容的规定的描述中可以看出，斯特劳森的自然主义确实具有强烈的一致主义倾向，虽然这种倾向通过先验论证对于基本信念的阐明得到了遏制。如果真作这种解释的话，那么我们确实可以通过信念系统的一致性来确证基本信念，然而，这里起驳斥怀疑主义作用的是一致主义，而不是自然主义。

同时，他认为，即使我们接受斯特劳德的批评，先验论证依然可以具有驳斥怀疑主义的功能，而无须急于转向自然主义。当然，先验论证不可能再像其客观性论证那样主张一种强观点，必须对其进行弱化。以关于外在世界存在的怀疑主义为例，它提出的问题是：当在缺乏恰当的推论支持的情况下，我们如何能够确证地相信这样一个世界的存在？斯特恩说："我们能够使

---

① Robert Stern, "On Strawson's Naturalistic Turn", in Hans-Johann Glock (ed.), *Strawson and Kant*, Oxford University Press, 2003, pp. 219-233: 224-228.

用一种适度的先验论证（它只表明我们拥有一个外在世界的经验）去表明，就我们的信念被证明是服从一个知觉的（非推论的）标准，并因此是确证的而言，没有这样一种推论被要求。"①斯特恩在此的意思是，既然我们接受斯特劳德的批评，那么我们首先要抛弃的一个观念就应该是一种以真为导向的先验论证，它试图证明某些非心理的事实或事态是经验的必要条件。继而，他建议转向一种以信念为导向的先验论证，这种论证主要诉诸一条非推论的知觉标准，即试图利用我们的知觉经验来给我们的信念提供确证。此外，因为这种先验论证力图通过阐明某些信念是经验的必要条件来证明其存在的合法性，因而同斯特劳森所刻画的怀疑主义是匹配的。因此，斯特恩在此其实在批评斯特劳森一方面接受了斯特劳德的批评，但同时却没有恰当地把握到这种接受所导致的后果而急急忙忙地就转向在斯特恩看来完全没有必要且不可能成功的自然主义。据此，他说："斯特劳森被错误的想法误导了。"②

就事论事地说，斯特恩的批评是中肯的。不过从理解斯特劳森的思想发展脉络而言，斯特劳森的自然主义转向是其思想的一种必然，并且在这种转变背后反映的是斯特劳森对自启蒙以来西方对理性的过度推崇的深刻反思。在此意义上，斯特劳森跟随着休谟和康德的步伐，继续对理性保持审慎和批判的态

---

① Robert Stern, "On Strawson's Naturalistic Turn", in Hans-Johann Glock (ed.), *Strawson and Kant*, Oxford University Press, 2003, pp. 219-233: 232.

② Ibid., p. 228.

度。如果斯特恩所谓的"错误的想法"指的是对理性的反思的话，那么我是不能同意的。

在我看来，斯特劳森的自然主义可分为两重含义：第一，它表达了一种适度的思想态度，它与雄心勃勃的证实主义（经验主义）相对，无论是对待怀疑主义的挑战，还是对待我们的概念框架，它都只是一种底线式的辩护策略；第二，它是一种思维方式，它同理性主义相对：它承认理性的有限性，因而要限制理性的自负。自然主义类似于康德的纯粹理性批判，不过，它只是一种批判的指导原则而已。在此意义上，斯特劳森试图在经验主义与理性主义间寻找通向真理的第三条道路。这条道路可能反映了人类认识的一个根本特性，即无根性（groundless）。

第四节　先验论证与可靠论的确证的怀疑主义

可靠论的关键在于信念形成方法或实践在信念确证中的至关重要的作用，然而这种过分依赖方法的确证观念却导致了一个最大的问题，即这种信念形成方法或实践自身是如何可靠的？可靠论只能假设它们是可靠的，然而这不可避免地导向了循环性。而一条明显的脱困道路就是为信念形成方法或实践提供一种独立的证明，这便是先验论证在驳斥可靠论的确证怀疑主义方面的一个总体设想。具体而言，存在两种使用先验论证的策略，即可靠论策略和元层次自然主义策略。

一、可靠论策略

"认知循环"（epistemic circularity）这个概念是由阿尔斯顿首先提出的，他说："所有这些归结为一点就是，在使用或采取这种论证来确立（II）[1]时，我们已经或明或暗地把（II）当作是真的了。这样看来，我们可以说这个论证'预设'了其结论的真，尽管这个结论本身并不出现在前提之中。既然这个预设的必要性不是源自这个论证的逻辑形式或其前提的意义，那么它就不是一个语形或语义预设。毋宁说，它是源自人类的认知状况。另一种类型的存在可能拥有某些非感性的方式来探知这些前提，但是我们不是这样。因此，这个预设往大了说是'实用的'。更确切地说，我们可以称它为'认知的'预设，因为它依赖于我们的认知状况，与在某个直接的环境中涉及中等大小的物理对象的单一命题相对。类似地，我们可以把这种循环命名为'认知循环'。"[2]根据对循环性的这种解释，阿尔斯顿想要告诉我们这种循环性植根于我们的认识方式之中，因而是不可避免的，或者说，它不是一种恶性的循环。

阿尔斯顿强调，感知经验是信念的一个可靠来源这一假定在我们的信念确证中所起到的重要作用是可以理解的，因为毕竟感知经验不仅是我们信念的重要来源，而且还是检验信念是

---

[1] 在此，阿尔斯顿用来指"感知经验是信念的一个可靠的来源"这一命题。

[2] William P. Alston, "Epistemic Circularity", *Philosophy and Phenomenological Research*, Vol. 47, No. 1 (Sept., 1986), pp. 1-30: 10.

否是真的一个重要依据。然而这首先要求我们相信我们的感知经验，即相信我们的感知经验是可靠的，从而最终导致循环的产生。虽然阿尔斯顿强调这个循环的不可避免性或无害性，但是这必须基于我们能够提供一个独立的证明来证实这个假定的合理性。这个证明不能依赖任何感知经验，因而必须是先天的。而这不是可靠论能够提供给我们的论证，反而是在支持可靠论立场之前必须首先要求这样一个先验论证。斯特恩认为这种先验论证一般采取如下一种形式，即"直接论证一种特殊的经验性信念实践或所有这些实践总和的可靠性是我们拥有思想、语言或经验的一个必要条件"。[①]

阿尔斯顿后来也意识到这个问题，他在1993年出版的《感觉知觉的可靠性》[②]一书中向我们提供了这样一个先验论证。斯特恩把它具体刻画如下：[③]

（1）如果（所谓的）术语"P"不能在公共语言中出现，那么它就没有意义。

（2）如果感觉知觉不可靠，那么就不可能存在公共语言。

因此，从（1）和（2）可以得出，

（3）如果感觉知觉不可靠，那么没有一个术语能够有意义。

（4）如果没有一个术语能够有意义，那么我们就不能够提出感性知觉的可靠性问题。

---

① Robert Stern, *Transcendental Arguments and Scepticism: Answering the Question of Justification*, Clarendon Press, 2000, p.113.

② William P. Alston, *The Reliability of Sense Perception*, Cornell University Press, 1993.

③ Ibid., p. 114.

因此，从（4）可以得出，

（5）如果我们有可能提出感觉知觉的可靠性问题，那么术语就能够是有意义的。

因此，从（3）可以得出，

（6）如果术语能够有意义，那么感觉知觉就是可靠的。

因此，从（5）和（6）可以得出，

（7）如果我们有可能提出感觉知觉的可靠性问题，那么感觉知觉就是可靠的。

从该论证的刻画来看，前提（1）是一个明显的维特根斯坦式的命题，虽然它还存在争论，但是这不是阿尔斯顿的论证的关键，关键在于前提（2）。为了避免再次陷入循环，阿尔斯顿对（2）进行的是概念性的分析：如果在一种语言中拥有一种天生的意义知识在概念上是有可能的，而无须观察其他人或世界，那么，我们似乎可以反对说，这种可能性中存在某些不一致的地方。例如，我们可以追问：是否存在这样一个说话者，他可以决定语词的公共意义，但又无须看到其他人使用它们去说一个看起来相似的东西？语词的意义公共性体现在哪里？这显然是荒谬的。因此，这个论证表明，如果不存在一个与说话者相似的其他说话者存在，那么他就不能够学习一种语言。因此，如果他缺少关于世界的知觉经验，那么确立这种经验是真实的，或绝大部分是真实的这一主张。总而言之，这个论证不足以提供任何关于我们的知觉方法或规范的可靠性的先天主张。

普特南的"缸中之脑"论证已经表明，一个缸中之脑哪怕拥有许多知觉经验，但是它已经不可能学习和说一种公共语言，因为它终归缺少一条获得感性经验的可靠路径。不过，可靠论路径早已暗含了先验论证在此必将无所作为，因为它完全符合斯特劳德对先验论证的批评，即过分雄心勃勃地试图架通我们同世界之间的鸿沟。确实，可靠论是以真为导向的，它确信在信念与世界之间存在一条可通达的路径，并且把这条路径或打通这条路径的方法视为信念确证至关重要的标准。

　　不过，在语言学范围内，这种可靠论的先验论证未尝不能为语言哲学家所信服，上面我们已经论述过的戴维森的全知解释者论证在很大程度上是可以这么被看待的。戴维森坚信语词描述了世界的实在，因此他的总目标就是要在一致与真之间建立必然的联系。不过，他同样遭遇了循环性问题，因而同样需要一个独立的证明。他引入"全知解释者"这个概念全然是基于其彻底解释理论，因为这一理论的一个基本信条就是可翻译性（或可解释性）是语言的一个标准，因而如果存在一个全知解释者的话，那么就意味着语言的完全可翻译性，并且全知解释者的标准可以成为语言的客观性标准。

　　戴维森的彻底解释理论是一种意义理论，而且还是一种意义整体论，他认为表达意义的基本单位不是语词，而是语句[①]，由于信念与语句的特殊关系，因此，意义整体论同信念整体论具有密切的关系，或者更精确地说，信念整体论是意义整体论的必然结果。斯特恩认为阿尔斯顿关于感觉知觉的可靠性之于思想或经验的必要条件的证明野心太大，因为这不啻是在证明

---

　　① 在这方面戴维森同样深受奎因的影响，因为奎因在其著名的《自然化的知识论》一文中把关于语句是意义的基本载体这一认识视为是认识论和意义理论的一个重大进步。

在我们的信念形成实践与事物如何是之间具有某种必然联系。戴维森的语句或者由此所表达的信念恰好取得了感觉知觉，使得信念实践与世界之间拉开距离，同时又保持一种有迹可循的追踪线索。因为如果我们能够先天地证明我们所作的关于世界的判断或命题（都由语句来表达）绝大部分是真的话，那么就可以得出我们的信念形成实践是可靠的。而对于我们的绝大部分信念都是真的先天证明正是戴维森的全知解释者论证所要完成的。①

不过，斯特恩对于戴维森的全知解释者论证的评价不高，因为他对戴维森的彻底解释理论，尤其是宽容原则缺乏信心，他说："正如我们刚刚所讨论的路径所言，可以反对说，戴维森的论证依旧不能确立我们的信念形成方法足以达到可靠论要求满足的助真标准：因为，正如戴维森自己也承认的那样，这只是一个建立在解释之上的必要条件，即由全知解释者归于我们的信念的'最质朴和在方法论上最基本的部分'是不虚假的；但是这显然为错误留下了很大的空间，因此，我们的信念形成方法的本质可靠性在此并没有被确立起来。"②

然而，在我看来，把戴维森的全知解释者论证视为一种应对可靠论怀疑主义的观点只不过是斯特恩一厢情愿的看法。值得注意的一点是，戴维森本人对于可靠论的确证概念持反对意见，认为对感觉与信念之间的因果关系的揭示并没有表明这个

---

① 具体可以参看本书第五章第一节。

② Robert Stern, *Transcendental Arguments and Scepticism: Answering the Question of Justification*, Clarendon Press, 2000, p. 119.

信念被确证的方式和原因。[①]而且，戴维森无意在可靠论的范围内提供一种中间方案，而是直接重塑信念与世界之间的关系，彻底放弃任何认识论的中介。[②]

总而言之，有一点还是明确的，任何一种可靠论的先验论证都是不可行的。这是可靠论的经验互文本性所决定的。

二、元层次的（meta-level）自然主义策略

一种应对可靠论怀疑主义的适度路径就是元层次的自然主义策略，它不同于自然主义策略的地方在于，它主张特殊的信念形成实践是我们思想的自然倾向，而不像斯特劳森的自然主义把关于外在世界、他心和归纳的信念作为我们思想的自然倾向。显然，对信念形成实践的信念是一种更高层次上的信念，因为它是对获得信念方式的信念，一如我们对哲学本身的哲学称之为元哲学，我们把这种自然主义称为元自然主义。这种元自然主义策略是由沃克提出的，他承认，当先验论证以一种雄心勃勃的、以真为导向的方式而被使用的时候，它们都无一例外地失败了，进而他试图采取一种更为适度的路径，即使用先验论证去确立怀疑论所质疑的东西事实上是一个我们不得不作

---

① Donald Davidson, "A Coherence Theory of Truth and Knowledge", in Ernest LePore (ed.), *Truth and Interpretation: Perspectives on the Philosophy of Donald Davidson*, Basil Blackwell, 1986, pp. 307-319: 312.

② 具体论述可参看拙文：《戴维森的外在主义》，《科学技术哲学研究》2011年第3期。

出的假设,因此表明这种怀疑主义是"无趣的"和"站不住脚的"。

沃克主张从第二人称的方式来构建先验论证,他说:"第二人称的先验论证是我们对怀疑论的怀疑的唯一真正辩护,这是先验论证被设计用于完成这项工作的唯一方式。这给它们提供了其在知识论中的特殊地位。"[①]

同所有支持走适度道路的先验论证的辩护者一样,沃克的一个基本思路还是从重塑怀疑论出发。他认为怀疑论以及对它的反驳都必须"同人性相关",这话的意思就是,先验论证的效力要依赖于其前提及其赖于确立的推论原则的反怀疑论效力,而这些都是同经验的主体相关,而不是同经验本身相关。因此他主张我们把先验论证的前提从"存在经验"向"存在一个经验主体"转变,也就是说,从"世界如何是的"向"我们必须如何思考事物的"转变。在这种意义上,沃克认为康德对归纳的论证是一个明显的第二人称的先验论证。

同时,沃克认为,如果先验论证是从第三人称方式建构的(即关于世界如何是的),那么它就"泯然众人"矣!先验论证的"先验性"体现在它应对现实的怀疑,即诸如是否存在经验这样的东西(即完全基于人们的认识或认识方式出发的怀疑),进而证明这样一种怀疑在原则上不能被严肃地对待,而不是如"所有人都有死,苏格拉底是人,所以苏格拉底有死"这种非先验的论证。在沃克看来,现实的怀疑论者不会拒绝依赖逻辑或

---

① R. C. S. Walker, "Induction and Transcendental Argument", in Robert Stern (ed.), *Transcendental Arguments: Problems and Prospects*, Clarendon Press, 1999, pp. 13-29: 28.

归纳；他们依赖它们，但是追问他们是否有权利这样做，是否有任何确证来这样做，而先验论证就是回答这种确证的论证。

沃克认为，一个第二人称的先验论证是"同人性相关的"，同样，与之匹配的确证也是"同人性相关的"。[①]那么，这种"同人性相关的"确证究竟是什么样的呢？首先，沃克有节制地接受了确证概念的内在主义与外在主义区分，至少他认为承认内在主义的确证概念是一个规范概念，而外在主义的确证概念则是一个事实概念。作为一个规范概念，确证应该关心的问题是，一个信念是我们应该拥有的吗？这就要依靠它是否满足我们应该拥有的标准，而且最为重要的问题是，这些标准是否是我们应该拥有的？而外在主义的确证概念则追问一个信念是否可靠，即是否存在一个方法能够把信念同世界可靠地联系起来或让这个信念导向真。在这一点上，沃克支持对确证的内在主义理解。根据对确证概念的这样理解，怀疑论所应该针对的是我们拥有信念的权利。

此外，沃克认为确证不仅仅是内在的："它们为我们提供了一种依赖于（例如）归纳的确证，它不仅仅是'内在的'：它们告诉了我们某些比如下主张更多的东西，即归纳是一种支配我们思想的方法。它们告诉我们，我们正确地让我们的思想以那种方式被支配，因为我们没有选择，而只能通过作为非演绎

---

① R. C. S. Walker, "Induction and Transcendental Argument", in Robert Stern (ed.), *Transcendental Arguments: Problems and Prospects*, Clarendon Press, 1999, pp. 13-29: 27.

的推论规范的直接规则而采用归纳。"① 因此，在沃克看来，他的确证概念是一个规范概念，同时又是一种自然主义的概念（诉诸采取归纳这种信念形成方法的必不可少性或别无选择性）。在此，我很难理解，为什么斯特恩非要认为沃克是在应对一种可靠论的怀疑主义？显然，自然主义的确证概念是一种另起炉灶的做法，它首先拒绝的是外在主义或可靠论的确证概念，其次，它认为内在主义确证必须用一种自然主义的方式来实现。令人惊异的是，斯特恩自己也意识到沃克观点的关键在于提出了一种自然主义的确证概念，而正是基于上述的偏见，他借此得出结论说，沃克没有真正应对可靠论的怀疑主义！不过，斯特恩有一点是正确的，沃克绝对不会认可可靠论的怀疑主义。事实是，他不会认可任何关于外在世界的怀疑主义或关于信念真的怀疑主义，而不是专门针对可靠论的怀疑主义。而且，沃克依然秉承了自然主义应对怀疑论的策略，即不通过论证来反驳，而是质疑怀疑论的价值（即它是否值得应当），正如其所说："它能够做的所有事情不过是表明，怀疑论立场是一个没人能够严肃地支持的立场。"② 在这点上，斯特恩同样也犯了"想当然"的错误。

斯特恩认为，自然主义策略预设了"应该蕴涵能够"，因而它混淆了相信者—确证与信念—确证的区别：一个不得不以某

---

① R. C. S. Walker, "Induction and Transcendental Argument", in Robert Stern (ed.), *Transcendental Arguments: Problems and Prospects*, Clarendon Press, 1999, pp. 13-29: 27.

② Ibid., p. 28.

种方式来推理的相信者不能够为此而受到指责，因而在这种意义上他是确证地这样做的，然而这并不就能够得出他所形成的信念本身是合理的或确证的。因为完全可能的是，一个不确证的信念能够为某个不能以其他方式思考的人（因而他免于指责）所持有。进而，他认为，一旦我们承认这种区分，我们很难认为自然主义的确证是可行的。[①] 事实是，沃克一再强调确证必须"同人性相关"，意即确证实际上是一个论辩的过程，以康德对归纳的论证为例，对归纳的确证是两个论辩主体（他们都必须把事物思考为经验）之间达成一致。

当然，我们不妨把自然主义的策略视为对可靠论的确证，进而对可靠论的怀疑论者的一种提醒，它提醒我们任何试图在自我与世界之间建立必然联系或让信念导向真的企图都是不可能成功的。自然主义策略面向的是全局性的怀疑主义，而不是局部性的怀疑主义，因而它针对人类思维和认识的方式，即自然主义的先验论证揭示我们是如何思考世界的，而不是揭示世界本身如何是的。此外，自然主义的先验论证似乎考究的是我们的认识能力，因而致力于建立知识论的形而上学，而不是本体论，也许这正是沃克把康德对归纳的论证采取这样解释的动机所在。

本章小结

先验论证作为一种方法，其功能指向的多样性是可能的，

---

① Robert Stern, *Transcendental Arguments and Scepticism: Answering the Question of Justification*, Clarendon Press, 2000, p. 123.

但是这种可能性必须以该论证的本质特征为前提，否则就会像康德所说的"证明就会像决堤之水一般泛滥四野，流到隐秘的联想倾向偶然把它带到的任何地方"（A783/B811）[①]。先验论证之于形而上学和知识论的基本应用正是基于先验论证的一个特殊性质，它试图在经验与先验之间建立某种隐秘和稳固的联系。因此先验论证的两种基本功能定位也并非孤立的，作为形而上学论证方法的先验论证更多解释先验论证所表现出来的特殊的论证性质，以及由此表现出来的特殊的论证进路，而作为驳斥怀疑主义方法的先验论证更多的是指向目的和结果，它让前者所论述的性质在具体的应用中得到彰显。

先验论证作为形而上学层面的一种论证方法，对它的表述并不是一成不变的，正如斯特劳森的一句富有深意的话，他说："描述的形而上学的核心主题是不变的，哲学的批判性和分析性用法却是恒常变化的。"[②]斯特劳森在其描述的形而上学中未尝没有一种获得符合当代语境的先验论证这一批判性的方法的恰当表述的意图。也许正是在这种意图的牵引之下，他力图把先验论证刻画为一种批判性和分析性结合在一起的哲学论证方法。

哲学的演变是不可阻挡的，不过，对于哲学方法的内核模式的继承是可能的。从康德的纯粹理性批判，或者说知识的形而上学，到维特根斯坦的语言的形而上学，从对人类的认识能力的探究到对人类的语言能力（更准确地说是人类创造和使用

[①] 康德：《纯粹理性批判》，邓晓芒译，杨祖陶校，第598页。

[②] P. F. Strawson, *Individual: An Essay in Descriptive Metaphysics*, Methuen, 1959, p. 10.

语言规则的能力）的探究，先验论证的精髓得到了一种良性的传承。对我们的知识、经验或语言的探究不能仅仅追寻一条经验的路径，这必然会导致独断论和怀疑主义，只有从对它们的可能性条件的探究出发，走一条先验批判的道路。

在这种总的思想原则之下，各条先验论证的进路不尽相同，当代诸多类型的先验论证都表现出其特殊性，例如斯特劳森的严格分析性取向，维特根斯坦的规则的社会性取向，以及戴维森的先验论证的彻底语言学化取向，它们既一脉相承，同时又迥然有别。先验论证的具体道路存在多元化发展的可能性和现实性，归根结底，先验论证是一种开放性的论证，它没有太多形式化的限制，更不用说什么内容上的限制。不过，先验论证作为形而上学的论证方法还是具备一些基本的属性，例如它具备特殊的问题域、言说性和批判性。这些性质直接影响了先验论证在知识论领域的应用，它绝对不是一种候补性质的或另一种论证方案，而是提出一种根本性的解决路径，因为它在根本上回溯到了人类的意识和思维方式本身。

诚然，我们上面已经说过，先验论证过去近 60 年的发展轨迹表明，它逐渐从一种雄心勃勃的计划转向一种相当适度的计划，而这种转向并不是被动的，它实际上在哲学各个领域的不断发展的同时始终主动为它自身寻找一个更为广大和合理的生存空间。我们上述关于先验论证同各种怀疑主义关系的论述表明它积极介入当代知识论的前沿领域的研究，因此为我们提供了一些发展先验论证很好的范本，诸如此类的研究绝不是一个孤立的事件。例如，本顿（Robert J. Benton）以"康德的第二批判与先验论证问题"为题写的博士论文把先验论证积极引介入道德哲学的研究当中，不断拓展先验论证在该领域内的使用范围。[①]

确证已经成为当代知识论的核心词汇，相应地，确证的怀疑主义也进入了当代主流怀疑主义的行列。这种怀疑主义质疑的恰恰是我们人类的认知成果的可靠性，因此，它一开始便预设了人类应该为自己的知识负责这一前提。正是在这一思路的牵引之下，斯特恩向我们展示了一条应对确证的怀疑主义的先验之路。这条先验的反驳之路是适度的，至少在三重意义上是如此：首先，它放弃了企图用一种先验论证来解决所有怀疑主义的狂妄自信，采取相对适度的"各个击破"策略，根据对手的转变而变换策略和立场；其次，他放弃了对超越物的盲目自信，因此避免打开狂信的大门，使自身回归到理性能力自身界限的考虑之中，审慎地在这种界限上来为人类知识的合理性和可靠性进行辩护；最后，先验论证的结论是辩证的，它绝非穷尽了未来发展的可能性，它时刻准备随着人类智力的发展和思想的深入，接受新的思想使命！

---

① Robert J. Benton, *Kant's Second Critique and the Problem of Transcendental Arguments*, Xerox Universtity Micofims, Ann Arbor, Michigan 48106, 1976.

结　语

诚然，我们生活在一个科学至上的时代，科学以其强势的姿态压倒其他一切学科，甚至成为评估其他学科体系的一种标准。一时间似乎所有其他学科都只能"仰人鼻息"地生存着，"小心翼翼"地提防科学的大锤砸到自己的头上，或者"亦步亦趋"地紧跟科学的步伐调整着自己的步调。

哲学，因其似乎与科学共同拥有一个目标，即探究世界的本质，而首当其冲地遭到了贬抑。哲学有着深刻的无奈，哲学家只能凭单纯的理性去把握世界，而不像科学家埋首于实验之中，"切实地"深入这个世界的本质之中。哈里森给类似于哲学这样的学科起了一个带有相当讥讽意味的名字：扶手椅科学（Armchair Science）。他认为导致这种结果的根本原因在于，哲学家没能拥有一种发现世界的有效方法，而科学家则把握住了这种方法，他说："一般的非哲学家，尤其是科学家，很容易感觉到这样一种状况，即当今哲学家操弄着一种不恰当的方法，它在最好的情况下是不切题的，在最糟糕的情况下，它会导致与科学本身发生危险的冲突。"① 因此，摆在哲学家面前的一个当务之急的任务就是为哲学寻找一种独立和有效的方法去发现世界的本质。

但是，在这之前，我们还是首先要对哲学与科学、哲学与世界的关系进行重新审视。自笛卡尔以降，西方哲学从古代的本体论向近代的知识论转向，因此，描述世界的本质成为哲学的中心话题。笛卡尔在《第一哲学沉思集》中证明某些事物（如自我、上帝、物质等）存在，进而说明它们的本质；贝克莱同样谈论世界，认为世界的本质就是观念，而康德在《纯粹理性批判》中谈论的是我们现实世界的知识，认为我们的世界是一个由对象构成，并且彼此因果地联系在一起的世界。诸如此类的案例是不胜枚举的。总而言之，没有一个哲学家会认为自己所探究不是世界的本质而仅仅是幻觉，差别只在于他们对世界的本质的理解不同。

不过，哲学家与科学家探究世界本质的方式有着根本的差异，前者不能够仅仅依赖任何经验的观察或科学理论，而必须最终依靠人类最一般的认识能力，即理性。然而，这正是哲学被许多人尤其是科学家所诟病的主要地方，在此理性的真与事实的真激烈地冲突对抗。因此，哲学家们最主要的是回答如下一个问题：单凭理性如何能够探究世界的本质？ 20世纪三四十年代风光无限的逻辑实证主义者们认为哲学应该放弃世界的本质这个主题，当然同时也要改变其方法。他们主张哲学家们不

---

① Ross Harrison, *On What There Must Be?*, Clarendon Press, 1974, pp. 1-2.

应该去发掘世界的本质，而应该致力于概念分析，应该致力于科学语言的意义研究，这种主张也迅速在英国分析哲学传统中获得极大的响应。以逻辑实证主义创始人之一的石里克为例，他主张哲学应该是一门意义探究的学问，区别于作为探究真理的科学。然而，这种试图为哲学进行辩护的策略实际上消解以往绝大多数哲学，因为它们都在探究关于世界的真的知识。在逻辑实证主义者看来，这些哲学家都犯了类似康德批评过的上帝的本体论证明那样的错误，试图单纯运用概念来获得关于存在的结论。

然而，逻辑实证主义的这种批评是不恰当的，至少对笛卡尔、贝克莱和康德等人是不适用的。以笛卡尔的我思论证为例，笛卡尔的这个论证显然包含了存在性的结论，但是它却不是简单地通过对自我这个概念的沉思而来，而是通过对思维形式的分析获得的。康德就更不用说了，无论是他对上帝的本体论证明的激烈批评，还是他对传统形而上学的批评，无一不是在试图表明单纯的概念联结不可能获得任何客观有效性和实在性。

面对着逻辑实证主义的这种批评，哲学家必须回答如下问题：哲学家是否能够单独通过纯粹理性确证地描述世界？实际上，这便是康德式的问题：纯粹哲学如何可能？对于那些深受笛卡尔传统影响的哲学家来说，只要理性的真与事实的真之间存在区分，这样的问题就必须被回答，因为他们必须要为前者的合法性提供辩护。然而，不仅如此，对于那些不承认这种区分的哲学家来说，这个问题同样需要，只要他还对哲学的可能性抱有希望。

因此，康德的先验哲学思想似乎在当代获得了重生的机会，这一次，是以拯救者的身份出现于某些哲学家的视野之中。康德的先验哲学在这方面给我们的最大启示就是：一个哲学家必须先于经验而知道他所获得的结果能够免于经验的反驳，因此一个哲学家不是要去从事世界如何是的研究，而是要去从事世界如何必须是的研究。这就解释了一个科学家为什么必须检验他自己的结论，因为他所主张的事实有可能并不如此，而一个哲学家为什么不需要有任何经验观察，因为如果他所处理的东西是"必须是的东西"，那么，他就没有必要去检查它是否现实地是这样，而不是那样。总而言之，运用纯粹理性来把握世界的哲学家们必须考究的是世界或经验成为可能的必要条件，即那些"必须是的东西"。

当然，康德的先验哲学不仅提供了对哲学本身的看法，更为重要的是它提出了先验的方法，也就是说，他还指出了纯粹哲学成为可能的方法。上帝的本体论证明实际上揭示了哲学的一个根本特性，因为仅凭纯粹理性来把握世界的哲学似乎也只能在概念的相互关系中去把握世界。然而，康德也正确地指出，这种证明（以及以这种证明为代表的传统形而上学的证明方法）不能得出关于存在的结论，即关于事物在世界中如何现实地是的结论。通过对这种证明的反驳，康德从其所隶属的莱布尼茨—沃尔夫体系中脱离出来，但是他又不满于带给他极大触动的休谟的经验论，因为后者最终导向全面的怀疑，即认为我们不可能对世界是什么样的先天立场提供合理的辩护。康德发现了第三条道路，其核心主张就是：如果知性能够拥有关于世界的先天知识，那么他就能够拥有先天知识本身，以及拥有它有可能知道的东西的先天知识。因此，实际上，康德绕开让知性直接面对世界的做法，而表明如果世界对于我们是可理解的和被知道的，那么我们就可以说它必定是什么样的。具体来说，取代上帝的本体论证明的是康德的先验论证。

总而言之，先验论证就是这样一种先天论证，它不试图超越经验或经验性知识，而是同经验或知识的可能性相关的。这种论证提供了一种更为丰富和有力的论证方式，使得我们能够只通过纯粹理性来讨论世界是什么样的。在这种意义上，先验论证是哲学独有的一种论证方式，因为它完全可以被视为一种为哲学量身定做的一种方法，充分考虑到哲学把握世界的方式和所关切的东西。

这种方法并没有成为哲学史上的一个孤立事件，我在本书第一部分中对康德、斯特劳森、维特根斯坦、戴维森与普特南各自先验论证的讨论充分表明了哲学在方法上的共性。而且，在论述的时候特意作了某种秩序的安排，这种安排并非是一种任意之举或简单罗列，而是根据深刻的哲学史背景对先验论证在各个哲学时期的表现形式和论证主题进行的一种有序的串联。他们中的任何一位在哲学史上都是具有承上启下作用的，因而具有极强的代表性，甚至于我们可以说，他们本身就勾勒出了一幅哲学史的轮廓，至少勾勒了一幅先验论证史的图景。在某种意义上，哲学史就是哲学方法的历史。

首先，我们可以从观念论的思路来理解他们之间的内在联系。这条思路是斯特劳森提供的，他在论述康德对当代形而上学的影响时说："康德的哥白尼革命在我所属的这个哲学传统中具有实质性的影响。它有一段时间不具有影响；但相对来说它最近又产生了影响；并且依旧没有被逆转，也许是不可逆转的。

这样说并不意味着说，先验观念论的全部原理都获得了同等的接受。我只是要说那个原理的某些方面依旧在用英语写作的 20 世纪的哲学家中是鲜活的、活跃的，甚至是占据主导地位的。"[①]紧接着如其一贯的主张那样，把形而上学的工作同作为我们的思想或探究得以进行的前提的一般形式或框架联系在一起，即我们要证明存在某些高度一般的形式条件，一切人类知识的可能对象都必须满足它们。如果我们把这种思想称为一种观念论的话，那么许多在现代分析哲学中占据主导地位的哲学家都是观念论者，他们包括维特根斯坦、戴维森、奎因、达米特、普特南及绝大多数美国实用主义者。[②]当然，还包括斯特劳森本人，这种观念论的表述其实就是其所主张的描述的形而上学的基本观点。

康德的先验观念论及斯特劳森提倡的观念论的一个共同点就在于对思想与实在、现象与世界（本体）的二分法的承诺，它们都严格要求把人类知识限定在现象的范围之内，即可认知的范围之内，尽管他们对于不可认知的本体或实在的态度各有不同。

维特根斯坦在《逻辑哲学导论》中写下了这句名言："我的语言的界限意味着我的世界的界限"（5.6）。[③]斯特劳森认为只要把这句话稍加修改，即用"我们"代替"我"，它就可以视为

---

① P. F. Strawson, *Entity and Identity and Other Essays*, Clarendon Press, 2000, p. 231-232.

② Ibid., p. 233.

③ 维特根斯坦:《逻辑哲学导论》，贺绍甲译，商务印书馆 2009 年版，第 85 页。

维特根斯坦后期著作的一个总的纲领和思想提炼：有意义的交流的条件必须要求一个语言实践的共同体的现实的或潜在的存在，而这种语言实践本身形成了部分共享的人类生活形式。

戴维森的哲学完全是哲学的语言学转向之后的一种哲学思维，因为在他的哲学中，对可理解的语言的关注完全取代了以往哲学家对认识条件的关注。他认为没有一个实在的概念在原则上是不能为我们的语言所描述的，即能够为我们所理解的实在必然是语言的实在。这种严格以语言为我们的知识界限的思想明显是对维特根斯坦的《逻辑哲学导论》的一种回应。这种特定的语言哲学的特征也决定了他的先验论证是一种立足于其彻底的解释理论的语言学版本的先验论证。它在原则上不同于以往一切先验论证的地方恰恰在于，它避免了思想与实体、概念与图式等的二元区分，而罗蒂把这些区分称为所有以往一切作为典范的"实在论"的先验论证赖以建立于其上的脚手架。在这个意义上，他把戴维森的先验论证说成是"一种终结一切先验论证的先验论证"。[1]

普特南把自己的实在论称之为内在实在论或经验实在论，而反对形而上学实在论，即反对我们的思想能够反映实在本身，因此在此普特南自己也说："我想说的是，我们读康德时最好把他理解成第一次提出我所谓的'内在论的'或'内在实在论'

---

[1] Richard Rorty, "Transcendental Arguments, Self-Reference and Pragmatism", in Peter Bieri (eds.), *Transcendental Arguments and Science*, Dordrecht, 1979, pp. 77-103: 78.

的真理观的人，尽管康德本人从未道破这一点。"①普特南的亲
康德倾向可以追溯至其思想最初，不过，随着其哲学的发展，
他逐渐意识到康德对其思想的重要影响，这种影响主要体现在
《理性、真理与历史》《实在论的多副面孔》和《表象与实在》
这三本书中。在普特南的《带有人类面孔的实在论》论文集的
导言中，詹姆斯·柯南特（James Conant）详细分析了在上述
三本书中康德对普特南不同方面的影响。②

　　从观念论的角度来连通这几个哲学家的做法直接把我们带
到了这样一个我们首先要解决的问题，即先验论证是否必定需
要观念论作为理论基础？如果是的话，那么这是否会严重限制
作为哲学论证方法的先验论证的使用范围呢？这种限制的后果
是否会直接扼杀先验论证的生存空间呢？如果不是的话，那么
先验论证是否像一般的哲学方法那样可以任意地应用到任何地
方呢？然而，当我们深入探析先验论证的本质之后，我们会发
现在先验论证与观念论之间并不存在必然的联系。我们知道，
观念论最核心的观念就是对象是由我们的知性所决定的，或者
说，对象要依赖于知性。在先验论证中，我们通过知性的研究
（人类的认知能力的研究）而发现世界是什么样的，因而它并不
要求主体与客体之间存在一种等级秩序，而只是要求主体与客
体在认知根据这一点上做一下替换。先验论证研究者不认为从

---

① 普特南:《理性、真理与历史》，童世骏、李光程译，上海译文出
版社 2005 年版，第 67 页。

② Hilary Putnam, *Realism with a Human Face*, James Conant (ed.),
Harvard University Press, 1992, pp. xvii-xxxiv.

对象本身能够发现它所必须具有的属性，而是认为一个可理解的对象必须是从主体与它的关系中去把握后者应该具有的属性，这正是康德的先验论证所提供给我们的最大的启示。虽然康德是一个观念论者，他的先验论证确实也包含了观念论承诺，不过，斯特劳森之后的研究者都基本上放弃了这种承诺。从上面所知，虽然斯特劳森自己还是从观念论的角度对所有上述论及的先验论证者进行归类，但他的基本主张依然是让先验论证获得独立的方法地位。

因此，我更重视他们之间的差异性关联。毋庸讳言，他们几乎隶属于不同的哲学流派，不过，从中我们还是可以依稀看到可循的脉络。首先，我们可以把康德和斯特劳森归为一类，毕竟斯特劳森在《个体》中已经用"描述的形而上学"一词把他自己与康德划为一类，确实，斯特劳森的描述的形而上学在很大程度上是康德式的。更为重要的是，作为斯特劳森的先验论证典型案例，客观性论证就是对康德的先验演绎的一种重构，因此，他在先验论证的论述方面具有更多的自觉。不过，斯特劳森的先验论证明显是一种强版本的先验论证，它试图证明外在世界的存在，因此把先验论证努力刻画成一种反怀疑主义论证。

当然，维特根斯坦是很难归类的，我们完全可以把他视为先验论证研究独立的思想来源。不过，他同康德之间存在着如此相似的地方，尤其是他在《逻辑哲学论》中表达了一种同康德的纯粹理性批判类似的批判主义，即纯粹语言批判。他们共同对"界限"感兴趣，在很大程度上，他们会把哲学视为是一项划界限的工作，所不同的是，维特根斯坦划的是语言的界限，而康德则是经验的界限。哪怕是这种不同也仅仅是表面上的，因为在维特根斯坦那里，语言便是经验的全部。同康德的先验论证相比，维特根斯坦的私人语言论证表现出一种彻底性，因为它直接诉诸规则本身，而不是像康德那样"拐弯抹角地"用范畴表达出来"规则"的内在含义。这当然是同维特根斯坦所论述的对象有关，毕竟，语言与规则的关系，比经验与规则的关系来得明显的多。但是更为重要的是，从反唯我论传统来看，维特根斯坦的私人语言论证确实是比康德的先验演绎前进了一步，而且是决定性的、完成性的一步。

从内容外在主义的角度，我们可以把普特南和戴维森放置在一起，但是最为关键的是，他们的先验论证试图摆脱以往所有先验论证都要预设的内容与图式的二元区分。不过，普特南在这方面只是开了一个头，因为他的"缸中之脑"论证针对这种二分法所设计的论证，揭示了这种二分法必然导致自毁的特点。不过，普特南的这个论证要成功必须诉诸一种神秘的因果指称理论，因而很难说它是成功的。后来普特南转向实用主义，一种实用主义的先验论证也许是有前途的，但是它已经与康德相去甚远了，这是另一个话题。

我更愿意把戴维森的先验论证视为对康德式的先验论证的一种蜕变，因为它在根本上否定了康德式先验论证的基础信念，即内容（直观）与图式（概念）的二元区分，从而把先验论证完全建立在新的基础之上。这样一种蜕变具有深刻的哲学史背景，这是实现认识论向语言哲学跨越的真正完成的一步。戴维森以其彻底解释理论为基础，完全改变了传统讨论真与意义的方式，进而改变了对客观真理或客观性、主客关系等的根本看法。

令人惊奇的是，在发生如此深刻变革之后，他依然还是使用先验论证，用它来证明主观性与客观性之间的先天关系。

最后，我们还是来看看先验论证在驳斥怀疑主义方面的价值。从单个的先验论证案例来说，很多先验论证都不直接同怀疑主义相关，不过，它们大多可以通过简单的变换和解释就能够被视为一种反怀疑主义的论证。先验论证与怀疑主义已经如同人类的呼吸一样紧密地关联在一起，而且我们也可以在怀疑主义中看到先验论证的真正价值，即作为人类的一种富有挑战性和意义的理智游戏。相信现在已经没有什么人能够理直气壮地认为他可以通过简单的经验观察就能驳倒所有怀疑主义，怀疑主义就像是人类知识的一个双胞胎兄弟，它甚至可以说是人类理智必然跟随的影子，如影随形。

先验论证因其只使用了纯粹理性，因而其所获得的关于世界本质的结论也只是一般性的，而不是特殊的，因此，有人就会质疑这些结论是否有意义。然而，如果哲学家试图通过纯粹理性去获得特殊结论，类似于通过经验获得的那些特殊结论，那么他显然是一个不称职的哲学家。哲学并不提供寻找一种控制环境、寻找食物等的方法，用以替代科学所使用的方法，毋宁说，它提供的是一种特殊形式的确定性。因此，先验论证所获得的结论可以用于回答关于世界中有什么东西存在的怀疑。经验观察不能够被用于这类怀疑，因为它们质疑的恰恰是观察本身的可靠性。以关于他心的怀疑论为例，假设唯我论允许在世界之中存在其他人，但是它不能够通过其他人的观察而被反驳，这时候，我们可以用先验论证（通过纯粹理性）来证明在世界中必须要存在其他人，因而反驳唯我论。虽然我们不敢说先验论证解决了所有怀疑论问题，但是我们相信先验论证者们更加严肃地处理了这些问题，并且更加深刻地把握到了这些问题的实质。

总而言之，正如罗伯特·斯特恩所说："如果缺少了先验论证，那么非常可能的是，哲学除了是一种元学科之外将什么也不是，因为它的迥然不同的结论和方法论已经丧失了。"①

---

① Robert Stern, *Transcendental Arguments and Scepticism: Answering the Question of Justification*, Clarendon Press, 2000, p. 2.

参考文献

注：粗体文献是笔者认为重要的也是本书重点参考的文献。

一、外文材料

1. **A. C. Genova, "The Very Idea of Massive Truth", in L. E. Hahn(ed.), *The Philosophy of Donald Davidson*, Chicago: Open Court, 1999.**

2. **A. C. Genova, "Good Transcendental Argument", *Kant-Studien*, Vol. 75, 1984.**

3. A. C. Genova, "Transcendentally Speaking", *Kant-Studien*, Vol. 99.

4. **A. C. Grayling, *The Refutation of Scepticism*, London: Duckworth, 1985.**

5. Allison, Henry E., *Kant's Transcendental Idealism*, New Haven: Yale University Press, 2004

6. Allison, H. E., "Transcendental Idealism and Descriptive Metaphysics", *Kant-Studien*, 60: 2 (1969).

7. Angelelli, I., "On the Origins of Kant's 'transcendental'", *Kant-Studien*, 63: 1 (1972).

8. Anscombe. G. E. M., *An Introduction to Wittgenstein's Tractatus*, London: Hutchinson University Library. 1959.

9. Anthony Brueckner, Genova, "Davidson and Content-Scepticism", *Analysis*, Vol. 52, No. 4 (Oct., 1992).

10. Anthony Brueckner, "Transcendental Arguments from Content Externalism", in Robert Stern (ed.), *Transcendental Arguments: Problems and Prospects*, Oxford: Clarendon Press.

11. **Anthony L. Brueckner, "Transcendental Arguments I", *Nous*, Vol. 17, No. 4 (Nov., 1983).**

12. Barry Stroud, "Kantian Argument, Conceptual Capacities, and Invulnerability", in Paolo Parrini (ed.), *Kant and Contemporary Epistemology*, Dordrecht: Kluwer Academic Publishers, 1994.

13. **Barry Stroud, "The Goal of Transcendental Arguments", in R. Stern (ed.), *Transcendental Arguments: Problems and Prospects*, Oxford: Clarendon Press, 1999.**

14. **Barry Stroud, "The Significance of Scepticism", in P. Bieri, R. P. Horstmann, L. Krüger (eds.), *Transcendental Arguments and Science*, Holland: Dordrecht, 1979.**

15. **Barry Stroud, "Transcendental Arguments and 'Epistemological Naturalism'", *Philosophical Studies: An International Journal for Philosophy in the Analytic Tradition*, Vol. 31, No. 2 (Feb., 1977).**

16. **Barry Stroud, "Transcendental Arguments", *Journal of Philosophy*, 65, 1968.**

17. Bird, Graham, "Kant's Transcendental Arguments", in Schaper, E., and V. Wilhelm (eds.), *Reading Kant: New Perspectives on Transcendental Arguments and Critical Philosophy*, Oxford: Basil Blackwell, 1989.

18. Camilla Serck-Hanssen, "Kant's Critical Debut: The Idea of the Transcendental in Kant's Early Thought", in Jeff Malpas (ed.), *From Kant to Davidson: Philosophy and the Idea of the Transcendental*, London: Routledge, 2003.

19. Claire Colebrook, "The Opening to Infinity: Derrida's Quasi-Transcendentals", in Jeff Malpas (ed.), *From Kant to Davidson: Philosophy and the Idea of the Transcendental*, London: Routledge, 2003.

20. David Hume, *A Treatise of Human Nature*, L. A. Selby-Bigge (ed.), Oxford: Oxford University Press, 1958.

21. **Dieter Henrich, *The Proof-Structure of Kant's Transcendental Deduction*, Review of Metaphysics, 22: 4, 1969.**

22. Dieter Henrich, "Challenger or Competitor?—On Rorty's Account of Transcendental Strategies", in P. Bieri, R. P. Horstmann and L. Krüger (eds.), *Transcendental Arguments and Science*, 1979.

23. **Donald Davidson, "A Coherence Theory of Truth and Knowledge", in Ernest LePore (ed.), *Truth and Interpretation: Perspectives on the Philosophy of Donald Davidson*, Oxford: Basil Blackwell, 1986.**

24. Donald Davidson, *Empirical Content, in Subjective, Intersubjective, Objective*, Oxford: Clarendon Press, 2001.

25. Donald Davidson, "In Defence of Convention T", in *Interpretation into Truth and Interpretation*, Oxford: Oxford University press, 2001.

26. **Donald Davidson, *Inquiries into Truth and Interpretation*, Oxford: Oxford University Press, 2001.**

27. **Donald Davidson, "On the Very Idea of a Conceptual Scheme", *Proceedings and Addresses of the American Philosophical***

Association, Vol. 47, (1973-1974).

28. Donald Davidson, "Reply to A. C. Genova", in L. E. Hahn(ed.), *The Philosophy of Donald Davidson*, Chicago: Open Court, 1999.

29. **Donald Davidson, "The Method of Truth in Metaphysics", in** *Interpretation into Truth and Interpretation*, **Oxford: Oxford University Press.**

30. Douglas Burnham, *Kant's Critique of Pure Reason*, Edinburg: Edinburg University Press, 2007.

31. **Eckart Förster, "How Are Transcendental Arguments Possible?", in E. Schaper and V. Wilhelm(ed.),** *Reading Kant: New Perspectives on Transcendental Arguments and Critical Philosophy*, **1989.**

32. **Edmund Husserl,** *Ideas: General Introduction to Pure Phenomenology*, **trans. W. R. Boyce Gibson, New York: Collier Books, 1962.**

33. Edward Craig, "Davidson and the Sceptic: The Thumbnail Version", *Analysis*, Vol. 50, No.4 (Oct.,1990).

34. Edwin McCann, "Skepticism and Kant's B Deduction", *History of Philosophy Quarterly*, 2 (1985).

35. Erik Stenius. *Wittgenstein's Tractatus: A Critical Exposition of Its Main Lines of Thought*, New York: Cornell University Press, 1960.

36. Ernest Sosa, "Beyond Scepticism, to the Best of our Knowledge", *Mind*, New Series, Vol. 97, No. 386 (Apr., 1988).

37. Georges Dicker, *Kant's Theory of Knowledge: An Analytical Introduction*, Oxford: Oxford University Press, 2004.

38. Glock, H., "Necessity and Normativity", in H. Sluga and D. Stern (ed.), *The Cambridge Companion to Wittgenstein*, Cambridge: Cambridge

University Press, 1996.

39. **Graham Bird, "Recent Interpretation of Kant's Transcendental Deduction", *Kant-Studien*, Vol. 65, 1974.**

40. Gregory McCulloch, "The Very Idea of the Phenomenological", *Proceedings of the Aristotelian Society*, New Series, Vol. 93 (1993).

41. Hans-Johann Glock, "Strawson and Analytic Kantianism", in Hans-Johann Glock (ed.), *Strawson and Kant*, Oxford: Oxford University Press, 2003.

42. Hartmann, Klaus, "On Taking the Transcendental Turn", *Review of Metaphysics*, 20:2 (1966: Dec.).

43. Hasok Chang, "Contingent Transcendental Arguments for Metephyiscal Principle", *The Royal Institute of Philosophy Supplement*, 2008.

44. Hilary Putnam, "On Mind, Meaning and Reality", *The Harvard Review of Philosophy*, 1992.

45. Hilary Putnam, "Realism and Reason", in *Meaning and Moral Sciences*, London: Routledge, 1978.

46. Hilary Putnam, "Sense, Nonsense, and the Senses: An Inquiry into the Powers of the Human", *The Journal of Philosophy*, Vol. 91, No. 9 (Sep., 1994).

47. Hilary Putnam, *Words and Life*, Harvard: Harvard University Press, 1994.

48. Holger Lyre, "Structural Realism and Abductive Transcendental Arguments", in Michel Bitbol, Pierre Kerszberg and Jean Petitot (eds.) *Constituting Objectivity: Transcendental Perspectives on Modern Physics*, Springer, Vol. 74, 2008.

49. Jaakko Hintikka, "Quantifiers, Language-Games, and Transcendental

Arguments", in *Logic, Language-Games, and Information: Kantian Themes in the Philosophy of Logic*, Oxford: Oxford University Press.

50. **Jaakko Hintikka, "Transcendental Arguments: Genuine and Spurious", *Nous*, Vol. 6, No. 3, 1972.**

51. Jay F. Rosenberg, "Reply to Stroud", *Philosophical Studies: An International Journal for Philosophy in the Analytic Tradition*, Vol. 31, No.2,(Feb., 1977).

52. **Jay Rosenberg, "Transcendental Arguments Revisited", *The Journal of Philosophy*, Vol. 72, No. 18 (Oct. 23, 1975).**

53. Jeff Malpas (ed.), *From Kant to Davidson: Philosophy and the idea of the transcendental*, London: Routledge, 2003.

54. Jeff Malpas, "Transcendental Arguments and Conceptual Schemes: A Reconsideration of Körner's Uniqueness Argument", *Kant-Studien*, 81:2(1990).

55. John P. Doyle, "Between Transcendental and Transcendental: The Missing Link?", *The Review of Metaphysics*, Vol. 50, No.4(Jun., 1997).

56. John J. Callanan, "Kant's Transcendental Strategy", *The Philosophical Quarterly*, Vol. 56, No. 224, 2006.

57. John McDowell, "Criteria, Defeasibility and Knowledge", *Proceedings of the British Academy*, Vol. 68, 1982.

58. John McDowell, "Putnam on Mind and Meaning", in *Meaning, Knowledge and Reality*, Harvard: Harvard University Press, 1998.

59. **Jonathan Bennett, "Analytic Transcendental Arguments", in Peter Bieri, Rolf-P. Horstmann and Lorenz Krüger (eds.), *Transcendental Arguments and Science: Essays in Epistemology*, Dordrecht: Holland,**

1979.

60. Jonathan Bennett, "Critical Notice", *Mind*, New Series, Vol. 94, No.376 (Oct., 1985).

61. **Jonathan Bennett, *Kant's Analytic*, Cambridge: Cambridge University Press, 1966.**

62. Jonathan Dancy, *Introduction to Contemporary Epistemology*, Oxford: Basil Blackwell, 1985.

63. Juliet Floyd, "The Fact of Judgement: The Kantian Response to the Humean Condition", in Jeff Malpas (ed.), *From Kant to Davidson: Philosophy and the Idea of the Transcendental*, London: Routledge, 2003.

64. Kalin, M. G., "Kant's Transcendental Arguments as Gedanken-experimente", *Kant-Studien*, 63: 3 (1972).

65. **Karl Ameriks, "Kant's transcendental Deduction as a Regressive Argument", *Kant-Studien*, 69: 3 (1978).**

66. Karsten Harries, "On the Power and Limit of Transcendental Reflection", in Jeff Malpas(ed.), *From Kant to Davidson: Philosophy and the Idea of the Transcendental*, London: Routledge, 2003.

67. Longuenesses, B., *Kant and the Capacity to Judge: Sensibility and Discursivity in the Transcendental Analytic of the Critique of Pure Reason*, Princeton: Princeton University Press, 1998.

68. L. E. Hahn (ed.), *The Philosophy of Donald Davidson*, Chicago: Open Court, 1999.

69. Manfred Baum, "Transcendental Proofs in the Critique of Pure Reason", in P. Bieri, R. P. Horstmann and L. Krüger (eds.), *Transcendental Arguments and Science*, 1979.

70. Mark Sacks, "The Nature of Transcendental Arguments", *International Journal of Philosophical Studies*, Vol. 13. No. 4, 2005.

71. Moltke S. Gram, "Do Transcendental Arguments Have a Future?", *Neue Hefte für Philosophie*, 14, 1978.

72. Moltke S. Gram, "Must We Revisit Transcendental Arguments?", *Philosophical Studies: An International Journal for Philosophy in the Analytic Tradition*, Vol. 31, No. 4 (Apr., 1977).

73. Moltke S. Gram, "Must We Revisit Transcendental Arguments?", *The Journal of Philosophy*, Vol. 72, No. 18, Seventy-Second Annual Meeting American Philosophical Association, Eastern Division (Oct. 23, 1975).

74. Myles Burnyeat, "Can the Sceptic Live his Scepticism?", in Malcolm Schofield, Myles Burnyeat, and Jonathan Barnes (eds.), *Doubt and Dogmatism*, Oxford: Oxford University Press, 1980.

75. N. Hinske, „Die historischen Vorlagen der Kantischen Transzendentalphiosophie", *Archiv für Begriffsgeschichte*, Band XII, 1968.

76. Ostrow, M. B., *Wittgenstein's Tractatus: A Dialectical Interpretation*, Cambridge: Cambridge University Press, 2002.

77. **P. Bieri R. P. Horstmann and L. Krüger (eds.), *Transcendental Arguments and Science*, Dordrecht: D. Reidel Publishing Company, 1979.**

78. P. F. Strawson, *A Bit of Intellectual Autobiography in Strawson and Kant*, Oxford: Clarendon Press, 2003.

79. **P. F. Strawson, *Individuals: An Essay in Descriptive Metaphysics*, London: Methuen, 1959.**

80. P. F. Strawson, "On Justifying Induction", *Philosophical Studies*, Vol. 9, nos.1-2, 1958.

81. **P. F. Strawson, *Skepticism and Naturalism: Some Varieties*, London: Methuen, 1985.**

82. **P. F. Strawson, *The Bounds of Sense: An Essay on Kant's Critique of Pure Reason*, London: Methuen, 1966.**

83. Paul Arthur Schilpp(ed.), *The Philosophy of Rudolf Carnap*, Open Court, 1963.

84. Paul Guyer, "The Transcendental Deduction of the Categories", in Paul Guyer (ed.) *The Cambridge Companion to Kant*. Cambridge: Cambridge University Press, 1992

85. Pears, D., *The False Prison: A study of the Development of Wittgenstein's Philosophy* (2 vols.), Oxford: Clarendon Press,1987.

86. **Peter Hacker, "Are Transcendental Arguments a Version of Verificationism?", *American Philosophical Quarterly*, Vol. 9, No. 1 (Jan., 1972).**

87. Peter Marton, "Ordinary Versus Super-Omniscient Interpreters", *The Philosophical Quarterly*, Vol. 49, No. 194 (Jan.,1999).

88. Pihlström, Sami, *Naturalizing the Transcendental: A Pramatic View*, New York: Humanity Books, 2003.

89. P. M. S. Hacker, *Insight and Illusion: Themes in the Philosophy of Wittgenstein*, New York: Oxford University Press, 1972.

90. R. G. Collingwood, *An Essay on Metaphysics*, Oxford University Press, 1940.

91. **Ralph. C. S. Walker, *Kant*, London: Routledge, 1978.**

92. Ralph. C. S. Walker, "Induction and Transcendental Argument",

in Robert Stern (ed.), *Transcendental Arguments: Problems and Prospects*, Oxford: Clarendon Press, 1999.

93. Richard Foley and Richard Fumerton, "Davidson's Theism?", *Philosophical Studies*, Vol. 48, 1985.

94. **Richard Rorty, "Strawson's Objectivity Argument", *Review of Metaphysics*, 24: 2, 1970.**

95. **Richard Rorty, "Transcendental Arguments, Self-Reference, and Pragmatism", in P. Bieri, R. P. Horstmann and L. Krüger (eds.), *Transcendental Arguments and Science*, 1979.**

96. **Richard Rorty, "Verificationism and Transcendental Arguments", *Nous*, Vol. 5, No. 1 (Feb., 1971).**

97. Robert Hanna, *Kant and the Foundations of Analytic Philosophy*, Oxford: Oxford University Press, 2001.

98. Robert J. Benton, *Kant's Second Critique and the Problem of Transcendental Arguments*, Xerox University Micofims, Ann Arbor, Michigan 48106, 1976.

99. **Robert Stern (ed.), *Transcendental Arguments: Problems and Prospects*, Oxford: Clarendon Press, 1999.**

100. Robert Stern, "On Strawson's Naturalistic Turn", in Hans-Johann Glock (ed.), *Strawson and Kant*, Oxford: Oxford University Press, 2003.

101. **Robert Stern, *Transcendental Arguments and Scepticism: Answering the Question of Justification*, Oxford: Clarendon Press, 2000.**

102. Ross Harrison, *On What There Must Be?*, Oxford: Clarendon Press, 1974.

103. **Ross Harrison, "Strawson on Outer Objects", *The Philosophical***

Quarterly, Vol. 20, No. 80, Special Review Number, 1970.

104. Rudolf Carnap, *The Logical Structure of the World*, Berkeley: University of California Press, 1967.

105. **Rüdiger Bubner, "Kant, Transcendental Arguments and the Problem of Deduction", *The Review of Metaphysics*, Vol. 28, No. 3, 1975.**

106. **Schaper, E., "Arguing Transcendentally", *Kant-Studien*, 63: 1 (1972).**

107. Schaper, E., W. Vossenkuhl (eds.), *Reading Kant: New Perspectives on Transcendental Arguments and Critical Philosophy*, Oxford: Blackwell, 1989.

108. **Scott Stapleford, *Kant's Transcendental Arguments: Disciplining Pure Reason*, London: Continuum, 2008.**

109. **Stephan Körner, "The Impossibility of Transcendental Deductions", in Lewis White Beck (ed.), *Kant Studies Today*, La Salle: Open Court, 1969.**

110. Stephan Körner, "Transcendental Tendencies in Recent Philosophy", *Journal of Philosophy*, Vol. 60, 1966.

111. Stern, D. G., Wittgenstein and Language, New York: Oxford University Press, 1995.

112. **Stevenson, L., "Wittgenstein's Transcendental Deduction and Kant's Private Language Argument", *Kant-Studien*, 73: 3 (1982).**

113. Taylor, Charles, "The Validity of Transcendental Arguments", *Proceedings of the Aristotelian Society*, Vol. 79 (1978-1979).

114. **T. E. Wilkerson, "Transcendental Arguments Revisited", *Kant-Studien*, 66: 1, 1975.**

115. **T. E. Wilkerson, "Transcendental Arguments", *The Philosophical***

Quarterly, **Vol. 20, No. 80, 1970.**

116. Van Cleve, J., *Problems from Kant*, Oxford: Oxford University Press, 1999.

117. W. Cerf, "Critical Notice on The Bounds of Sense", *Mind*, Vol. 81, 1972.

118. Westphal, K. R., "Can Pragmatic Realists Argue Transcendentally?", in John R. Shook (ed.), *Pragmatic Naturalism and Realism*, New York: Prometheus Books, 2003.

119. **William Maker, "Davidson's Transcendental Arguments", *Philosophy and Phenomenological Research*, Vol. 51, No. 2 (Jun., 1991).**

120. William P. Alston, "Epistemic Circularity", *Philosophy and Phenomenological Research*, Vol. 47, No.1 (Sept., 1986).

121. William P. Alston, *The Reliability of Sense Perception*, London: Cornell University Press, 1993.

122. Wolfgang Carl, "Comment on Rorty", in P. Bieri R. P. Horstmann and L. Krüger (eds.), *Transcendental Arguments and Science*, Dordrecht: D. Reidel Publishing Company, 1979.

二、中文材料

1. 艾耶尔:《二十世纪哲学》,李步楼等译,上海:上海译文出版社,1987 年。

2. 巴里·斯特劳德:《休谟》, 周晓亮、刘建荣译, 俞宣孟校, 山东: 山东人民出版社, 1992 年。

3. 陈嘉明:《康德与先验论证问题》,《厦门大学学报（哲社版）》2010 年第 4 期。

4. 陈嘉明：《先验论证刍论》，《哲学研究》2009 年第 11 期。

5. 陈嘉明：《知识与确证：当代知识论引论》，上海：上海人民出版社，2003 年。

6. 方红庆：《戴维森的外在主义》，《科学技术哲学研究》2011 年第 3 期。

7. 方红庆：《戴维森与先验论证问题》，《上海交通大学学报（哲社版）》2011 年第 1 期。

8. 方红庆：《斯特劳森的基础主义》，《东北大学学报（社科版）》2010 年第 2 期。

9. 方红庆：《斯特劳森的客观性论证》，《自然辩证法研究》2010 年第 3 期。

10. 方红庆：《斯特劳森的先验论证》，《世界哲学》2010 年第 5 期。

11. 方红庆：《一致、真与解释——戴维森的全知解释者论证》，《中国分析哲学·2010》，浙江：浙江大学出版社，2011 年。

12. 海德格尔：《存在与时间》，陈嘉映、王庆节译，北京：生活·读书·新知三联书店，2006 年。

13. 黄敏：《作为先验论证的私人语言论证》，《哲学研究》2004 年第 2 期。

14. 康德：《纯粹理性批判》，邓晓芒译，杨祖陶校，北京：人民出版社，2004 年。

15. 康德：《未来形而上学导论》，庞景仁译，北京：商务印书馆，1982 年。

16. 普特南：《理性、真理与历史》，童世骏、李光程译，上海：上海译文出版社，1997 年。

17. 钱捷：《什么是康德的先验论证？》，《华南师范大学学报（社科版）》2000 年 2 期。

18. 斯特劳森：《个体：论描述的形而上学》，江怡译，北京：中国人民大学出版社，2004 年。

19. 盛晓明：《康德的"先验演绎"与"自相关"问题——评布伯纳与罗蒂的争论》，《哲学研究》1998 年第 6 期。

20. 徐向东:《先验论证与怀疑论》,《北京大学学报(哲社版)》2005 年
    第 2 期。

21. **维特根斯坦:《逻辑哲学论》,贺绍甲译,北京:商务印书馆,2009 年。**

22. **维特根斯坦:《哲学研究》,李步楼译,北京:商务印书馆,1996 年。**

23. 叶闯:《语言·意义·指称:自主的意义与实在》,北京:北京大学出版社,
    2010 年。

24. 赵汀阳:《先验论证》,《世界哲学》2005 年第 3 期。

后 记

林乃树林的古名。林中有路。这些路多半突然断绝在杳无
人迹处。

这些路叫做林中路。每条路各自延展，但却在同一林中。
常常看来仿佛彼此相类。

然而只是看来仿佛如此而已。

林业工和护林人识得这些路。他们懂得什么叫做在林中路上。

——海德格尔《林中路》

我学哲学是因为哲学离思想最近，或者说，哲学便是一门
运思之学。然而，思想之林多歧途，我的目标就是：能够成为
一名合格的林业工或护林人，懂得"识途"，最终"殊途同归"。
因此，我更加关注如何获得一种运思的能力，而不是获得无数
的"只言片语"，满嘴的"神神道道"，这就要求我们掌握正确
的方法。这也是我选择这一博士论文选题的根由所在。

博士论文能够顺利完成，首先最应该感谢的当然是导师陈

447

嘉明教授，没有他的悉心栽培，我可能依然还在哲学门外徘徊。我对老师的最初印象还是在我刚来厦大参加研究生面试的时候，老师问我看过哪些书，我仅凭对尼采的浅薄理解，滔滔不绝地"瞎吹胡侃"，老师竟然还在认真地听，那时我就想：这位老师的修养真是太好了！如今想来，总觉得脸上有些发烧。从研一的时候我就选修了老师的课，他的康德课让我从此迷上了康德，使得博士论文的选题都与此有很大关系。在听课的过程中，让我感受最深的就是老师对思想的连贯性和统一性的追求，他经常引用孔子的一句话：吾道一以贯之。这使得我在学习上努力去避免杂而不精的情况发生。我的学术论文的写作几乎是老师手把手教出来的，他总能准确地抓住我论文中的软肋所在，提出正确的修改意见，让我的写作水平快速提高。在生活和工作方面，老师也给了我极大的帮助，对此我铭感五内。

此外，还要感谢周建漳老师、白锡能老师、唐清涛老师，从他们的课程中我学习到了西方哲学各方面的知识；感谢徐梦秋老师，他渊博的学识和对语言的敏锐把握给了我深刻的印象，让我收获良多。感谢剑波师兄，师兄是我学习的榜样，他在图书馆用功的身影常常让我汗颜；感谢旭龙师兄，他提供的无私帮助让我感激不已；同时，还要感谢我的师弟师妹们：楼巍、宋群、陈增、郑辉军、颜鹤。

来厦大已经第五个年头了，在即将离别的时候总会有一些伤感，然而，在过去的五年中所经历的人生情感已经足以让我对此泰然处之了。回顾这五年，有过出离的愤怒，有过莫名的惆怅，有过兴奋的喜悦，有过淡淡的安宁……这些不可避免地逸入心灵的深处，逐渐酝酿成陈年的芬芳。

在厦大有幸结识了一些优秀的人，他们给了我前进的动力和温暖。如果说生活是最好的老师的话，那么他们就是其中最灵动的元素。在此我并不想点名，因为我对于点名从来充满了排斥。但有些人还是不得不提：师姐何纯秀以真诚与温柔打动着周边的所有人，她带领一众"英雄美女"血拼于豪迈与忧愁之间，可以预见的将来，我们都会怀念那个"当年"；我的"天然的""绝对的""牢靠的"……盟友曾永志是一个"射手男"，虽然他有时说自己是"摩羯男"，这些都不重要，重要的是我们"曾经把酒言欢，纵情豪迈"，那是"诗意的生活"；说到同盟关系，那不得不说的就是杨松，江湖人称"杨博"，颇自得于博闻强识，他是这种同盟最好的见证人和同盟的反向助力，在他不懈的"努力"下，我们的同盟越来越牢固了。

最后，当然要感谢我的父母，是他们把我养育成人，他们无私的爱是我幸福的源泉！感谢我的哥哥和姐姐，是他们呵护我成长，照顾爸爸妈妈，让我能够无忧无虑地在自由的空间里遨游和畅想。谨以此书献给你们！

崇文学术译丛·西方哲学

1.〔英〕W. T. 斯退士 著，鲍训吾 译：黑格尔哲学
2.〔法〕笛卡尔 著，关文运 译：哲学原理 方法论
3.〔德〕康德 著，关文运 译：实践理性批判
4.〔英〕休谟 著，周晓亮 译：人类理智研究
5.〔英〕休谟 著，周晓亮 译：道德原理研究
6.〔美〕迈克尔·哥文 著，周建漳 译：于思之际，何所发生
7.〔美〕迈克尔·哥文 著，周建漳 译：真理与存在
8.〔法〕梅洛-庞蒂 著，张尧均 译：可见者与不可见者[待出]

崇文学术译丛·语言与文字

1.〔法〕梅耶 著，岑麒祥 译：历史语言学中的比较方法
2.〔美〕萨克斯 著，康慨 译：伟大的字母[待出]
3.〔法〕托里 著，曹莉 译：字母的科学与艺术[待出]

中国古代哲学典籍丛刊

1.〔明〕王肯堂 证义，倪梁康、许伟 校证：成唯识论证义
2.〔唐〕杨倞 注，〔日〕久保爱 增注，张觉 校证：荀子增注[待出]
3.〔清〕郭庆藩 撰，黄钊 著：清本《庄子》校训析
4. 张纯一 著：墨子集解

唯识学丛书 (26种)

禅解儒道丛书 (8种)

徐梵澄著译选集 (6种)

西方哲学经典影印 (24种)

西方科学经典影印 (7种)

古典语言丛书 (影印版, 5种)

西方人文经典影印 (30多种, 出版中)

_____

出品：崇文书局人文学术编辑部
联系：027-87679738，mwh902@163.com

我
思 ®
敢于运用你的理智